"十三五"应用型人

经济应用文写作教程

（第2版）

蔡文泉 主编　　陈立恒　宋晓冬　李琳　吕琛　韦燕宁　陈秋萍 副主编

清华大学出版社
北京

内 容 简 介

本书主要针对目前经济建设的需要,结合高等院校学生的特点及实际情况,将在日常工作中常用的文书分为公务文书、事务性文书、经济应用文书、策划文书、传播文书、公关文书、学术文书、经济诉讼文书等几个部分进行系统地介绍。为便于学生了解及掌握相关的写作理论知识,本书力求做到深入浅出,通过丰富的案例来诠释相对枯燥的理论知识;同时还安排有相应的写作实训练习,以利于学生及时地对照检查自身的学习情况,巩固所学到的知识。通过学习本书,学生不仅可以掌握应用文写作的有关理论知识,还能在一定程度上提高自身的写作水平。

本书适合作为本科及高职高专学生的教材,也适合不同行业的人员参考。

图书在版编目(CIP)数据

经济应用文写作教程/蔡文泉主编. —2 版. —北京:清华大学出版社,2018(2023.1重印)
("十三五"应用型人才培养规划教材)
ISBN 978-7-302-49979-4

Ⅰ. ①经… Ⅱ. ①蔡… Ⅲ. ①经济－应用文－写作－高等学校－教材 Ⅳ. ①H152.3

中国版本图书馆 CIP 数据核字(2018)第 067438 号

责任编辑:张龙卿
封面设计:徐日强
责任校对:袁 芳
责任印制:宋 林

出版发行:清华大学出版社
  网 址:http://www.tup.com.cn, http://www.wqbook.com
  地 址:北京清华大学学研大厦 A 座   邮 编:100084
  社 总 机:010-83470000   邮 购:010-62786544
  投稿与读者服务:010-62776969, c-service@tup.tsinghua.edu.cn
  质量反馈:010-62772015, zhiliang@tup.tsinghua.edu.cn
印 装 者:北京嘉实印刷有限公司
经 销:全国新华书店
开 本:185mm×260mm   印 张:22   字 数:507 千字
版 次:2014 年 8 月第 1 版 2018 年 8 月第 2 版 印 次:2023 年 1 月第16次印刷
定 价:42.00 元

产品编号:078604-01

前　言
FOREWORD

　　应用文是人民群众和社会组织在日常活动中为直接处理各种事务而形成的具有特定的和惯用格式的文章，它是人们处理日常事务、交流思想、传递信息的重要手段和工具。由于其应用范围广泛，实践性较强，每个人都不可避免地要与之打交道。因此，对学生来讲，是否掌握了基本的应用写作知识，是否具备了一定的应用写作能力，就成为其将来在工作中能否得心应手地处理各项日常事务（尤其是行政事务）的一个最基本的条件。而经济应用文写作教学的根本目的就在于此，介绍相关的应用文写作理论知识，提高学生的应用文写作能力，进而将其转化成一种基本的能力来处理各项日常事务，是我们作为老师的基本任务，而这一任务的实现，需要有相应的教材作为支撑。为此，我们结合多年的应用文写作教学的经验与体会，并针对经济建设的需要，结合高等院校学生的特点及实际情况，精心编写了本书。

　　本书自2014年第1版发行后，作为高等院校公共基础课的规划教材，得到了广大教师和学生的认可。时隔四年又能够再版，我们备感欣慰。与第1版相比，第2版在保留第1版优点和特色的基础上做了许多优化和改进。其一，增补了一些写作知识；其二，对每个章节的例文和写作习题进行了全面的更新。希望通过修订完善教材能对师生们的教学活动提供实质性的帮助。

　　本书的主要特点如下。

一、精心设计结构，培养学生的学习兴趣

　　古语云，授之以鱼不如授之以渔。要掌握一定的技能技巧是需要一定的方法的，大学学习，除了老师的讲授外，更多的是需要学生自己的自学，这在某种程度上更需要老师在学习方法上予以正确的指导；同时，写作能力的培养与提高也并非仅看几本教材、听几节课就能达到的。考虑到这些情况，我们在编写本书时，首先从基本知识入手，介绍每个文体的含义和特点，再精选最新范例进行阅读和简评，然后归纳出每个文种的写作结构和写法要求，最后安排相应的实训练习。这样的内容安排易于培养学生的学习兴趣，给学生提供一个明确的参照物，使学生在具体的学习时能够循序渐进，由易到难，既能了解必要的文体写作基础知识，又能掌握文体的基本结构和写法，并有针对性地进行实训，有效地提高应用文写作能力。

二、精简内容，优化知识结构

尽管应用文是个大家族，成员众多，但不同的文种，其写作要求都是大同小异的，故此不再一一列举。在编写本书时，我们本着精讲够用的原则，在绪论部分对应用文写作的基本理论知识作较为全面细致的介绍，以其作为基本的知识平台，力求让学生打下写作实践的基础。而在介绍各文种时，仅围绕其基本内容简要地介绍必要的理论知识，将主要内容集中在范例简评上，以引导学生通过范例来了解各文种的结构写法及写作要求，明确如何构思、如何表达，进而掌握基本的写作方法。

本书由蔡文泉担任主编，陈立恒、宋晓冬、李琳、吕琛、韦燕宁、陈秋萍担任副主编。在编写时，借鉴及参考了有关专家、学者的论著，并引用了部分报刊的文章作为范例，因教材编写体例的要求，无法一一注明。在此，特向原编著者表示敬意。

由于编者水平所限，书中难免有不足之处，敬请专家、同行和广大读者批评、指正。

编　者

2018 年 1 月

目　录
CONTENTS

第 一 章

绪　论

第一节　应用文概述

一、应用文的含义

应用文是行政机关、企事业单位、社会团体以及个人在日常工作生活学习中,处理公务或办理个人事务时所使用的、具有一定惯用体式的文字材料的总称。应用文种类繁多,使用广泛,涉及人们社会活动的各个方面。如日常工作学习中所写的条据、书信、读书笔记、计划、总结、策划书、礼仪文书、公务文书等都是应用文。

应用文在宣传贯彻党和国家的方针政策,开展行政管理活动,组织社会活动,规范社会组织和个人的言行,加强单位与单位之间、人与人之间、单位与个人之间的沟通协调合作,以及总结交流经验,推动工作顺利开展,提高工作效率等方面都具有积极的作用。同时应用文因在一定程度上反映了社会政治、经济、文化等方面的发展和变化,记载和保存了人们的社会活动信息,也为专家学者进行相关研究提供了重要的研究资料。

二、应用文的产生与发展

我国的应用文源远流长,最古老的应用文字是 3500 多年前的殷商甲骨卜辞。殷商时期殷人常以龟甲、兽骨来占卜,并在占卜之后把占卜日期、占卜之事、占卜人,以及日后吉凶应验情况,刻写在甲骨上而成为甲骨文。这些应用性文字,短的只有几个字,长的不过百余字,但内容却相当丰富,包括祭祀、农业生产、狩猎、风雨、战争、疾病等方面,真实地反映了殷商时期社会生活各方面的状况。到了春秋时期,我国产生了第一部管理国家事务的应用文汇编,即《尚书》,内容主要有祝词、誓词、诰言、法令等,其中的典、谟、训、诰、誓、命等文书,首开我国公文写作的先河。秦汉时期,应用文体日趋成熟,在文体上开始区分上行文和下行文。上行文有章、表、奏、敕等,是朝臣上呈皇帝的文书;下行文有制、诏、策、戒等,是皇帝下达给朝臣的文书。在语言表达和结构上也形成了比较固定的格式。魏晋南北朝时期,应用文体进一步发展,在承续前代旧制的基础上,文种又增加了新的类别,而且还有专门研究应用文体的文章和著作。如刘勰的《文心雕龙》就详细论述了祝、铭、策、表、书、启等20种应用文的起源、演变、代表作和写作特点，对后世应用文的发展具有深远的影响。唐宋时期，应用文体更趋繁复，不断出现新创的形式，如唐代的辞、牒、关、刺，宋代的诰命、御札、敕命、故牒、呈状、申状等。此时对文体写作也有严格规定，如用纸、誊写、签押、判署、封装、编号、收发、登记、催办等都有具体要求。元明清时期，应用文体有对前朝体制的承袭，也有发展中的变革。清代学者刘熙载正式提出了"应用文"这一概念，具有重要的意义。辛亥革命后，国民政府废除了历代封建王朝所使用的系列公文，颁布了现代公文程式条例，开启了现代公文的进程。

新中国成立后，党和政府先后多次发布公文写作管理办法，使我国的公文写作日趋规范化、科学化和系统化。随着社会经济的不断发展，新的应用文种也应时而生，应用写作迎来了崭新的局面。

三、现代应用文的特点

（一）实用性

实用性是应用文的本质属性。人们是为解决和处理工作、生活中的问题而写作应用文的，内容应具体实在，不能空谈。所以，应用文就是要客观反映社会现实问题，有针对性地提出解决问题的方法、措施和步骤。如合同，是合作双方为达到一定目的、维护双方权益、分清各自履行的义务而写作；又如请示文，是请求上级对有关政策或规定给予更明确具体的指示，或请求在人、财、物等方面给予支持。

在形式上，应用文具有相对固定的格式，为人们所普遍认同；在语言表达方面，要求朴实简洁、平铺直叙，说理要据事就实、言简意赅。

（二）针对性

针对性是指应用文具有明显的指向性，一是内容要从实际生活和工作出发，针对人民群众所关心和关注的热点问题来写；二是有明确的阅读对象，一则通知、一张条据、一份请示都有特定的阅读对象，应根据不同的阅读对象来确定行文内容、语言风格和表达方式等。

（三）时效性

时效性是指写作和使用的限制性。无论是完成特定时间内的工作和任务，还是传递信息、反映情况，对突发事件提出应对措施和解决办法，都要求反应迅速，及时行文，快办快发，以免贻误工作。时效性还包括事毕效止，工作完成了，应用文的作用也就结束了。应用文的时效是不一样的，有的时效长，如法规条例性应用文；有的时效短，如会议通知、市场预测等。

（四）真实性

真实性是要求应用文中的所有材料必须要客观真实，不能弄虚作假、无中生有；也不能随意虚构、夸大或缩小。应用文所反映的社会生活是真实存在的生活,所涉及的时间、地点、人物、事件、过程、数据等都要真实准确,甚至连细节也要确凿可靠。做到写人有来历,写事有依据,议论有分寸,数据有出处,如工作中的成绩和经验、教训与错误等,都应实事求是,客观反映。

(五)平实性

平实性是指应用文的语言要简洁朴实,明确自然,通俗易懂,不堆砌华丽的辞藻,不渲染烘托,也不要委婉含蓄,或是刻意夸张。表达方式以叙述、说明为主,议论为辅。内容要求实实在在,不求生动形象、引人入胜,只需直陈其事、直叙其意即可。

(六)程式性

程式性是指应用文的结构体式和语体风格在长期使用中所形成的惯用格式。如应用文的体式、结构、称谓、用语、签署、排印等都有规范格式,这些规范格式要求人们在写作时要严格遵循,不能随意改变,另搞一套。不然就会出现差错和误解,达不到行文的目的。如公文有版头、主体、版记,每个部分还有相应的内容要素及其书写要求,甚至用纸、字号、排印都有规定,必须要按规范的格式书写,不能自作主张。应用文的格式也并非一成不变,随着社会的进步和发展,应用文的格式也会因时而变,应需而生,以适应社会发展的实际需要。

四、学习应用文写作的基本要求

(一)提高认识,端正态度

在日常生活中,有些人不重视应用文写作,认为应用文是应时而写,也比较简单,需要时就临时突击一下即可,不必花太多时间精力去学习。这是一种不正确的认识,应用文种类繁多,每个文种都有不同的特点和写作格式要求,要真正掌握并熟练运用,并不容易,需要付出艰辛的劳动才能学得好。而有些人则对应用文写作产生畏难情绪,认为应用文种类太多,写作格式要求严格,表达形式也过于苛刻,很难学得好。其实,应用文虽然种类较多,但其写作格式和要求也是有规律可循的,只要认真学习,完全能够掌握得好。

(二)重视理论,多写多练

学习和掌握应用文写作理论很重要,理论是基础,是学好应用文的重要环节,只有把基础理论知识学好了,才能做到事半功倍,提高学习的效率。但理论知识毕竟不能代替实践,文章是写出来、改出来的,没有持之以恒的实践,理论也得不到落实,因此,提高应用文写作能力的唯一途径,就是要实践,勤写多练,才能掌握好写作技巧。叶圣陶先生曾说过:"凡是习惯都不是几天工夫能够养成的。比方学游泳。先看讲游泳的书,什么蛙式、自由式都知道了。可是光看书不下水不行,得下水。"学习应用文写作与学游泳的道理是一样的,只看书学理论是不够的,还要花更多的时间去练习写作,只有持之以恒,锲而不舍,多写多练，才能真正提高应用文写作的能力。

（三）熟悉政策，广泛涉猎

应用文具有宣传贯彻党和国家的方针政策，反映人民群众的根本利益，维护社会和谐稳定，促进经济健康发展的作用，因此，作者要认真学习和领会党的方针政策，学习相关的法令法规和规章制度，提高自身的政治理论素养和思想水平，并深入实践，深入生活，多做社会考察，留心观察，丰富人生阅历和经验，这样才能以广阔的视野来认识、分析和解决问题；才能在错综复杂的社会现象中，把握主流，抓住本质，写出高质量的应用文。

应用文的写作还涉及许多相关的专业知识，要求作者有扎实的专业理论，并能够熟练运用专业知识去分析解决实际问题，这样才能把党的方针政策与业务工作中出现的新情况、新问题联系起来分析，撰写出有见地的文章。

应用文写作是一门新兴而又古老的综合性应用学科，涉及许多学科的有关知识，诸如语言学、经济学、心理学、行政学、档案学、公共关系学等，如果没有广博的知识，没有融会贯通的能力也很难学好应用文写作。所以，要求我们应该是一个"杂家"，要广泛涉猎，具有广博知识视野和宽厚的知识底蕴，才能真正学好应用文写作。

第二节　应用文的主旨

一、应用文主旨的含义

主旨是作者通过文章内容所表现出来的基本思想、基本观点或要说明的问题。应用文的主旨是客观事物、社会生活与作者主观思想相结合的产物。

主旨是应用文的灵魂，文章质量的高低、价值的大小、作用的强弱、效果的优劣，与文章的主旨有直接的关系；主旨也是应用文的统帅，它具有统领全文的作用，决定着材料的取舍、结构的安排、语言的运用和表达方式的选择。

二、应用文主旨确立的要求

（一）正确

主旨正确就是应用文的基本思想要符合党的方针政策、国家的法律法规，要反映客观事物的本质、符合社会发展规律，体现人民群众的根本利益。主旨正确，可以统一人们的认识，提高人们的觉悟，解决实际生活中的具体问题。主旨不正确，就会造成误导和思想混乱，甚至使工作失误，产生负面影响。因此，主旨正确是文章存身立命的根本。

（二）深刻

主旨深刻就是文章要有思想深度，能透过现象，揭示本质，反映规律，能言人所未言，言人所欲言，具有真知灼见，而不是停留在表象上面，肤浅地就事论事。主旨深刻，文章才能引起读者的重视,产生应有的社会效应。

(三)鲜明

主旨鲜明就是要在文章中旗帜鲜明地表达自己的主张和观点,赞成什么,反对什么,态度明朗,毫不含糊,直陈其旨。应用文讲究实用和效率,主旨不能含蓄委婉、模棱两可。试想,如果一份公文的主旨含蓄隐蔽,经办者就会难以正确理解其要求,将会影响公文意图的实施。

(四)新颖

主旨新颖就是应用文要有与众不同的新思路、新见解,及时地反映和传播新人、新事、新经验,反映社会时代精神。应用文主旨新颖,人们才能如沐春风,感受到教育启发;才能以新的精神指导人们的社会生活,开创新的局面;才能在处理和解决社会问题上发挥有效的作用。

三、应用文主旨的表现

(一)题中见旨

题中见旨就是在应用文的标题中直接点明主旨,体现出文章的主要内容,让人一看就明白其意所在,给人以深刻印象,如公文、评论、论文、总结等较多采用这种方法来表现主旨。这类标题具体实在,概括性强,基本上就是一个判断短句,简洁、明快。这在快节奏的社会生活中不失为一种好的方法,如《国务院办公厅关于成立国家教材委员会的通知》(国办发〔2017〕61号)。

(二)开篇显旨

开篇显旨就是开门见山,在文章开头的第一句话就直接表明主旨。在文章的开头就交代发文的目的,阐明行文的依据,具有突出主旨、提纲挈领、引起重视的作用,使阅文者一看,就能很快把握文章的基本观点和精神实质。经济消息、经济论文、公文等常采用这种方法。

(三)文中立旨

文中立旨就是把文章分解成几个部分,然后以小标题概括层意,每个小标题从不同的层面对主旨加以揭示。用小标题来点明文章主旨,常见于内容比较复杂、篇幅较长的文章,如市场调查报告、经济论文等。

(四)篇末显旨

篇末显旨就是在文章的篇末点明主旨。有些应用文常在文章的末尾提出请求、建议、处理意见,归纳观点。如请示在篇末提出的具体请求事项,调查报告在文末提出的建议或应对措施,学术论文在文章最后所归纳的观点等。在篇末显示主旨,有利于文章的收束,也能强化读者的印象。

第三节　应用文的写作材料

一、应用文材料的含义

材料就是为体现写作意图,而从实际工作、学习、生活中以及有关资料文献中搜集得来的各种情况、事例、统计数据和理论依据。如果说主旨是应用文的灵魂,那么材料就是应用文的血肉,是形成观点的基础,是表现观点的支柱。要想使主旨正确、深刻、鲜明,就要掌握真实、丰富的写作材料。没有材料的支撑,主旨就立不起来。文章的优劣是由材料来决定的,材料丰富典型,文章就充实,有说服力,就能达到预期的表达效果。应用文的材料必须真实,不能随意弄虚作假和夸张。

二、应用文材料的要求

（一）选材要围绕主旨

围绕主旨选材,这是选择材料的基本原则。主旨是文章的灵魂和统帅,所用的材料都应由主旨来统领。凡是与主旨无关,不能表现和突出主旨的材料,即使再生动新鲜,都应舍弃不用。否则,观点就会被繁杂的材料所冲淡淹没,文章也显得杂乱,词不达意。

（二）选材要真实

应用文材料的真实是指所选的材料必须是客观存在的事实,所叙述的事例、数据、问题都要来源于现实生活,经得起核查和检验,真实是应用文的生命。应用文是应时应需而写,是要解决生活和工作中的问题、反映社会现象和规律的。因此,它所选用的材料必须真实可靠,所记之人,所叙之事,都要真有其人,确有其事;时间、地点、人物、事件、原因、结果也要具体清楚,不能随意虚构和想象。只有材料真实可靠,所进行的分析才会真实可靠,所提出的计划措施才会有价值、有意义。

（三）选材要典型

材料典型是指所选的材料是最具有代表性和说服力的材料,能够反映和揭示事物的本质和规律。应用文在反映事物、说明情况时不可能面面俱到,包罗万象,而只能通过个别反映一般,通过个性反映共性。这就要求所选的个别和个性具有普遍的意义,能够反映出一般和共性。只有材料典型,才能引起读者的共鸣和深入的思考,才能深刻地表现主旨。

（四）选材要新颖

材料新颖是指材料要有新鲜感和现实感,能够反映时代的精神风貌。应用文是现实生活的反映,选材应紧跟时代前行的步伐,与时俱进,及时反映时代的发展变化,表现具有时代感的新人、新事、新思想、新问题,让人感到新颖鲜活,富有新意。

应用文材料的新颖,也可从变换角度来挖掘,对人们习以为常的材料,要善于变换视角,推陈出新;善于古为今用,挖掘其中的新意,也可达到耳目一新的效果。

第四节　应用文的结构

一、应用文结构的含义

应用文的结构是指文章的组织形式和内部构造,是文章总体构思和框架的具体反映和外显形式。在应用文写作中,确立主旨,使文章言之有理;选用材料,使文章言之有物;而安排结构,则使文章言之有体,言之有序。结构是表现主旨的重要手段,它根据作者的构思,将分散的材料有序地组织起来,使之成为条理清楚的有机整体,让读者能更好地领会文章的思想内容。

二、应用文结构的基本内容

（一）标题

标题是文章的眼睛,是应用文结构的重要构成之一,它处于显要的位置,能给人深刻的印象。应用文的标题,要求准确、简明、得体,具有高度的概括性。标题大致可分为以下三种。

1. 文章式标题

文章式标题要揭示文章的主旨或内容,常用于简报、总结、评论、调查报告,如《杜绝"填表扶贫"形式主义该刹车了》。

2. 公文式标题

公文式标题由发文单位名称、事由、文种三个要素组成。构成形式有两种:完全式标题,即由三个要素构成,如《国务院关于实行中央对地方增值税定额返还的通知》;不完全式标题,即由上述三个要素中的一、二项组成。

3. 复合式标题

复合式标题一般由正标题和副标题组成。正标题点明文章的主旨或内容,副标题对正标题作补充说明,或标明内容范围和文种。复合式标题常用于讲话稿、报告、总结等。

（二）开头和结尾

开头和结尾是结构的重要构成部分。历来就有所谓"凤头、猪肚、豹尾"的说法,要求

"起要美丽,中要浩荡,结要响亮",就是要给人不同凡响的感觉。

1. 开头

开头又称起笔、前言、引言、导语等,主要是说明写作的依据、原因和目的,对全文起统领的作用。

应用文常用的开头方法有以下几种。

(1) 概述式。就是在开头简明扼要地介绍有关情况,或是概述事件的主要情况、所取得的主要成绩等,为主旨的表达奠定基础。如经济新闻、总结、调查报告、经济活动分析报告等,就常用到这种开头。

(2) 引述式。就是在起笔时就引述相关的政策法规、上级文件精神,或是相关事实和道理,或是来文的情况,作为展开文章内容的根据。常用于批复、通知、条例、报告等公文。

(3) 目的式。就是在开头以简明的语言说明写作的目的和意图,以引起读者的注意和重视。常用介词"为""为了"等引出下文,多用于条例、计划、通知等。

(4) 说明式。在开头讲明发文的意义、背景情况,以揭示全文的必然性和合理性,一般用于总结、通知、报告、决定等。

(5) 结论式。开头先交代结论或者结果,然后再进行具体解释、阐述。常用于总结、论文、调查报告等。

(6) 提问式。在开头就提出设问,指出文章将要评述或论述的问题,然后进行解答。这种开头引人注目,发人深省,能迅速引起读者的思考与共鸣。常用于调查报告、新闻通讯等。

(7) 时间式。开头就写明事情发生的时间,然后对具体事情进行叙说。常以"最近""近来"或以具体时间起头。

2. 结尾

结尾又称收笔,是文章的归结和收束。好的结尾能深化主题,帮助读者更好地理解和把握全文,加深认识。常用的结尾方法有以下几种。

(1) 总结式。总结式就是在结尾处用简明扼要的文字,对全文主要内容和基本观点进行概括归纳,以揭示主旨,加深读者的印象。

(2) 强调式。强调式就是对全文的意义、重要性进行强调,以引起重视,更好地贯彻执行。常用"应该""要""必须"等带有肯定性意义的词语构成祈使句来表示强调。

(3) 建议式。建议式就是对相关情况或存在的问题,提出解决办法和建议。

(4) 说明式。说明式就是在结尾处对与主体内容具有联系,但性质又不同的问题或事项作必要的补充交代、说明,以保证内容的完整性。如公文的结尾说明实施的日期、执行的范围、传达的对象、与该文规定不符的原有规定如何处理等。

(5) 号召式。号召式就是在结尾处以号召性、鼓舞性的语言来激励读者,激发人们的斗志。常用于决定、总结、市场调查报告等文章。

(6) 自然收束式。一些简短的应用文,只有一小段,没有专门的开头和结尾,其结尾内容已融合在主体中,言尽意止,自然收束。

（三）层次与段落

应用文结构的最基本要求是层次清楚，段落分明。

1. 层次

层次是指应用文主体内容的先后次序，即应用文内容展开的步骤。它体现了事物发展的阶段，是人们认识和表达思想进程在文章中的反映。层次也称为"意义段""结构段""部分""逻辑段"等。应用文的层次安排没有固定的模式，可根据文章的内容和性质来决定。但层次之间要有一定的逻辑关系。如从逻辑关系来划分，可分为纵式、横式、纵横结合式三种。

（1）纵式结构。纵式结构是按时间先后顺序或事物发展的进程来安排层次。它又具体分为两种形式：一是时序式。即按事情的发生、发展、结果的时间顺序来安排层次。二是递进式。人们对事物的认识总是由浅入深、由表及里，反映在文章层次上就是层层深入，这就是递进式结构。如应用文中常见的"提出问题—分析问题—解决问题"的结构安排，就是递进式的结构。

（2）横式结构。横式结构就是按事物的构成部分，或材料的类别，或观察者立足点的转移变化等来安排层次。这种结构的文章内容是横向展开。具体分为两种形式：一是简单并列式。就是将材料分成若干部分，每部分之间的关系是并列的，顺序可以随意调整，又不影响文章的条理性，这种结构方式就是简单并列式。法规、规章等条文式文书就常用这种结构。二是总分并列式。层级与层次之间的关系是总述与分述的关系，可先总后分，也可先分后总，还可以由总到分再到总。总述以归纳和总结问题为主，以突出主旨；分述则常用来分析问题，查找原因，提出措施。

（3）纵横结合式。纵横结合式就是把纵式和横式结合起来安排结构。纵横结合式可以是先纵式后横式，也可以是先横式后纵式。如"全面落实各项防汛措施，做到万无一失。各县区人民政府、市政府各部门要对前期防汛各项准备工作进行全面检查，做到组织、工具、物料、技术、人员五落实。要积极储备防汛物料和设备，严加管理。要进一步强化防汛队伍，加强防汛实战演练，提高抢险技术水平，并时刻处于待命状态，随时听从调遣。要抓紧抢修加固险工险段，对重点部位要责任到人，严防死守"。这个句群紧紧围绕防汛工作职能，采用"纵横结合式"方法。段首提出任务说明"要干什么"，接着说明"怎样干"（是纵向排列）——"检查、落实、管理、演练、固险"（是横向排列）。而这五个方面的工作也有一定的逻辑顺序，首先是要"检查"，通过检查才能了解是否已经"落实"，只有落实了工作，才能有针对性地解决问题（是纵向排列）；物料设备要严加"管理"，人员要演练待命，险段要修固，重点部位要严防死守（是横向排列）。虽然交错变化，但有条不紊。

2. 段落

段落也叫"自然段"，是文章内容展开时，由于间歇、转折、强调、突出重点等情况而形成的一种换行标志。段落是构成篇章的基本单位，有另起一行的明显标志，能清楚地反映文章的内在层次。分段的目的就是使文章的层次更为分明，便于读者阅读和理解。所以,应用文在划分段落时,应注意意思的相对完整性。一个段落,集中说明一个意思,把一个意思表达清楚后再另起一个段落,不要把一个意思分开放在几个段落里表述。

层次与段落既有联系又有区别,一般来说,层次大于段落,一个层次可包含若干个段落。但有时层次也可以等于段落。如果全文是仅有一个自然段的短文,段内可再划分几个小层次,在这种特殊情况下,层次就小于段落。层次侧重于内容的划分,一般不标明起止,由读者自行理解。如有必要,可以小标题或顺序号等方式作为外部标志;段落侧重于文字形式的表现,它以换行另起作为标志。

（四）过渡与照应

过渡与照应是形成文章有机整体的重要手段,巧妙的过渡和照应,可使文章结构严谨,脉络清楚顺畅。

1. 过渡

过渡是指层次和段落之间的衔接、转换和贯通。其在文章中作用是承上启下、沟通连接,使文章各层次的意思融合起来,形成有机的整体。

应用文的过渡有以下几种。

（1）从开头转入主体,需要过渡。如通知,在首段的末尾是以"现将有关情况通知如下"来过渡。

（2）从总到分或从分到总时,在关键开合处需要过渡。例如,写情况、简报或工作报告,在文件首段进行总述后,转向分述时,一般以"现将有关情况分述如下"的句子进行过渡。又如:"为了确保全年任务的圆满完成,各级地税机关要采取有效措施,加强征管,落实好组织税收工作的各项措施。一要推行科学化、精细化管理,管住税源;二要抓住重点,加强税收征管工作;三要采取有效措施,积极压缩欠税;四要进一步加大稽查力度,打击偷税、逃税等涉税违法犯罪行为。各级地税机关要在当地党政部门的领导下,进一步强化部门协税护税,进一步提高收入质量,增强组织收入工作的后劲。"这段话采用了"先总后分"的方法。"总说"部分先讲目的,后提任务。"分说"部分按"从内到外"的顺序来排列:写"内部",按照地税工作"管住税源—加强征管—压缩欠税—打击犯罪"四项职能的主次来安排句序;写"外部",强调"要在当地党政部门的领导下"进行。特别是"内部"这一块,没有税源,就没有税收,就不必征管,这是关键的关键。有了税源,征管就是最主要的工作,压缩欠税是第二位的,违法的毕竟是少数,打击涉税违法可以摆在第三位。本语段从主到次,依次推进,逻辑紧密,句序清楚。

（3）意思转换时需要过渡。就是文章内容由一层意思转换到另外一层意思时,在其交接转折处需要过渡。如从成绩转入问题,从经验转入教训,从正面转入反面时都需要过渡。

（4）表达方式变换时需要过渡。就是在文章的表达方式转换衔接处,需要用过渡。如从记叙转为议论,从描写转为叙述,从概述转为分述都要过渡。

过渡的主要方法有以下三种。

（1）使用过渡词语。一般是在意思转折不大时使用，大多为关联词语。如"因此""虽然""那么""既然""尽管""即使""总之""但是""综上所述""由此可见"等。

（2）使用过渡句。一般是上下文空隙较小，就在上一段的末尾或下一段的开头以提示性的句子来过渡。如"现将有关事项通知如下"等。

（3）使用过渡段。在上下两段内容的意思转折太大时，就用这种方法过渡。

2. 照应

照应是指文章内容的前后关照和呼应。对前面的内容后面有关照，后面的内容前面也有交代，就能使文章的结构周密严谨，脉络清晰，浑然一体。

常用的照应方法有以下三种。

（1）文题照应。文题照应就是在行文中与标题照应，它能对文章的主旨加以揭示、强调，还能对标题作进一步的解释和交代。

（2）首尾照应。首尾照应就是在文章的结尾处，把开头交代的事情或是提出的问题再次提起，或进行概括、归纳、补充，使文章首尾圆合，结构完整，主旨更为突出。

（3）文中照应。文中照应就是在行文过程中，对相关内容随时进行照应，以强化作者的意图。

三、应用文结构的形式

（一）记叙型结构

记叙型结构就是以事物的发展变化、人物活动的空间顺序来安排结构。常用的形式有三种：即时间顺序式、空间顺序式、时空交叉式。记叙型结构多用于调查报告、工作简报等。

（二）论证型结构

论证型结构就是以事物的内在联系、逻辑关系作为依据来安排结构。具体的形式有总分式、并列式、递进式等。总分式可以是先总后分，或是先分后总，或是先总后分再总。并列式是各层次之间为并列的关系。递进式是各层次之间为递进的关系。论证型结构多用于议论性的文章。

（三）说明型结构

说明型结构就是以事物本身的固有条理来安排结构。具体形式有空间格局式、生产程序式、内部构造式、分类并举式等。空间格局式多用于介绍建筑物的构造、事物、景点的位置；生产程序式主要用于介绍物体、产品制作的工艺流程；内部构造式是用于介绍机器内部的构造形态；分类并举式用于对事物的概念、特征、功能、性质等的介绍说明。说明型结构常用于产品说明书、广告、旅游景点介绍、产品工艺流程介绍等文字材料的写作。

四、应用文的结构要求

（一）完整

应用文结构的完整性就是要求文章的头、尾、主干三者融贯为一体，形成一个有机整体。如经济合同，其文本要符合合同法的要求，标题、开头、主体、结尾等项目要素不能缺少，如缺少了相关要素，就不是完整的经济合同，就有可能产生合同纠纷，造成经济损失。

（二）严谨

应用文结构的严谨性是指结构布局的精细严密。行文的次序不可随意调整，各部分内容的安排要有紧密的联系，挪动或删减其中的任何一部分，就有可能使整体松动脱节，或者是削弱其表达效果。如计划、总结、学术论文等，虽然没有特别严格的结构约束，但每部分的内容要求及写作顺序，大多已定型，就应该按要求去写作。

（三）协调

应用文结构的协调性是指结构布局、各组成部分的形式要匀称和协调。文章开头要简明，切题要快，不能拖沓。文章的主干要充实丰满，不能干瘪空洞，撑不起架子。文章的结尾要与主干相匹配，干净利索，收束有力，不要拖泥带水，或是潦草收尾。

第五节　应用文的语言和表达

一、应用文的语言

语言是文章的基础。主旨的确立、材料的运用、结构的安排，最终都依靠语言来体现。语言、主旨、材料、结构并称文章的四大要素。如果说主旨是灵魂，材料是血肉，结构是骨骼，那么，语言就是细胞。离开了语言这个细胞，文章就很难组织起来。

二、应用文语言的特点

文章是由语言来组成的，不同的文体，就有不同的语言表现特征。应用文的语言与其他文体的语言相比较，具有鲜明的特点。

（一）多使用介词结构

在应用文中，要将根据、对象、目的、原因、范围、方式、时间、地点等内容，更严密、简练地表达出来，常常要使用到相关的介词和介宾短语，如"为""为了""根据""依据""对于""关于""通过""对于这种现象""关于这个问题"等。这些词语的运用，使文章内容表达更清楚，意义更突出，范围更明确。

（二）多用专业术语

应用写作涉及的专业领域较多,要准确地反映出各个专业领域里的情况,研究解决各种专业问题,就会更多地使用专业术语。如财政领域有预算、决算、结算、收入、支出、税收、税率、赤字、转账、清账、结转、核销等;金融领域有信用、信托、信贷、货币、流通、汇率、汇票、票据等;财务会计领域有统计报表、会计账簿、会计凭证、会计账表、流动资金、会计科目等。这些都是具有特定含义的专业术语,一般是无法用其他词语来代替的。所以,为使文章更具科学性、准确性,必须适当使用专业术语。

（三）多用书面语,少用口语

应用文多选用规范化的书面语言,以体现文章的庄重性和严谨性。一般来说,口语是以口头语形式进行即时交际交流,表达时显得比较随性简单。而书面语则经过规范化的提炼,显得更庄重严谨。试比较下列各组词语的不同:钱财—资金、钞票—货币、家当—财产、赚钱—盈利、牌子—商标、收条—收据、收税—征税。各组词语中,前者是口语,后者是书面语。从交流来看,口语适合于口头交流,不宜在应用文中过多地使用。如若在一篇经济应用文中,总使用"钞票""赚钱""家当"等一类俗语,显然就不太合适。因此,要想体现应用文的庄重性,就应该使用规范化的书面语。

（四）多用介词、介宾词组

在应用文写作中,多用介词来起头,或是以介宾词组来充当定语、状语,而且有时是连续运用,以对目的、范围、对象、依据、方式等被表述对象和内容进行限定,使内容的表述更加明确严密和完整。比较常用的介词有"为、为了、为着、根据、依照、遵照、对、对于、关于、将、按、以、通过、从、自、向、在、于、由、由于、跟、除、除了"等。例如:"为了保障公共安全,维护社会秩序,根据《中华人民共和国宪法》和《治安管理处罚条例》,经××市人民政府批准,现将收缴的刀枪器械范围通告如下。"文中由于运用介宾词组作状语,使表达更为准确、严密。

（五）多用文言词语

应用文以现代汉语为主,但与其他文体相比,所使用的文言词语显然更多一些。在应用文中适当地使用一些人们所耳熟能详的文言词语,可以使应用文语言显得更典雅庄重,表达的意思更为简洁明了。常用的文言词语有"兹、兹有、兹将、兹定于、经、并经、业经、业已、悉、收悉、知悉、为荷、届时、鉴于、恳请、为此、据此、对此、值此、特此、予以、至、逾、其、以、尚、给"等。

（六）多用祈使句

祈使句是表示命令、请求或禁止的句子。在表达态度、观点、立场时,显得鲜明而庄重,不容置疑。例如,必须、坚决、应该、要、严禁、不得、不准、不能、不许等。

三、应用文语言的表达要求

应用文有特定的语言要求。在写作时，特别强调准确、简明、平实、得体四个方面。

（一）语言准确

语言准确是应用文的生命。应用文具有较强的政策性和实践性，对语言的要求很高。只有语言准确，才有可能把事理讲清楚，把相关事项推行落实。没有准确的语言，再深刻的内容也可能因为一个词、一个字用得不当而造成误解，带来重大损失。因此，使用规范词语，准确地表达意图，是应用文的最基本要求。那么，如何做到语言准确呢？

1. 用词要准确

词语准确就是用词确切，表意清楚　汉语近义词较多，选择词语时，要注意其细微差别，如词语的轻重、范围、色彩等。对政策性强和具有法规性的公文，更要注意词语的准确性。如成绩、成就，"成绩"一般用于具体的、较小的工作学习成效方面；"成就"多用于较大的收获和造诣。又如节省、节约，"节省"适用范围较小，一般是指较小而具体的事情；"节约"适用的范围较广，一般是指较大不具体的事物。再如争取、牟取、获取，"争取"是褒义词，"牟取"是贬义词，"获取"是中性词，使用时必须弄清楚词义的色彩，才能正确运用词语。

2. 语句语法与逻辑要准确

违反语法和逻辑要求，就会出现语病。例如："实践证明，哪个学校重视，哪里的教学改革和教学质量就高。""教学质量就高"是通顺的，但说"教学改革高"就不通了，这是主谓搭配不当。有些句子从语法上来看是通的，但在逻辑上却是不通的。如"医院设有交处方单、取药两个窗口，病员在交处方单窗口交上处方单后，就到取药窗口处等候取药"。这个句子的逻辑问题是对病员不加区分，一概而论。一般来说，病员有多种情况，病轻者可以自行取药，而重病者就不可能自己取药了。所以，取药的不一定是病员，应把"病员"改为"取药者"。

3. 使用标点符号要准确

标点符号是书面语言的有机组成部分，漏用或错用标点符号，也会影响语言表达的准确性，甚至引起误解，造成不良的后果。如"××金属制品厂生产的大号撖钮由外贸部门收购10万篓小号撖钮由中百站收购"。这个句子应该是由两个分句所组成，只因没有使用逗号，使人读来很难明白其意。

4. 恰当使用模糊词语

模糊词语是相对于精确词语而言。有时由于特殊情况，需要使用一些模糊词语，使语言在表意上具有一定的弹性。但模糊词语的语义核心是明晰的，大致范围是明确的。因此,模糊词语与精确语言一样,同属准确表达的范畴。如"近来""时有""各地""大多数""一定""相当""有关部门"等。这类词语使用恰当,可增加表达上的灵活性,但应谨慎使用。

(二)语言要简明

简明就是指文字要简洁明白,使用较少的文字来表达出较多、较丰富的内容。清代刘大櫆说:"文贵简。凡文笔老则简、意真则简、辞切则简、理当则简、味淡则简、气蕴则简、品贵则简、神远含藏不尽则简,故简为文章尽境。"为使文章简洁,这就要求开门见山,说话不要绕弯子,不要故弄玄虚、矫揉造作,而应简明扼要。以使阅读者能迅速、正确地理解文章主旨。

1. 简化内容,抓住关键

应用文是实用文体,提出问题、分析问题都要注意突出重点,抓住关键,不能事无巨细眉毛胡子一把抓,这易使文章冗长拖沓。有的在写汇报或总结时,喜欢讲套话空话。如"在××的英明领导下,在××的大力支持下,在××的密切配合下,经过……"等,这种毫无意义的套话空话应避免使用。

2. 删繁就简,避免重复

写作应用文要舍得把那些多余的字、句、段删去,这样文章的主旨才能突出。如"各省、自治区、直辖市人民政府和国务院各部门可以根据本办法规定的基本原则,结合实际情况,制定实施细则或者补充规定"。文中的"可以",可精简为"可";"根据本办法"已说明清楚,不必再说"规定的基本原则";有了"制定实施细则",就不必再写"或者补充规定",而且"补充规定",唯有发文机关才能制定,实行机关是无权制定的。

3. 慎用简缩词,规范用语

在应用文中,恰当使用简缩词,可使文章言简意明,增强文章的魅力,如"环保""高校""双选会""通胀""网管""自贸区"等。但使用简缩词应遵循人们的思维习惯和规则,并为社会所认同,不可生造或乱造简缩词,以免产生歧义,闹出笑话。如"反贪污贿赂局"简称"反贪局",就不能简称为"反污局"。

(三)语言要平实

所谓平实就是平易朴实。应用文是实用文体,其语言表达要求通俗易懂,朴实无华,易于理解掌握。梁代沈约曾说过:"文章当从三易,易见事,一也;易识字,二也;易读诵,三也。"因此,要注意以下几点。

(1)要选用平实的书面用语,摒弃生僻词语,正确使用行业术语和惯用语,以体现其庄重格调。不用绮丽浓艳、感情色彩强的词语,也不要用含蓄委婉的词语,应注意词语的准确单一,不要有歧义。

(2)在修辞手法上,一般不用夸张、比喻、渲染、烘托等修辞手法,以免给人虚假、不真实的感觉。可以使用排比、对比、反复等修辞。

（3）在表达方式上，主要运用叙述、议论、说明，极少使用抒情、描写。

（四）语言要得体

语言得体就是指语言的运用要与行文的对象、目的相一致，根据不同的对象和场合掌握好语言的分寸。说什么，怎么说，都要有所讲究。如下行文要传达上级的有关政策规定或要求，语言就要庄重严肃，具有权威性；上行文要请示汇报，语言就要恳切敬重、诚挚谦恭；平行文应互相尊重，平等协商，用语谦虚。总之，应用文应根据不同的文种和行文关系使用相应的语言，以达到最佳的表达效果。

范例导读与简评

国务院关于实施支持农业转移人口市民化若干财政政策的通知

各省、自治区、直辖市人民政府，国务院各部委、各直属机构：

加快农业转移人口市民化，是推进以人为核心的新型城镇化的首要任务，是破解城乡二元结构的根本途径，是扩内需、调结构的重要抓手。根据党中央、国务院决策部署，现就实施支持农业转移人口市民化若干财政政策通知如下。

一、总体要求

全面贯彻落实党的十八大和十八届三中、四中、五中全会以及中央经济工作会议、中央城镇化工作会议、中央城市工作会议精神，深入贯彻习近平总书记系列重要讲话精神，适应、把握和引领经济发展新常态，按照"五位一体"总体布局和"四个全面"战略布局，牢固树立和贯彻落实创新、协调、绿色、开放、共享的发展理念，强化地方政府尤其是人口流入地政府的主体责任，建立健全支持农业转移人口市民化的财政政策体系，将持有居住证人口纳入基本公共服务保障范围，创造条件加快实现基本公共服务常住人口全覆盖。加大对吸纳农业转移人口地区尤其是中西部地区中小城镇的支持力度，维护进城落户农民土地承包权、宅基地使用权、集体收益分配权，支持引导其依法自愿有偿转让上述权益，促进有能力在城镇稳定就业和生活的常住人口有序实现市民化，并与城镇居民享有同等权利。

二、基本原则

创新机制、扩大覆盖。创新公共资源配置的体制机制，将持有居住证人口纳入义务教育、基本医疗、基本养老、就业服务等基本公共服务保障范围，使其逐步享受与当地户籍人口同等的基本公共服务。

精准施策、促进均衡。强化经济发达地区为农业转移人口提供与当地户籍人口同等基本公共服务的职责；综合考虑户籍人口、持有居住证人口和常住人口等因素，完善转移支付制度，确保中西部财政困难地区财力不因政策调整而减少，促进基本公共服务均等化。

强化激励、推动落户。建立中央和省级财政农业转移人口市民化奖励机制，调动地方政府推动农业转移人口市民化的积极性,有序推动有能力在城镇稳定就业和生活的农业转移人口举家进城落户。

维护权益、消除顾虑。充分尊重农民意愿和自主定居权利,依法维护进城落户农民在农村享有的既有权益,消除农民进城落户的后顾之忧。为进城落户农民在农村合法权益的流转创造条件,实现其权益的保值增值。

三、政策措施

(一)保障农业转移人口子女平等享有受教育权利。地方政府要将农业转移人口及其他常住人口随迁子女义务教育纳入公共财政保障范围,逐步完善并落实中等职业教育免学杂费和普惠性学前教育的政策。中央和省级财政部门要按在校学生人数及相关标准核定义务教育和职业教育中涉及学生政策的转移支付,统一城乡义务教育经费保障机制,实现"两免一补"资金和生均公用经费基准定额资金随学生流动可携带,落实好中等职业教育国家助学政策。

(二)支持创新城乡基本医疗保险管理制度。加快落实医疗保险关系转移接续办法和异地就医结算办法,整合城乡居民基本医疗保险制度,加快实施统一的城乡医疗救助制度。对于居住证持有人选择参加城镇居民医保的,个人按城镇居民相同标准缴费,各级财政按照参保城镇居民相同标准给予补助,避免重复参保、重复补助。加快实现基本医疗保险参保人跨制度、跨地区转移接续。

(三)支持完善统筹城乡的社会保障体系。加快实施统一规范的城乡社会保障制度,中央和省级财政部门要配合人力资源社会保障等有关部门做好将持有居住证人口纳入城镇社会保障体系和城乡社会保障制度衔接等工作。

(四)加大对农业转移人口就业的支持力度。中央和省级财政部门在安排就业专项资金时,要充分考虑农业转移人口就业问题,将城镇常住人口和城镇新增就业人数作为分配因素,并赋予适当权重。县级财政部门要统筹上级转移支付和自有财力,支持进城落户农业转移人口中的失业人员进行失业登记,并享受职业指导、介绍、培训及技能鉴定等公共就业服务和扶持政策。

(五)建立农业转移人口市民化奖励机制。中央财政建立农业转移人口市民化奖励机制,奖励资金根据农业转移人口实际进城落户以及地方提供基本公共服务情况,并适当考虑农业转移人口流动、城市规模等因素进行测算分配,向吸纳跨省(区、市)流动农业转移人口较多地区和中西部中小城镇倾斜。省级财政要安排资金,建立省(区、市)对下农业转移人口市民化奖励机制。县级财政部门要将上级奖励资金统筹用于提供基本公共服务。

(六)均衡性转移支付适当考虑为持有居住证人口提供基本公共服务增支因素。中央财政在根据户籍人口测算分配均衡性转移支付的基础上,充分考虑各地区向持有居住证人口提供基本公共服务的支出需求,并根据基本公共服务水平提高和规模增长情况进行动态调整,确保对中西部财政困难地区转移支付规模和力度不减。省级财政要参照中央做法,在对下分配均衡性转移支付资金时考虑为持有居住证人口提供基本公共服务等增支因素,增强县级政府财政保障能力,鼓励中西部地区农业转移人口就近城镇化。

(七)县级基本财力保障机制考虑持有居住证人口因素。完善县级基本财力保障机制奖补资金分配办法,中央和省级财政在测算县级相关民生支出时,要适当考虑持有居住证人口因素,加强对吸纳农业转移人口较多且民生支出缺口较大的中西部县级政府的财力保障。县级政府要统筹用好资金,切实将农业转移人口纳入基本公共服务保障范围,使农业转移人口与当地户籍人口享受同等基本公共服务。

（八）支持提升城市功能,增强城市承载能力。地方政府要将农业转移人口市民化工作纳入本地区经济社会发展规划、城乡规划和城市基础设施建设规划。要多渠道筹集建设资金,通过发行地方政府债券等多种方式拓宽城市建设融资渠道。要推广政府和社会资本合作(PPP)模式,吸引社会资本参与城市基础设施建设和运营。按照市场配置资源和政府保障相结合的原则,鼓励农业转移人口通过市场购买或租赁住房,采取多种方式解决农业转移人口居住问题。中央财政在安排城市基础设施建设和运行维护、保障性住房等相关专项资金时,对吸纳农业转移人口较多的地区给予适当支持。

（九）维护进城落户农民土地承包权、宅基地使用权、集体收益分配权。地方政府不得强行要求进城落户农民转让在农村的土地承包权、宅基地使用权、集体收益分配权,或将其作为进城落户条件。要通过健全农村产权流转交易市场,逐步建立进城落户农民在农村的相关权益退出机制,积极引导和支持进城落户农民依法自愿有偿转让相关权益,促进相关权益的实现和维护,但现阶段要严格限定在本集体经济组织内部。要多渠道筹集资金,支持进城落户农民在城镇居住、创业、投资。

（十）加大对农业转移人口市民化的财政支持力度,并建立动态调整机制。中央和地方各级财政部门要根据不同时期农业转移人口数量规模、不同地区和城乡之间农业转移人口流动变化、大中小城市农业转移人口市民化成本差异等,对转移支付规模和结构进行动态调整。落实东部发达地区和大型、特大型城市的主体责任,引导其加大支出结构调整力度,依靠自有财力为农业转移人口提供与当地户籍人口同等的基本公共服务,中央财政根据其吸纳农业转移人口进城落户人数等因素适当给予奖励。

四、组织实施

建立健全支持农业转移人口市民化的财政政策是党中央、国务院部署的重点改革任务之一,各级政府及其财政部门要高度重视、提高认识、尽快部署、狠抓落实。

中央财政要加快调整完善相关政策,加大转移支付支持力度,建立绩效考核机制,督促地方财政部门尽快制定有关支持农业转移人口市民化的财政政策措施。

省级财政部门要按照本通知要求,结合本地区实际制定支持农业转移人口市民化的政策措施,并报财政部备案;要完善省对下转移支付制度,引导农业转移人口就近城镇化,增强省以下各级政府落实农业转移人口市民化政策的财政保障能力。

人口流入地政府尤其是东部发达地区政府要履行为农业转移人口提供基本公共服务的义务,把推动本地区新型城镇化、加快推进户籍制度改革、促进已进城农业转移人口在城镇定居落户与提供基本公共服务结合起来,通过加强预算管理,统筹使用自有财力和上级政府转移支付资金,合理安排预算,优化支出结构,切实保障农业转移人口基本公共服务需求。

国务院

2016 年 7 月 27 日

简评

本文根据社会发展实际,为加快农业转移人口市民化,推进新型城镇化建设,破解城乡二元结构难题,从四个方面就实施支持农业转移人口市民化若干财政政策,提出了明确的要求和具体的措施。全文主旨鲜明,针对性强,政策阐述清楚,易于理解和实施。全文以小标题的形式来概括层意和段旨,使结构更为清晰。语言简明规范,严谨庄重,具有很强的政策性和指导性。

写作能力实训

一、请分析下列各组词语词义轻重的不同。

(1)成绩—成就 (2)优良—优秀—优异 (3)表扬—表彰 (4)批评—批判

(5)处分—惩处 (6)基本—根本

二、请分析下列各组词语词义侧重点的不同。

(1)计算—核算 (2)平衡—均衡 (3)改善—改进 (4)修改—修正

三、请分析下列各组词语感情色彩的不同。

(1)成果—后果—结果 (2)运用—动用—挪用 (3)赞成—同意—附和

(4)争取—牟取—获取 (5)揭示—揭开—揭发 (6)鼓励—促使—怂恿

四、请指出下列句子中的文言句式。

(1)凡未经批准,擅自不参加单位活动者,一律不得评优。

(2)自本通知下发之日起,参与家电下乡的各生产企业及其授权经销商必须严格遵守家电下乡标识使用规范。

五、请对下列材料进行分析,并提炼出相应的分论点。

影响工程进展的主要原因,第一,××大学×××学院因缺少资金至今仍未恢复施工;第二,××机场扩建在5月底开工,××公路计划在10月开工,今年计划新开工建设的11个工程项目,大部分仍在做前期准备工作;第三,工程报批报建时间长,征地拆迁难,以地霸工、阻工闹事现象屡禁不止,严重影响了工程进度。

六、请分析下列文字中对模糊词语的使用。

当前土地管理特别是土地调控中出现了一些新动向、新问题,建设用地总量增长过快,低成本工业用地过度扩张,违法违规用地、滥占耕地现象屡禁不止,严把土地"闸门"任务仍然十分艰巨……(《国务院关于加强土地调控有关问题的通知》)。

七、分析下列句子中的毛病,并请改正。

(1)错误列支的,务必纠正。今年的要纠正,去年的也不要放过。今后不论超产奖还是什么乱七八糟的这个奖那个奖,统统都得在利润中支付。

(2)紧密地围绕党的十一届三中全会决定,把工作的着重点转移到社会主义现代化建设上来这个中心任务,积极开展工作。

(3)20世纪80年代中期以前,多数新闻单位实行的是全额预算管理。……从80年代初,北京首次举行了大规模读者调查后,受众调查逐渐被各级新闻单位所重视。

(4)我厂经过治理整顿,面貌一新,该厂领导班子对未来充满信心,对这个厂制定了十年发展规划。

（5）随着社会的不断进步，科技知识的价值日益显现，人类已进入知识产权的归属和利益的分成，并已开始向科技工作者身上倾斜。

（6）大家对护林员揭发林业局带头偷运木料的问题，普遍感到非常气愤。

（7）通过实施有效的销售措施，我公司各部门都超额完成了任务。公司决定，超额 20％以上为一等奖，超额 20％以下为二等奖。

（8）某厂只注意抓产量，忽视了抓产品质量，致使去年全厂上缴的利润比上一年度减少 50％。

八、请将下列加横线的词语改成符合应用文体风格的庄重词语。

地质勘探队所到的地方，非常希望各族人民予以帮助，现在特地发布以上各项规定，切不要轻信谣言，阻碍勘探队的正常工作。

第二章

公 务 文 书

第一节 公务文书概述

一、公务文书的含义

公务文书简称公文,它是党政机关、社会团体、企事业单位在开展公务活动时所形成和使用的、具有法定效力和规范体式的书面材料,是贯彻落实上级机关有关政策法规、重要精神、依法行政和实施行政管理职能的重要工具。

公文原有党政两个相对独立的系统,各自规定有不同的文种和处理办法,各行其是。2012 年 4 月 16 日,中共中央办公厅、国务院办公厅联合印发了《党政机关公文处理工作条例》,明确规定,党政机关统一实行新的公文处理工作条例,党政之间的公文障碍已经消除。经过整合的党政公文,统一了文种、格式和公文处理过程中的规则、拟制、办理和管理,使党政公文更为科学规范和简明。其他事业单位、社会团体和公司企业的公文处理,可参照党政机关公文处理工作条例执行。同时停止实行自 1996 年 5 月实施的《中国共产党机关公文处理条例》和自 2001 年 1 月执行的《国家行政机关公文处理办法》。

二、公务文书的特点

(一)政治性

公文是党政机关和其他单位团体进行行政管理的重要工具。公文服务于政治并反映政治的需要,其内容与党和国家的政治、政策具有密切的联系。公文的政治性体现在它反映和传达党和国家的方针、政策,根据有关法律法规发布行政法规,制定社会政治经济发展的相关行政措施,表明制发机关的立场、观点和意志,促进社会文明进步与和谐发展。也体现在行政管理过程中,依法行政,贯彻落实党和国家的方针政策,代表党和人民群众的根本利益,保证各种方针政策的实施。

（二）权威性

公文是党政机关和其他单位团体发挥行政管理职能的重要手段，代表制发机关的意志和权威，具有领导和指挥的作用。公文的权威性由党政机关职能与权力的法定性所决定。党政机关是根据党章、宪法或有关组织法依法成立的机构，并赋予其在法定范围内履行职能。党政机关可以根据职能范围制定和发布公文，实施行政管理措施。公文一经发布生效，即在法定的时空内对受文对象的思想和行为发挥规范约束、组织协调、监督控制作用，以保证制发机关的意图得到贯彻落实。

（三）时效性

时效性就是时限性。党政机关团体公文是针对现实社会政治经济文化的发展状况而制发，或是传达贯彻党和国家的方针政策时，或是有针对性地实施管理措施，解决相关社会问题，因而有明显的时间限制。公文拟就并下达后，即开始生效，一旦工作结束或问题解决，公文就自动失去时效。公文的时效有长有短，短则数周数月，长或一年数年。公文完成使命后，失去了现实效力，转而成为历史档案文件，以备后人查阅研究使用。

（四）规范性

公文的行文格式和行文规则有严格的要求，不能自行其是，随意改动。《党政机关公文处理工作条例》，对公文的种类、名称、体式、行文规则和处理程序有明确的规定。《党政机关公文格式》，对公文用纸的纸型、版心规格、公文要素、区域划分、结构位置、字体字号也有具体的要求。任何单位和个人都应当严格遵守《条例》与《格式》的规定，按要求实行，以维护公文的严肃性和权威性，保证公文写作和处理的程式化、科学化，使公文能准确、迅速地传达制发机关的意图，充分发挥公文的作用。

三、公务文书的种类

根据中共中央办公厅、国务院办公厅所印发《党政机关公文处理工作条例》规定，新的公文处理条例于 2012 年 7 月 1 日起施行。《党政机关公文处理工作条例》分总则、公文种类、公文格式、行文规则、公文拟制、公文办理、公文管理、附则，共 8 章 42 条，明确规定公文的种类有决议、决定、命令（令）、公报、公告、通告、意见、通知、通报、报告、请示、批复、议案、函、纪要 15 种。

（一）决议

决议适用于会议讨论通过的重大决策事项。

（二）决定

决定适用于对重要事项做出决策和部署、奖惩有关单位和人员、变更或者撤销下级机关不适当的决定事项。决定的使用范围较广，包括各级机关、团体和单位。

（三）命令（令）

命令（令）是国家领导机关及其领导人所颁布的强制性公文，适用于依照有关法律公布行政法规和规章，宣布施行重大强制性行政措施，嘉奖有关单位及人员。命令（令）是一种高规格的文种，具有特殊的权威性和强制性，其使用者限于国家领导机关。

（四）公报

公报适用于公布重要决定或者重大事项。

（五）公告

公告主要用于向国内外宣布重要事项或者法定事项的周知性公文，具有公开性与庄重性的特点，一般只有国家领导机关或经授权的机关才能制发。

（六）通告

通告是专门发布周知性和使令性内容的公文，适用于在一定范围内公布应当遵守或者周知的事项，一般机关单位、社会团体均可使用。

（七）意见

意见是一种表达工作要求和意图的指导性、建议性公文，适用于对重要问题提出见解和处理办法。

（八）通知

通知是向特定的受文对象告知有关事项的知照性公文，适用于发布、传达要求下级机关执行和有关单位周知或者执行的事项，批转、转发公文。

（九）通报

通报是一种具有表彰和惩戒作用的晓谕性公文，适用于表彰先进、批评错误、传达重要精神和告知重要情况。

（十）报告

报告是一种向特定受文对象汇报情况的陈述性公文，适用于向上级机关汇报工作、反映情况，回复上级机关的询问。

（十一）请示

请示是一种向特定受文对象请求有关事项的祈请性公文，适用于向上级机关请求指示、批准。

（十二）批复

批复是一种针对请示事项而作的批示性公文，适用于答复下级机关的请示事项。

（十三）议案

议案适用于各级人民政府按照法律程序向同级人民代表大会或人民代表大会常务委员会提请审议的事项。

（十四）函

函是一种向特定受文对象商询请答的多向性公文，适用于不相隶属机关之间商洽工作、询问和答复问题、请求批准和答复审批事项。

（十五）纪要

纪要是记载会议情况的纪实性公文，适用于记载会议主要情况和议定事项。

以上十五种公文，从不同的角度进行分类，可形成不同的类别。

（1）根据行文方向不同，公文分为上行文、下行文、平行文三种。

- 上行文是下级机关向上级机关呈报的公文，如请示、报告等。
- 下行文是上级机关向下级机关送发的公文，如决议、决定、命令（令）、公报、公告、通告、通知、通报、批复、意见、纪要等。
- 平行文是平级机关或不相隶属机关之间联系工作、商洽事宜而来往的公文，如函等。

有的公文在行文方向上具有灵活性和特殊性。如通知是下行文，但有时也用于平行发文；函是平行文，也可用于上行或下行发文。但这种灵活性并不影响该公文的基本属性。公告是用于向国内外发布重要事项或法定事项带有全方位的特殊性质；意见可用于上行文、下行文、平行文；议案是各级政府向同级人民代表大会或人民代表大会常务委员会提请审议事项，因机关性质不同，不存在上下隶属关系，所以，行文方向也不可硬性划定。公文出现交叉现象只是工作的需要，不影响公文的分类。

（2）根据公文涉及秘密程度的不同，可分为涉密公文和普通公文两种。涉密公文又可分为"绝密""机密""秘密"三个等级，涉密公文在传阅范围、保密期限、办理程序等方面有相应的严格要求。普通公文是指不涉密的公文，阅办要求要宽泛一些。

（3）根据公文送达和办理时限要求的不同，可分为紧急公文和常规公文两种。紧急公文还可分为"特急"和"加急"两个等级。不同的时限要求，有不同的处理措施，就是要特事特办，急事急办。常规公文是指按正常办文时间和程序处理的公文。

四、公务文书的格式

公文格式是指公文的外观形式，是公文的各种基本要素在公文版心内的书写要求、位置排列及相互关系的规定。《党政机关公文处理工作条例》第九条规定，公文的基本构成要素有份号、密级和保密期限、紧急程度、发文机关标志、发文字号、签发人、标题、主送机关、正文、附件说明、发文机关署名、成文日期、印章、附注、附件、抄送机关、印发机关和印发日期、页码等。《党政机关公文格式》把公文各要素分为版头、主体、版记三个部分,每个部分的书写都有明确规定,要正确书写。

《党政机关公文处理工作条例》第九条规定,"公文用纸幅面采用国际标准 A4 型。特殊形式的公文用纸幅面,根据实际需要确定。"

（一）版头

版头俗称文头,是公文首页红色分隔线以上的部分。主要构成要素有公文份号、密级和保密期限、紧急程度、发文机关标志、发文字号、签发人等。

1. 公文份号

公文份号是指同一公文印数中的某份公文的序号。每份文件按顺序编一个序号,一般用 6 位 3 号阿拉伯数字,顶格书写在版心左上角第一行。多用于密级较高的公文,这便于文件的核对或回收时核查销毁。如"000012",表示此份公文是总印数中的第 12 份。

2. 密级和保密期限

我国现行公文的密级分为绝密、机密、秘密三个等级。如公文内容涉及秘密,应按涉密程度加以区分和标注。密级一般用 3 号黑体字,顶格编排在版心左上角第二行,两字之间空一字;如需同时标识密级和保密期限,密级与保密期限之间用"★"隔开,如"绝密★3 年"。

3. 紧急程度

公文标明紧急程度是指对公文办理的时限要求,以确保公文得到及时处理。标识紧急程度,用 3 号黑体字,顶格书写在版心左上角,两字之间空一字。如需同时标注份号、密级和保密期限、紧急程度,按照份号、密级和保密期限、紧急程度的顺序自上而下分行排列。

4. 发文机关标志

发文机关标志就是公文制发单位的名称,也叫文件名称。由发文机关全称或规范化简称后加"文件"两字组成,如"国务院文件""××省人民政府文件"。也可以使用发文机关全称或者规范化简称。如"××省人民政府""××省教育厅"。发文机关标志居中排布,上边缘至版心上边缘为 35mm,推荐使用小标宋体字,颜色为红色,以醒目、美观、庄重为原则,但应小于 22mm×15mm。

联合行文时,发文机关标志可并用联合发文机关名称,也可单独用主办机关名称。如需同时标注联署发文机关名称,一般应当将主办机关名称排列在前;如有"文件"二字,应当置于发文机关名称右侧,以联署发文机关名称为准上下居中排布。字体使用小标宋体字,用红色标识。如联合行文机关过多,则必须保证公文首页要有正文内容。

5. 发文字号

发文字号就是文件代号，简称文号，由发文机关代字、年份和发文顺序号三部分组成。联合行文时，使用主办机关的发文字号。机关代字是发文机关的代称，年份是发文的年度，发文顺序号是文件的顺序号，如"国办发〔2017〕18 号"。在发文机关标志下空两行，用 3 号仿宋体字，居中排布；年份、序号使用阿拉伯数字书写；年份应标全称，用六角括号"〔〕"括入；序号不编虚位（即 1 不编为 01），不加"第"字，在阿拉伯数字后加"号"字。上行文的发文字号居左空一字编排，与最后一个签发人姓名处在同一行。

6. 签发人

签发人是指核准公文文稿并同意发文的单位主要领导人的签名，上行文应当标注签发人姓名。签发人姓名与文号平行排列于右侧，文号居左空一字书写，签发人姓名居右空一字书写。"签发人"三字用 3 号仿宋体字，后标全角冒号，并用 3 号楷体字标注签发人姓名。如有多个签发人，签发人姓名按照发文机关的排列顺序从左到右、自上而下依次均匀编排，一般每行排两个姓名，回行时与上一行第一个签发人姓名对齐。

7. 版头中的分隔线

发文字号之下 4mm 处印一条与版心等宽的红色分隔线。

（二）主体

主体是公文的核心部分，一般由公文标题、主送机关、公文正文、附件说明、发文机关署名、成文时间、公文印章、附注、附件等要素组成。

1. 公文标题

公文标题是公文主要内容的高度概括。《党政机关公文处理工作条例》规定："公文标题由发文机关名称、事由和文种组成。"这是完整的公文标题所不能或缺的三个组成部分。如《中共中央办公厅　国务院办公厅关于印发〈党政机关公文处理工作条例〉的通知》（中办发〔2012〕14 号）。标题中"中共中央办公厅　国务院办公厅"是发文机关名称，"关于印发《党政机关公文处理工作条例》"是公文的主要事由，由介词"关于"引出，准确、简要地概括公文的主要内容。"通知"是文种。

公文标题一般用 2 号小标宋体字，编排于红色分隔线下空两行位置，分一行或多行居中排布；回行时，要做到词意完整，排列对称，长短适宜，间距恰当，标题排列应当使用梯形或菱形。

2. 主送机关

主送机关是指公文的主要受理机关，其名称应使用全称、规范化简称或者同类型机关统称。上行文和非普发性的下行文主送机关只写一个，不能多头主送和越级主送，也不能送领导者个人。普发性的下行文主送机关可写多个，可用统称。书写时按机关的级别、性质或惯例排列，中间用顿号或逗号分隔。如"各省、自治区、直辖市党委和人民政府，中央和国家机关各部委,解放军各总部、各大单位、各人民团体:"。

主送机关标注在标题下空一行,居左侧顶格以仿宋体字书写,回行时仍顶格;在最后一个主送机关名称后标全角冒号。如主送机关名称过多而使公文首页不能显示正文时,应将主送机关名称移至版记。如需把主送机关移至版记,除将"抄送"二字改为"主送"外,编排方法同抄送机关。既有主送机关又有抄送机关时,应当将主送机关置于抄送机关之上一行,之间不加分隔线。

3. 公文正文

公文正文是公文的主体部分,用来表述公文的内容。正文的逻辑结构一般由发文缘由、事项、结尾三部分组成。编排在主送机关名称下一行,每个自然段左空两字,回行顶格。数字、年份不能回行。文中结构层次序数依次可以用"一、""(一)""1.""(1)"标注;一般第一层用黑体字、第二层用楷体字、第三层和第四层用仿宋体字标注。

发文缘由以简明扼要的语言开宗明义,陈述发文的原因、依据、目的或概述情况,表明工作意图。常用"根据""为了""遵照""鉴于"等引述词提起话语。

事项是公文的主要内容,具体阐述工作的意义、贯彻的措施和预期的效果;把上级意图、方法要求、行动步骤等条分缕析,让受文者尽快领会、掌握、落实。

公文结尾是对全文内容的收束。不同文种有不同的结束用语,或提出希望要求;或表明愿望态度;或使用惯用语,如"以上请示妥否,请批示""特此报告""特此通知""特此批复""专此函达"等。

4. 附件说明

附件是指随正文附送的具有说明、解释、补充作用的文字或图片表格等材料,是公文的重要组成部分,与正文有同等法定效力。公文附件在正文下空一行左空两字编排"附件"二字,后标全角冒号和附件名称。如有多个附件,使用阿拉伯数字标注附件顺序号,如"附件:1.×××× 2.××××",附件名称后不加标点符号。附件名称较长需回行时,应当与上一行附件名称的首字对齐。

附件与正文一起装订,并在附件左上角第一行顶格标识"附件"。有序号时标识附件序号,附件序号和名称前后要一致。如转发的文件、随文发布的行政法规和规章,其名称在正文中已有交代,则在正文下不必加附件说明,文中也不用标识"附件"。

5. 发文机关署名

在正文(或附件说明)下空一行右空二字编排发文机关署名,署名要署发文机关全称或者规范化简称。联合行文时,应当先编排主办机关署名,其余发文机关署名依次向下编排。

6. 成文时间

成文时间就是公文的生效日期,一般以领导人签发日期为准,联合行文以最后签发机关领导人的签发日期为准,会议通过的决议、决定等以会议通过时间为准,法规性文件以批准之日起为准。成文日期要标全年、月、日,应用阿拉伯数字书写,如"2017 年 8 月

15日"，不能略写。月、日不编虚位（即1不编为01）。成文时间标注在发文机关署名下方，一般右空四字编排。

7. 公文印章

印章也称公章，是公文生效的权威标志。公文中有发文机关署名的，应当加盖印章，并与署名机关相符。有特定发文机关标志的普发性公文和电报可以不加盖印章。盖印章时，要使印章端正、居中下压发文机关署名和成文日期，使发文机关署名和成文日期居印章中心偏下位置，印章顶端应当上距正文（或附件说明）一行之内。

单一机关行文时，在正文（或附件说明）下空一行右空两字编排发文机关署名，在发文机关署名下一行编排成文日期，首字比发文机关署名首字右移两字，如成文日期长于发文机关署名，应当使成文日期右空两字编排，并相应增加发文机关署名右空字数。

联合行文时，一般将各发文机关署名按照发文机关顺序整齐排列在相应位置，并将印章一一对应、端正、居中下压发文机关署名，最后一个印章端正、居中下压发文机关署名和成文日期，印章之间排列整齐、互不相交或相切，每排印章两端不得超出版心，首排印章顶端应当上距正文（或附件说明）一行之内。

当公文排版后，剩空处不能容下印章位置时，应以调整行距、字距来解决。

如是加盖签发人签名章的公文，单一机关制发的公文加盖签发人签名章，在正文（或附件说明）下空两行右空四字加盖签发人签名章，签名章左空两字标注签发人职务，以签名章为准上下居中排布。在签发人签名章下空一行右空四字编排成文日期。联合行文时，应当先编排主办机关签发人职务、签名章，其余机关签发人职务、签名章依次向下编排，与主办机关签发人职务、签名章上下对齐；每行只编排一个机关的签发人职务、签名章；签发人职务应当标注全称。

签名章一般用红色。

8. 附注

附注是用以说明在正文中不便说的其他事项。如公文的传阅范围对象或形式、某些专用名词术语的注释、请示件的联系人姓名和联系电话等。附注标识用仿宋字，居左空两字以圆括号标注在成文时间下一行。

9. 附件

应当另面编排，并在版记之前，与公文正文一起装订。"附件"二字及附件顺序号用3号黑体字顶格编排在版心左上角第一行。附件标题居中编排在版心第三行。附件顺序号和附件标题应当与附件说明的表述一致。附件格式要求同正文。

如附件与正文不能一起装订，应当在附件左上角第一行顶格编排公文的发文字号并在其后标注"附件"二字及附件顺序号。

（三）版记

版记是对公文印发情况加以说明的部分，包括抄送机关、印发机关、印发时间、页码等要素。标识在公文的最后一页后半部分。

1. 版记中的分隔线

版记中的分隔线与版心等宽,首条分隔线和末条分隔线用粗线(推荐高度为0.35mm),中间的分隔线用细线(推荐高度为0.25mm)。首条分隔线位于版记中第一个要素上,末条分隔线与公文最后一面的版心下边缘重合。

2. 抄送机关

抄送机关是指除主送机关外需要执行或者知晓公文内容的其他机关。抄送对象根据工作需要或公文内容定。抄送机关名称用全称或规范化简称,同类型机关可用统称。

如有抄送机关,一般用 4 号仿宋体字,在印发机关和印发日期上一行、左右各空一字编排。"抄送"二字后加全角冒号和抄送机关名称,回行时与冒号后的首字对齐,最后一个抄送机关名称后标句号。

3. 印发机关和印发时间

印发机关是指公文的送印机关,一般由公文制发机关的办公厅(室)或秘书部门送印。印发时间是指公文送印的日期。印发机关和印发日期一般用 4 号仿宋体字,编排在末条分隔线上,印发机关左空一字,印发日期右空一字,用阿拉伯数字将年、月、日标全,年份应标全称,月、日不编虚位(即 1 不编为 01),后加"印发"二字。

版记中如有其他要素,应当将其与印发机关和印发日期用一条细分隔线隔开。

4. 页码

一般用 4 号半角宋体阿拉伯数字,编排在公文版心下边缘下,数字左右各放一条一字线;一字线上距版心下边缘 7mm。单页码居右空一字,双页码居左空一字。公文的版记页前有空白页的,空白页和版记页均不编排页码。公文的附件与正文一起装订时,页码应当连续编排。

五、公务文书处理程序

(一)公文处理原则

《党政机关公文处理工作条例》规定,公文处理应该做到及时、准确、安全。

1. 及时

公文是为贯彻党和国家的方针政策、开展公务活动而服务的,延误时间,就会降低行政效率,甚至造成经济损失。因此,无论是公文的拟制、发送、传阅、落实,还是归档、整理、立卷等,都必须要及时,不拖拉,不积压。

2. 准确

公文处理要做到准确理解党和国家的方针政策和法律法规；准确领会和反映领导的意图；准确使用文种、发送传阅范围；语言表达方式、内容和形式也要准确。

3. 安全

公文处理要严格执行国家保密规定，确保国家秘密安全，要设立专门机构或人员处理公文。自动化办公设备要有加密装置，绝密文件不能用计算机或传真机传递。文件要按规定进行核查立卷归档或集中销毁。

（二）公文拟制

公文的拟制包括公文的起草、审核、签发等重要环节。拟稿时，稿本的第一页应使用专用发文稿纸，如图 2-1 所示，正文部分写不下时可写在另外的稿纸上。拟稿的其他环节都要按表中栏目的要求填写，以示对发文负责。

×××××发文稿纸			
缓急：		密级：	
签发：		核稿：	
会签：		拟稿：	
		共打印：	文：　　　　份
标题：			附件：　　　份
主送机关：		随文材料：	
抄送：			
发文字号：			年　　月　　日
打字：　　　　校对：		缮印：　　　　监印：	
正文： （以下可附用一般稿纸）			

图 2-1　发文稿纸格式

1. 起草

起草就是写作公文初稿。这是公文制发的关键环节,决定着公文的质量。文秘人员起草公文时应当做到以下内容。

（1）符合国家法律法规和党的路线方针政策,完整准确体现发文机关意图,并同现行有关公文相衔接。

（2）一切从实际出发,分析问题实事求是,所提政策措施和办法切实可行。

（3）内容简洁,主题突出,观点鲜明,结构严谨,表述准确,文字精练。

（4）文种正确,格式规范。

（5）深入调查研究,充分进行论证,广泛听取意见。

（6）公文涉及其他地区或者部门职权范围内的事项,起草单位必须征求相关地区或者部门意见,力求达成一致。

（7）机关负责人应当主持、指导重要公文起草工作。

公文撰拟完成后,填写发文稿纸,附在文稿之前,然后送有关部门领导审核。

2. 审核

公文在送交部门领导签发前,应由办公厅（室）核稿人员专门审核。审核的重点如下：

（1）行文理由是否充分,行文依据是否准确。

（2）内容是否符合国家法律法规和党的路线方针政策;是否完整准确体现发文机关意图;是否同现行有关公文相衔接;所提政策措施和办法是否切实可行。

（3）涉及有关地区或者部门职权范围内的事项是否经过充分协商并达成一致意见。

（4）文种是否正确,格式是否规范;人名、地名、时间、数字、段落顺序、引文等是否准确;文字、数字、计量单位和标点符号等用法是否规范。

（5）其他内容是否符合公文起草的有关要求。

需要发文机关审议的重要公文文稿,审议前由发文机关办公厅（室）进行初核。

总之,审核要严肃认真,谨慎把关,反复斟酌,适度处理,以确保公文质量,严把公文出口关。

3. 签发

签发是指主要领导对审核拟发的公文文稿最后核准。公文应当经本机关负责人审批签发。重要公文和上行文由机关主要负责人签发。党委、政府的办公厅（室）根据党委、政府授权制发的公文,由受权机关主要负责人签发或者按照有关规定签发。签发人签发公文,应当签署意见、姓名和完整日期;圈阅或者签名的,视为同意。联合发文由主办部门拟稿,协商一致后,所有联署机关的负责人进行会签。

（三）公文办理程序

根据《党政机关公文处理工作条例》规定,公文办理包括收文办理、发文办理和整理归档三个环节,下面主要介绍前两个环节。

1. 收文办理

收文办理有以下主要程序。

（1）签收。对收到的公文应当逐件清点，核对无误后签字或者盖章，并注明签收时间。

（2）登记。对公文的主要信息和办理情况应当详细记载。

（3）初审。对收到的公文应当进行初审。初审的重点是：是否应当由本机关办理，是否符合行文规则，文种、格式是否符合要求，涉及其他地区或者部门职权范围内的事项是否已经协商、会签，是否符合公文起草的其他要求。经初审不符合规定的公文，应当及时退回来文单位并说明理由。

（4）承办。阅知性公文应当根据公文内容、要求和工作需要确定范围后分送。批办性公文应当提出拟办意见报本机关负责人批示或者转有关部门办理；需要两个以上部门办理的，应当明确主办部门。紧急公文应当明确办理时限。承办部门对交办的公文应当及时办理，有明确办理时限要求的应当在规定时限内办理完毕。

（5）传阅。根据领导批示和工作需要将公文及时送传阅对象阅知或者批示。办理公文传阅应当随时掌握公文去向，不得漏传、误传、延误。

（6）催办。及时了解掌握公文的办理进展情况，督促承办部门按期办结。紧急公文或者重要公文应当由专人负责催办。

（7）答复。公文的办理结果应当及时答复来文单位，并根据需要告知相关单位。

2. 发文办理

发文办理有以下主要程序。

（1）复核。已经发文机关负责人签批的公文，印发前应当对公文的审批手续、内容、文种、格式等进行复核；需作实质性修改的，应当报原签批人复审。

（2）登记。对复核后的公文，应当确定发文字号、分送范围和印制份数并详细记载。

（3）印制。公文印制必须确保质量和时效。涉密公文应当在符合保密要求的场所印制。

（4）核发。公文印制完毕，应当对公文的文字、格式和印刷质量进行检查后分发。

写作能力实训

一、判断题

1. 发文字号中的"年度"要用中括号括起来。（　　　）

2. 公文要标注主题词。（　　　）

3. 公文日期就是公文的送印日期。（　　　）

4. 公文日期用阿拉伯数字来标识。（　　　）

5. 公文署名要写全称然后加盖公章。（　　　）

6. 上行文的主送机关可以同时写多个机关的名称。（　　）

7. 无论是上行文还是下行文都要标注签发人的姓名。（　　）

8. 下行文就是不相隶属机关或同级机关之间往来的公文。（　　）

9. 公文具有法定效力。（　　）

10. 公文的密级和保密期限之间，一般用"★"隔开。（　　）

二、请分析修改病例

（一）请指出下列发文字号的问题，并予以改正。

1. 南政办字[2017]23 号

2. 桂政办发[2017 年]10 号

3. 桂财发〔二〇一六〕九号

4. 沪政发〔2017〕035 号

5. 云发字(2017)第 3 号

（二）请指出下列成文日期写法上的问题，并予以改正。

1. 17 年 3 月 5 日

2. 二〇一六、十、十六

3. 二零一七年三月六日

4. 2017、3、9

（三）请指出下列公文标题中的问题，并予以修改。

1. 南海经贸学校关于运动会活动的通知

2. ××县人事局关于调整工资的补充说明

3. ××县府关于开展全民义务植树活动的通知

4. 关于如何处理××财政所挪用扶贫专项经费的报告

5. ××县教育局关于召开会议通知

三、指出公文存在的问题

（一）

××市商务局会议通知

各县、区商务局：

　　根据市政府的指示精神，我们商务局定于 3 月 26 日至 28 日在市政府会议中心召开全市招商工作会议，部署我市的招商引资工作。现将有关事项通知如下：

　　一、（略）

　　二、（略）

　　三、（略）

（公章）

2017 年 3 月 20 日

（二）

××省新闻出版局严厉打击非法出版物的通知

目前，我市出现了大量盗版盗印的非法出版物，这类出版物内容粗俗不堪，充满了色情、凶杀和迷信色彩，败坏了社会风气，直接危害到青少年的身心健康，严重影响社会主义精神文明的建设，已成为犯罪活动的祸根。经我局研究决定，在全市范围内开展一场严厉打击非法出版物的专项行动。现将有关事项通知如下：

（后文略）

××省新闻出版局

2017年2月5日

抄送：×××× ×××× ×××

印发时间二○一七年一月五日　　新闻出版局办公室印制

第二节 通　　知

一、通知的含义和特点

（一）通知的含义

通知是行政机关、企事业单位和社会团体广为使用的具有指令性、知照性和执行性的公文。通知适用于发布、传达要求下级机关办理和需要有关单位周知或者执行的事项，批转、转发不相隶属机关的公文。

通知属于下行文。既可传达党和国家的方针政策、贯彻上级有关指示精神、发布行政法规和规章，也可实施行政管理措施以及布置工作、告知事项等，具有传达和联系的作用。

（二）通知的特点

1. 广泛性和频繁性

通知的适用范围没有严格限制，所有机关团体单位都可以根据工作需要制发，是适用范围最广泛的文种；通知涉及的内容可以是政治、经济、文化教育方面的大事，也可以是部门内部具体事务的安排布置，甚至是日常生活事务等。

2. 指示性和执行性

通知有时用于传达上级机关的指示精神、贯彻有关政策、发布相关法规、实施行政管理措施、布置工作任务等，具有指挥、指导的作用。下级机关必须服从，认真贯彻落实，不得推诿敷衍。

3. 时效性

通知的内容有明确的时间限制,受文后要按规定时间办理。即便是周知性事项,也要在受文后尽快实行。

二、通知的种类

通知适用范围广泛,根据内容和作用的不同,大致可分为以下五类。

(一)指示性通知

指示性通知是上级机关对下级机关阐述政策、布置工作、实施措施、安排人员等所用。指示性通知具有强制性、指挥性和决策性的特点,下级机关必须认真实施。如《国务院关于实施支持农业转移人口市民化若干财政政策的通知》(国发〔2016〕44 号)。这则指示性通知从四个方面就实施支持农业转移人口市民化若干财政政策,提出了明确的要求和具体的措施,以加快农业转移人口市民化,推进新型城镇化建设,破解城乡二元结构难题,指示各地要认真贯彻落实好这项利民政策。

(二)批转或转发性通知

上级机关对下级机关的公文,如觉得有普遍指导意义,要转发至有关单位执行或参照执行,可用批转性通知。如《国务院批转国家发展改革委关于 2017 年深化经济体制改革重点工作意见的通知》(国发〔2017〕27 号)。如果把上级机关和不相隶属机关的公文再发至有关下级机关周知执行,则用转发性通知。如《国务院办公厅关于转发国家发展改革委住房城乡建设部生活垃圾分类制度实施方案的通知》(国办发〔2017〕26 号)。

(三)发布性或印发性通知

以通知的形式发布有关行政法规和条例、制度和办法、纲要和方案等重要文件,用发布性通知。如《国务院关于发布政府核准的投资项目目录(2016 年本)的通知》(国发〔2016〕72 号)。印发相关方案、纲要、计划等非法规性文件,用印发性通知。如《国务院关于印发"十三五"国家食品安全规划和"十三五"国家药品安全规划的通知》(国发〔2017〕12 号)。

(四)知照性通知

告知有关单位和人员应知晓的事项和其他相关信息,如机构撤并、迁址、名称变更、印章启用或废止、文件撤销或更改、人员调整、电话改动、时间调整等,用知照性通知。如《国务院办公厅关于调整国务院推进职能转变协调小组组成人员的通知》(国办发〔2017〕71 号)。

（五）会议通知

召开大型或重要会议时，一般以书面形式就会议事项提出具体要求，提请与会人员依照实行，这就是会议通知。如《教育部办公厅召开2017年高等学校思想政治理论课教学指导委员会年度工作会议的通知》（教社科发〔2017〕13号）。

范例导读与简评

【范例一】 指示性通知范例导读

国 务 院 文 件

国发〔2015〕6号

国务院关于规范国务院部门
行政审批行为改进行政审批有关工作的通知

国务院各部委、各直属机构：

为深化行政审批制度改革，规范行政审批行为，改进行政审批工作，解决审批环节多、时间长、随意性大、公开透明度不够等问题，进一步提高政府工作效率和为人民群众服务水平，现就有关工作通知如下。

一、总体要求

以邓小平理论、"三个代表"重要思想、科学发展观为指导，认真贯彻落实党的十八大、十八届二中、三中、四中全会精神和党中央、国务院决策部署，加快转变政府职能，坚持依法行政，推进简政放权、放管结合，规范行政审批行为、提高审批效率，激发市场社会活力、营造公平竞争环境，减少权力寻租空间、消除滋生腐败土壤，确保行政审批在法治轨道运行，进一步提升政府公信力和执行力，建设创新政府、廉洁政府和法治政府。

——坚持依法审批。严格落实行政许可法和有关法律法规，规范行政审批受理、审查、决定、送达等各环节，确保行政审批全过程依法有序进行。

——坚持公开公正。依法全面公开行政审批信息，切实保障申请人知情权，规范行政裁量权，实行"阳光审批"。

——坚持便民高效。减少审批环节，简化审批程序，优化审批流程，依法限时办结，进一步缩短办理时间，加快审批进程，提高审批效率。

——坚持严格问责。加强对行政审批行为的监管，建立健全监督机制，严肃查处违法违纪审批行为，严格责任追究。

二、规范行政审批行为

（一）全面实行"一个窗口"受理。承担行政审批职能的部门要将审批事项集中到"一个窗口"受理,申请量大的要安排专门场所,积极推行网上集中预受理和预审查,创造条件推进网上审批。选派业务骨干或职能处室负责人承担窗口受理工作,制定服务规范并张贴在醒目处,对窗口人员仪容举止、工作纪律、文明用语等做出要求,不断提升窗口服务质量。

(二)推行受理单制度。各有关部门对申请材料符合规定的,要予以受理并出具受理单;对申请材料不齐全或者不符合法定形式的,要当场或者在五个工作日内一次性书面告知申请人需要补正的全部内容。依法应当先经下级行政机关审查后报国务院部门决定的行政审批,不得要求申请人重复提供申请材料。

(三)实行办理时限承诺制。各有关部门要依法依规明确办理时限,在法定期限内对申请事项做出决定,不得以任何理由自行延长审批时限;依法可延长审批时限的,要按程序办理。建立审批时限预警制,针对审批事项办理进度,实行分级预警提醒。提高审批效率,对政府鼓励的事项建立"绿色通道",进一步压缩审批时限。对批准的事项,要在法定期限内向申请人送达批准文书;不予批准的,要在法定期限内出具书面决定并告知理由。

(四)编制服务指南。各有关部门要对承担的每项行政审批事项编制服务指南,列明设定依据、申请条件、申请材料、基本流程、审批时限、收费依据及标准、审批决定证件、年检要求、注意事项等内容,并附示范文本以及常见错误示例,做到具体翔实、一目了然,内容发生变更时要及时修订。服务指南摆放要方便申请人取用,并在部门网站显著位置公布,提供电子文档下载服务。

(五)制定审查工作细则。各有关部门要对承担的审批事项制定审查工作细则,逐项细化明确审查环节、审查内容、审查标准、审查要点、注意事项及不当行为需要承担的后果等,严格规范行政裁量权。审查人员要遵守行政审批规定,严格按细则办事,不得擅自增设或减少审批条件、随意抬高或降低审批门槛。

(六)探索改进跨部门审批等工作。对于多部门共同审批事项,进行流程再造,明确一个牵头部门,实行"一个窗口"受理、"一站式"审批;相关部门收到牵头部门的征求意见函后,应当及时研究,按时答复。确需实行并联审批的,不得互为前置条件。探索构建国务院部门网上统一监控和查询平台,推进国务院部门间、中央与地方间信息资源共享,加快实现网上受理、审批、公示、查询、投诉等。探索实行行政审批绩效管理,健全规范审批行为相关考核制度,定期对经办人员进行培训、考核、检查和评定。探索优化内部审批流程,减少审查环节,有条件的部门要将分散在多个内设机构的审批事项相对集中,将一般事项审批权限下放给窗口审查人员,提高窗口办结率。对国务院部门审批事项,法律法规未明确需由地方初审或审核的,逐步由国务院部门直接受理。

三、强化监督问责

(一)主动公开行政审批信息。除涉及国家秘密、商业秘密或个人隐私外,各有关部门要主动公开本部门行政审批事项目录及有关信息,及时、准确公开行政审批的受理、进展情况和结果等,实行"阳光审批"。

(二)依法保障申请人知情权。各有关部门要切实履行告知义务,通过设立咨询台、在线应询、热线电话、电子邮箱等方式,及时提供全程咨询服务,确保申请人知情权。对申请人提出的是否受理、进展情况、未予批准原因等问题，要有问必答、耐心说明；难以即时答复的，要明确答复期限；未予批准的，要在决定书中告知申请人依法享有申请行政复议或提起行政诉讼的权利。

（三）强化监督检查。建立健全内部监督机制，明确各层级监督责任，重点检查申请人知情权落实情况、审批时限执行情况、违规操作及不当行为情况等。建立健全申请人评议制度，向社会公布本部门举报投诉电话、电子邮箱等，主动接受社会监督。

（四）严格责任追究。对违反行政审批相关规定、失职渎职的经办人员，依法依纪严肃处理，并追究有关负责人的责任；造成重大损失或影响的，追究部门负责人的责任。涉嫌犯罪的，移送司法机关查处。

四、加强组织领导

（一）高度重视。规范行政审批行为、改进行政审批工作，是简政放权、推进政府职能转变的重要内容，是转变政风、密切联系群众的重要举措。各有关部门要把这项工作列入重要议事日程，主要负责同志亲自负责、专题研究、精心组织、扎实推进，以实实在在的改革成效取信于民。

（二）建立机制。各有关部门要建立相应工作机制，制订工作计划，明确责任分工，形成工作合力。国务院审改办要加强与部门的沟通联系，做好指导协调和服务工作，及时跟踪了解进展情况，定期向国务院报告。

（三）狠抓落实。各有关部门要在2015年6月底前将本部门制定的行政审批事项服务指南、审查工作细则及受理单样表等送国务院审改办备案。每季度初，各有关部门将上季度行政审批事项按时办结情况书面送国务院审改办。每年1月底前，各有关部门将上年度工作落实情况书面送国务院审改办，报国务院同意后予以通报。对各有关部门落实情况，国务院将适时组织督察。

各省、自治区、直辖市人民政府可参照本通知要求，结合实际，研究制定本地区规范行政审批行为、改进行政审批工作的意见或办法。

国务院（印章）

2015年1月19日

国务院办公厅　　　　　　　　　　　　　　　　2015年1月19日印发

简评

本通知从总体要求、规范行政审批行为、强化监督问责、加强组织领导四个方面对如何规范行政审批行为、提高审批效率，激发市场社会活力、营造公平竞争环境，减少权力寻租空间、消除滋生腐败土壤，确保行政审批在法治轨道运行，进一步提升政府公信力和执行力，建设创新政府、廉洁政府和法治政府对各地提出了具体的要求。全文语言简洁、朴实，结构紧凑，层次清晰，表述准确，文风庄重，具有很强的政策性和指导性。

【范例二】 批转性通知范例导读

国务院文件

国发〔2017〕27 号

国务院批转国家发展改革委关于 2017 年
深化经济体制改革重点工作意见的通知

各省、自治区、直辖市人民政府,国务院各部委、各直属机构:

国务院同意国家发展改革委《关于 2017 年深化经济体制改革重点工作的意见》,现转发给你们,请认真贯彻执行。

国务院(印章)

2017 年 4 月 13 日

国务院办公厅 2017 年 4 月 13 日印发

简评

本批转性通知简洁明了,开门见山,直接把所批转的公文标题写清楚,并说明该文已经国务院同意,现转发有关部门贯彻执行。通知正文篇段合一,所批转的公文正文附后。

【范例三】 转发性通知范例导读

国务院办公厅文件

国办发〔2017〕25 号

国务院办公厅关于转发文化部等部门
中国传统工艺振兴计划的通知

各省、自治区、直辖市人民政府,国务院各部委、各直属机构:

文化部、工业和信息化部、财政部《中国传统工艺振兴计划》已经国务院同意,现转发给你们,请结合实际,认真贯彻执行。

国务院办公厅(印章)

2017 年 3 月 12 日

国务院办公厅秘书局 2017 年 3 月 12 日印发

简评

本转发性通知结构简明，开篇就直接把所转发文件的名称、文件制发单位名称写清楚，并要求受文单位认真贯彻执行，态度坚定明朗。在结构上篇段合一，在一段中写清了所印发的文件名称和执行要求。语言庄重简练，体现了发文机关的权威性。

【范例四】　印发性通知范例导读

国务院办公厅文件

国办发〔2017〕35 号

国务院办公厅关于印发深化医药卫生体制改革
2017 年重点工作任务的通知

各省、自治区、直辖市人民政府，国务院有关部门：

《深化医药卫生体制改革 2017 年重点工作任务》已经国务院同意，现印发给你们，请结合实际，认真组织实施。

国务院办公厅（印章）

2017 年 4 月 25 日

国务院办公厅秘书局　　　　　　　　　　　　　　2017 年 4 月 25 日印发

简评

本印发性通知以简洁的文字，先表明印发的文件已经得到国务院的同意才印发，并要求各省、自治区、直辖市人民政府和国务院有关部门结合实际，认真贯彻实施。语言平实准确，简明扼要。

【范例五】　知照性通知范例导读

国务院办公厅文件

国办发〔2016〕67 号

国务院办公厅关于调整
国务院三峡工程建设委员会组成人员的通知

各部委、各直属机构：

根据人员变动情况和工作需要，国务院决定对国务院三峡工程建设委员会组成人员作以下调整。

一、环境保护部副部长赵英民、住房城乡建设部副部长倪虹、水利部副部长刘宁、人民银行副行长潘功胜、林业局副局长刘东生、中科院副院长张亚平、银监会副主席曹宇、能源局副局长李仰哲、文物局局长刘玉珠、湖北省副省长任振鹤、重庆市副市长刘强、国家电网公司董事长舒印彪、水利部长江水利委员会主任魏山忠任国务院三峡工程建设委员会委员。

二、免去王国生的国务院三峡工程建设委员会副主任职务，免去翟青、陈大卫、矫勇、刘士余、张建龙、施尔畏、周慕冰、刘琦、励小捷、梁惠玲、张鸣、刘振亚、刘雅鸣的国务院三峡工程建设委员会委员职务。

国务院办公厅（印章）
2016 年 8 月 29 日

国务院办公厅秘书局　　　　　　　　　　　　2016 年 8 月 29 日印发

简评

本知照性通知先写发文的缘由，表明根据人员变动情况和工作需要，国务院决定对国务院三峡工程建设委员会组成人员进行调整。然后公布调整信息，即新任国务院三峡工程建设委员会委员名单和免去的相关人员名单，以使各受文单位知晓。知照性通知结构简单，语言简明扼要。

【范例六】　会议通知范例导读

吉林省安全监管局文件

吉安监管发〔2017〕16 号

吉林省安全监管局
关于召开安全生产信息化建设推进工作会的通知

各市（州）县（市、区）安全监管局，长白山管委会安全监管局，梅河口市、公主岭市安全监管局，省局相关处室：

为充分发挥信息技术对安全监管工作的支撑和保障作用，促进安全监管手段创新和能力提升。经局领导同意，决定召开全省安全生产信息化建设推进工作会。现将有关事项通知如下。

一、会议内容

（一）省局领导讲话。

（二）解读《吉林省安全生产委员会关于加快推进安全生产信息化建设的意见》（吉安委〔2017〕1 号）。

（三）讲解《吉林省安全生产信息化顶层设计》。

（四）对《安全生产监管业务数据标准》《生产经营单位安全生产基础数据采集标准》《安全生产信息系统数据交换与共享技术规范》进行宣贯。

（五）各市（州），长白山管委会，梅河口市、公主岭市汇报本地信息化建设工作开展情况。

二、参会人员

各市（州）安全监管局，长白山管委会安全监管局，梅河口市、公主岭市安全监管局分管信息化工作领导及相关负责人，各县（市、区）安全监管局分管信息化工作领导，省局相关处室。

三、会议时间及地点

2 月 16—17 日，在吉林省安全生产监督管理局 B 座三楼会议室举行，会期 1 天半。

四、相关事项

（一）参会人员会议期间就餐统一安排，住宿费用自理。

（二）请各市（州），长白山管委会，梅河口市、公主岭市将本级及所属县（市、区）参会人员报名回执表统一于 2 月 9 日前发送至指定的传真或电子邮箱。

（三）请各参会人员于 2 月 16 日上午 8：00—9：00 到省安全监管局 B 座三楼会议室报到并领取会议资料。

五、会议要求

（一）请各市（州）安全监管局，长白山管委会安全监管局，梅河口市、公主岭市安全监管局的参会人员将本单位安全生产信息化建设工作开展情况［主要内容：各市（州）长白山管委会及所属县（市、区）安全生产信息系统建设情况、使用情况、对安全生产信息化建设的意见建议］的电子版文件于 2 月 13 日前上报至指定电子邮箱（建设情况截至 2016 年年底）。

（二）各参会单位不得缺席，会议于 16 日上午 9：30 正式开始，参会人员请提前 10 分钟到会场。

联系人：周××（132988299××）、刘××（189439832××）

电子邮箱：zgy@jlsafety.gov.cn

办公电话及传真：0431-85090885

附件：报名回执表

吉林省安全生产监督管理局（印章）

2017 年 2 月 6 日

吉林安全生产监督管理局办公厅　　　　　　　　　2017 年 2 月 6 日印发

简评

本会议通知第一层就开门见山说明开会缘由，接着用一个过渡句过渡到下文。第二层写清会议的内容、参会人员、时间地点、相关事项和会议要求等，使公文受理人员一看就明白会议的相关要求和注意事项。全文语言简洁，具体清楚。

提示：通知的基本结构与写作要求

一、通知的基本结构

通知一般由标题、主送机关、正文和落款四部分构成，下面介绍前三部分。

（一）标题

通知的标题由发文机关名称、事由和文种三个要素构成。它传递的信息是：谁发的文；主要内容是什么；用什么文种。如《国务院办公厅关于开展行政法规规章清理工作的通知》，其中"国务院办公厅"是发文机关名称；"关于开展行政法规规章清理工作"是通知事由，由动宾词组构成，语言简洁，概括准确；"通知"是文种。

对多层批转和转发的公文，其标题重复出现的"关于""通知"等字词应删去，使题意表达更为简明。

（二）主送机关

主送机关在标题之下空一行居左顶格书写，主送机关应写全称或规范化简称，如有多个主送机关排列，要用标点分开。如"各省、自治区、直辖市人民政府，国务院各部委、各直属机构："人民政府与国务院职能部门是不同性质的机构，两者之间用逗号，而不能用顿号。

（三）正文

正文一般由通知缘由、通知事项和执行要求三个部分组成。

（1）通知缘由。主要写制发通知的现状、原因、目的、依据、工作意图。其中现状、原因、依据既可概括事实现象，也可引述相关政策和上级指示精神。工作意图就是决定开展什么工作。接着以"现将有关事项通知如下"或"具体要求如下"等过渡语转入下文。

（2）通知事项。就是要求受文机关执行或办理的事情，一般可分条列项，把相关的工作、原则、步骤、措施、方法和要求写清。如内容简短，也可在一段里概述。

（3）执行要求。就是对执行通知事项提出希望和要求。常用"请认真贯彻执行""请遵照执行""请结合本地区本部门的实际做好落实工作"等语句。

二、通知的写作要求

（一）通知事项要清楚明确

通知事项是要求知晓和贯彻实施的具体内容，写作时要注意层次分明，重点突出，具体明确，使受文者知道要做什么，怎样做。不要空泛，以影响公文意图的落实。

（二）通知语言要平实准确

通知的语言要平实朴素，陈述事项严谨准确，不要使用有歧义的语言，以免出现因理解偏差而贻误工作。

写作能力实训

一、判断题

1. 通知的行文方向具有多向性。（　　）

2. 在批转和转发公文时，对标题中多次出现的"关于"和"通知"应要整合，使标题更

为简洁明了。（　　）

    3. 通知也适用于对下级机关请示文的批复。（　　）

    4. 主送机关第一行写不完要回行时，应与第一行的冒号对齐。（　　）

    5. 通知的附件要居左顶格书写。（　　）

二、请评改通知的标题

    1. 国务院转发国家中医药管理局关于进一步治理整顿医药市场意见的通知

    2. 国务院办公厅批转关于国家旅游管理局进一步清理整顿旅行社意见的通知

    3. ××镇人民政府关于印发××县人民政府〔2017〕6 号文件的通知

    4. ××市工商管理局转发工商分局《关于建立安全岗位责任制经验总结》的通知

    5. 国家旅游管理局关于批转国务院《旅行社管理暂行条例》的通知

    6. 转发省劳动厅、人事厅、财政厅、省总工会"关于转发劳动部、人事部、财政部、全国总工会《关于补发离退休人员生活补贴费》的通知"的通知

    7. 关于庆祝教师节开展游园活动的通知

    8. 关于人事局做好 2017 年职称评聘工作的通知

三、请分析通知引言中目的和意图不清的问题

××省人民政府办公厅

关于精简省政府文件规范文书处理工作问题的通知

各市、省直各部门：

    为进一步规范省政府的文书处理工作，精简省政府文件，充分发挥省政府各部门的职能作用，改进领导作风和工作作风，克服官僚主义、形式主义、文牍主义，提高政府行政效能和办事效率，经省政府同意，现将有关问题通知如下：（后文略）

四、指出通知存在的问题并进行修改

    （一）

××县卫生局会议通知

全县各食品加工业：

    根据上级要求，对全县食品加工业的卫生状况进行一次大检查，我们拟召开食品加工行业负责人会议，现将有关事项通知如下。

    （1）会议时间：2017 年 12 月中旬在花都宾馆报到，会期三天。

    （2）与会人员：全县国有、私营食品加工业及县个体劳协各来一名领导，不准缺席，否则后果自负。

    （3）食宿等一切费用完全由个人自理。

××县卫生局

2017 年 12 月 6 日

（二）

××县政府转发县工业局
关于当前工业生产的意见的通知

各乡、镇人民政府，县直各单位：

县人民政府同意县工业局《关于当前工业生产的意见》，现印发给你们，请遵照执行。

当前，全县工业园区万紫千红，百花争艳，工业生产形势喜人、逼人。县人民政府希望，工业战线广大职工借这股强劲的东风，像园丁一样，开动脑筋，群策群力，辛勤地耕耘我县的工业园地，努力奋斗，勤俭节约，力争超额完成今年全县工业生产任务，多创利税，把我县工业生产推向一个新的台阶。

××县人民政府
2017 年 12 月 27 日

五、根据提供的材料写一份通知

××省人民办公厅 2017 年 1 月 15 日，以×政办发〔2017〕3 号文向各市人民政府，省直各厅局委办发出通知，要求严格执行"八项规定"，严格控制外出参观考察，禁止公费旅游。这类活动不仅浪费财政资金，造成经费压力，而且极易滋生享受玩乐的风气，负面影响很不好，群众对此意见很大。为此再作如下通知。近年来，国务院曾多次发出通知，三令五申，要求各地、各部门严格控制外出参观考察活动，坚决制止以出差、参观、学习为名义去游山玩水的不正之风。但到目前为止，此风尚未刹住。一些地方、部门还有滋长蔓延之势。应该教育全体党员干部，自觉抵制各种不正之风。今后凡出现借机游山玩水的现象，首先要追究参与此事的领导干部的责任，情节严重者，要按违反党纪政纪论处。再次重申，各市、各省直单位，今后一般不要专门组织外出参观考察活动。如有特殊需要，必须组织外出参观考察活动的，需经省人民政府批准。各单位应根据实际需要，做出经费计划，严格控制，不得超标。建立和健全财会审批和报销制度，按制度办事。出差和开会期间，组织就近游览活动，交通、景点门票等费用一律由个人负担。各市、各部门在接到本通知后，要认真进行一次检查。对游山玩水造成严重浪费者，要批评教育，适当处理，并制定相应的具体规定。

第三节 通 报

一、通报的含义和特点

（一）通报的含义

通报是政府机关、社会团体、企事业单位用来表彰先进，批评错误，传达重要精神或者告知重要情况的公文。通报属于下行文，不受机关级别和性质的限制，是使用很普遍的时效性、知照性公文。

（二）通报的特点

（1）内容真实。通报所涉及的时间、地点、人物、事件、过程、结果和数据要客观真实，不能随意夸大或缩小。只有真实才能感人教育人，才能发挥通报的作用。任何虚构、编造、夸张和渲染都不可取，造假和拔高只能适得其反。

（2）事件典型。通报涉及的好人好事或错误行为应具有一定的代表性和普遍性，这样才能引起人们的重视，起到宣传教育、警示告诫、批评督导的作用。否则，很难产生共鸣。

（3）指向教育。通报的教育和引导作用很明确，无论是表彰先进、批评错误，还是情况通报、传达精神，其目的就是要激励先进、树立榜样、弘扬正气、打击邪气、惩罚错误、吸取教训和沟通引导等，包含着很强的指导和教育意义。

二、通报的种类

根据内容和性质不同，通报一般可分表彰通报、批评通报和情况通报三种类型。

（1）表彰通报。主要用于表彰先进集体和先进个人，宣传先进事迹、树立榜样，推行经验，以激发热情，推动面上工作的开展。

（2）批评通报。主要用于批评处理违反党和国家的政策政令、违反有关法律法规而造成严重事故或导致重大经济损失、产生不良政治影响的单位和个人，以惩治违纪者和事故责任人，教育人们引以为戒，防止类似错误或事故再次发生。

（3）情况通报。主要用于上级机关向下级单位传达有关社会政治、经济、文化和治安等方面的重要情况，以及上级的工作意图，使上下能统一认识、统一思想，更好地开展工作。

范例导读与简评

【范例一】　表彰通报范例导读

河南省人民政府文件

豫政发〔2016〕41 号

河南省人民政府
关于表彰河南出入境检验检疫局的通报

各省辖市、省直管县（市）人民政府，省人民政府各部门：

近年来，河南出入境检验检疫局按照"围绕中心、服务大局、全面提升、打造强局"的工作思路，全面推进"建设大口岸、实施大通关、打造大平台、培育大品牌"四大服务工程，积极谋划，主动服务，在全省对外开放工作中争先创优，取得了显著成绩。

尤其是 2015 年以来，河南出入境检验检疫局全力支持我省口岸建设，我省获批和建成了一批功能性口岸,成为全国指定口岸数量最多、种类最全的内陆省份;积极推动郑州国际航空物流中心建设、郑欧国际货运班列开通运营、郑州跨境贸易电子商务服务试点等工作;加快推进全省检验检疫一体化,打造"综合流程最优、综合效率最高、综合成本最低"通关模式,促进贸易便利化;大力宣传落实原产地优惠政策,帮助我省出口产品享受关税优惠 10.4 亿元;大力支持扩大食品农产品出口,2015 年全省出口食品农产品 153.5 亿元,同比增长 20.2%,再创历史新高;认真履行各项职能,2015 年完成出入境人员健康检查 4.91 万人次,检疫监管进境活动物 2.89 万只(头),检出不合格出入境货物 4888 批,货值 52.39 亿元,有力维护了国门安全、生态安全和质量安全,为我省开放型经济发展做出了突出贡献。为此,省政府决定对河南出入境检验检疫局予以通报表彰。

希望河南出入境检验检疫局珍惜荣誉,再接再厉,勇于探索,开拓创新,在服务我省开放型经济发展方面取得新成绩,为加快推进中原崛起河南振兴富民强省做出新贡献。

河南省人民政府(印章)

2016 年 6 月 15 日

抄送:××××,××××,×××××。

河南省人民政府办公厅	2016 年 6 月 15 日印发

简评

本篇表彰通报先是具体概述河南出入境检验检疫局在全省对外开放工作中争先创优,取得了显著成绩,为全省的开放型经济发展做出了突出贡献。然后写省人民政府决定对河南省出入境检验检疫局予以通报表彰。最后是提出希望,希望河南省出入境检验检疫局珍惜荣誉,再接再厉,为加快推进河南振兴富民强省做出新的贡献。全文语言简练,概括性强,有很好的教育作用。

【范例二】 批评通报范例导读

河南省人民政府文件

豫政发〔2016〕33 号

河南省人民政府

关于商丘市政府大气污染防治工作不力情况的通报

各省辖市、省直管县(市)人民政府,省人民政府有关部门:

2016 年第一季度,商丘市 PM10(细颗粒物)浓度为 184 微克/立方米,同比升高 50 微克/立方米,上升 37.3%;PM2.5(可吸入颗粒物)浓度为 114 微克/立方米,同比升高 25 微克/立方米,上升 28.1%。4 月 28 日,商丘市政府由于大气环境质量明显恶化受到环保部约谈,给我省造成不良影响,省政府决定对商丘市政府予以通报批评。

　　商丘市政府要认真反思，深入查找大气污染防治存在的突出问题，于5月底前向省政府做出书面检查。同时，按照环保部约谈提出的整改内容和时限立即进行整改。要制定切实可行的大气污染整治方案，提出限期改善大气环境质量的有效措施，真正落实政府改善空气质量的主体责任，尽快遏制空气环境质量恶化的趋势。整改情况每周向省大气办报告，直至大气污染严峻形势得到扭转，空气质量明显改善。

　　对环保部约谈提出的道路施工扬尘、拆迁工地扬尘、国省干线道路扬尘、建筑垃圾露天堆放扬尘、烧烤摊位油烟排放、随意焚烧垃圾等问题，商丘市要依据《党政领导干部生态环境损害责任追究办法（试行）》，对监管不力、执法不严、工作不到位的相关部门责任领导和责任人实施问责，并将问责情况和处理结果经省环保厅审核后报省政府。

　　商丘市的问题在我省具有普遍性。2016年以来，我省一些市、县（市、区）PM10等大气污染物浓度居高不下，甚至大幅攀升，导致全省整体污染物指标不降反升。各地、各部门要以此为鉴，吸取教训，对照国家和我省大气污染防治工作的部署和要求，认真查找存在的问题和不足，做到认识到位、责任到位、措施到位，以更大的决心、更严的标准、更硬的手段，尽快扭转大气污染严重的不利局面，切实改善空气质量。

河南省人民政府（印章）

2016 年 5 月 26 日

抄送：××××，×××，×××，×××。

河南省人民政府办公厅　　　　　　　　　　　　　　　2016 年 5 月 26 日印发

简评

　　这是关于大气污染防治问题的批评通报。第一部分先总述商丘市的大气环境质量明显恶化情况，以及商丘市政府受到环保部的约谈，给全省造成了不良影响，并决定对商丘市政府予以通报批评。然后要求商丘市政府认真反思，提出限期改善大气环境质量的有效措施。同时要求各地、各部门要以此为鉴，吸取教训，切实改善空气质量。全文结构严密，分析有针对性，处理客观有依据，防范措施具体得力。语言表达清楚、简练，具有很强的指导性。

　　【范例三】　情况通报范例导读

国家卫生计生委办公厅文件

国卫办发〔2017〕23 号

国家卫生计生委办公厅

关于预防接种专项监督检查工作情况的通报

各省、自治区、直辖市卫生计生委，新疆生产建设兵团卫生局，中国疾病预防控制中心，国

家卫生计生委监督中心:

为贯彻落实《国务院关于修改〈疫苗流通和预防接种管理条例〉的决定》(国务院第668号令),进一步加大预防接种工作监督检查力度,2016年7月,我委在全国部署开展预防接种专项监督检查。各地按照统一部署,结合当地实际认真开展专项监督检查。现将各地工作情况通报如下。

一、专项监督检查工作情况

各地高度重视,及时印发本地区专项监督检查工作通知或转发我委文件,扎实开展专项监督检查工作。河北、吉林、四川等地结合实际制订专项监督检查工作方案,进一步明确工作任务和要求。江苏召开全省监督检查工作会议,对检查的组织实施、督导、信息上报等工作进行部署。天津制定具体检查表,细化检查内容,统一检查标准。西藏在我委要求的三项检查内容的基础上,增加对预防接种异常反应处理和报告情况的检查。浙江、山东、广东、重庆等地加强对监督执法人员的培训,提高监督检查效果。内蒙古、江苏、广西、青海、新疆等地省级卫生计生委组织开展对部分地市工作情况的督导检查,确保专项监督检查工作落到实处。

全国共检查疾控机构和接种单位71 207家,重点检查:省级疾控机构在省级公共资源交易平台组织集中采购第二类疫苗的进展情况;疾控机构和接种单位分发、接收或购进疫苗情况;接种单位疫苗接种情况。各地对检查中发现的违法违规行为依法依规予以严肃查处,责令整改2967家,查处案件1000件,其中给予警告685家,罚款约11万元,没收违法所得约25万元,暂停执业活动9人次,吊销接种单位资质6家。

二、《疫苗流通和预防接种管理条例》落实情况

(一)积极协调,完善第二类疫苗采购。各省级卫生计生行政部门贯彻落实《疫苗流通和预防接种管理条例》(以下简称《条例》),积极协调发展改革、财政、食品药品监管等部门,建立省级公共资源交易平台(以下简称平台),畅通第二类疫苗采购途径。截至10月底,北京、山西、江西、重庆、四川、云南、宁夏等省(区、市)已经建立平台,并开始通过平台采购第二类疫苗。监督检查购进第二类疫苗的疾控机构和接种单位36 509家,已有6084家疾控机构和接种单位通过平台采购(约占16.7%)。其他地方的平台均在积极筹建中。

(二)措施有力,规范疫苗冷链管理。各省级卫生计生委针对疫苗冷藏运输的相关要求,积极与相关部门沟通、协调、合作,结合实际情况,制订冷链建设具体方案,建立完善疫苗冷链实时动态监测和报警系统。进一步加大县级疾控机构冷库建设,为接收企业配送的第二类疫苗做好准备。大多数疾控机构和接种单位在购进、接收疫苗时能够索取疫苗储存、运输全过程温度监测记录。本次检查疾控机构和接种单位有56 845家索取相应记录(约占79.8%)。

(三)加强管理,预防接种规范有序开展。各地加强接种单位和人员的资质管理,规范接种行为。91.3%接种单位接种人员资质符合要求;89.9%接种单位能够在显著位置公示疫苗的种类和接种方法;91.8%接种单位按规定在接种前告知、询问受种者或其监护人有关情况;91.2%接种单位疫苗接种记录符合要求。

三、存在的问题和困难

（一）专项检查工作开展不平衡。一些地方对专项检查工作重视不够，落实不到位。一是12个省份没有完成检查全部疾控机构的任务。二是4个省份没有按要求及时上报工作总结。

（二）《条例》贯彻执行中存在的问题。一是尚未制定出台第二类疫苗存储、运输费用标准和疫苗接种服务费标准。二是预防接种工作仍存在不规范的现象。本次检查发现部分疾控机构、接种单位存在接收或购进疫苗时未索取证明文件和储存、运输全过程温度监测记录、接种记录不符合要求等问题。三是部分地区基层疾控机构和接种单位疫苗储运冷链系统较为薄弱，难以满足政策调整后第二类疫苗的储运工作需要。四是基层监督执法力量有待加强。基层监督人员数量不足，对违法行为查处力度需进一步加强。

（三）地方工作中的困难。一是一些地方因特殊地域和人口分布特点的影响，服务半径大、单位服务人口相对较少，以县为单位的第二类疫苗采购和配送存在一定困难。二是第二类疫苗采购管理模式的变化对各级疾控机构造成较大影响，省、地市级疾控机构资金缺口较大，县级疾控机构现有设备难以满足疫苗储存和运输的要求。三是疫苗生产企业配送量增加，冷链配送周期延长，容易造成部分急需疫苗无法及时供应。

四、下一步工作要求

（一）继续推动《条例》相关政策的有效落实。各地要完善平台建设，确保按时将第二类疫苗通过平台集中采购。协调相关部门尽快出台第二类疫苗接种服务费和储存、运输费标准，保障预防接种工作健康可持续开展。切实加强预防接种工作的宣传，普及预防接种相关知识，引导群众主动参与，着力恢复公众信心。

（二）规范预防接种管理，提高服务质量。进一步规范预防接种门诊的设置，优化预防接种工作流程，强化疫苗和冷链管理，规范疾控机构和接种单位在疫苗储存、运输和接种各环节的管理工作，切实保障预防接种工作安全，稳步提高基层预防接种工作质量和管理水平。加大对预防接种工作人员的培训，切实增强其法律意识和责任意识，不断提升依法服务的能力和水平。

（三）加大监督执法力度。2017年我委将把预防接种纳入国家监督抽检计划，各地要进一步加大对疾控机构和接种单位的监督检查力度，严肃查处违法违规行为。针对检查中发现的问题和薄弱环节，督促落实整改到位。强化监督人员的培训，提高监督执法能力。

国家卫生计生委办公厅（印章）

2017年1月9日

抄送：××××，×××，×××，×××。

国家卫生计生委办公厅　　　　　　　　　　　　2017年1月9日印发

简评

本情况通报先以简括的语言概述根据国务院有关文件在全国部署开展预防接种专

项的监督检查,接着在第一、二层通报了各地扎实开展专项监督检查工作和落实《疫苗流通和预防接种管理条例》的具体情况,在第三层分析了存在的问题和困难,第四层提出了下一步工作的要求。全文结构简明,条理清晰,语言朴实庄重,指导意见有很强的针对性。

提示:通报的基本结构与写作要求

一、通报的基本结构

通报一般包括标题、主送机关、正文三部分。

（一）标题

通报的标题一般由发文机关名称、事由和文种三个要素构成,如《国务院办公厅关于西安地铁"问题电缆"事件调查处理情况及其教训的通报》(国办发〔2017〕56号)。也可省略发文机关名称,只写事由和文种。

（二）主送机关

主送机关由发文机关根据通报的内容和发文范围决定,一般用全称或规范化简称。

（三）正文

通报的正文通常由陈述事实、分析评价、表彰或处理决定、希望或要求四个部分构成。

1. 陈述事实

要求以平实简练的语言陈述相关事实,对事情的时间、地点、人物、事件、经过、结果等进行概述。所陈述之事,要真实可信,不能故弄玄虚,凭空想象,也不能渲染夸张,任意抬高或贬低。无论是表彰批评,还是情况通报都应客观真实。

2. 分析评价

就是由事入理,从感性认识上升到理性认识。对先进人物和事件的评析,要指出其所包含的时代精神和意义,或体现出来的高尚情操和思想境界。评价要中肯得当,使人在精神上受到鼓舞和激励。对错误和事故的评析,要切中要害,鞭辟入里,指出发生错误或事故的原因、性质和危害性,对社会造成的负面影响和损害,使人得到警示和教育。

3. 表彰或处理决定

就是对先进集体或先进人物进行恰如其分的表彰与奖励,或对错误和事故进行处分和惩罚。表彰与处理决定应明确清楚,定性准确有依据,奖惩合理有规则,能够起到奖励先进,惩罚错误的作用。

4. 希望或要求

就是有针对性地提出希望和要求。表彰通报一般是号召人们向先进集体或先进个人学习,推动各项工作的开展,为社会多做贡献。批评通报则提醒告诫人们,警惕类似错误和事故的发生,或是重申相关法律法规,提出防范措施和要求。

二、通报的写作要求

（一）事例要典型和真实

典型就是具有代表性和普遍性,只有典型才能反映事物的本质,体现出时代的精神面貌,才有通报的意义和价值。反面典型也会有警示的作用。通报的事例要真实可靠,不能夸大缩小,甚至细节也要反复核实,经得起检验和推敲。失真失实的通报,不仅不能起到鼓舞教育作用,反而会造成消极影响,应予避免。

（二）分析要中肯客观

对正面事例或反面事例进行分析评价要实事求是,理论归纳要画龙点睛,使人们的认识得到提高,思想受到教育,从而达到通报的目的。不能无中生有,乱戴高帽,使评价失去依据。

（三）语言要平实庄重

通报应少用或不用描写性语言,不能追求生动性和形象性,语言过于华美,反而会失去真实性。通报的议论性语言,也要掌握好感情色彩的轻重,做到赞颂而不失庄重,批评而不失偏颇,才会产生预期的效果。

写作能力实训

一、判断题

1. 通报的标题有时可以省去发文机关名称和通报事由,仅仅写文种"通报"两字。
（　　）

2. "通报"是一种平行文。（　　）

3. 通报对事实进行叙述时,可以渲染夸张,设置悬念,以增强生动性。（　　）

4. 通报对先进人物的细节描写可以作适当的虚构。（　　）

5. 通报所涉及的数据可以根据需要进行调整。（　　）

二、指出三例通报存在的问题并进行修改

（一）

××县财政局关于对××公司违反财经纪律滥发奖金的通报

××××:

近几年,××公司一直经营不善,造成连年亏损。年初由我局和企业局组成的财务检查小组,通过清仓查库与财务检查,发现该公司在生产过程中,浪费严重,财务管理不严,造成公司亏损 50 万元,责令限期扭亏增盈。

该公司去年第四季度共发奖金二十一万六千元,为该公司标准工资的 3 倍,超过额定奖金指标七万八千元。特别严重的是,该公司为了逃避监督,不经批准擅自从银行骗了大量现金来发奖金,这种弄虚作假,骗取奖金的行为,严重违犯了财经纪律。现决定扣回超发的奖金,并予通报批评。

××县财政局
2017 年 3 月 15 日

（二）

关于××县民政事业费管理使用问题的通报

××县随意挪用、占用和滥用民政事业费的问题,是非常严重的。民政事业费是体现党和国家对广大优抚、救济对象生活疾苦的关怀,任何人挪用、侵占民政事业费,都是党纪国法所不容许的。凡是××县挪用和占用的事业费必须限期如数追回。为了严明党纪国法,对挪用、占用民政事业费的有关人员,要按党纪政纪严肃处理,并将处理结果报市人民政府。

各县区要把××县的问题引为借鉴,加强民政事业费的管理,进一步加强民政事业费管理体制的建设,杜绝××县的问题再度发生。

××市人民政府

2017 年 12 月 25 日

（三）

热血筑警魂　青春写颂歌
——关于××县公安民警见义勇为事迹的通报

今年 2 月 13 日下午 1 点多钟,××县公安民警刘民正与儿子在儿童公园游玩,忽然从不远处的白龙湖传来呼救声,刘民立刻飞奔到白龙湖畔,原来有一男孩不慎落水。刘民来不及多想,只想到自己是一名人民警察,关键时刻应该挺身而出。他脱掉大衣,跃入水中。二月的北方,湖水冰冷刺骨,但他没有想到个人安危,他心中只有一个念头:一定要救起孩子。刘民一次、两次、三次潜入水中,终于把落水儿童救到岸上,孩子得救了,刘民却因冰冻昏迷了三天三夜。经过多方抢救,刘民终于脱离了生命危险。刘民同志不愧是我们新时代最可爱的人,他的精神是多么值得人们学习呀!

刘民同志在生与死的关键时刻,为抢救落水儿童,不顾个人安危,临危不惧,不怕牺牲,表现了人民警察热爱祖国、热爱人民的高尚情操和献身精神。

希望各单位职工向刘民同志学习,发扬见义勇为、不怕牺牲的精神,为搞好各项工作做出更大的贡献。

××县人民政府

二〇一七年三月二日

第四节　报　　告

一、报告的含义和特点

（一）报告的含义

报告是国家机关、社会团体、企事业单位所使用的汇报性和陈述性公文。适用于向上级领导机关汇报工作、反映情况、回复上级机关的询问。报告属于上行文，是使用频率较高的文种之一。

报告一般只向有隶属关系的上级机关呈送，汇报工作成绩和存在问题，反映有关重要事情，或回答上级机关提出的询问，为上级领导机关制定政策、开展工作提供参考依据。

（二）报告的特点

1. 广泛性

行政机关、企事业单位、社会团体无论层级高低均可使用，用于下情上传、交流信息和沟通联系。

2. 汇报性

报告主要是汇报工作情况。如怎样贯彻落实上级有关政策和精神、怎样开展工作、取得什么成绩和经验、存在哪些问题与教训，或者发生什么重要情况等。

3. 单向性

汇报是下级机关向上级汇报本单位的工作情况，让上级了解掌握更多的信息，为科学决策、协调监督提供依据。因此，报告上呈后，上级机关一般不作回复。

4. 语言表达的叙述性

报告以叙述性语言为主，一般不用描写性和抒情性语言，议论性语言也较少用。

二、报告的主要类型

报告的类型很多，根据汇报的内容和性质划分，大致分为工作报告、情况报告和答复报告三种类型。

（一）工作报告

工作报告就是汇报本单位工作的报告。有年度工作的综合性报告；有某项工作或某项措施实施的专题情况报告。写作时要求把工作主要情况、做法、成绩、经验、问题和今后安排等情况如实汇报。其目的是使上级对下级单位的工作或某些方面的情况有一个较全面的了解，以更好地指导工作，具体可细分为综合性报告和专题性报告。

（二）情况报告

情况报告就是反映本单位发生的突发事件、重大问题或其他重要事情的报告。使上级及时了解事情的起因、性质、过程、结果等，具有一事一报的专题性特点。可细分为动态报告、检查报告、问题报告等。

（三）答复报告

答复报告就是针对上级机关询问的问题做出答复的报告。答复时，先引述上级要询问的问题或文件的标题与文号。然后实事求是地答复，不能避重就轻或是答非所问。

范例导读与简评

【范例一】 工作报告范例导读

内蒙古自治区环境保护厅文件

内环发〔2016〕169 号　　　　　　　　　　　　　签发人：王××

内蒙古自治区环境保护厅
关于 2016 年重点行业环境保护专项执法检查工作的报告

环境保护部：

按照环境保护部办公厅《关于开展重点行业环境保护专项执法检查的通知》（环办环监函〔2016〕901 号，以下简称《通知》）要求，我厅自 2016 年 6 月开始，在全区范围内组织开展了重点行业环境保护专项执法检查工作。现将有关工作报告如下。

一、安排部署情况

按照《通知》要求，我厅向各盟市印发了《关于开展 2016 年重点行业环境保护专项执法检查工作的通知》（内环办〔2016〕197 号），制定了《内蒙古自治区环境保护厅关于开展 2016 年重点行业环境保护专项执法检查的方案》（以下简称《方案》），并在全区 2016 年年中环境监察执法工作会上对重点行业环境保护专项执法检查工作进行了安排部署。全区各盟市按照自治区《方案》要求，制订了详细的实施方案。以全面推进生态文明建设、着力解决损害群众健康和影响可持续发展的突出环境问题为目标，按照"逐一检查、完善信息、依法查处、及时公开"的要求，以钢铁行业、水泥制造行业、平板玻璃制造行业、城镇污水处理厂、危险废物生产和处置单位为重点，深入开展了重点行业环境保护专项执法检查工作。2016 年 7 月，按照环境保护部办公厅《关于进一步强化钢铁行业环境保护专项执法检查的紧急通知》（环办环监函〔2016〕1315 号）要求，我厅下发了《关于进一步强化钢铁行业环境保护专项执法检查的紧急通知》（内环办〔2016〕264 号），对钢铁行业环保专项执法检查进行了进一步强化部署，要求各盟市明确责任人，对钢铁行业重点企业做到每周检查一次，并及时在《2016 年重点行业环保专项执法检查信息管理系统》填报检查信息。

二、自查整治情况

按照"落实主体责任、强化属地管理"的总体原则，全区各级环保部门对照自治区《方案》要求，对辖区内钢铁行业、水泥制造行业、平板玻璃制造行业、城镇污水处理厂、危险废物生产和处置企业进行了全面排查，梳理环境问题，以查处一批环境违法案件、整治一批污染企业为目标，开展了认真细致的环境保护专项执法检查工作。经查，全区共有城镇污水处理厂 119 家、钢铁企业 25 家、水泥熟料生产企业 44 家、平板玻璃生产企业 3 家。自 6 月以来，全区共出动执法人员 5789 余人次，检查企业 1506 家次，发现环境问题 37 个，其中对 33 家存在环境问题的企业下达了限期整改通知书，对 3 家存在环境问题的企业下达了停产治理决定书，对 27 家存在环境问题的企业依法进行了行政处罚，处罚金额为 570.541 万元。截至目前，24 家存在环境问题的企业已完成整改，13 家企业正在整改中。

（一）钢铁行业

全区有烧结（球团）工序、高炉炼铁工序和炼钢（转炉、电炉）工序的钢铁企业共 25 家，检查 25 家。其中包头市 9 家、乌海市 8 家、鄂尔多斯市 2 家、巴彦淖尔市 3 家、阿拉善盟 1 家、赤峰市 1 家、兴安盟 1 家。25 家企业中正常生产 11 家、停产 10 家、已关闭 4 家。现场检查发现内蒙古亚新隆顺特钢有限公司、内蒙古双利矿业有限公司、内蒙古德晟金属制品有限公司、乌兰浩特钢铁有限责任公司 4 家企业存在超标排放、散状物料露天堆放、不正常运行污染防治设施等环境问题。针对存在的环境问题属地环境保护部门均下达了责令整改通知书，同时实施了行政处罚。

（二）水泥制造行业

全区共有水泥熟料生产企业 44 家，检查 42 家。其中正常生产 35 家、已停产 9 家。现场检查过程中发现 5 家存在环境违法问题企业，属地环境保护部门均下达了限期整改通知书，并采取了行政处罚措施。具体情况为：对乌兰察布市商都县民宇水泥有限责任公司久拖未验的环境违法行为处以 3 万元罚款，对乌兰察布中联水泥有限公司超标排污的环境违法行为处以 20 万元罚款。赤峰市巴林左旗鲁蒙特种水泥有限公司、巴林左旗蒙鑫水泥有限公司存在原辅材料露天堆放，未采取有效抑尘措施等问题，对此巴林左旗环保局依据《大气污染防治法》对 2 家企业下达了限期整改通知书，并处以 5 万元、15 万元罚款。经后督察，巴林左旗鲁蒙特种水泥有限公司已基本完成整改，巴林左旗蒙鑫水泥有限公司正在整改中。锡林郭勒盟西乌旗哈达图水泥有限责任公司在对熟料堆存场地进行清理作业过程中未采取抑尘措施，产生的粉尘影响周边环境。西乌旗环保局已对该公司下达了 10 万元的行政处罚，企业已缴纳罚款并完成整改。

（三）平板玻璃制造行业

全区共有平板玻璃制造企业 3 家，检查 3 家。分别是包头市晶牛微晶浮法玻璃有限责任公司、乌海市中玻特种玻璃有限责任公司、通辽市福耀集团通辽有限公司。包头市晶牛微晶浮法玻璃有限责任公司处于停产状态，其他 2 家正常生产。现场检查过程中均未发现环境违法问题。

（四）城镇污水处理厂

全区共有城镇污水处理厂 119 家，检查 114 家。赤峰市巴林左旗清源污水处理厂、敖汉旗新惠镇污水处理厂、锡林浩特市给排水有限责任公司新绿原污水处理厂等 20 家企业存在污染物超标排放等环境违法问题。针对存在的环境违法行为，属地环保部门已下达《责令整改违法行为决定书》，并实施了行政处罚。截至目前，15 家存在违法行为的企业已经整改完成，其余 5 家正在整改过程中。

（五）危险废物生产和处置单位

按照环境保护部办公厅、公安部办公厅《关于联合开展打击涉危险废物环境违法犯罪行为专项行动的通知》（环办监函〔2016〕1164号）要求，自治区环境保护厅、公安厅联合印发了《关于联合开展打击涉危险废物环境违法犯罪行为专项行动的通知》（内环办〔2016〕229号），全面部署了专项行动任务，对工作重点、主要措施以及时间安排等做出明确要求。同时，要求各盟市也要成立相应领导小组，制订实施方案，层层落实责任。此外，我区对原油加工及石油制品制造业、化学原料和化学制品制造业、有色金属冶炼业、医药等行业共688家危险废物产生单位、68家危险废物处置单位进行了全面检查，责令48家企业整改，移交公安部门2件。

三、自治区督查情况

9月下旬，自治区环监局组织自治区东部、中部、西部环保督查中心对各地专项行动进行了督查。自治区环保厅与自治区公安厅组成联合督导组对呼伦贝尔市和巴彦淖尔市危险废物涉及环境违法进行了专项督查。自治区环监局、固废中心、自治区东部、中部、西部环保督查中心和公安厅食药环总队骨干力量对盟市开展情况、危险废物管理台账、重点企业进行了检查。

四、信息填报情况

（一）材料报送

2016年5月31日，我厅确定了重点行业专项执法检查工作信息调度负责人和联系人，上报至环境保护部环监监察局。每月对全区此项工作开展情况进行调度，每月编发一期工作简报发布在《2016年重点行业环保专项执法检查信息管理系统》，简报内容围绕工作重点，充分反映了专项执法检查工作开展情况、措施及成效。

（二）系统录入

按照"谁检查谁填报"的原则，每月30日前组织各地填报《钢铁企业检查情况表》《水泥熟料生产企业检查情况表》《城镇污水处理厂检查情况表》，并对填报情况进行了审核，确保信息报送及时、准确。

五、信息公开情况

2016年10月30日前，我厅已向社会公开了钢铁、水泥制造、平板玻璃制造企业和城镇污水处理厂环境监管情况和环境违法企业信息向社会的检查情况。公开网址：http://www.nmgepb.gov.cn。

内蒙古自治区环境保护厅（印章）

2016年11月14日

抄送：××××，×××，××××，××××××。

内蒙古自治区环境保护厅办公室　　　　　　　　　　2016年11月14日印发

简评

这份工作报告从五部分来报告。第一部分是专项执法检查的安排部署情况；第二部分是自查整治情况,并从五个方面对重点行业的环保专项执法检查和整治做了报告;第三部分是自治区的专项督查情况;第四部分是信息填报情况;第五部分是信息公开情况。整个报告结构清晰,层次分明,语言表达准确,用一系列具体数据和整治措施来说明问题,使报告更具真实性和说服力。

【范例二】　情况报告范例导读

内蒙古自治区环境保护厅文件

内环发〔2016〕15 号　　　　　　　　　　　　　签发人：王××

内蒙古自治区环境保护厅
关于内蒙古珠江投资有限公司青春塔煤矿及洗煤厂
环境保护执行情况的报告

环境保护部：

　　内蒙古珠江投资有限公司青春塔煤矿及洗煤厂项目位于鄂尔多斯市准格尔旗魏家峁镇双敖包村,为新建工程,设计生产能力 6.0Mt/a(百万吨/年),服务年限 75 年。项目环境影响评价报告书由原国家环保总局于 2005 年 8 月 26 日批复(环审发〔2005〕730 号)。矿井工程于 2010 年 4 月开工建设,铁路专用线工程于 2011 年 10 月开工建设。2015 年 6 月 11 日,环保部华北督查中心会同内蒙古自治区西部环保督查中心、鄂尔多斯市环保局、准格尔旗环保局对该公司进行现场检查,发现该项目配套铁路线路和沿线站台工程实际建设内容与环评报告书不符,存在重大变更,建设单位在未取得工程变更环境影响评价批复文件的情况下擅自动工建设。2015 年 8 月 21 日,环境保护部针对该项目上述环境违法行为,以环罚发〔2015〕69 号行政处罚决定书对内蒙古珠江投资有限公司处以 20 万元罚款,并责令其变更工程停止建设。2016 年 1 月 6 日,鄂尔多斯市环保局和准格尔旗环保局对该企业环境保护执行情况进行后督查。有关情况如下:

　　1. 该项目配套铁路线工程已于 2015 年 5 月下旬停工至今,在项目未取得变更环境影响报告书审批文件前,未发现变更工程开工续建。

　　2. 煤矿及洗煤厂已于 2015 年 12 月 20 日停止建设,只进行安全维护性施工。项目已建成主井、副井、风井工程,洗煤厂现主体结构工程已完工,煤矿及洗煤厂共完成工程建设总量的 75%。

　　　　　　　　　　　　　　　　　　　内蒙古自治区环境保护厅(印章)
　　　　　　　　　　　　　　　　　　　　　　2016 年 1 月 15 日

简评

这是一份情况报告,开头部分先概述内蒙古珠江投资有限公司青春塔煤矿及洗煤厂项目建设中存在重大变更及未取得工程变更环境影响评价批复文件的情况下擅自动工建设的有关情况,然后分两部分报告对该企业环境保护执行情况进行后督查的情况。全文结构完整,逻辑性强,分点陈述,表意清楚,语言简练。

【范例三】 答复报告范例导读

内蒙古自治区旅游局文件

内旅发〔2017〕25 号   签发人:×××

内蒙古自治区旅游局关于报送智慧旅游发展情况的报告

自治区政府办公厅:

根据《内蒙古自治区人民政府办公厅关于报送大数据发展有关情况的通知》(内政办发〔2017〕16 号)文件的要求,现将我局智慧旅游发展情况报告如下。

一、2016 年智慧旅游项目建设与投资情况

2016 年,自治区旅游局组织建设全区高清视频会议系统、内蒙古旅游政务网集群、内蒙古旅游资讯网集群三个项目,总投资为 5 041 000 元。

(一)高清视频会议系统集成项目。该项目横向覆盖全自治区各盟市旅游管理部门,纵向满足国家旅游局系统的兼容性要求,实现全网统一的视频协作、应急视频会议的目标,项目金额为 3 128 000 元。

(二)内蒙古旅游政务网集群项目。为了落实国务院办公厅 2016 年 2 月 17 日印发《关于全面推进政务公开工作的意见》和《关于印发 2016 年政务公开工作要点的通知》(国办发〔2016〕19 号)文件精神,提升全区旅游管理部门的政务网站管理水平与安全水平,打造统一集群平台,项目金额为 862 000 元。

(三)内蒙古旅游资讯网集群项目。为了管理好各级旅游管理部门的旅游资讯网,完善全区旅游资讯网站体系,推进资讯网集约化建设,在确保安全的前提下,加强信息资源整合,避免重复投资,用集约化思路建立、健全、统筹管理旅游资讯网站群,实现管理集约化、技术集约建设、资源集约管理、服务集约管控、品牌集约塑造,该项目金额为 1 051 000 元。

二、《内蒙古国家大数据综合试验区建设实施方案》贯彻落实情况

2016 年经自治区编办批准,我局成立旅游数据中心,结合当前全区旅游信息化发展情况,编制了《内蒙古"十三五"旅游信息化发展纲要》,明确我局"十三五"期间旅游信息化建设的主要任务可归纳为"2416"工程,即建设两个中心,搭建四个平台,构建一套保障体系,确立六类示范工程。

两个中心:应急指挥中心、数据中心。

四个平台:智慧旅游管理平台、智慧旅游服务平台、智慧旅游营销平台、智慧旅游体验平台。

一套保障体系：建立标准规范体系建设的目标是面向信息化应用环境建设与服务的实际需求，制定和完善一系列的制度与标准规范，规范信息化应用环境建设与服务的行为和内容，形成完善的制度与标准规范体系，保障信息化应用环境建设与服务的质量，提升"智慧旅游"建设与服务的水平。

智慧旅游示范项目建设：全域旅游示范区智慧化示范工程、智慧旅游景区示范工程、智慧旅游富民（扶贫）示范工程、智慧旅游体验中心示范工程、智慧酒店工程、精品旅游线路示范工程。

三、2017 年智慧旅游发展重点、重大项目和主要措施

（一）建设智慧旅游数据中心（一期），统一旅游数据标准，实现集中统一采集、存储、编目、处理，并在此基础上，建立信息资源目录体系和数据共享交换平台，形成全盟市旅游信息资源交换枢纽，实现和自治区智慧平台的应用对接。

（二）建设智慧旅游产业运行监测平台（一期），有效整合全盟市旅游信息，为日常管理、辅助决策提供服务，促进旅游业的管理更加规范化、科学化、智能化，强化行业监管。主要建设内容：内蒙古旅游应急指挥调度中心。

（联系人：刘××　　联系电话：0471-6930066）

内蒙古自治区旅游局（印章）

2017 年 3 月 7 日

抄送：××××，×××，××××，××××××。

内蒙古自治区旅游局办公室　　　　　　　　　　2017 年 3 月 7 日印发

简评

这是根据《内蒙古自治区人民政府办公厅关于报送大数据发展有关情况的通知》而写的答复报告，文中引述自治区人民政府办公厅来文的标题和文号，是表示对来文要求的重视和答复的针对性。然后，根据自治区人民政府办公厅文中所提出的要求，从三个方面作了详细的回复。全文结构完整，条理清楚，重点明确，回复针对性强。

提示：报告的基本结构与写作要求

一、报告的基本结构

报告一般由标题、主送机关、正文和落款四个部分构成，下面介绍前三个部分。

（一）标题

报告的标题有两种常见写法：一是由发文机关名称、事由和文种组成，如《××省人民政府办公厅关于国务院文件办理情况的报告》。二是由事由和文种构成，如《关于棉花打假专项行动督察情况的报告》。标题写作要准确概括事由，不能仅写文种。

（二）主送机关

要写主送机关全称或规范化简称。一般只标注一个，如需要报送其他机关，则以抄送形式书写。

（三）正文

报告的正文由缘由、事项和结尾三部分组成。

1. 缘由

缘由就是报告的开头，主要写报告的起因、事由或说明报告的依据、目的、意义、开展了什么工作等一些基本情况。然后，用过渡句"现将有关情况报告如下"，过渡到正文。

2. 事项

事项是正文的核心内容。主要写有关工作的实施效果、方法措施、存在问题、经验教训、体会收获、今后打算与安排等。要求内容充实、具体详细、数据可靠、事例真实。如果内容多，涵盖面广，可分条列项写，也可列小标题写。

当然，不同类型的报告，写作内容的侧重点是不一样的。

工作报告的写作内容包括基本情况，即先写工作的时间和背景；再具体写工作的步骤、措施、进程结果、成绩经验、问题不足、今后设想等。讲成绩要实事求是，不能弄虚作假，夸大成绩。经验体会是对工作的理性认识，是对理论规律的探索，对今后工作具有指导意义，要尽力写好。工作报告摆事实固然重要，但若无理论提炼，就不是一个好的报告。

情况报告是向上级机关汇报某项工作或发生的重要情况，因此，要讲清开展工作的基本情况、取得的成绩、存在的困难与问题、解决的办法等；如果是突发事件，就要把事件或问题发生的时间、原因、经过、结果、性质、影响、处理意见和建议一一讲清。写作思路一般是先完整陈述基本情况，再分析发生事情的主客观原因，最后提出解决问题的建议和措施。

答复报告的内容有两部分，即答复依据和答复事项。写作时要有针对性，一般开头先简要写明来文询问的问题，如"根据×教发〔2017〕23号文《关于认真做好2017届毕业生就业工作的通知》的要求，现将我校2017届本专科毕业生首次就业的基本情况报告如下："这就是答复依据。接着回答上级的询问，答复要明确具体，不能答非所问。

3. 结尾

结尾一般是归纳全文，表达一种愿望，可采用惯用语收束。如"特此报告""以上报告，如有不妥，请指正""以上报告，请审阅"等。也可写完正文内容后，自然结束。

二、报告的写作要求

（一）实事求是，具体翔实

报告应实事求是，如实反映情况。特别是重大事件，要客观实在。涉及统计数据时，要认真核实，确保准确。

（二）点面结合，突出重点

报告不能面面俱到，包罗万象。应根据主旨的要求，抓住重点，以点带面，材料要典型，具有代表性，才有说服力。

（三）要体现汇报性，不含请求事项

报告是陈述性、汇报性公文，其目的就是向上级机关汇报情况。因此，文中不应提出其他请示事项。

写作能力实训

一、判断题

1. 呈送上级的报告可以包含请示的事项。（　　　）

2. 报告的标题可以省略事项，只用"报告"两字。（　　　）

3. 有问必答，答其所问，针对性强是答复报告的主要特点。（　　　）

4. 汇报性是报告最突出的特点。（　　　）

5. 报告的主送机关一般要求单一。（　　　）

二、分析报告存在的问题并作修改

关于××县××乡××村发生石山崩塌造成严重损失的情况报告

××市长：

今年七月十日下午两点多，××县××乡××村发生石山崩塌，塌下山石九千八百立方米，造成的损失无法估量。受灾的有十多户、近百人；死亡十余人，受伤九人；倒塌房屋七十多间；压死生猪二十多头；损失粮食三千多公斤。

灾情出现后，县委、县政府高度重视，坚决贯彻以人为本的理念，马上组织抢险救灾工作组赴现场抢险救灾，当即发给受灾群众每人大米七点五公斤，面条一点五公斤，洗衣粉两包（一公斤），以及日常生活用品等十九种。并组织民兵应急小分队三百多人投入抢险救灾。灾民的吃、穿、住、行已得到初步安排。并计划每人安排两个月的口粮。灾民情绪稳定，我县广大干部、职工发扬"一方有难、八方支援"的精神，共捐献衣物300多件，帐篷16顶，人民币5万多元。这些款物均已及时发到灾民手中。目前，救灾各项工作正在有组织、有秩序地进行中。

××县政府

2017年××月××日

第五节　请　　示

一、请示的含义和特点

（一）请示的含义

请示适用于向上级机关请求指示、批准，是一种祈请性、祈复性的上行文。一般来说，请示的范围大致包括以下几点。

（1）下级机关对有关方针政策或规定指示理解不甚明确，或对某些应量化的标准把握不定，就应请求上级指示，以更好地处理问题。

（2）在公务活动中，有些要处理的问题超出了本级机关的权限和职责范围。此时应请示，待批准或授权后，才能处理。

（3）对工作中出现的新情况、新问题、新动向或重大问题，处理时既无章可循，也无法可依，应先请示，按上级的指示办理。

（4）在贯彻有关政策法规时，如与本地区本部门实际不相符合，需作某些变通时，应先请示。上级明确指示后，方能变通。

（5）在日常工作和计划之外，必须得到上级机关支持和批准才能处理其他问题，要及时请示，按上级指示正确处理。

（二）请示的特点

1. 行文内容的请求性

请示具有祈求性，无论是请求指示还是请求批准，都必须得到上级的明确答复批准后，才能开展工作。因此，请求性是请示的显著特点。

2. 行文事项的单一性

《国家行政机关公文处理办法》明确规定，请示事项应一文一事。如同时有几个问题需要请示，应分别行文，以便上级机关分别答复。一文两事或一文多事的请示，不符合规定要求。

3. 行文关系的隶属性

下级机关的请示，只能向有隶属关系的上级呈报，如无隶属关系，即使是具有事项主管审批权，也不能用请示，而应按规定用函行文。

二、请示的主要类型

根据请示内容、性质的不同，请示可分为请求指示的请示和请求批准的请示两类。

（一）请求指示的请示

请求指示的请示多涉及对政策的理解和思想认识等方面的问题。如对上级有关方针政策把握不准，难以贯彻实施或对某些政策法规界定不明，无法执行时，应请求上级就相关问题给予明确指示。

（二）请求批准的请示

请求批准的请示主要是指人事、经费、物资、机构、基建和新设项目等方面的具体事项。须经上级批准，才能办理的事项，要按程序请示，不可越权请示，更不能擅自处理。

范例导读与简评

【范例一】　请求指示的请示范例导读

×××自治区审计厅文件

×审发〔2017〕4号　　　　　　　　　　　　　　　签发人：×××

×××自治区审计厅
关于制定《×××自治区审计厅审计结果公告办法》的请示

自治区人民政府：

　　根据审计法及其实施条例和政府信息公开条例的规定和自治区人民政府主要领导的要求，为规范审计机关审计结果公告工作，充分发挥审计监督作用，我厅制定了《×××自治区审计厅审计结果公告办法》。现就该公告办法中的有关事项请示如下：

　　一是审计公告的法律法规依据。依据《审计法及其实施条例》第三十六条和第三十三条规定；依据《国务院信息公开条例》第九条规定；依据政府规定和政府主要领导要求。

　　二是审计公告的事项。《审计结果公告办法》第四条对此列出具体的审计（调查）结果公告范围。

　　三是审计公告的审批程序。《审计结果公告办法》第九条对此予以明确和要求。

　　四是审计公告的方式。《审计结果公告办法》第六条对此作了具体规定。

　　五是审计公告的形式。《审计结果公告办法》第七条对此做出了具体规定。

　　上述审计公告办法，我厅建议以自治区政府名义发布。

　　以上请示妥否，请批示。

　　附件：×××自治区审计厅审计结果公告办法

　　　　　　　　　　　　　　　　　　　　　×××自治区审计厅（印章）
　　　　　　　　　　　　　　　　　　　　　2017年4月4日

×××自治区审计厅办公室　　　　　　　　　　2017年4月4日印发

简评

　　这份请求指示的请示分两部分，第一部分提出根据有关规定和自治区人民政府主要领导的要求，制定了《×××自治区审计厅审计结果公告办法》；第二部分是就公告办法中五个方面的相关事项提出请示，并请求给予批示。全文层次清楚，语言简洁，清楚明白，方便领导批示。

【范例二】 请求批准的请示范例导读

××省物价局文件

×价发〔2017〕25号   签发人：×××

关于加强省物价局处室设置的请示

省机构编制委员会办公室：

当前，物价工作面临新的形势、新的任务。随着我省经济社会又好又快发展，对物价工作的要求也越来越高，做好物价工作的要求与我局现有机构设置不适应的问题日益突出。我局现有机构设置是2000年机构改革时确定的，"三定"方案确定我局设有4个职能处室，即办公室（人事处）调控处、价格处和收费处，缺少统管全省物价系统价格法制和协调市场调节价格监管的处室，致使依法治价的力度大大减弱，市场价格监管难以到位，价格管理职能难以充分发挥。为此，我们从有利于发挥价格职能作用、促进我省经济社会又好又快发展的实际需要出发，参照多数省、市的机构设置情况，拟增设价格政策法规处和市场价格管理处两个职能处室。

一是增设价格政策法规处。主要负责协调全省物价系统的立法、普法、执法监督及涉法问题指导等法制建设工作；制定价格听证、集体审价等定价制度并组织实施；组织草拟有关价格管理方面的地方性法规、规章送审稿，制定或审核、审查价格规范性文件并组织实施；负责全省价格系统的普法宣传教育工作，组织、协调和指导全省的价格法制宣传工作；协调组织局机关行政申诉、行政复议、行政赔偿和行政诉讼的应诉、代理等工作；组织开展价格法律、法规、规章和定价制度的执法检查。

二是增设市场价格管理处。主要负责拟定全省市场调节商品和服务的价格监管办法；制定和实施经营者价格行为规则，监督和规范市场价格行为，指导价格自律，协调价格争议；负责市场价格预警和应急工作；组织开展明码标价、价格诚信等活动。

以上请示当否，请批复。

××省物价局（印章）

2017年5月18日

××省物价局办公室   2017年5月18日印发

简评

这份请求批准的请示对请示的缘由、依据和请示的事项，写得具体清楚，目的是向有关审批部门提出充足的理由，以获得批准。全文结构紧密，语言平实，简洁明晰。

提示：请示的基本结构与写作要求

一、请示的基本结构

请示主要由标题、主送机关、正文和生效标识四部分构成，下面介绍前三部分。

（一）标题

请示标题一般由发文机关名称、事由和文种三个要素组成。也可根据具体情况省略发文机关名称，但不能省略事由和文种。

（二）主送机关

主送机关只有一个，不能标注多个主送机关。如属双重领导，也只能是主送一个，负责批复，另一个则以抄送形式报送，使其了解情况。

（三）正文

请示的正文有请示缘由、请示事项、祈请语三部分。

1. 请示缘由

请示缘由就是请示的原因、依据或背景，讲明为什么要提出请示事项。其目的是供上级机关了解具体缘由，为批示提供参考。所以，写作时要据实陈述，或引用有关政策精神、数据材料，以增强说服力。但切忌长篇大论、引经据典，行文要简洁。

2. 请示事项

请示事项就是请求上级给予指示或批准的具体事项。所请求的事项应合理适度，符合政策法规，不可超越实际，提出不合理的事项。所请示的事项要具体清楚，直截了当，不绕弯子，让人一看就明白。

3. 祈请语

祈请语就是在请示末尾郑重提出要求，表明祈请的态度，以示敬重。常用的祈请语有"以上请示妥否，请批示""以上请示，请审批""以上请示如无不当，请批复"等。祈请语是不可忽视的重要组成部分，为突出醒目，应另起一行书写。

二、请示与报告的区别

请示与报告同属上行文，但写作目的、内容等都有不同，具有各自的文种职能。因此，在行文时，要注意两者的区别。

（一）行文的目的不同。请示的目的是要求上级机关批准有关事项，而报告的目的则是向上级汇报工作，反映情况。前者重在请求，后者重在汇报。

（二）行文的时间不同。请示是在事前行文，得到批示后才能按规定行事；而报告是事后或事中行文，是汇报已经完成或正在进行的工作情况。

（三）受文处理的方式不同。请示是呈办件，受文机关收到请示后，要根据实际进行批复，并传送请示机关实行；报告则属于传阅件，仅供上级机关了解有关情况，不必批示和答复。

三、请示的写作要求

（一）行文要求一文一事

请示要一文一事，请示事项过多不符合要求，不利于上级机关批复，影响办事效率。

（二）不允许多头请示

请示只呈报一个上级机关批复。如有必要则以抄送的形式呈送其他机关。多头请示,对落实请示事项反而不利。请示不能呈送领导者个人。

（三）不得越级请示

根据行文规则,公文要逐级行文,不能越级行文,请示也不例外。如有特殊事项确需向上一级机关行文,应先征得本级机关的上级同意方可行文,并同时向其抄送,以免影响上下级关系,贻误工作。

写作能力实训

一、判断题

1. 请示可以一文一事,也可一文多事。（　　　）
2. 请示的主送机关只能有一个。（　　　）
3. 凡必须得到上级机关批准才能实施和办理的公务,都可以用"请示"行文。（　　　）
4. 请示可以主送上级机关领导者个人。（　　　）
5. 请示只适于向有隶属关系的上级机关行文。（　　　）

二、分析两则公文中存在的问题并作修改

（一）

××物业管理公司关于解决××社区管理费用的请示

××区管委会:

××社区基础设施改造工程已全部完成,并于 2017 年 2 月 6 日正式通过上级机关的验收。上级机关 2017 年 2 月 8 日通知要求做好社区的物业管理,我公司就该社区物业管理开办以及对改造后的社区进行有效管理,所需的必备配置物品及经费预算如下:

（1）管理人员及运转经费 12 万元。

（2）办公家具 5 套。

××物业管理公司

2017 年 2 月 19 日

（二）

××县交通局文件

×交发〔2017〕5 号　　签发人:×××

关于公交公司欠交税金的请示

县政府:

我局所属企业公共交通公司,从 2016 年 1 月至 2017 年 12 月,累计欠交各种税金

60 万元。其中营业税 35 万元,城建税 6 万元,房产税 7 万元,土地税 5 万元,防洪费 3 万元,教育附加费 4 万元。

公交公司从 2016 年开始,尽管做了多方面的努力,但由于公交企业的性质所决定,(必须考虑社会效益,同时票价由物价部门控制),加之企业转制前遗留的债务和人员两大包袱过重,剔除财政补贴后,每年仍亏损 30 万元,已累计亏损 100 万元。

多年来,税务机关考虑到公司企业的性质和企业资金困难状况,已给予了多方面的照顾,所提税金一直挂账未处理。但由于近期税收任务紧迫,已多次催缴,如不缴纳,将查封公司所有账户和扣缴财政补贴,企业正常运营将受到影响,恳请政府必须帮助解决。

妥否,请批复。

（印章）

2017 年 1 月 12 日

第六节　批　　复

一、批复的含义和特点

（一）批复的含义

批复是一种答复下级机关请示事项的指示性公文。批复与请示具有对应关系,是 15 种法定公文中唯一形成这种特殊关系的文种。批复属下行文。

（二）批复的特点

1. 内容的针对性

内容的针对性就是针对请示来答复,不管同意与否,都必须批复,表明态度。不可似是而非,含混其词。

2. 执行的权威性

上级的批复意见具有政策性和决策性,即便不完全满意甚至有不同意见,也要贯彻实行,不得擅自变通更改,或拒绝执行。

3. 行文的简明性

批复一般只提出原则性和结论性的批示,简明扼要,不展开阐释。

二、批复的类型

根据内容和作用不同,批复可分为指示性批复和批准性批复两类。

(1)指示性批复。就是上级针对下级在理解和执行有关文件精神与政策时,存在某种不确定性或疑问而做出的答复,以指导实行文件精神和政策。

(2)批准性批复。就是对下级提出的请批事项给予答复。

范例导读与简评

【范例一】 指示性批复范例导读

××省财政厅文件

×财发〔2017〕126 号

××省财政厅关于房屋附属设施有关契税政策的批复

××市财政局:

你局《关于要求明确与房屋相关的附属设施契税政策的请示》(×财税发〔2017〕26 号)收悉。经研究,现批复如下:

一、对于承受与房屋相关的附属设施(包括停车位、汽车库、自行车库、顶层阁楼以及储藏室,下同)所有权或土地使用权的行为,按照契税法律、法规的规定征收契税;对于不涉及土地使用权和房屋所有权转移变动的,不征收契税。

二、采取分期付款方式购买房屋附属设施土地使用权、房屋所有权的,应按合同规定的总价款计征契税。

三、承受的房屋附属设施权属如为单独计价的,按照当地确定的适用税率征收契税;如与房屋统一计价的,适用与房屋相同的契税税率。

××省财政厅(印章)

2017 年 7 月 23 日

××省财政厅办公室　　　　　　　　　　　　　　2017 年 7 月 23 日印发

简评

这是一份关于房屋附属设施契税征收政策的指示性批复。正文分两层,第一层引叙请示文的标题和发文字号作为发文的依据,并以"现批复如下"过渡到下文。第二层是对请示事项做出三点批复。全文紧扣请示事项,主旨明确,态度明朗,语言简约,易于领会贯彻。

【范例二】　批准性批复范例导读（1）

国务院文件

国函〔2017〕6号

国务院关于北部湾城市群发展规划的批复

广东省、广西壮族自治区、海南省人民政府，国家发展改革委、住房城乡建设部：

国家发展改革委、住房城乡建设部《关于报送北部湾城市群发展规划（送审稿）的请示》（发改规划发〔2016〕2633号）收悉。现批复如下：

一、原则同意《北部湾城市群发展规划》（以下简称《规划》），请认真组织实施。

二、《规划》实施要全面贯彻党的十八大和十八届三中、四中、五中、六中全会以及中央城镇化工作会议、中央城市工作会议精神，深入贯彻习近平总书记系列重要讲话精神和治国理政新理念新思想新战略，认真落实党中央、国务院决策部署，统筹推进"五位一体"总体布局和协调推进"四个全面"战略布局，牢固树立和贯彻落实新发展理念，着力推进供给侧结构性改革，加快培育发展新动能，拓展发展新空间，以共建共保洁净海湾为前提，以打造面向东盟开放高地为重点，以构建环境友好型产业体系为基础，发展美丽经济，建设宜居城市和蓝色海湾城市群，充分发挥对"一带一路"有机衔接的重要门户作用和对沿海沿边开放互动、东中西部地区协调发展的独特支撑作用。

三、广东、广西、海南三省（区）人民政府要切实加强组织领导，健全协作机制，明确责任分工，制订实施方案，做好与相关专项规划的衔接，确保各项目标任务落到实处。《规划》实施中涉及的重大事项、重大政策和重大项目按规定程序报批。

四、国务院有关部门要按照职能分工，研究制定支持北部湾城市群发展的具体政策措施，在有关规划编制、体制创新、重大项目建设、优化行政区划设置等方面给予积极支持。国家发展改革委、住房城乡建设部要做好协调指导，加强对《规划》实施情况的跟踪分析，适时组织开展《规划》实施情况督察评估，研究新情况，总结新经验，解决新问题。重大问题及时向国务院报告。

国务院（印章）

2017年1月20日

国务院办公厅　　　　　　　　　　　　　　　　　　2017年1月20日印发

简评

这是一份关于同意北部湾城市群发展规划的批复。先是写发文缘由，引叙请示文的标题，然后针对请示事项做出同意批复，并从四个方面对三省区和两部委提出要认真做好北部湾城市群发展规划的组织实施。全文结构完整、语言简明、阐述准确。

【范例三】 批准性批复范例导读(2)

国 务 院 文 件

国函〔2017〕51 号

国务院关于同意设立"中国品牌日"的批复

国家发展改革委:

你委《关于设立"中国品牌日"的请示》(发改产业发〔2016〕2484 号)收悉。同意自 2017 年起,将每年 5 月 10 日设立为"中国品牌日"。具体工作由你委商有关部门组织实施。

国务院(印章)

2017 年 4 月 24 日

国务院办公厅   2017 年 4 月 24 日印发

简评

这是一则同意将每年的 5 月 10 日设立为"中国品牌日"的批准性批复。全文就三句话,文字简明扼要,庄重而有权威性。

提示：批复的基本结构与写作要求

一、批复的基本结构

批复的结构较简单,主要包括标题、主送机关、正文三部分。

(一)标题

批复标题一般由发文机关名称、批复事由和文种三部分组成,也可由后两项要素组成。

(二)主送机关

批复主送机关一般只有一个。

(三)正文

批复的正文包括批复引语、批复意见、批复希望和结束语四个部分。

(1)批复引语。也叫批复依据或缘由,就是在批复开头先引叙请示文的相关情况,如收文日期、来文标题、发文字号等。引叙来文情况意在表明批复的针对性。然后以过渡句转入下文,也可直接写批复意见。

(2)批复意见。就是针对请示事项做出批示。如同意,应有肯定性意见。如不同意,则简要说明理由,使受文者明白事项被否定的原因。

(3)批复希望和结束语。就是向受文对象提出落实上级批示精神的希望和要求,也可不写，或以"此复"或"特此批复"作结束语。

二、批复的写作要求

（一）态度鲜明，具体明确

批复请示事项，态度要鲜明，同意或反对，批准或否定都不能含糊。不要用"研究研究"等推诿性词语。

（二）左右协调，全面周到

批复如涉及上下左右关系或利益，应做好协调工作，避免顾此失彼，产生消极后果。

（三）迅速及时，讲究效率

对请示文应在规定的工作日内答复，提高办事效率，以免耽误工作，造成损失。

写作能力实训

一、判断题

1. "批复"与"请示"一样，写作时不能一文多事。（　　）

2. 批复对请示事项应明确地答复，不能含混其词。（　　）

3. 批复开头必须引叙来文的标题和发文字号。（　　）

4. 答复请示事项可用"批复"也可用"批示"。（　　）

5. 请求批准函可以用"批复"来答复。（　　）

二、指出两则公文中存在的问题并作修改

（一）

关于"两个请示"的批复

××警察学校：

根据公安部有关警察学校专业设置的规定和你校办学条件，同意你校公安、刑侦、预审和交通四个专业招收学生，公安专业每年招收应届高中毕业生 90 名，学制 3 年；刑侦专业每年招收应届高中毕业生 80 名，学制 3 年；预审专业招收应届高中毕业生 70 名，学制 3 年；交通专业招收应届高中毕业生 90 名，学制 3 年；学校规模为在校生 12 000 人。根据省教育厅×教发〔2017〕13 号文件精神，你校可招收委培生和少量自费生，收取的学费用于加大办学经费，有关办学条件和教学设施，统统按公安部和省教育厅的有关规定执行。

增加教职工编制问题，我厅已签署意见送省编制局，你校务必要与省编制局联系，不得有误。

特此告知。

××省公安厅

2017 年 3 月 25 日

（二）

××局关于同意批准××厂来文要求申请成立服务公司的批复

××厂党委及厂部办：

你们的××字第 12 号请示《关于××厂成立服务公司的请示》已经收到,内容已经知道了。

经我们局领导讨论研究,现做出决议,同意批准你们厂成立服务公司。但是你们必须首先根据既要办好又要讲实效的精神,拿出计划,并将情况汇报我局。

今特此予以批复。

××管理局

2017 年 12 月 6 日

第七节　函

一、函的含义和特点

（一）函的含义

函是不相隶属机关之间商洽工作,询问和答复问题,请求批准和答复审批事项的公文。在组织关系上不相隶属,但又急需商洽事项或请求批准相关事项时,要使用函。

（二）函的特点

1. 使用灵活而广泛

既可用于平行机关之间商洽事宜、询问答复问题,也可用于向不相隶属主管部门请求批准事项或用于答复请求事项。行文方向灵活,使用广泛。

2. 篇幅短小简洁

函多用于解决日常事务中的问题,语言简洁,直截了当。

二、函的分类

（1）从内容和用途的不同,函分为商洽函、请批函、答询函三种。

① 商洽函。商洽函用于平行机关或不相隶属机关之间商洽工作、联系有关事宜。如商调借用人员、参观考察、联系业务等。

② 请批函。请批函是指向没有隶属关系的主管部门请求批准事项的函,主管部门的回复则用复函。

③ 答询函。答询函是指平行机关或不相隶属机关之间相互联系、答复问题的函。单

位之间如需了解、询问，不便以电话联系，就用询问函，回复用答复函。

（2）从函的运行方向区分，可分为去函和复函两种。

① 去函。去函也叫发函，是指发文机关商洽或解决问题向对方发出的函，包括商洽函、询问函和请批函。

② 复函。复函是指对来函的答复。

（3）从函的格式和使用情形的不同，可分为公函和信函。

① 公函是正式公文，其格式和行文规则按照《办法》规定实行。

② 信函多用于日常事务性工作，其格式与公文格式不同。

范例导读与简评

【范例一】 商洽函范例导读

内蒙古自治区旅游局文件

内旅发〔2017〕26 号

内蒙古自治区旅游局
关于商请参加"万里茶道"欧洲旅游推广活动的函

呼和浩特市民族演艺集团民族歌舞剧院：

首先感谢贵院多年来对自治区旅游事业的大力支持！为贯彻落实国家"一带一路"发展战略，加强与世界各国旅游领域上的交流合作，我局将随国家旅游局于 6 月 21～30 日出访俄罗斯、丹麦和瑞典开展"万里茶道"欧洲旅游推广活动。我局受国家旅游局委托，现诚挚邀请贵院为此次欧洲推广推荐 10 名演职人员，于 6 月 24～30 日赴丹麦和瑞典参加旅游推广活动，演员费用由我局承担。请贵院近日提供参演人员名单及身份信息、因私护照复印件、三场演出节目单及节目简介。活动行程附后。

特此致函，请回复。

内蒙古自治区旅游局（印章）
2017 年 4 月 21 日

内蒙古自治区旅游局办公室　　　　　　　　　　2017 年 4 月 21 日印发

简评

这则商洽函的正文先写发文的依据、缘由和目的，接着写商询的具体事项和要求。语言简洁明确，真诚得体，但又包含请予函复的明确要求。

【范例二】 复函范例导读

教育部文件

教发〔2017〕73号

教育部关于同意设立茅台学院的函

贵州省人民政府：

《贵州省人民政府关于申请设立茅台学院的函》（黔府发〔2017〕74号）收悉。根据《高等教育法》《民办教育促进法》《民办教育促进法实施条例》《普通高等学校设置暂行条例》《普通本科学校设置暂行规定》有关规定和全国高等学校设置评议委员会考察评议结果，经研究，同意设立茅台学院，学校标识码为4152014625。现将有关事项通知如下：

一、茅台学院系本科层次非营利性民办普通高校，由你省领导和管理。

二、学校定位于应用型高等学校，主要培养区域经济社会发展所需的应用型、技术技能型人才。

三、学校全日制在校生规模暂定为5000人。

四、学校本科专业的增设问题，按我部有关规定办理。同意首批设置本科专业5个，即酿酒工程、葡萄与葡萄酒工程、食品质量与安全、资源循环科学与工程、市场营销。

五、我部将适时对学校办学定位、教学质量和人才培养情况进行评估。

望你省加强对该校的指导和支持力度，督促举办者进一步加大投入力度、加强学校师资队伍建设、完善学校法人治理、健全资产管理和财务会计制度、规范学校办学行为、落实安全管理责任，结合优化区域高等教育结构布局的需要，引导学校按照办学定位，强化学校发展战略规划研究，全面加强内涵建设，创新人才培养模式，不断提高教育教学质量和办学效益，促进学校办出特色，办出水平，更好地为贵州省经济社会发展服务。

附件：1. 茅台学院办学许可证信息
2. 茅台学院章程

教育部（印章）

2017年5月23日

教育部办公厅 　　　　　　　　　　　　　　　　2017年5月23日印发

简评

这则复函的正文有引语和主体两部分。引语是引叙对方来函的标题和发文字号，也是发文的缘由，接着提出批准的相关依据和做出同意的答复，并以过渡语引到主体。主体部分针对来函内容和要求，提出了五点意见，具有政策性和指导性，既不失主管部门对全局的统领权威，又能委婉表达，语言温和得体。

【范例三】 请批函范例导读

××省司法厅文件

×司发〔2017〕56号

关于变更司法厅政治部名称的函

省编制办：

　　根据《××省人民政府办公厅关于印发省司法厅职能配置内设机构和人员编制规定的通知》（×政办发〔2016〕26号）规定，司法厅设政治部，下设人事警务处、组织部宣传处，政治部主任为副厅级。据司法部全国警务工作座谈会精神，结合我系统干部队伍中人民警察人数多、比重大，警务管理任务重的实际情况，参照其他省（区、市）的做法，恳请批准司法厅政治部更名为司法厅政治（警务）部。

　　如无不妥，请复函。

××省司法厅（印章）

2017年5月28日

××省司法厅办公室	2017年5月28日

简评

　　这则请批函先写根据《××省人民政府办公厅关于印发省司法厅职能配置内设机构和人员编制规定的通知》和司法部全国警务工作座谈会精神，以及省司法厅现状实际，然后恳请提出更名的要求。全文语言朴实明白，真诚得当，体现了请批函的特点。

【范例四】 答复函范例导读

×××自治区新闻出版广电局文件

×新广发〔2017〕37号

×××自治区新闻出版广电局
关于协调地面数字电视频率有关事宜的复函

×××省新闻出版广电局：

　　你局《关于协调地面数字电视频率有关事宜的函》收悉，鉴于全国地面数字电视频率规划将于近期全面调整，我局建议如下：

　　一、目前涉及我区阿荣旗查巴奇乡DS-48/100W和莫力达瓦旗巴彦乡DS-48/100W

的两个规划频率并未启用,在全国地面数字电视规划全面调频前,你局可按现有规划,启用相关频率播出电视节目。

二、全国地面数字电视规划统一调整过程中,若确需重新规划你局现计划启用的DS-48 频道单频网和我区两个乡镇的相应频道,则应按照总局规划要求统一调整。

特此函复。

×××自治区新闻出版广电局(印章)

2017 年 1 月 24 日

×××自治区新闻出版广电局办公室　　　　　　2017 年 1 月 24 日印发

简评

这是一则答复函。开头引语先引叙来函的标题和发文字号,然后用过渡语转入主体。主体部分是具体答复来函的问题,表明复函机关的意见。复函内容针对性强,措辞得当,言简意赅,便于接受和实施。

【范例五】 信函范例导读

××省粮食局办公厅

×粮办函 30 号

关于召开组织参加第十二届中国国际粮油产品及设备技术展览会
第二次联络员会议的函

各市粮食局、粮食行业协会:

经研究,定于 10 月 14 日在济南召开"组织参加第十二届中国国际粮油产品及设备技术展览会第二次联络员会议"。现将有关事项通知如下。

一、会议内容

1. 通报第十二届中国国际粮油产品及设备技术展览会暨 2012 世界粮食日全国爱粮节粮宣传周活动有关情况。

2. 落实各市展位、特装展位布置及交通住宿安排等。

3. 领取有关资料、证件。

二、参会人员

各市粮食局、省粮油集团总公司、××商务职业学院、××民天面粉有限责任公司、××金德利集团快餐连锁有限责任公司、××龙大集团公司、齐河县粮食局、××发达面粉(集团)有限公司、××永乐食品有限公司联络员。

三、会议时间、地点

10 月 14 日 20:00 在××富临大酒店 18 楼会议室(地址:××市泺源大街 5 号,电话:

0531-86956888)开会。请各市、各单位(企业)于 10 月 11 日前统一将参会回执表(附后)传至省协会。联系人：方××，电话：0531-85879818、0531-86403100，传真：0531-86403099。

　　附件：1. 参会回执表

　　　　　2. 联络员名单

××省粮食局办公室(印章)

2017 年 10 月 9 日

简评

　　这是一则会议信函，在格式上采用信函的形式，在发文机关名称下画一条武文线，发文字号置于武文线下 1 行版心右边缘顶格标识。发文字号下空一行标识标题。信函在日常事务性工作中，对于不相隶属的部门之间进行工作联系或商洽其他事务非常方便。这则便函所述事由清楚具体，语言简明。

提示：函的基本结构与写作要求

一、函的基本结构

　　函主要由标题、主送机关、正文三部分组成。

　　(一)标题

　　函的标题由机关名称、事由和文种三要素构成，也可省去机关名称，只要事由和文种两个要素。如是答复函，文种名称应为"复函"或"函复"。如《国家环保总局关于同意浙江省列为全国生态省建设试点的复函》。

　　(二)主送机关

　　去函和复函的主送机关都是一个，来往相对应。

　　(三)正文

　　去函与复函的写法不尽相同。

　　1. 去函

　　去函正文开头，一般先写发函商洽、请批、询问事项的缘由、依据、目的。理由要充分有说服力，让受文者能理解接受。接着写事项，所请批、商洽和询问的事项要简明扼要，清楚明白。最后写希望用语，如"特此函商，请函复""敬请函复"等。

　　2. 复函

　　复函开头先引叙来函的日期、标题、发文字号等，以表明复函对来函的重视。如"你局×月×日《关于×××××的函》(××发〔2017〕12 号)收悉"。接着以过渡语转入下文，如"经研究，现将有关问题函复如下"。答复要针对来函所提事项，态度要明确肯定，不能含混其词。如不同意函商事项，应表歉意，并委婉说明原因。最后一般以"此复""专此函复"作结。

二、函的写作要求

（一）一函一事，内容单一

函应以一函一事，不可一函多事。语言简洁明确。

（二）态度诚恳，用语得体

函是平级机关或不相隶属机关之间的交流，不是领导与被领导的关系。因此，语言讲究诚恳平和得体，有时用谦称和致意性的词语，如"贵校""贵局""敬请"等。不可因求于人，而刻意逢迎。也不能因人求于己而居高临下，以命令的口吻说话。

（三）直截了当，说事不绕弯

公函不同私函，语言表达方式多是开门见山，直叙原因和事项，以平实为主。

写作能力实训

一、判断题

1. 用"函"表达的内容，也可以用"请示"来表达。（ ）
2. 向不相隶属的机关询问事项，可以用"函"。（ ）
3. 批复意见涉及其他部门时，应协调后才能行文答复。（ ）
4. 批复惯用语"特此批复"应另起一行来写。（ ）
5. 去函和复函的主送机关是对等的，一般只有一个。（ ）
6. "函"的行文方向具有多向性。（ ）
7. "函"一般都较短小，内容单一，语言简洁明了。（ ）
8. 县教育局向县财政局请拨校舍维修经费应用"请示"文种。（ ）

二、指出两则函中存在的问题并作修改

（一）

财政局：

首先，请允许我们向贵单位致以崇高的敬意，多年来，贵单位对我们单位给予大力支持和帮助，令我们十分感动，借此机会，表示衷心的感谢。这次去函的主要目的是与你们商量以下问题。

经有关部门同意，我们局正在建设新的局办公大楼，这项工程得到市政府的大力支持，由市政府批准，贵单位已经划拨给我们局经费300万元。目前工程进展顺利，但是，由于当前物价上涨较快，建筑材料居高不下，原工程预算经费出现了较大的缺口，难以按期完成工程建设。所以，恳请贵单位再次划拨经费，以补足缺口部分，以免影响到办公大楼的竣工和我们局的搬迁计划。

特此请示，请批准！

市交通局

2017 年 5 月 12 日

（二）

××大学校长：

首先让我们以××电力工业学校的名义，向贵校表示衷心的感谢。感谢你们为我校办学给予的大力帮助。目前我校又面临一个很难解决的问题。

事情是这样的：我校开办不久，师资力量很差，决定派 5 位年轻教师进修一年。我校与贵校有关部门多次商量，但 5 位年轻教师进修住宿问题，至今也没有得到解决。提高教学质量的关键是师资。为提高我校教师质量，恳请贵校设法解决我校进修教师的住宿问题。贵校府高庭阔，物实人济，且有宽大为怀、救人之危的美德。以上区区小事，谅贵校不难解决。我们不知贵校还有什么实际困难，如果有困难我校能帮助解决，就尽量提出来，我们学校定会竭尽全力去办。再说一句，贵校如果能给解决我校进修教师的住宿问题，我们以我校领导的名义向贵校领导深深地表示谢意。万望函复。

××电子工业学校

2017 年 4 月 25 日

第八节　纪　　要

一、纪要的含义和特点

（一）纪要的含义

纪要主要用于记载、传达会议主要情况和议定事项。纪要是传达会议精神、指导工作、交流信息的重要文种。

（二）纪要的特点

（1）纪实性。纪要是会议成果的真实反映，比较客观。

（2）纪要性。纪要性就是不能照搬照录，应对会议内容进行综合、整理和概括，突出会议精神。

（3）约束性。纪要是法定公文，具有统一思想认识、明确任务方向、指导工作的重要作用。

二、纪要的主要类型

根据会议性质的不同，纪要可分为两类，即办公会议纪要和专题会议纪要。

（1）办公会议纪要。办公会议纪要是指机关、企事业单位召开的定期或不定期的工作会议形成的纪要。主要用于总结工作、沟通情况、交流经验、传达贯彻上级精神、研究决定重要事项、指导布置任务。

（2）专题会议纪要。专题会议纪要是指为研究专项问题而召开的会议所形成的纪要。如研讨会纪要、各种类型的座谈会纪要等。

范例导读与简评

【范例一】 办公会议纪要范例导读

水利部、贵州省人民政府关于铜仁地区水利扶贫试点暨毕节试验区水利重点扶持部省联席会议纪要

2017 年 2 月 25 日

2 月 22 日,水利部××副部长和贵州省人民政府×××副省长在贵阳主持召开了贵州省铜仁地区水利扶贫试点暨毕节试验区水利重点扶持第四次部省联席会议。会议听取了部省联席会议办公室、铜仁地区行署和毕节地区行署的工作汇报,研究分析了当前面临的形势和存在的主要问题,安排部署了下一阶段的工作。现纪要如下:

一、会议认为,铜仁地区水利扶贫试点工作和毕节试验区水利重点扶持工作取得了显著成效。铜仁地区水利扶贫试点自 2006 年启动以来,水利建设累计投资 24.22 亿元,建设了石阡花山水库等一大批中、小、微型水利设施,全地区水利基础设施得到显著加强;累计解决了 92.4 万人的饮水安全,提前实现了试点规划目标;全区人均有效灌溉面积达到 0.45 亩,人均 0.5 亩有效灌溉面积试点规划目标可以如期实现,抗旱能力明显增强;试点水管单位体制改革、乡镇水利站改革、组建农民用水户协会三大改革任务向纵深推进。毕节试验区水利重点扶持自 2008 年启动以来,水利建设全面提速,投资大幅增长,累计落实水利资金 10.34 亿元,解决了 154 万人的饮水安全问题,整治病险水库 30 座,扶持效果初步显现;编制完成了《毕节地区水利重点扶持对口支援实施规划》,为实现部省合作备忘录目标奠定了良好基础。

二、会议指出,贵州省水利发展与改革虽然取得了很大成效,但贵州省在全国经济相对落后的局面仍旧没有根本改变,自然条件相对较差的状况依然严峻,与其他省区比较水利相对落后的局面仍然突出,水利仍是当地经济社会发展的重要制约因素。当前,国家财力逐渐增强,投入不断加大,水利扶贫试点和重点扶持工作面临大好机遇。我们既要看到成绩,也要看到不足,更要抓住机遇,进一步统一思想,振奋精神,强化措施,加大力度,坚定不移地把水利扶贫试点和重点扶持工作推向深入,推动铜仁和毕节两个地区水利事业走上又好又快发展的轨道,进而辐射带动贵州全省水利发展与改革。

三、会议强调,创新工作思路是实现跨越式发展的基本前提。要综合分析当地水资源条件,科学规划,充分发挥中央和地方、政府和群众两个积极性,在骨干工程上下功夫,统筹大中小各类工程协调发展,切实提高抗御自然灾害的能力,提高农业综合生产能力,有效解决群众生产、生活用水问题。在骨干水源工程建设上,要解放思想,抓住机遇,科学、合理布局能够抗御大旱的骨干水利工程,要把增加蓄水能力作为今后工作的重要指标。同时,还要考虑进一步发挥现有骨干水利工程的综合效益,努力提高供水保证率。

四、会议明确,在今后工作中,将进一步发挥部省联席会议机制作用,更好地促进水利扶贫试点和水利重点扶持工作。水利部将在农村人饮安全、中小河流治理等现有中央

水利投资渠道项目上保证投入强度,在大中型灌区建设、农田水利示范县建设、水土保持、农村水电等项目上给予重点安排,在重点小型病险水库治理、中型骨干水源工程建设等方面力争投入政策有所突破。贵州省和两地区应进一步发挥地方财政的积极作用,保证地方配套资金足额到位,对无中央投资渠道的规划内项目加大投资力度。

五、会议对两地区下一步水利工作提出了意见和要求。一是要加大前期工作力度,把握国家投资方向,以骨干水源工程、灌区建设、农村饮水安全等为重点,做好项目储备。二是要强化管理,抓好实施。要加强对水利工作的组织领导,整合资源,加大投入,充分体现水利对贫困地区经济社会发展的支撑作用,加强项目资金管理,加强监测评估工作。三是要狠抓效益,探索经验。要把水利基础设施的改善与农业产业结构调整充分结合起来,要体现在农业增产、农民增收等最终效益上,要在"一事一议"、农村小型水利产权改革、农村小型水利工程管理体制机制创新、区域水资源统一管理等方面出经验,特别是发挥群众积极性方面,要切实加大工作力度,让群众充分参与到水利建设上,为其他地区开展水利工作提供经验。四是铜仁地区要在充分总结试点成效和经验的基础上,着手考虑有关水利扶贫试点二期实施规划的编制工作,水利部有关司局、贵州省水利厅要加强指导。

简评

这份联席会议纪要,正文由两部分构成,第一部分是导言,介绍会议的概况,交代会议的时间、主持人及其他与会人员,概括说明会议的主要内容。第二部分是主体,详写会议讨论研究形成的共识和意见,全面反映会议的内容。文中采用综合概述法,对会议内容分类概述,用"会议认为""会议指出""会议强调""会议明确"和"会议意见和要求"等惯用语引领各层意思。全文条理清楚,中心突出,语言简括,操作性强。

【范例二】 专题会议纪要范例导读

全省危险化学品安全监管工作专题会议纪要

为全面分析危化品安全生产形势,深刻吸取事故教训,举一反三,采取有力措施,防范遏制危险化学品事故多发态势,确保党的十九大期间安全生产形势平稳,7月31日下午,省安监局在昌召开全省危险化学品安全监管专题会议,局党组书记、局长×××出席会议并讲话;局党组成员、副局长×××主持会议。

会议通报了去年以来全省22起危险化学品生产安全事故情况,分析了事故原因,认为这些事故充分暴露出我省部分化工企业员工"三违"现象严重,安全意识淡薄,缺乏安全知识;企业安全教育培训不到位,应急处置能力差,处置不当造成事故扩大化。

会议指出,当前全省危险化学品企业增速较快,2016年至今新发证企业63家,居全国第二位。通过安全条件审查未建设施工的49家,通过设计审查正在建设施工的80家,已建成正在试生产项目有97个。九江、宜春两地是全省化工企业数量最多、增速最快的地区,也是近两年事故起数、死亡人数多发地区。全省新增企业主要以精细化工为主,这类企业原材料、产品种类多样,工艺复杂,高温、高压,部分企业还涉及危险工艺和重大危险源,更易发生事故。简政放权后,试生产阶段发生事故在我省有过深刻的教训,务必引起全省各级安监部门的高度重视和关注。

会议重点研究和部署了当前加强危险化学品监管工作。会议强调,有效遏制危险化学品事故要从以下几个方面下功夫：一是针对近年来全省化工企业数量增速较快的态势，从新建项目上下功夫，严把安全准入关口；二是针对危险化学品事故应急救援的需要，从强化企业应急救援能力上下功夫，提高应急管理和救援装备水平；三是针对事故暴露出的安全管理规章制度落实不到位的问题，从加强企业的标准化建设上下功夫，提高企业安全管理水平；四是针对部分事故的直接原因是违章指挥、违规作业引起，要不断深化专项整治，从建立反"三违"长效机制上下功夫；五是针对试生产环节安全风险较大，从有效控制高风险环节上下功夫，加强对企业的监督指导，切实加强事中事后监管。

会议要求，要切实采取坚决果断、有力有效的措施，防范遏制危化品领域较大以上事故发生。当前，重点抓好以下几个方面工作。

一是严格法律法规标准要求，把住源头准入关口。各级政府相关部门在项目引进上要把好关，同时严格危化品新建项目安全条件审查，坚决不允许使用淘汰落后工艺、技术、设备，安全无保障的项目开工建设，督促企业严格执行建设项目"三同时"制度，严格安全条件审查和安全设施设计专篇审查，强化建设项目试生产期间的安全监管，凡是未编制试生产报告、制定安全措施和应急预案的，或者试生产无安全保障的，一律不允许试生产运行。省局将随机抽查涉及"两重点一重大"项目的试生产和验收工作。

二是切实加强安全风险管控和隐患排查体系建设。着力构建危化品企业双重预防机制，切实把风险控制在隐患形成之前、把隐患消灭在事故前面。要将隐患排查、风险管控与安全许可有机结合起来，凡是未在省局隐患排查信息系统登记注册实行自查自报自改、正常开展隐患排查的，未开展风险辨识制定分级管控措施的一律不予安全生产标准化达标和颁发安全生产许可证。

三是强化监测监控，不断提升应急处置能力。特别要加强涉及危化品"两重点一重大"企业的监管，严格仪器仪表管理，确保监测报警、连锁、切断、紧急停车等安全装置设施可靠有效，督促企业加大安全投入，加强应急知识培训和演练，对检查中发现未建立应急救援组织机构、应急装备缺失、应急预案和应急演练不到位的要从严从重处罚。

四是坚持警示高悬，加大事故企业查处力度。深化全省危化品事故警示教育，8月召开三美化工"1·24"、之江化工"7·2"典型事故警示会议，以事故教训推动安全生产工作。凡是在安全生产大检查期间，尤其是党的十九大召开前夕这一重要时段，发生生产安全事故的企业，一律实行提级调查，暂扣许可证并责令停产停业整顿，纳入安全生产不良记录诚信体系，对其安全标准化等级予以降级处理。同时，要深化警示教育，强化企业安全生产危机意识、责任意识和红线意识，依法依规开展各项安全生产工作。

五是加强教育培训，深入推进安全生产标准化建设。加强对企业主要负责人、安全管理人员、特种作业人员的安全教育培训考核，严格从业资格管理，严格从业人员文化素质要求，特别是仪器仪表工、关键岗位操作工等安全技能培训，提高企业员工的安全意识和安全技能。要加强车间、班组安全管理，着力构建危化品企业领导承诺、全员参与、风险控制、过程管理、持续改进的安全生产管理格局，持续推进岗位达标、专业达标，不断深化推进危化品企业安全生产标准化建设。

六是加大执法检查力度，督促企业主体责任落到实处。各级安监部门要坚守安全红线，强化底线思维，认真贯彻落实全国、全省安全生产电视电话会议精神，认真组织开展危险化学品企业安全生产大检查,严格按照省局提出的"严、准、狠、实"的监管工作要求,采取坚决有力措施,突出检查重点,督促危化企业全面开展"五个一"活动:即一次全覆盖的安全风险辨识评估、一次全面督促隐患排查治理信息系统有效运行、一次全员安全教育培训、一次系统的安全规章制度和操作规程对标梳理、一次彻底的反"三违"集中行动,对危险化学品企业安全隐患排查治理不到位、安全风险分级管控不落实等问题、"三违"作业的企业坚决按照法律规定上限进行处罚。

出席:监管二处刘××、孙××、刘××、黄××、许××,人事处陈×,事故调查处陈××,监察总队宗××,应急中心余××、廖××,省安科中心黄××,化学品登记局王××。

××省安监局

2017 年 8 月 8 日

简评

这篇专题会议纪要分为两部分,导言概述会议的时间、地点、内容、与会领导。主体叙述会议的成果,用"会议通报""会议指出""会议研究""会议要求"作为各层的开头语,再分别分析情况,研究部署和要求做好相关工作。全文重点突出,观点鲜明,层次清楚,语言简明,有利于会后贯彻落实。

提示:纪要的基本结构与写作要求

一、纪要的基本结构

纪要主要由标题和正文组成。

(一)标题。纪要的标题一般由会议名称和文种两个要素组成。如"全国第八届公文学术研讨会纪要"。也可由正、副标题组成,正标题揭示中心内容,副标题是会议名称和文种,如"对比反映差距,差距表明潜力——全市绿化规划研讨会纪要"。

(二)正文。纪要正文由导言、主体和结尾三部分组成。

1. 导言

导言是纪要的开头,主要概括会议基本情况,包括会议名称、时间、地点、内容、规模、与会人员、主要议题和会议成果等。导言概括要简明扼要,使人读后对会议能有所了解。然后用"现将会议主要精神纪要如下"过渡到主体。

2. 主体

主体是纪要的核心内容,主要记载会议具体情况和结果。要注意围绕中心议题,把会议精神,包括工作评价、问题分析讨论、事项研究、政策措施、形成的决定、决议等表达清楚。对有争议的问题和不同意见,也应如实反映。一般有三种写法。

第一,分项叙述法。对内容丰富、议题较多的会议,多采用分项叙述方法。就是把主体内容,包括讨论的问题和事项,按主次分成几个问题,加上小标题或序号写出来。

第二,综合概述法。就是把会议基本情况、讨论的主要问题和内容、与会人员的认识、议定的事项等,分成若干部分进行综合概述。一般可用"会议认为""会议指出""会议强调""会议决定""会议要求"等习惯用语领起分层叙述。

"会议认为"主要是用于对会议所要研究讨论的问题进行判断和分析,指出研究这一问题的意义;"会议指出"则重在阐述工作存在或遇到的问题;"会议强调"是对会议情况做出分析后提出的要求;"会议决定"(或"会议议定")是指会议所研究议定的决策性意见和决定的具体事项;"会议要求"是为确保会议议定的事项能在实施过程中得到贯彻而提出的要求。综合概述法使用比较普遍,有利于突出主要内容。

第三,发言提要法。就是把与会者在会议上的发言加以整理,提炼出内容要点,然后按发言顺序或内容性质摘录式地写出来。这种写法能如实反映与会人员的意见,基本保留发言人的语言风格。

3. 结尾

一般是提出希望和要求或是发出号召,要求与会者或有关单位认真贯彻会议精神,也可不写结尾,而自然结束。

二、纪要的写作要求

(一)要提炼会议精神。首先要弄清会议的目的、任务、内容和形式,掌握会议的所有文件材料,研究各种意见,然后根据会议确定的宗旨进行综合归纳。

(二)抓住要点,突出会议主题。纪要不能面面俱到,照搬会议记录。要围绕会议基本精神,突出重点,把会议讨论情况及结论写清楚。

(三)文字要简括明快。在语言表达上,力求简括通俗,以叙述为主;在结构层次上,按顺序归纳,条理要清楚。

三、纪要与会议记录的区别

(一)载体形式不同。纪要是法定公文,其载体形式为文件,具有法定效力。会议记录的载体形式是会议记录本。

(二)称谓用语不同。纪要一般采用第三人称,以介绍和叙述情况为主。会议记录则以发言者怎么说就怎么记,怎么议就怎么写,如实记录。

(三)适用对象不同。纪要有传达知照作用。而会议记录只在规定范围内供查阅使用。

(四)内容重点不同。纪要是会议内容的概括,突出重点、体现精神。而会议记录则是每事必录,反映会议的原貌。

写作能力实训

一、判断题

1. 纪要其实就是会议记录。(   )

2. 纪要通常采用第一人称记叙,也可用第三人称记叙。(   )

3. 纪要允许不同的观点同时存在。(   )

4. 与会议记录相比,纪要具有明显思想上的倾向性、内容上的选择性,文序上的条理性和文字上的简明性。(   )

5. 纪要应以会议记录为基础和依据,反映会议的主要内容。(　　　)

二、请根据会议记录写一份纪要

时间:2017 年 5 月 9 日上午。

地点:城北开发区管委会会议室。

主持人:管委会主任乔燕峰。

与会人员:杨义(管委会副主任)、周天丰(管委会副主任主管地建工作)、刘婕(市建委副主任)、肖宇(市工商局副局长)、陈树南(市建委城建科科长),以及建委、工商局有关科室宣传人员、街道居委会负责人。

列席人员:管委会全体干部。

记录人:邹雪莲(管委会办公室秘书)。

讨论议题:

(1) 如何整顿城市市场秩序。

(2) 如何制止违章建筑、维护市容市貌。

杨副主任报告城市现状:我区过去在党委的领导下,各职能单位同心协力、齐抓共管,在创建文明卫生城市方面取得了一定成绩,城市市场秩序有一定的进步,市容街道也较可观。几个月以来,市场秩序却倒退了,街道上小商贩逐渐多起来,水果摊、菜摊、小百货满街乱摆,一些建筑施工单位沿街违章搭棚,乱堆放材料,搬运泥土撒满大街……这些情况破坏了市容市貌,使大街变得又乱又脏,社会各界反应很强烈。因此今天请大家来研究:如何整顿市场秩序? 如何治理违章建筑、违章作业、维护市容……

讨论发言如下(按发言先后顺序记录)。

肖:个体商贩不按规定到指定市场经营,管理不得力,处理不坚决,我们有责任。抓此事我们要落实到实处:重新宣布市场有关规定,坐商归店,小贩归市、农民卖蔬菜副食到专门的农贸市场……工商局全面出动进行管理,也希望街道居委会配合,具体行动方案我们再考虑。

罗:市场是到了非整顿不可的地步了。我们的方针、办法有了,过去实行过,都是行之有效的,现在的问题是要有人抓,敢于抓,落到实处。只要大家齐心协力,问题是能够解决的。

秦家方(居委会主任):整顿市场纪律我们居委会也有责任。我们一定要发动群众配合好,制止乱摆摊、乱叫卖的现象。

李:去年上半年创建文明卫生城市时,市政府出了个 7 号文件,其中规定施工单位不能乱摆战场。工棚、工场不得临街设置,更不得侵占人行道。沿街面施工,要有安全防护措施。今年有的施工单位不顾市政府的文件,在人行道上搭工棚、堆器材。这些违章作业严重地影响了街道的整齐、美观,也影响了行人安全。基建取出的泥土,拖斗车装得过多,外运时沿街散落,到处有泥沙,破坏了街道整洁。希望管委会召集施工单位开一次会,重申市政府 7 号文件,要求他们限期改正。否则按文件规定惩处。态度要明确、坚决。

陈:对违规者一是教育,二是强行管制。"不教而杀谓之虐"我们先宣传教育,如果施工单位仍是我行我素不执行,那时按文件处理,他们也就无话可说了。

周：城市管理我们都有文件，有办法，现在是贵在执行，职能部门是主力军，着重抓，其他部门配合抓。居委会把居民特别是"执勤老人"（退休职工）都发动起来，按 7 号文件办事。我们的市区就会文明、清洁，面貌就能改观。

与会人员经过充分讨论、协商，一致决定如下：

（1）工商局牵头，居委会和其他部门配合，第一周宣传，第二周行动，监督实施，做到坐商归店，摊贩归点，农贸归市，彻底改变市场紊乱状况。

（2）由管委会牵头，城建委等单位配合对全区建筑工地进行一次检查。然后召开一次施工单位会议，对违章建筑、违章工场限期改正。一个月内改变面貌。过时不改者，坚决照章处理。

散会。

主持人：（签名）

记录人：（签名）

第三章

事务性文书

第一节　计　　划

一、计划的含义和特点

（一）计划的含义

计划是为了完成一定时期内的工作、科研、学习等任务而于事前做出安排或打算的书面材料。具体地说，单位或个人，对某一阶段的某种工作或任务，根据党和政府的方针政策和上级的指示、要求，结合本单位或个人的实际情况，确定奋斗目标，制定完成的期限与具体措施，把这些写成书面材料，就是计划。

"计划"是计划类文书的统称。在实际运用中，这类文书包括"规划""纲要""安排""打算""设想""方案"等。在制订计划时，要注意准确使用这些名称，因为它们也有一些区别。其主要的区别体现在内容的详略、范围的大小和时限的长短上。

（1）规划、纲要的特征是全面性和长远性，它适用的时间较长，包括的范围广而全，内容表述较为概括。适用于对全局性工作从宏观上做出长远的计划。如《××市 2008—2018 年城市发展规划》《中国 21 世纪初可持续发展行动纲要》。

（2）安排一般适用于在短时间内要完成的一些具体事项，内容较为单一，表达比较细致、具体。如《××学校 2017 年招生工作安排》。

（3）打算、设想都是指初步的、还不太成熟的、非正式的计划。打算是针对准备在近期内要做的事情，列出一些初步的指标、措施等；设想是对某项工作只做出一个大致的考虑，还没有成熟的构思和意见。如《××公司改善公司景观面貌的打算》《××高新技术开发区建设设想》。

（4）方案是指针对某项工作，从指导思想、目的要求、方法措施、具体步骤等都做出全面周密的考虑与安排的计划。如《××市城镇住房制度改革试行方案》《××大学毕业生就业方案》。

（二）计划的特点

1. 目的性

制订计划就是为了在一定时期、一定规定内完成某项任务，达到某个目的。因而目的性在计划中是十分明确的。它在每份计划中，好比是灵魂，制约着一切，决定着一切。一份计划如果没有一个明确的目的，就失去了制定的意义。

2. 预见性

计划是针对未来的工作而制订的，因而每一份合格的计划中，都包含着一定的科学的预见性。预见性是建立在充分的调查研究、充分掌握全局和局部的历史和现实的各种准确资料和数据的基础上，结合本部门、本单位的实际情况，所制订出的有积极意义的目标和切实可行的行动计划。

3. 可行性

计划是用来指导实践的，主要是要解决将来"做什么""怎样做"等问题，可操作性很强。这主要体现在计划的目标任务等的预见都是来源于实践，同时又能指导实践。制订计划时要充分考虑各项措施、方法、步骤必须是合理的、力所能及的，在预想的客观条件正常出现的情况下，计划是可以付诸实施的，并能很好地完成任务。

4. 约束性

计划都是本单位、本部门制订的，也是经过一定的程序通过或批准。一经正式颁布，就对所管辖的范围，产生了约束力，成为工作、生产和学习的目标和准则，也成为检查工作进度、完成情况、奖励惩罚的依据。

二、计划的种类

计划按不同的标准、不同的角度划分，可以分为不同的种类。

按内容分：有工作计划、学习计划、生产计划、财务计划、销售计划等。

按性质分：有综合计划、专题计划。

按时间分：有长期计划、短期计划、年度计划、季度计划、月份计划等。

按范围分：有国家计划、单位计划、部门计划、个人计划等。

按形式分：有条款式计划、表格式计划、表格和条款结合式计划。

在一份计划中，这些种类往往是重合的，不可能截然分开。一份计划常常有多种属性，如《××公司 2017 年工作计划》，这份计划既是年度计划、单位计划、工作计划又可归类为综合计划。

范例导读与简评

【范例一】

<h3 style="text-align:center">××科技局帮扶村扶贫开发方案</h3>

为贯彻落实《中共××市××区委办公室 ××市××区人民政府办公室关于我区扶贫开发"规划到户、责任到人"工作的实施意见》(××办发〔2017〕6号)，按时完成区委、区政府下达我局的扶贫开发工作任务，现结合实际，制订如下实施方案。

一、成立扶贫工作领导小组

成立扶贫开发"规划到户、责任到人"工作领导小组。××局长任组长，×××任副组长，××、×××、×××、×××为成员。领导小组下设办公室，负责日常工作，×××兼任办公室主任，联系电话：××××××。

二、目标要求

（一）总体目标任务：城区分给我局的帮扶对象是坡心镇排河村48户166人。从现在开始，用3年时间，对帮扶对象家庭年人均纯收入低于1500元（含1500元）的贫困户，通过实施扶贫开发"规划到户、责任到人"工作责任制，采取"一户一法"等综合扶贫措施，确保被帮扶的贫困户基本实现稳定脱贫，80%以上被帮扶的贫困人口达到农村年人均纯收入2500元以上，被帮扶的贫困对象基本改变落后面貌。

（二）具体目标任务：实现"八个确保"：确保有劳动能力和有发展生产条件且有自我发展意愿的贫困户，基本实现稳定脱贫；确保有条件的贫困家庭完成危房改造；确保符合条件的贫困户家庭被纳入最低生活保障；确保贫困户家庭参加农村合作医疗；确保贫困户子女接受义务教育不辍学；确保考上大中专院校的贫困家庭学生能顺利完成学业；确保符合条件的贫困户劳动力能参加免费职业技能培训，至少输出一个劳动力；确保每一贫困户学会一至两门种养技术或手工加工技术，提高种养劳动技能。

三、责任分解

股级以上干部各负责帮扶5户贫困户，另局长加多负责1户贫困户；一般干部负责帮扶4户贫困户。

四、进度要求

按照区委区政府的统一部署"规划到户、责任到人"工作分两个阶段。

（一）调查研究和动员部署阶段（××××年12月至××××年1月）。制订帮扶工作方案，并召开动员部署会议。拟于××××年1月组织一次深入贫困户开展调研活动，制订挂点帮扶工作方案，并报区扶贫部门审批。

（二）组织实施阶段（××××年1月至××××年12月）。充分依靠各界力量，按照经批准的工作方案全面推进实施。各帮扶负责人要进行年度工作检查总结。

五、主要措施（一户一法）

（一）通过深入了解分析贫困户家庭的贫困根源，"因户制宜"地制定脱贫致富办法。

（1）有劳动能力又有条件走出去的，可直接通过劳动力转移实现脱贫。

（2）有劳动能力但因其他原因不能离开家乡的，可在当地介绍就业脱贫。

（3）采用"公司＋基地＋农户"等形式，挂靠农业龙头企业或加入农村专业合作社等增收脱贫。

（4）通过参加农业科技培训，提高农业科技水平和调整农业产业结构，帮助农民增产增收。

（5）符合五保、低保条件的，联系民政部门帮助申请五保、低保保障。

（二）按照"培训一人、就业一人、脱贫一户"的原则，把技能培训与劳务转移就业结合起来，安排符合条件的贫困户劳动力参加免费职业技能培训。由区人力资源和社会保障局每年制订劳务培训计划，安排劳务培训，并帮助其就地或异地就业。

（三）鼓励社会各界捐款捐物资帮助挂点贫困户，积极配合当地政府统筹解决贫困户低保、医保、义务教育等实际困难。

六、主要要求

（一）按照"规划到户，责任到人"的要求，各个帮扶责任人要根据局的帮扶对象责任到人分解表，明确各自工作任务与要求。

（二）各帮扶责任人要通过入户调查，根据各自的实际困难有针对性地采取帮扶措施，制订具体的帮扶工作方案，并认真组织实施。

（三）按照区委区政府的要求，各帮扶责任人到户累计工作时间每年不少于 3 次，并及时填写到户记录卡，送区扶贫部门登记录入计算机，实现动态管理。

（四）各帮扶责任人要按"一户一法"的要求，在调查研究的基础上认真分析研究脱贫办法，想方设法帮助贫困户按时脱贫。

附件：帮扶对象名单

××科技局

××××年××月××日

简评

本文是专题计划，标题制作规范。开头部分用简洁的语言说明了计划的目的。主体部分，从工作的组织领导、工作目标、具体任务、责任分解、主要措施及工作要求几个方面，明确了本次工作要求达到的目标、目标任务、主要措施以及要求，非常明确、具体，使执行者明确应该"怎样做"。全篇目标明确，方法具体，措施得当。

【范例二】

产品订货会日程安排表

序号	工 作 事 项	时间安排	责任单位/人	地点安排	备　　注
1	24 日：西区、北区报到	8:00—18:00	销售部、区域经理、企划部、人事部	酒店	

序号	工 作 事 项	时间安排	责任单位/人	地点安排	备　注
2	25 日：东区、南区报到、西区、北区选样	8:00—18:00	销售部、区域经理、企划部、人事部	酒店	• 销售部负责订酒店、安排宾客房间住宿及就餐 • 人事部负责车辆调配、运输 • 企划部负责会议议程推进，相关工作协调
26 日：新品推介					
3	早餐	8:00—8:45	销售部、区域经理	酒店餐厅	销售部、区域经理负责通知宾客早餐用膳，及引导宾客进入会场
4	入会场	8:45—9:00	销售部、区域经理	酒店会议室	由销售部、区域经理通知办事处宾客入会场
5	公司领导会议致欢迎辞	9:00—9:30	董事长、张副董	酒店会议室	• 董事长致"××××年秋冬新品订货会"开幕词 • 张副董代表公司董事会及公司生产研发部讲解产品开发策略
6	××××年销售政策讲解；会议议程及会议注意事项讲解	9:30—10:00	林总、销售部、企划部	酒店会议室	• 林总讲解××品牌营销管理纲要 • 销售部、企划部讲解"××××年××品牌销售管理新政策、新理念" • 企划部讲解"会议议程及会议注意事项"
7	秋冬新品展示；新品概念、新品推广讲解	10:10—12:30	企划部、开发部	酒店会议室	• 由企划部、开发部进行秋冬新品概念讲解 • 讲解方式：采用现场 POP 的会场布置、投影仪和人员讲解相结合进行
8	午餐午休（工作餐）	12:30—13:45	销售部、区域经理	酒店餐厅	
9	新品观评、样品初选	14:00—18:00	销售部、区域经理、开发部	公司四楼样品厅	• 企划部和主持人讲解此次新品观评及新品订货的订货流程及若干注意事项 • 人事部安排车辆，销售部和区域经理、开发部负责引导，并协同各办事处成员到公司四楼参观新品
10	晚宴	18:30—19:30	人事部、销售部	酒店餐厅	
27 日：新品观评、样品初选					
11	早餐	8:00—8:30	销售部、区域经理	酒餐厅	

续表

序号	工 作 事 项	时间安排	责任单位/人	地点安排	备　注
12	新品观评、样品初选（分南、北区两批进行）	8:45—12:00	销售部、区域经理、开发部	公司四楼样品厅	• 企划部和主持人讲解此次新品观评及新品订货的订货流程及若干注意事项 • 人事部安排车辆，销售部和区域经理、开发部负责引导，并协同各办事处成员到公司四楼参观新品
13	午餐午休（工作餐）	12:00—13:45	销售部、区域经理	酒店餐厅	
14	选样	14:00—18:00	销售部、区域经理、开发部	公司四楼样品厅	• 人事部安排车辆，销售部及开发部协同各办事处成员到公司四楼参观新品 • 销售部及区域经理负责督促各办事处填写"订货单"
15	晚宴	18:30	销售部	酒店餐厅	

28—29日：订货、签约

序号	工 作 事 项	时间安排	责任单位/人	地点安排	备　注
16	早餐	8:00—8:30	销售部、区域经理	酒店餐厅	销售部、区域经理负责通知宾客早餐用膳，及引导步入下一个议程
17	西区、北区订货，签《经销合同》	9:00—12:00	全体成员	公司四楼样品厅	• 区域经理负责各负责办事处的"订货单"回收，并负责签订办事处《经销合同书》 • 各办事处必须于午餐前将"订货单"交于各相关负责的区域经理处 • 商品部进行各办事处"订货单"数量统计，并准备公布核对
18	午餐、午休	12:00—13:00	全体成员	酒店客房	
19	东区、南区订货，签《经销合同》	9:00—12:00	全体成员	公司四楼样品厅	• 区域经理负责各负责办事处的"订货单"回收，并负责签订办事处《经销合同书》 • 各办事处必须于午餐前将"订货单"交于各相关负责的区域经理处 • 商品部进行各办事处"订货单"数量统计，并准备公布核对

简评

本文是表格式计划，标题制作规范，能根据订货会的内容、时间长短，安排好每日的活动。日程安排要周到、具体，包括日期、时间、活动内容、地点、参与人员及要求等内容。日程安排要紧凑、合理。

提示：计划的基本结构与写作要求

一、计划的基本结构

计划的结构一般由标题、正文、落款三部分构成。

（一）标题

计划的标题一般由四个要素组成，即单位名称、计划期限、内容范围和文种。如《××公司 2017 年经营管理工作计划》。

在构成标题的四个要素中，内容范围和文种是最基本的计划标题的构成要素，不能省略，单位名称和期限，可以根据需要决定取舍。如《××学院科研计划》《生产计划》。

如果计划尚不成熟，只是一个初稿或是讨论稿，一般要将计划的成熟度在标题之后用括号加以说明，标以（初稿）（讨论稿）（征求意见稿）等。

（二）正文

正文是计划的主要内容，由开头、主体、结尾组成。

1. 开头

开头一般写制订计划的依据，回答"为什么做"的问题。制订计划的依据，一般包括制订本计划的指导思想、基本情况、总的目的要求，可以使人们了解执行计划的必要性，以增强计划在执行中的自觉性。

2. 主体

主体是计划的核心部分。这部分解决"做什么""怎么做""何时完成"等问题，一般包括以下两个方面。

（1）目标和任务：目标是计划产生的先导因素，也是计划的奋斗方向。没有目标，计划也就失去了基本意义，没有制订的必要。因此，首先要明确无误地写清楚"做什么""做到什么程度"，提出完成任务的具体指标、具体要求，使执行者在事先就知道工作的未来结果是怎样的。

（2）措施和步骤：这是针对计划预期的目标和任务制订的。措施和步骤是完成任务的保证，因此，在写作时，应明确"怎么做"，有什么措施，采取什么步骤。措施和步骤应尽可能考虑周到、全面、具体，订得切实可行，确保计划的实施。

3. 结尾

可以根据计划内容需要选择使用。内容可以包括：对计划的重要性进行强调；提出要求或希望；为保证计划的实施而采用的奖惩办法等。

（三）落款

在正文的右下方写明制订计划的日期，若标题中没有出现计划单位名称，还要在计划日期的上一行标明计划单位的名称。

二、计划的写作要求

(一)要以党和国家的方针、政策为依据

制订计划首先要解决计划的指导思想问题。在我国,计划的指导思想应该是,如何在本单位具体贯彻落实党和国家的方针、政策和上级机关的指示精神。因此,只有以党和国家的方针、政策为依据,树立全局观点,以局部利益服从全局利益,正确处理好国家、集体和个人的利益关系,才能制订出指导思想明确的计划,这是计划制订者应把握的总体方向。

(二)要实事求是,一切从实际出发

实事求是,一切从本单位、本部门的实际出发,拟订计划的各项内容,这是制订计划的最基本的要求。计划目标要定得适中,经过努力可以实现,才有利于调动群众的积极性。计划的总目标和具体指标,既要注意它的先进性,又要考虑各种因素的影响,留有余地。

(三)要明确具体,切实可行

计划要能够指导实践,它的内容就要具体明确,切实可行。计划的任务、目标、方法、步骤都必须写得十分具体清楚,使计划既便于实行又便于检查,以保证计划的顺利实施。

写作能力实训

一、判断题

1. 一般来说计划前言部分写措施与步骤,希望与要求。( )

2. 计划是对未来工作的设计,因此必须与现实各项政策、法规相吻合,对现实工作有约束力。( )

3. 目标和任务既是计划产生的起点,又是计划实施的归宿。( )

4.《关于与××公司的谈判方案》属于计划类文书。( )

5. 计划经过一定的程序颁布实施,就不能修改。( )

二、评析计划开头的写法

××××年上半年,在开发区管委会及总公司的支持和领导下,到目前为止我们已完成营业收入××万元。××××年下半年,我们将继续保持上半年的良好发展势头,响应市政府振兴××老工业基地的号召,进一步加大业务投入,争取引进更多的工程项目,重点开拓物业管理业务。同时还要找问题、找差距、找不足,为此,我们制订公司××××年下半年的工作计划。

第二节　总　　结

一、总结的含义和特点

（一）总结的含义

总结是对过去某一阶段或某项工作、生产、学习、思想情况的回顾、分析和评价的事务性文书。

工作、生产和学习进行到一定阶段或告一段落，需要回过头来，对这一阶段的实践经历进行一次检查、分析和评价，以便肯定成绩，找出缺点和不足，明确下一步前进的方向。这个总结的过程，我们称为总结。而将这个过程所总结的内容，从理论认识的高度，将其整理成的文字材料，也称为总结。

（二）总结的特点

1. 真实性

总结的真实性要求原原本本地反映客观事实，在引用各种数据材料时，必须认真核对，不能有任何差错。在分析评价时，应该实事求是地、辩证地看问题，既要肯定成绩，又要指出缺点和不足，防止片面化和绝对化，这样的总结才能起到它应有的作用。

2. 指导性

总结是将人们在工作实践中的感性探索上升到理论认识，只有完成了这样的认识，才有可能指导今后的工作。而且总结中对成绩与问题的认识也必须基于对事实的正确分析和研究，应当从过去的工作中推断出相应的结论，因此，写总结应当是说理性很强的工作，应当摆事实，讲道理。

3. 针对性

总结是写本单位、本部门或本人自身的实践活动，形式上以第一人称出现。因此，在总结时，要善于抓住特点，抓住那些在实践活动中最突出、最具有个性、最能反映客观事物的本质和规律的材料，从中得出具有指导实践意义的新经验。

二、总结的种类

总结的种类很多，根据不同的分类标准，总结可以分为许多不同的种类。一般而言，有多少计划的种类就有多少总结的种类。如有生产总结、工作总结、学习总结；地区、系统、单位、部门、个人总结；年度、季度、月份总结等。

总结种类的划分，往往只是从一个角度去进行。事实上，一篇总结的内容无不包含着总结的性质、范围、时间等，所以同一份总结可以按照不同的标准或从不同的角度，划分为不同的种类。

归纳起来主要可以分为综合性总结和专题性总结两大类。

（一）综合性总结

综合性总结又称为"全面总结"，它是对某一单位或部门在某一时期的工作情况进行全面系统的总结。它要求展现该单位、部门一定时期内工作情况的全貌。其包括内容比较广泛，既要反映工作的基本情况、取得的成绩、存在的问题、缺点，也要写经验教训和今后如何改进的意见等。这类总结，既要照顾全局，又要突出重点，这就需要在写作上，既要有面上情况的概括，又要有典型事例和具体材料，不要面面俱到，应突出主要工作和重要经验。

（二）专题性总结

专题性总结又称"单项总结"，它是对某一单位或部门的某项工作或某一方面的情况所进行的专门总结。其基本内容，或以成绩、效果为主，或以教训为主，或以体会为主，或以做法为主。这类总结在内容上较单一、集中、针对性强。在写法上偏重于突出某一方面的重点。

范例导读与简评

××县医保局工作总结

在县委、县政府的正确领导下，在市、县主管局的安排部署下，我县××××年医疗保险工作紧扣年初确定目标任务，通过扩面征收、加大监管力度、着力提升经办机构服务能力、加强队伍自身建设等措施，全县医疗保险工作顺利平稳开展，各项目标任务基本完成。

一、任务完成情况

（一）城镇医保基金征收情况

1—10月城镇基本医疗保险基金征收13 837.7万元，完成绩效目标任务的207％，其中：城镇职工基本医疗保险基金征收11 027.06万元，完成市重点任务数的102％，预计12月底可征收13 010万元，可完成市重点任务数的120％；城镇居民基本医疗保险基金征收1275.8万元（含失地农民到位资金323.53万元）；生育保险基金征收208.49万元，完成绩效目标任务的197％；公务员医疗补助征收610.6万元，完成绩效目标任务数的180％；高额补充医疗保险征收565.83万元，完成绩效目标任务数的142％。

（二）城镇医保参保情况

截至10月底，城镇基本医疗保险参保人数达15.43万人，参保率达96％，完成市重点任务数的104％。其中：城镇职工医疗保险参保5.57万人，完成绩效目标任务数的121％，较上年新增1811人，完成绩效目标的226％；城镇居民医疗保险参保人数9.85万人，完成省、市民生任务数的108％。生育保险参保人数2.3万人，完成市重点任务数的105％。公务员医疗补助参保人数1.6万人，高额补充医疗保险参保人数15.23万人。

（三）基金收支情况

1—10 月城镇医疗保险基金征收 13 837.7 万元、支出 10 905.41 万元，累计结余 12 893.54 万元，其中，城镇职工基本医疗保险基金当期结余 2959.08 万元、累计结余 14 752.18 万元（统筹基金当期结余 1386.55 万元、累计结余 8292.9 万元），基金收支平衡、略有结余，达到年初下达绩效目标要求。

二、主要做法

（一）强化征收扩面，确保应保尽保、应收尽收

一是切实加强政策宣传。结合群众路线教育实践活动，抽调业务骨干组成宣传组，共印制各类宣传资料 10 余万份，深入我县重点镇、社区和企业进行医保政策宣传，特别针对失地农民参保政策进行了重点宣传。与县民政局、县财政局协商，在全市率先出台了《资助城镇低保人员参加城镇居民基本医疗保险》的文件，标志着我县所有在册的城镇低保对象均可纳入城镇居民基本医疗保险的保障范围，截至 10 月底，我县共有 4066 名城镇低保对象参加了城镇居民基本医疗保险。

二是切实强化征收稽核。3 月下发了《关于开展 20×× 年度医疗参保人数缴费申报稽查工作的通知》，4 月、5 月收集整理参保单位申报参保人员及缴费工资 470 个，完成率 91.08%，比上年同期增长 5.6%。8 月、9 月开展征收实地稽核，共稽核参保单位 32 个。

三是严格实行目标考核。按照市、县下达工作目标任务，将参保指标量化分解到各镇，将其纳入县政府对各镇的绩效目标考核内容。对完成进度缓慢的镇，由主要领导带队，专程到这部分镇，召集镇分管领导、社保中心主任和业务经办人员一起分析原因，研究问题，提出解决的办法和措施，确保全年任务顺利完成。

通过上述措施，截至今年 10 月，我县共新增参保单位 21 个，新增单位参保人员 1811 人；个体参保 11 429 人，较去年同期新增 2024 人；城镇居民参保续保 98 545 人，较去年同期增加 3854 人。

（二）加强基金管理，确保实事办实、好事办好

一是把好就医人员管理关。在定点医疗机构中推行参保人员身份查对制度，要求医院医护人员对住院病人进行身份查对，人证相符后才出具相关住院手续到医保科进行复核。由专人负责每日开展医疗机构实地巡查、抽查，核实住院人员身份、严查挂床住院、冒名住院等违规情况。1—10 月异地电话调查 2000 余份，外伤申报等 800 余份，调查 50 余起，共查处违规 30 余人次，拒付违规费用 30 余万元。

二是把好基金使用关。签订定点服务协议，并按照监管对象不同，分别安排两名工作人员负责金保系统网上监管，确立以民营医院、总控医院、异地医院、一级护理为重点的监控方案。对定点医院的监管做好监管记录并按月在对账结算时扣除违规费用；随机抽查各定点医院 2 个月的全部住院病历，对所查病历违规比例高的医疗机构，增加 1 个月病历抽查，对个别违规情况突出的科室再增加 1 个月病历抽查。全年即将完成 30 家医院连续两个月的病历检查，共抽查病历 1000 余份，将共计 7.98 余万元不合理医疗费用收回基金，并处罚金 2 万余元。建立费用审核和财务支付的初、复审制度，进一步规范医保基金支出审批程序。截至 10 月底，全年共审核报账 15 563 人次，共计审核金额达 12 191.79 万元。

三是把好政策管理关。结合年检，重点检查了定点医疗机构在执行医保政策、规范管

理方面存在的问题。组织群众监督员对全县多家定点零售药店"是否经营化妆品、日用品、套现"等违规情况进行了明察暗访,对24家定点药店的违规行为进行了查处,特别对××大药房、××连锁店销售非药类用品、日用品和化妆品的违规行为,给予了暂停刷卡2个月的处罚。"中国石油××油气田××公共事务管理中心××石油社区管理站卫生所"因一直未正常营业,予以取消定点医疗机构资格。

三、坚持群众路线,便民服务落到实处、起到实效

一是监督常态化。成立审核稽核股,配备2名专职稽核人员,加强局内控执行、两点单位和基层经办点的监督检查。今年1—5月,先后两次组织工作人员分赴镇、社区对基金票据的缴销情况和基金收取管理情况进行了现场稽核,督促了我县××镇工作人员及时将6万余元群众续保费缴销入库。开展单位内控审计,截至目前已完成基金征缴和医疗管理的内审工作,对审计发现的问题及时提出,并强化整改,取得了良好效果。

二是办事公开化。认真执行"三重一大"民主决策制度,单位重要事项均进行集体研究。召开民主和组织生活会,会上班子成员之间、分管局长与业务股室长之间面对面开展批评与自我批评、谈心交心、查摆问题,明确整改措施,厘清工作思路。把所有的政策法规、办事程序在闹市宣传栏和政务外网上进行公布,有利于参保群众进行监督。结合群众路线活动开展,共向65个县级部门、19个镇(街道办)发出征求意见函84份,征求我局在"四风"方面的意见建议。同时,由主要领导带队,赴我县各镇、社区和企业、学校、医院进行调研,收集到我局在便民利民方面,存在的惠民政策不完善、服务意识不强的问题。通过与各股室负责人面对面交流、摆想法、找问题等措施,形成了解决服务群众"最后一公里"的决议事项共十大项十三条。

三是服务人性化。严格推行首问责任制和限时办结制,要求工作人员对待办事群众须耐心、热心和细心。对待有争议的问题,做好认真细致的调查研究,该请示上级的及时向上级汇报,做到了将矛盾化解在基层。强化政策落实,积极开展年终二次补助和特病申报体检工作,为确保参保群众能按期参加体检和及时享受到二次补助金,我局工作人员牺牲休息时间,逐一电话通知,确因特殊原因无法通知的,工作人员不辞辛苦通过查阅报销档案、通知社区和单位经办人员等方式,最大限度地争取将消息及时传达参保人员,获得参保群众的赞许。

四、存在问题

(1) 定点医疗机构管理难度大,医疗费用增长较快,有的参保人员个人自负较重。

(2) 由于企业的社保缴费负担重,非公企业的扩面难度大。

(3) 由于城乡医疗保险经办机构未整合,仍然存在重复参加城镇医保和新农合的现象。

五、建议

(1) 坚持政策宣传、做好医保服务,大力开展征缴扩面工作,重点开展对征地农转非人员上门咨询服务和政策宣传工作,保证全年目标任务完成。

(2) 继续加强对医保基金运行的监督管理,加强内部和各经办点的监督检查,加大对单位的监控,确保医保基金安全使用。

(3) 切实做好新医保政策的对接和落实工作,加强经办机构业务和政策培训,提高经办机构服务水平。

简评

这是一份综合性的年度工作总结。前言部分主要简述工作的背景以及取得的成绩。主体部分包括任务的完成情况，主要的做法、体会和存在问题。这是一般工作总结通常所包括的内容，也符合事物本身发展的规律和人们的认识规律。全文把完成的工作任务、成绩和体会融合为一，采用的是横式结构的写法。可以作为上级或有关单位了解情况和自身制订下一步工作计划的依据。本文在写法上，材料丰富，做到了材料和观点的统一。

提示：总结的基本结构与写作要求

一、总结的基本结构

总结的基本结构包括标题、正文、落款三个部分。

（一）标题

总结的标题通常有下面两种写法。

1. 公文式标题

完整的公文式标题由总结单位名称、时限、内容和文种四个方面的因素构成。如《××大学2017年招生工作总结》。根据需要构成标题的四个方面因素可以有所取舍，但内容、文种是基本要素，不能省略。如《××演讲比赛的工作总结》省略了时间和单位名称。

2. 文章式标题

（1）单标题。标题或揭示观点，或概括内容，使用比较灵活。如《我们是怎样在市场经济条件下坚持党管干部的？》《建设企业文化是加强和改进企业思想政治工作的必由之路》。

（2）双标题。正副标题的结合使用。副标题作为对正标题的补充、说明、完善。如《真心真情办实事，勤政廉政为人民——我们是怎样建设"凝聚力工程"的》《加强技术改造，完善宏观调控——正确处理技术改造中的七个关系》。

（二）正文

总结的正文部分由开头、主体组成。

1. 开头

开头又称为导语、前言，是总结的开头部分，主要用于概括事实、揭示主题，奠定基调，引用数据、主要成绩或问题等，常常处于领起全文的地位。

前言部分通常交代总结所涉及的时间、地点、背景、内容、成绩等，即要写明总结所涉及的实际事务的实施对象是什么，在什么样背景下实施的，有哪些主要的做法，取得的成绩如何，进行该项事务的目的和意义等。开头要求紧扣中心，简洁精练，有吸引力。

2. 主体

主体部分是总结的核心，具体叙述工作情况和主要的成绩、经验和体会、问题和教训、今后打算和努力方向等。

（1）工作情况和主要的成绩。即进行了哪些工作，采取了哪些措施、方法和步骤，有哪些效果，取得了什么成绩。可总体介绍，也可分而述之。

（2）经验和体会。也称基本做法或主要措施。即工作中哪些做法是成功的、行之有效的，取得成绩的主客观因素是什么。这部分是总结的重点，在全文中占主导地位，写作时注意主次和详略，注意把感性的认识上升到理性认识的高度。

（3）问题和教训。即工作中遇到哪些问题，给工作带来哪些损失和影响，要着重分析问题和教训存在及产生的主观原因。当然，这部分内容可视总结的侧重而取舍，如果是着重反映问题的总结，则应详写。

（4）今后打算和努力方向。针对工作中存在的问题，提出切实有效的改进措施，同时也可以提出一些新的奋斗目标，展望前景。这部分可以略写。

主体的内容比较复杂，因此一定要安排好层次结构。总结常用以下结构方式。

（1）五段式。按"概况—成绩—经验—问题—意见"的顺序安排结构。为了使眉目清楚，每部分还可以用小标题、序号等，分若干问题、若干条。这种结构的好处是容量较大，眉目清楚，适用于大型的综合性总结。

（2）阶段式。按时间顺序或工作程序纵向安排内容，把工程或经历的整个过程，分成几个阶段，分别说明每个阶段的成绩、经验和教训。这样，便于看出每个阶段的工作进程和特点。它适用于周期较长、阶段性明显的工作总结。

（3）条款式。将总结的内容按性质和主次轻重逐条排列为几部分，每部分既有相对的独立性，又有密切的联系，分别使用"一、二、三"等序号。而在同一条里，又把成绩经验、方法措施、问题教训、意见办法等结合在一起阐述。这样各条之间的逻辑关系比较清楚，适用于专题性总结。

（4）标题式。按材料之间的逻辑关系，把正文分成若干大段，分列小标题。每个小标题都是对感性材料理论上的概括。小标题排列之间的逻辑关系，或因果，或主次，或递进，或并列，各部分共同说明一个主旨，提纲挈领，中心明确。它适用于经验性总结或内容较多的综合性总结。

（5）贯通式。主要考虑时间和空间的逻辑关系，紧扣主题，抓住主线，文字前后贯通一气呵成。它不分条款、不用小标题、不分章节，适用于内容比较单一的总结。

（三）落款

落款由单位署名与日期构成。标题中如已出现了单位名称，或标题下已署名，则注明日期即可。

二、总结的写作要求

（一）探求规律，主次分明

总结的目的，是面向未来，避免今后工作的盲目性。只有提炼出规律性的东西，才具有指导今后工作的实际意义。应避免为总结而总结，光摆一般工作过程，浮光掠影，泛泛而谈；避免堆砌材料，外加观点，强叫人服。要注重对工作情况的分析，寻求事物的内在联系，找出其中能够揭示事物本质的带有规律性的东西，以指导今后的工作。

（二）忧喜俱报，务求出新

有人认为："三分工作七分吹，全凭秀才笔生花。"弄虚作假，惯于报喜不报忧，这种作风害人匪浅。总结必须实事求是，就是一切从实际出发。一方面，总结的情况必须是客观存在的事实，确有其人，确有其事，总结的数据资料必须确凿无疑。这就要求写作者必须深入群众中去作广泛深入的调查，尽可能地取得第一手材料。另一方面，要坚持一分为二地看问题，既要充分肯定成绩并总结成功的经验，又要如实地总结失败的教训。

写总结为了指导现实，预见未来。因此一定要研究新的情况，选择新的角度，概括出与从前或他人不同的特色，挖掘独到之处，显出新意。要总结出具有独创性的经验，也就是既符合事物发展的客观规律，又富于自身创造性的特色经验。

（三）立体比较，比出深度

通过比较，可以很直观地看出工作的具体情况。总结里的比较，可以和上级的要求比：是符合上级的要求，还是做得更好？和单位过去的工作比：是维持现状，还是进步或退步？什么原因？和同性质的单位比：是好还是差？原因何在？有无特殊性？还可以和本单位具备的条件、力量比：条件是否利用了？力量是否都使出来了？潜力是否充分挖掘出来了？在本单位不具备条件的情况下，是否充分发挥了人们的主观能动性。

（四）结构严谨，语言确切

总结的篇幅往往比较长，因此安排结构必须严谨、层次要分明，使人看了一目了然。同时写作总结要实事求是地反映情况，不能夸大其词，也不能模棱两可，用词必须准确、肯定。反映事物要恰当地表现不同性质状态，分析评论要准确地表现程度的差别，切忌用"大体上""差不多"等文字去反映情况。同时，总结的用语，也必须简洁、生动，用言简意赅、最富有表现力的及含义深刻的语言来表达。

写作能力实训

一、判断题

1. 总结的标题，可以只写"总结"两个字。（　　）
2. 写总结就是写取得的成绩，不能写存在的问题。（　　）
3. 写总结时应该如实反映情况，就是把做过的所有事情一一都写在总结里。（　　）
4. 写总结，要做好收集材料和核实整理材料的工作。（　　）
5. 总结在叙述时可根据不同的内容使用不同的人称。（　　）

二、评析总结开头的写法

××××年，××镇党委、政府以实施《安全生产法》为主题，认真贯彻落实上级安全生产工作一系列指示精神，把安全生产工作作为农村经济发展、社会稳定的一项大事来抓，切实加强领导，落实责任目标，加强"双基"工作，开展专项整治，全镇安全生产工作取得了明显实效，一年来无重大事故，无严重伤亡事件发生，各种安全事故造成的经济损失为零，达到几年来的最低水平，回顾过去一年的工作，主要做了以下工作。

第三节　简　　报

一、简报的含义和特点

（一）简报的含义

简报是行政机关、人民团体和企事业单位编发的用于汇报工作、反映情况、交流经验，用以指导工作的一种内部文书。

在工作中，简报可根据情况定期或不定期出版。一般情况下"简报"只是一个总称，它还可称为"简讯""××动态""情况反映""内部参考""××通讯""××信息"等，其本质实际上是一种非常灵活、简便的内部刊物。

（二）简报的特点

1. 有特定的取材范围

简报作为一种内部刊物，其内容题材基本上是以反映本地区、本系统、本单位工作中的新问题、新情况、新经验为主，并及时传达这些相关的动态信息，便于有关部门及有关人员及时了解和掌握这些动态信息，以此作为完成具体工作任务的参考。

2. 有特定的阅读范围

简报的阅读范围是由其内容性质来决定的，一般的简报只在本系统、本单位内部交流，不在社会上公开发行。如简报的内容涉及有关机密时，其阅读范围更有明确的密级限制。

3. 有较强的时效性

简报的内容题材是以反映本地区、本系统、本单位工作中的新问题、新情况、新经验为主，这就要求简报的制作者在日常工作中能有敏锐的观察力，及时地发现这些新问题、新情况、新经验，并及时编撰，及时印发，以充分发挥简报在工作中应有的作用。

（三）有短小精悍的内容

简报的内容要求就是简短、简练，在报道相关的动态信息时不必长篇大论，文字要短，内容要精，围绕中心，开门见山，直接叙事，力求让简报的读者在短小精悍的内容篇幅中对一定时期内的本地区、本系统、本单位的主要工作情况能有一个简要的、直接的认识。

二、简报的主要类型

按照不同的标准，可把简报分为不同的种类，如工作简报、学习简报、生产简报、会议简报、活动简报、综合简报、专题简报、定期简报、不定期简报、普通简报、内部简报等，但为方便起见，本节仅将简报分为工作动态简报和会议简报两种。

（1）工作动态简报。工作动态简报是最为常用的简报，一般是由数篇简要报道共同组成，较为综合及全面地反映制作单位一定时期工作中的各种情况。

（2）会议简报。会议简报主要反映一些重要会议的主要内容、主要精神和主要情况，如会议的基本概况、会议的主要活动、领导的重要讲话、会议的主要精神和结果等。

范例导读与简评

【范例一】　工作动态简报范例导读(1)

201×年婴幼儿配方奶粉抽检结果公布

国家食品药品监督管理总局5日公布了201×年婴幼儿配方乳粉监督抽检情况。根据通报，在1565批次抽检样品中，检出不合格样品48批次，合格率为96.9%。

这次抽检覆盖了国内全部100家生产企业的产品和部分进口产品。不合格样品涉及23家国内生产企业和4家进口经销商。

国内企业样品不合格的有44批次，其中存在较高食品安全风险的11批次：山西古城乳业集团有限公司的3批次样品检出黄曲霉毒素M1超标，山西古城乳业集团有限公司、贝登(福建)婴幼儿营养品有限公司、黑龙江华丹乳业有限公司、黑龙江农垦多元乳业有限公司、白城龙丹乳业科技有限公司5家企业的5批次样品检出阪崎肠杆菌，杨凌圣妃乳业有限公司的2批次样品检出菌落总数超标，陕西金牛乳业有限公司的1批次样品检出硝酸盐超标。

据了解，国内企业样品不合格的有44批次，其中不符合食品安全国家标准的样品23批次，存在较高风险的11批次。

据悉，进口样品抽检200批次，检出不合格样品4批次，其中存在一般风险的2批次，分别为福州迪瑞贸易有限公司经销的原产西班牙的宝露芬品牌乳粉、武汉美斯通工贸发展有限公司经销的原产奥地利的Holle品牌乳粉。

与包装标签明示值不符，但不存在食品安全风险的2批次，分别为申维健怡贸易(深圳)有限公司经销的原产荷兰的玛米力品牌乳粉、北京百慧智业科技有限公司经销的原产瑞士的Tanilac(R)品牌乳粉。对检出不合格样品的生产企业和进口经销商，国家食品药品监督管理总局均在第一时间通知相关省食品药品监管局，责令企业停止生产和销售，召回不合格产品，彻查问题原因，全面整改，并对相关企业进行了处罚。吊销了山西古城乳业集团有限公司的婴幼儿配方乳粉生产许可证；注销了湖南长沙亚华乳业有限公司的婴幼儿配方乳粉生产许可证。

对检出不合格样品的生产企业和进口经销商，国家食品药品监督管理总局已通知相关省份的食品药品监管局，责令企业停止生产和销售，召回不合格产品，彻查问题原因，全面整改。

简评

这是一份工作动态简报,及时报道了国家食品药品监督管理总局对201×年婴幼儿配方乳粉监督抽检具体情况,导语部分概括介绍了抽查的范围及结果,正文部分着重介绍抽查的基本情况及处理的具体措施,便于读者全面了解。

【范例二】 工作动态简报范例导读(2)

做好"六大提升工程",创办卫生城市
副市长×××同志率队赴××区进行督查,调研了市、区创卫工作

为进一步了解我市创建国家卫生城市的工作进程,广泛深入开展"六大提升工程"(即稳步推进城市管理作业市场化运作;全面提升环卫清扫保洁水平;加快市区垃圾中转站建设;提升市区生活垃圾转运能力;落实生活垃圾不落地及分类试点;实现市容环境秩序整治常态化),切实解决当前创卫工作中遇到的重点难点问题,××市副市长×××同志于4月22日下午率领由市政府副秘书长×××同志、市爱卫办主任×××同志、××区副区长×××同志和有关成员单位的相关领导以及市、区创卫办工作人员组成的检查组赴××区进行督查,调研了市、区创卫工作。

在×××副市长的带领下,督查小组对××区的××村、××路××××广场在建工地、××××市场、数字城管指挥中心、××××公厕以及B12和B17垃圾中转站进行了实地调研督查,详细了解了建筑工地、内街背巷、卫生死角等城市环境整治情况和××区创卫工作的其他难点问题。

在检查调研过程中,对××××市场的环境卫生、污水排放、熟食档达标情况以及市场周边"蜘蛛网"线等做出了具体的要求。对××××市场卫生管理提出了具体的整改设想。

××区副区长×××同志就上述问题回应称,会加快联合相关部门做出一系列的具体整改方案,并贯彻落实、实施整治。

针对B12和B17垃圾中转站未能按预期投建使用,××副市长与待建B12和B17垃圾中转站的具体负责人进行了研究探讨,提出了要抓紧时间建设以及征地投建的意见。

检查组在数字城管指挥中心还听取了工作人员的工作汇报,汇报中详细说明了"数字城管"系统的工作流程(监管数据无限采集、监督中心受理、协同工作、监督指挥、综合评价等)的科学性和实效性。

在调研过程中,×××副市长特别强调,当前××市创建国家卫生城市时间紧、任务重,"六大提升工程"的推进工作刻不容缓,各级政府部门要有信心,没有退路!特别是6月申请省病媒生物验收自查达标工作更是迫在眉睫,敦促城区一定要做好这方面的工作,要找出差距,齐心协力拿出具体办法并加以实施解决。"六大提升工程"工作各单位部门责任清晰,市政府将着力推动此项工作。

简评

这是一份工作动态简报，主要报道一次对城区的卫生情况进行检查的有关情况，全文简要地介绍了检查的时间、地点、参加人员等有关情况，条理清晰，简洁明了。

【范例三】 会议简报范例导读

认清形势，突出重点，狠抓落实
——××××街工委召开 2017 年街道党建绩效目标会议

2017 年 4 月 3 日上午 9 时，××××街工委召开 2017 年全街党建绩效目标工作会议，参加会议人员有街领导干部、机关科室负责人、街基层单位党政负责人。会上，街工委副书记、纪工委书记×××同志部署 2017 年党建工作，签订目标，最后由街工委副书记、办事处主任×××同志对全街 2017 年党建工作提出具体要求。具体如下：

首先，×××书记宣读《2017 年全街党建工作要点》，布置今年党建工作重点，要求全体党员干部深入贯彻习近平总书记系列重要讲话精神，坚持党要管党、从严治党方针，深入实施党的基层组织建设"堡垒工程"，重点加强社区党组织换届工作领导。按照"先调整、后换届，先审计、后换届，先考察、后换届，先党组织换届、后居委会换届"的要求，选拔一批党性强、能力强、改革意识强、服务意识强的党员担任社区党组织书记，继续选派机关干部到社区担任"第一书记"，发挥优势，服务社区。

其次，×××书记与×××社区×××书记签订 2017 年党建绩效目标。

最后，街工委副书记、办事处主任×××同志对党建工作提出三点意见，一是认清形势任务，准确把握基层党建工作的新要求。第一，主动认识、适应从严治党的新常态。"四个全面"即新常态，如何在街道推进新常态？归根结底是要服务好辖区居民和企业。第二，充分发挥基层党组织战斗堡垒作用。切忌不敢、不愿与群众打交道的心理，基层党组织特别要融入非公和改制企业中。第三，清醒地认识到工作上的差距和不足，进一步增强工作的忧患意识。针对部分群众"信访不信法、信访不信诉"现象，我们一是及时想对策。二是突出工作重点，整体推进基层党组织建设。根据市委、区委基层党建工作的新部署和新要求，对照 2017 年党建 36 个重点项目，着力通过完善组织体系、提高组织能力、发挥组织作用、落实组织保障，努力把基层党组织建成坚强战斗堡垒。三是狠抓工作落实，全面完成基层党建各项任务。第一，建立健全责任机制。第二，坚持落地生根、开花结果。第三，坚持用起来、动起来、活起来。基层党建工作是联系的、发展的、全面的，建起来是基础，用起来是关键，活起来是目标。

简评

这是一份会议简报，主要报道本单位一次重要会议的情况，导语部分概述了本次会议召开的时间、与会人员及会议的主要内容，正文分别概括总结了两位主要领导的讲话精神，从而总结出本次会议的主要精神和结果，便于读者了解会议的精神并以此指导工作。

提示：简报的基本结构与写作要求

一、简报的基本结构

一期简报通常是由一篇或若干篇文章组成,其由报头、报核、报尾三部分组成。

(一)报头

简报的报头部分位于首页上端,约占首页 1/3 的版面,通常以一条红色的细线与下文分隔出来,这部分有以下五个基本内容。

1. 简报名称

通常用套红大字,居中排列,写上简报名称,如"工作简报""××简讯""××动态"等。

2. 期号

在简报名称的正下方,写上本期简报的期号,一般先写上"第×期",再写"总第×期",并将其用圆括号括起。

3. 密级

若本期简报的内容涉及机密情况,则应在简报名称的左上方,标注上"机密"或"内部刊物,注意保存"的字样,并在简报名称的右上方,标注上印刷的份数序号。

4. 制作单位名称

在简报名称的左下方,写上简报的制作单位名称,如"××办公室编"。

5. 制作时间

在简报名称的右下方,写上本期简报的制作时间。

(二)报核

报核是简报的核心部分,整个格式及具体写法与一般的新闻文体的写作无多大差异,其基本构成有以下三个内容。

1. 按语

按语也称"编者按",主要用于表明本期简报的编者对于该文的态度,以引起读者的注意,通常有三种形式。

(1)提示概括式,主要用来提示该文的内容,尤其是对一些篇幅较长的文章进行概括提炼,有助于加深读者对该文的主要精神的理解。

(2)分析评价式,对所发文章进行简要分析,以表明编者对于该文的态度,引起读者的重视。

(3)简单说明式,主要简介所编发文章的来源。

2. 目录

若本期简报编发的文章数量较多,可将每篇文章的标题以"目录"的形式标注出来。

3. 正文

简报的正文一般由标题、导语、主体、结尾四部分组成。

(1)标题。在简报中,编发的文章均须精心构思标题。简报标题的写法与新闻文体的标题写作无多大差异,同样要求准确、简明、新颖、引人入胜。其主要形式有单标题和双标题两种。

① 单标题。通常是以概括事由为主,以简洁的文字将全文内容简要地概括出来,一

目了然,使读者对于全文内容有了初步的了解。如范例一的标题:"201×年婴幼儿配方奶粉抽检结果公布",突出介绍了工作的时间及对象范围,事由突出,简洁明了,便于读者掌握全文的主旨。

② 双标题。通常是由正题加副题或引题加正题所组成,引题交代有关背景,正题主要概括全文的主旨,副题则做补充说明。如范例二的标题:"做好'六大提升工程',创办卫生城市 副市长×××同志率队赴××区进行督查,调研了市、区创卫工作",引题带出工作的意义及目标,正题则说明工作的具体情况,内容全面,在让读者知晓此项工作情况的同时,也对于此项工作的重要性有了一定的了解。再如范例三的标题:"认清形势,突出重点,狠抓落实——××××街工委召开2017年街道党建绩效目标会议",正题概述了会议的主要精神,副题介绍本次会议的名称,内容同样做到全面、准确,便于读者了解会议的概况。

(2) 导语。导语是简报的开头部分,一般是用一句话或一段话来总括简报的主要事实,以揭示全文的主题。

工作动态简报的导语通常是用简练的词语对有关人物、事件、经过、结果等作一概括说明,或简述有关工作的指导思想、目的依据,以便读者对简报的主要内容有初步的了解。

如范例一的导语:"国家食品药品监督管理总局5日公布了201×年婴幼儿配方乳粉监督抽检情况。根据通报,在1565批次抽检样品中,检出不合格样品48批次,合格率为96.9%。"这则导语简述了监督抽检工作进行的时间、监督抽检的对象范围及监督抽检的具体结果,言简意赅,中心突出。

再如范例二的导语:"为进一步了解我市创建国家卫生城市的工作进程,广泛深入开展'六大提升工程'(即稳步推进城市管理作业市场化运作;全面提升环卫清扫保洁水平;加快市区垃圾中转站建设;提升市区生活垃圾转运能力;落实生活垃圾不落地及分类试点;实现市容环境秩序整治常态化),切实解决当前创卫工作中遇到的重点难点问题,××市副市长×××同志于4月22日下午率领由市政府副秘书长×××同志、市爱卫办主任×××同志、××区副区长×××同志和有关成员单位的相关领导以及市、区创卫办工作人员组成的检查组赴××区进行督查,调研了市、区创卫工作。"这则导语全面介绍了有关情况:此项工作的目的依据、时间、名称、地点及参与人员的情况,便于读者全面掌握本文的基本内容。

会议简报的导语主要概述会议的基本概况,包括会议的时间、地点、名称、主要内容、主要事项、主要精神、主要结果、主要人员等,便于读者全面了解会议的基本情况。

如范例三导语:"2017年4月3日上午9时,××××街工委召开2017年全街党建绩效目标工作会议,参加会议人员有街领导干部、机关科室负责人、街基层单位党政负责人。会上,街工委副书记、纪工委书记××同志部署2017年党建工作,签订目标,最后由街工委副书记、办事处主任××同志对全街2017年党建工作提出具体要求。具体如下。"这则导语首先介绍了会议举行的时间:"2017年4月3日上午9时",会议的名称:"2017年全街党建绩效目标工作会议",然后概述了会议的主要内容:"街工委副书记、纪工委书记×××同志部署2017年党建工作,签订目标,最后由街工委副书记、办事处主任×××同志对全街2017年党建工作提出具体要求。"整个会议的内容就简洁明了地反映出来了。

（3）主体。这是简报的核心部分，按照相应的结构形式来安排材料，对简报中所要介绍的有关工作情况展开具体的叙述和说明。在介绍有关工作情况时，应以概括的叙述与说明的手法为主，对有关内容不宜作具体的描述；在对有关情况进行分析评价时，不能把自己的主观感情带进去，更不能指手画脚，妄加评论。

工作动态简报的主体，通常是围绕工作的基本进程来进行表述，或概述有关情况，或介绍具体的做法，或叙述取得的成绩，或指出存在的问题，目的是便于读者周知有关情况，故其写法与新闻报道的写法较为相似。

如范例一，在导语部分简述了有关情况后，就对此项工作的具体内容进行说明，交代出这次抽检覆盖的范围：国内全部100家生产企业的产品和部分进口产品。不合格样品的具体情况：涉及23家国内生产企业和4家进口经销商。并将其企业名称及产品不合格的具体指标一一列出，最后明确具体的处理结果，内容非常全面。

范例二由于其有点类似新闻报道中的简讯，内容较为简练，不需要做过多的表述，故在主体部分仅是简要地说明本次卫生督查的有关情况，但同样也使全文的内容完整无缺。

会议简报的主体，主要是围绕会议的主要精神和结果来进行具体的表述。在具体表述中，不能面面俱到地记录会议的有关情况，而应通过概括归纳的手法，将会议的主要结果、领导讲话的主要精神等关键问题集中起来。如范例三，主体部分可分为两大部分的内容，分别概括了两位主要领导的讲话精神，从而明确了本单位下一阶段工作的目的意义、具体要求、具体安排，使读者对于会议的结果也有了明确的了解。

主体部分的层次安排的主要结构形式有两种：一是纵式结构，这种结构方式，主要是按事件的时间先后顺序来安排，如事件发生的开端、经过、原因、结果等；二是横式结构，这种结构方式，主要是按材料的逻辑顺序来安排，即通过对材料进行归纳、分析、整理，按其内在的逻辑关系进行组合，分别加以表述。在具体写作时可视情况需要而正确使用这两种结构方式。

（4）结尾。简报的结尾视情况来定，可有可无。如在主体部分已将有关情况交代完毕，则不必安排结尾；如有结尾，则多为对全文作简要的总结，或提出有关的意见、建议、希望、要求等。

（三）报尾

简报最后一篇文章结束后，下面会安排一条黑色的细线作分隔线，以下即为报尾部分。报尾部分主要说明简报的发送对象、范围及印刷份数。

1. 发送对象、范围

报尾主要根据与受文者的关系来确定本份简报的抄报、抄送、印发的对象，若简报的内容涉及有关机密情况，其发送对象及范围都应做出明确限制。

2. 印刷份数

报尾一般写出本期简报的印刷份数、编辑及打字、校对者的姓名等内容。

简报的格式如下：

机密　　　　　　　　　　　　　　　　　　　　　　　　　00001

××简报

第××期（总第××期）

××办公室编　　　　　　　　　　　　　　　　××××年××月××日

按语：×××××××

目录：×××××××

（标题）×××××××

（正文）×××

×××××××××××××××××××××××××××××××××××

××××××××××

××××××××××××××

发：××××、××××

　　　　　　　　　　　　　　　　　　　　　　　　　　共印×份

二、简报的写作要求

（一）材料要准确，内容要真实

在编制简报文稿时，要坚持实事求是的原则，对于本单位、本部门在具体工作中的有关情况，应作客观如实的反映。

（二）要简明扼要，主题集中

简报要突出一个"简"字，选材要典型，内容要简明扼要，集中反映本单位、本部门一定时期内工作中的有关情况。

（三）要讲究时效，反应迅速

在制作简报时，要及时地发现本地区、本系统、本单位工作中的新问题、新情况、新经验，并及时编撰，及时印发。

（四）要注意保密

简报是内部刊物，仅用于机关内部交流和反映情况，其范围不宜太广，尤其是一些内容涉及机密情况，或带有特定阅读范围要求的简报，更应注意保密，不可超出其规定范围发放、传递和阅读。

写作能力实训

一、判断题

1. 简报是行政机关、人民团体和企事业单位编发的用于汇报工作、反映和通报情况、交流经验、指导工作的一种简短灵活的表现内部事务的行政公文。（　　　）

2. 简报可以公开发行。（　　　）

3. 简报的传播是没有范围限制的。（　　　）

4. 简报有比较固定的编写格式。（　　　）

5. 为使简报的内容更加生动形象,在写作时可进行适当的想象和艺术加工。（　　　）

二、分析题

阅读下面的材料,回答文后所列的问题。

民生工程系万家

我市召开全市财政暨民生工程工作会议

××月××日,我市召开全市财政暨民生工程工作会议,市直民生工程牵头部门分管负责同志、各县(市)区财政局长、预算科(股)长、民生办主任、市财政局科室负责人参加会议。

会议指出,201×年,全市各级各部门对民生工程工作重视程度加强,进度意识增强、效率意识凸显、宣传力度加大、基础工作夯实,全市民生工程取得了显著成效,但也还存在发展不平衡、重点不突出、方法不得当等问题。

就做好201×年民生工程工作,会议要求:一要任务落到实处,计划安排到位,确保项目早部署、早开工、早实施、早见效。二要工程进度加快,工程质量提高,确保建设进度不低于全省平均进度和序时进度。三要宣传注重时效,协调注重及时,要引导广大群众和社会各界广泛参与、支持民生工程实施,营造良好实施氛围。四要监督不留死角,整改不讲情面,要认真抓好监督检查中发现问题的整改落实,同时,要做好举一反三,确保类似问题不再发生。

会议强调,201×年,要紧紧围绕市委、市政府的总体部署和全省财政视频会议精神、省民生办工作要点,进一步加大民生工程工作力度,从每一项基础工作抓起,全面提升民生工程工作质量。一是牢牢把握民生工作导向。认真落实省、市政府要求,集中力量实施好省级33项民生工程,立足保基本、兜底线、可持续、促公平,保障基本民生。二是继续推行目标考核制度。××××年民生工程实施情况,继续纳入市对县区、市直相关部门党政目标考核体系,各县区、各相关部门要及时做好细化分解工作,做到目标明确、责任到位,确保完成年度任务。三是加强民生工程跟踪问效。要认真落实民生工程资金筹集方案及项目实施管理办法要求,科学界定政府和市场界限,积极探索多元化筹资机制;注重完善项目建后管养机制,积极探索公办民营、民办公助、购买服务等市场化方式,充分发挥财政资金撬动作用，激发市场活力；积极开展民生工程绩效管理，强化对民生工程管理运行、后期维护及效益发挥情况的第三方评价；积极借助人大、政协、目标督查、监察审计等监督力量，及时发现存在问题，督促整改落实。四是继续完善民生工程信息网上公示和特邀监督员制度，全面、持续、广泛地接受社会监督。

问题：

1. 本文是属于何种简报？

2. 文中标题的写法属于哪种形式？

3. 文中导语概括介绍了哪些内容？

4. 主体的结构是属于哪种形式？

三、写作题

某单位近期主要工作有：根据上级指示精神组织听收看中国共产党第十九次全国代表大会开幕式及习近平总书记的报告；学校领导深入各部门、各单位进行本科评估专项检查；召开"庆祝第33个教师节暨表彰大会"；举办"迎十九大·感恩祖国"主题迎新文艺晚会；旧房改造情况通报会；新生进校接待；新生军训；日常工作等。

（1）利用上述材料，制作一期简报。

（2）简报的内容题材基本上是以反映本地区、本系统、本单位工作中的新问题、新情况、新经验为主，并及时传达这些相关的动态信息，便于有关部门及有关人员及时了解和掌握这些动态信息，以此作为完成具体工作任务的参考。因此，对于本单位近期的主要工作情况，应注意收集有关资料，及时整理，并从中提炼出较为典型的事例。

上述事例中，有哪些事例是较为典型的？

第四章

经济应用文书

第一节 市场调查报告

一、市场调查报告的含义和特点

（一）市场调查报告的含义

市场调查报告是指市场调查主体运用科学的方法,有计划、有目的地系统收集市场资料,并运用统计分析方法对所收集的资料进行分析研究,最后为集中反映市场调查研究成果而撰写的书面报告。市场调查报告也叫市场调研报告。

市场调查包括宏观市场调查和微观市场调查。宏观市场调查是以一定地区范围内的市场为对象,对市场总体情况进行的调查。例如,市场商品总供给与总需求、总体消费、总体储蓄、物价总水平、零售市场总趋势等。宏观市场调查能够为宏观市场管理和调控提供信息,也能为企业经营决策提供不可或缺的市场环境信息。微观市场调查是指从企业生产经营角度出发对市场进行的调查,又称市场营销调查。主要包括消费者调查、产品调查、品牌调查、广告调查、渠道调查、市场竞争调查等内容。微观市场调查能够为企业的经营管理决策提供重要的信息支持。

（二）市场调查报告的特点

1. 客观性

市场调查报告的客观性包括真实性和陈述性。

市场调查报告的真实性是指市场调查报告是市场调查情况及其结果的真实反映。市场调查报告要以市场调查获取的材料作为撰写市场调查报告的主要依据,对调查材料的进一步分析研究要遵循客观规律,符合客观实际情况。市场调查报告的陈述性是指要在叙述和说明市场调查所反映的客观情况的基础上对市场现象进行恰当分析和科学推断。虽然市场调查报告具有一定的说理性,但陈述性是市场调查报告在写作方面的主要特征。陈述是说理的基础和前提,说理往往与陈述紧密结合在一起。

2. 针对性

市场调查报告的针对性主要包括两方面：第一，撰写市场调查报告必须明确调查目的。市场调查研究要花费较大的时间、人力和物力，不是随意组织进行的，而是针对较为迫切的实际问题开展调研的，市场调研的目的性很强，因此撰写市场调查报告时必须明确提出所针对的问题，明确交代所获得的事实材料，分析问题的症结所在，并提出具体可行的建议和对策。撰写市场调查报告要做到目的明确、有的放矢，围绕主题展开论述。第二，撰写市场调查报告必须明确阅读对象。阅读对象不同，他们的要求和所关心的问题的侧重点也不同。如果不明确阅读对象，撰写出来的调查报告往往是盲目的。

3. 新颖性

市场调查报告应紧紧抓住市场活动的新动向、新问题，突出调查研究得到的新材料、新发现，提出新观点，形成新结论。只有这样的调查报告才有使用价值，对市场经营管理活动具有指导意义。不要把众所周知的、常识性的或陈旧的观点和结论写进市场调查报告。

4. 时效性

市场状况是不断变化的，市场调查报告是反映市场状况变化的重要信息载体。因此，市场调查报告必须准确而快速地反映市场变化，及时为企业和经济管理部门的决策提供参考意见。市场调查是在一定时间范围内进行的，市场调查报告只有在一定时期内才具备有效性。随着时间的推移和市场的不断变化，过时的市场调查报告，尽管资料翔实、分析有理，但对企业和经济管理部门来说已经没有多大实用价值了。

二、市场调查报告的分类

根据市场调查的分类方法，市场调查报告相应地可以从市场调查的内容、市场调查的范围、市场调查的目的等各种角度分为多种类型。其中，按照市场调查的性质和目的的分类，主要包括探索性市场调查报告、描述性市场调查报告和因果性市场调查报告。

1. 探索性市场调查报告

探索性市场调查是市场调查人员对需要解决的问题尚无足够的了解时，为了准确定义问题、发掘问题的内在性质、获取研究问题的思路所进行的调查研究活动。探索性市场调查报告的主要目的是提供资料以帮助调查者认识和理解所面对的问题，帮助调查者将问题定义得更准确。

2. 描述性市场调查报告

描述性市场调查是在收集、整理市场资料的基础上，描述某一总体或现象的基本特征的调查。大多数市场调研属于描述性调研。描述性市场调查报告要对市场调研的问题进行如实记录和说明,反映有关问题的实际情况和影响因素。

3. 因果性市场调查报告

因果性市场调查是在描述性调查的基础上进一步研究分析问题,旨在确定有关事物的因果联系的一种调查。因果性市场调查报告主要论述事物的本质及影响事物发展变化的内在原因。

多数市场调查报告同时具有探索性、描述性和因果性特征,既描述事物的表征,也分析探讨事物的因果联系;既说明事物"是什么""如何",又解决"为什么"的问题。

范例导读与简评

中国 50 城市保险市场需求调查报告
国务院发展研究中心市场经济研究所 陆刃波

商业保险已是我国城市居民家庭重要的理财和保障措施之一。我国保险市场巨大的消费潜力已经吸引众多国内外的保险公司的关注。特别是我国加入 WTO 后,随着外资保险企业的进入,我国保险市场消费环境、消费需求、保险公司资金规模、服务水平、行业监管乃至整个市场体系都将发生深刻变化。全面了解和把握目前我国保险市场的现状以及未来五年中国城市保险市场的消费需求规模、特征,建立规范的保险市场秩序,更好地促进我国保险业健康发展,已成为政府、研究机构、中外保险企业共同关注的问题。尽管近年有一些商业调查机构对个别城市的保险市场进行一些不完整的调查统计,但一直没有任何研究机构实施过全国范围保险市场消费需求状况的全面量化研究。为此,国务院发展研究中心市场经济研究所与中国保险学会共同组织了"中国 50 个城市保险市场调研"课题研究。之所以选取 50 个城市作为调研目标,是因为城市保险市场是当前乃至今后相当长一个时期我国保险产品消费的主体市场。此外,根据我国加入 WTO 后在保险市场开放地域限制条款规定,中国入世时,允许外国保险公司在上海、广州、大连、深圳、佛山提供服务;中国入世后两年内,允许外资保险公司在北京、成都、重庆、福州、苏州、厦门、宁波、沈阳、武汉、天津提供服务;中国入世后 3 年内,取消地域限制。因此,调查这些最具发展潜力的城市居民家庭及其企业对保险产品的消费现状以及对保险产品的消费预期,就可以有效地把握我国保险市场的可拓展空间。目前,课题组的专家对调查城市的 22 182 个居民家庭的调查数据进行统计分析后指出,当前我国保险市场正处于培育发展阶段,基本呈现如下特征。

一、商业保险市场的家庭渗透率较低

当前我国城市居民保险消费主要构成是社会保险和商业保险两部分。社会保险由于开展历史较早,而且政府对企事业单位已有强制性政策措施,所以其消费规模远远高于商业保险。商业保险市场的规模主要取决于居民的收入、对保险知识的了解、保险公司对推出产品的宣传推广力度等多种因素。统计数据显示,在我国城市市场,有 46.5% 的城市居民已拥有社会保险,仅有 4.5% 的居民购买了商业保险;有 21.1% 的居民既拥有了社会保险又购买了商业保险。此外尚有 27.9％ 的居民没有购买任何保险产品。这说明目前我国保险市场的家庭渗透率较低，从个人商业人寿保险渗透角度看，我国城市个人商业人寿保险的渗透率更低，这表明我国城市商业保险市场具有相当大的可拓展空间。

课题组的专家认为，通过我国分城市对比家庭社会保险拥有率和商业保险购买率比照，就可以发现两者所形成的图形基本吻合，这说明两者具有一定的正相关关系。城市社会保险普及率较高，相对应的商业保险拥有率上升，反映出当前我国城市居民通过对社会保险认识的加深，会增加购买商业保险的信心。但是，由于我国各个地区经济发展水平差异性较大，因此在一些社会保险渗透率较低的东北、西北地区城市的居民家庭为了提高对各种风险的防范和出于投资需要而对商业保险产生较大的需求。

课题组的专家通过对比保险消费者家庭收入与购买商业保险的关系，可以清晰地看出，月收入在 2000～20 000 元的家庭，购买商业保险的比重随着收入的增加而呈上升趋势；而家庭月收入超过 20 000 元时，购买商业保险的比例明显下降，专家们认为，这是高收入家庭抵御各种风险的能力明显提高的缘故。

二、消费者对保险的认知有限

通过对实际调查的 46 个城市（有 4 个城市因故取消）22 182 个居民家庭的调查表明，当前我国城市居民对保险、保险公司、保险产品的认知度较低。大多数居民对保险知识只有一般性的了解，只有 6％ 的居民家庭认为自己对保险知识了解的较多，而 36％ 的居民家庭表示自己对保险知识的了解甚少，甚至完全不了解。同样，被访者对保险公司的服务和所推出的保险产品了解程度也很低。

造成城市居民对保险知识关注程度低的主要原因是受传统思想的影响，认为当前我国社会稳定、自己的收入逐年提高，不需要保险；另一个原因是目前我国保险市场尚处在培育阶段，保险公司对保险产品知识的宣传力度不够。但相反也有 39.2％ 的消费者认为随着我国经济体制改革，人们将面临工作、学习、就业、医疗等方面的种种压力和风险，因此需要通过保险来降低或转移所承受的风险。课题组的专家认为他们是现阶段中外保险公司的主要服务对象。

由于受多种社会及经济发展因素的影响，我国城市居民家庭在收入可投向的比较上，保险尚处于较次要的地位，统计数据显示，银行储蓄仍然是居民处置闲置资金最普遍的选择；其次是随着我国大中城市住房制度改革，城市居民的资金转向房产市场，选取购买商业保险的消费者只有 9％。

三、消费者获取保险信息途径多样化

随着我国保险市场渐趋活跃和信息传播媒体的发达，广大保险消费者可以较方便地获取有关保险方面的各种知识。统计数据显示，当前报纸杂志是城市居民获取保险信息最主要的媒体；其次是通过亲戚朋友得到的保险方面的知识，此外，电视、广播也是重要的保险信息传播途径。近年来，各保险公司加大了保险宣传资料发布工作，这对消费者较为详尽地了解保险知识起到了重要的作用。除此之外，各保险公司的保险代理人上门讲解的作用也是显而易见的。至于各种形式的课堂讲授、网上咨询等传播形式尚待进一步发展。

那么当前保险消费者最迫切需要了解哪些方面的信息呢？统计数据显示，消费者最关注的首先是保险公司的信誉介绍,其次是保险公司推出的各种产品介绍,最后是保险公司服务内容的介绍以及各种有关保险公司规模实力方面的相关信息。对此,保险公司应密切结合自己的经营理念、产品种类,通过各种相关媒体的信息传递给自己的目标消费群体,可以预见到,今后随着中国保险市场竞争的加剧,对保险信息传播媒体的争夺也将成必然趋势。

专家们认为尽管保险公司的保险代理人本身存在着许多未尽人意之处,但是他们仍然是未来消费者购买保险产品的主要选择方式。他们最突出的优势是对所介绍的保险公司方面的知识较其他传播媒体详尽;另外他们具有上门服务的特点,这是其他媒体无法替代的。在已购买商业保险的被访者中,有41.5%的人接触过保险代理人,而且其中大部分是保险代理人主动上门拜访。对于保险代理人上门拜访这一新生事物大多数消费者认为能够接受,只有12.6%的消费者对此表示反感。

四、城市居民对保险的预期需求

我国保险市场的开发需要有一个渐进的过程,城市居民对保险尤其是商业保险的需求在短期内不可能得到相当大的提高,有相当一部分人对保险继续持观望和等待的态度。但是可以相信,随着近年城市居民收入的提高,以及对保险知识的了解,其中许多人将会认识到保险的重要性,从而成为保险产品的消费者。在未来三年里,中国城市居民仍然将社会保险作为自己主要的保障手段。统计数据显示,有11.5%的被访问者表示在未来三年里肯定购买保险产品;表明可能购买保险产品的比例为38.4%,也就是说,在未来三年里有49.9%的城市居民在考虑购买保险产品。由于当前我国社会保险已具有相当的深度和广度,在消费者心目中已具有较强的信誉和可信任度,自然成为保险消费者购买的首选。因此有51.9%的预期消费者选择购买社会保险;有27.6%的预期消费者选择购买商业保险;而选择两者均买的预期消费者为20.5%。

如果将预期消费者细分,可以看出在未来三年里肯定购买保险的消费者较多倾向购买社会保险;而表示可能购买者则对商业保险兴趣较大。

在未来三年里有购买商业保险预期的被访者中,有49%的消费者已经有过购买商业保险的经历,今后准备继续购买或增加购买其他的保险品种。可见近年商业保险已具有一定的市场深度,并在消费者心中已形成较稳定的影响力。

在预期消费者对保险产品的选择上可以看出,目前国内保险公司成熟的保险业务都具有广阔的市场前景。医疗、养老保险是未来三年里我国城市居民最希望购买的商业人寿保险产品,其预期购买率分别达到预期消费者总数的76%和50%。有37%的预期消费者选择了意外伤害保险。此外,机动车辆险、少儿类险也都具有较大的需求。但是一些个别险种消费者还较为生疏,如女性保险等。

在预期购买商业保险的消费者中对养老保险的预期购买率最高,达到了50%。表示不购买养老保险的消费者主要是有更好的资金投向,其次是有的人对自己生活具有较强自信,不用买保险,而对保险公司抱不信任态度的消费者占到了26.2%。

五、消费者对当前中资保险公司的满意度较低

在对拥有保险购买经历的城市居民对保险公司的满意度调查显示,绝大多数消费者对保险的购买过程和保险公司赔付的满意度较低。在购买过程中,有31%的消费者认为

保险代理人过于纠缠，有26.2％的消费者认为保险代理人对合同条款的解释不清楚。专家分析认为，造成保险消费者这种不良印象的主要原因是保险公司对保险代理人的选择不够慎重，保险代理人素质不高，过于追求眼前利益，或是保险公司对保险代理人的业务培训不够充分，造成了对消费者的过度承诺，使一部分消费者感觉受到了欺骗。此外，保险代理人的过度流动、保险公司在保单确定方面的烦琐，也影响了消费者对保险公司销售过程的满意程度。

调查结果显示，消费者对目前各家保险公司产品销售过程的满意度较为接近，这反映出各家保险公司在销售手段上的雷同，缺乏创新意识。而消费者对保险公司的售后服务总体上看，满意度也同样较低，对保险公司售后服务表示满意或是非常满意的消费者只占消费者总数的37％。消费者对保险公司售后服务不满意之处主要集中在三个方面，即投保后保险代理人态度的变化；履行合同时保险公司与消费者理解的差异，以及保险公司处理赔付的态度和方式。

消费者普遍对当前保险公司赔付条款的满意度较低。他们认为保险公司所推出的赔付范围以及赔付费用上与自己的心理期望偏差较大，同时对保险公司在赔付过程的态度和及时性也较为失望。专家认为，消费者对保险公司较低的满意率表明目前我国保险市场竞争程度较低，这就为保险行业新进入者，特别是外资保险公司的进入提供了市场机会。消费者对保险公司满意度的降低，是导致消费者退保的主要原因之一。调查显示，有8.9％的消费者有过退保行为。从地域上看，哈尔滨、北京、石家庄等城市的退保率较高，造成退保的原因是多方面的，从总体上看，保费高、保障低是造成退保的主要原因，其次是保险的回报率低。此外，有19.5％的保户退保原因是感觉上当受骗。在有过赔付经历的消费者中，有31.3％的消费者认为保险公司在理赔和勘查工作上不太及时。相对而言，在当前几个较大的全国性保险公司中，消费者对中国人寿保险公司的售后服务满意度较高。

保险公司在今后的销售过程中，应不断创新，提高销售过程的满意度，提高保险产品销售的成功率。同时，如何提高保险销售过程和赔付过程的透明度，是保险公司进行市场竞争的焦点。

六、消费者对外资保险公司期望值较高

从总体上看，目前我国城市保险市场的竞争度还较低，特别是经营商业人寿保险的企业很少，大部分城市的商业人寿保险企业不到3家，经营范围也较窄，这必然会导致保险消费者对保险公司的认知降低。在所调研的46个城市中，当回答问卷中"你所知道的保险公司"时，有54.6％的被访者首先想到中国人寿保险公司，其次是中国平安保险公司，这两家保险公司成为我国保险市场品牌知名度最高和市场占有率最高的保险企业，是我国保险市场的主体。但是这两家保险公司在商业寿险的重度消费者（年保费支出超过5000元）市场上的竞争能力有所降低。专家们认为这一市场将是外资保险公司重点争夺的市场。因此，如何有效地提高对重度消费者的吸引力，是摆在当前中国商业人寿保险市场的领先者面前的重要课题。

那么广大保险消费者是如何看待外资保险企业的呢？统计数据显示，目前我国消费者对外资保险公司的期望值较高，普遍认为它们在服务、人员素质、产品、赔付、资本规模、

信誉等方面均优于中国保险公司,只是在购买方便性这一指标上的优势不大。

受这种因素的影响,目前外国保险公司在业务量上以及未来三年内消费者预期需求还不能超越国内保险公司。

课题组的专家认为,由于保险产品的特殊性,无论是外国保险企业还是中国保险企业都必然要受制于相同的经济环境、法律制度和资本运行规则,在同一个市场中的保险公司所推出的保险产品,服务理念虽然有所差异,但大体相同。消费者对外资保险公司的高评价,主要是建立在对原有保险公司较低满意度的基础上,这种较高的期望值是外资保险企业开拓中国保险市场的动力,但同时也是一种压力,和国内保险公司一样为取得竞争优势,都必须认真了解和把握中国保险市场的消费特征,制定自己的产品开发策略、渠道策略、服务策略。并根据市场反馈信息不断进行产品创新、服务创新和制度创新,这样才能提高企业的市场综合竞争力,在具有广阔发展前景的中国保险市场生存和发展。

(摘自《政策与管理》)

简评

这是一篇有关商业保险市场需求情况的调查报告,这篇调查报告既描述市场调查结果,也分析探讨事物的因果联系并初步提出建议。在文章结构方面,前言部分主要介绍背景情况和调查目的,交代调查时间、地点、范围等情况,给人以总体印象。主体部分将市场情况、分析、建议等内容结合起来写作,采用横式结构,并以小标题揭示文章要点。整篇文章能够恰当运用调查所得的数据资料,通过数据资料增强调查报告的准确性和说服力。文章适当运用叙述、说明和议论相结合的表达方式,语言准确、简明,文章通俗易懂。

提示:市场调查报告的基本结构与写作要求

一、市场调查报告的基本结构

市场调查报告的结构包括标题、正文、落款三部分。

(一)标题

市场调查报告的标题比较灵活,标题写作力求准确、精练、醒目。常见的市场调查报告标题主要有以下两种。

1. 公文式标题

公文式标题也称要素式标题,一般由调查对象、调查时限、调查内容和文种等要素构成,如《关于郑州市金水区 2010 年卷烟市场情况的调查报告》《2013 年全国普通灯泡生产企业产销市场调研报告》。在标题写作中,可以根据具体情况灵活省略调查对象、调查时限等要素。

2. 文章式标题

文章式标题是将调查结果和主要观点概括成标题,如《城市居民呼唤"小杂粮"》《2012 年纸品加工形势良好》。文章式标题又可分为单标题和双标题,其中双标题采用正副标题形式，正标题揭示调查结果和主要观点，副标题补充说明调查对象和调查内容等情况。如《健康住宅成为市场新宠——全国大城市住宅市场调查》。

（二）正文

市场调查报告的正文主要包括前言、市场情况、市场分析、对策建议等内容。

1. 前言

市场调查报告的前言部分，主要概括介绍调查研究的基本（总体）情况。一般有两种写法。一种写法是介绍背景情况和调查目的，交代调查时间、地点、方法、调查过程、结果等情况，给人以总体印象。另一种写法是从调查结果入手，开门见山揭示调查报告主要内容和观点，先将调查研究结论写出来，使人一目了然。有些市场调查报告的前言部分同时使用两种写法，围绕为什么进行调查、怎样进行调查和调查的结论如何这几个问题进行写作。

2. 市场情况

市场情况即市场调查内容的各方面情况介绍，叙述和说明市场调查所得到的各种具体材料、数据、事实。市场情况是市场分析的事实依据，要紧紧围绕市场调查主题精心选择材料，根据文章需要确定所要介绍的情况，做到资料翔实，数据准确。

3. 市场分析

市场分析是调查报告的主要组成部分，是指围绕调研主题对所获取的资料进行分析、评论，对调查研究的结果和结论进行说明。市场分析应当抓住主要问题，做到分析透彻、观点鲜明集中。

4. 对策建议

根据市场情况和市场分析，围绕本次市场调查的主题，为解决某一具体问题提出针对性的有效措施和建议。许多市场调查报告因市场分析部分已充分展开，在市场分析同时已初步提出建议，因此市场分析部分结束，全文也就自然结束。

市场调查报告中前言、市场情况、市场分析、对策建议四方面内容虽然各自都有相对的独立性，但又是难以截然分开的，它们之间互相联系、紧密结合，从而使正文形成一个完整的统一体。在具体写作过程中，有时可将各部分内容分开叙写，有时也可穿插进行；有时可以把市场情况和市场分析两部分内容结合起来写作，有时也可以把市场分析和对策建议合并在一起表达。

（三）落款

在市场调查报告正文之后右下方写明调查者的单位名称和个人姓名，并写明市场调查报告完成的具体时间，以备查考。如果标题下面已注明调查者，则落款时可省略。

二、市场调查报告的写作要求

1. 市场调查报告写作要恰当运用数据资料

市场调查报告写作以调查资料为依据，而数据资料显得尤为重要。数据资料具有很强的概括力和表现力，用数据说明事实的真相往往比长篇大论更能使人信服。但市场调查报告写作中运用数据要恰当，数据资料过少不能说明问题，使调查报告空洞无物；过多地堆砌数据又太烦琐，反而使人眼花缭乱，不得要领。而且过度量化容易导致许多重要资料被淡化甚至忽略不计，造成读者理解困难和阅读疲劳，进而使报告失去原有的信息量和说服力。所以要恰当运用调查所得的数据资料,通过数据资料增强调查报告的科学性、准确性和说服力。

2. 市场调查报告写作要分析准确充分、突出重点

市场调查报告撰写中容易出现分析解释不充分、不准确的问题。调查所得的资料数据是市场调查报告的重要组成部分,但是必须对这些资料数据做充分、准确的解释分析。如果只是简单地罗列堆砌资料数据而不做解释,或者只停留在表面就事论事,缺乏准确、充分的分析说明,必然引起读者怀疑,进而影响报告的可信度。

分析资料数据还应突出重点,避免面面俱到、事无巨细进行分析。市场分析要围绕主题明确重点。把收集的各种资料不分主次、庞杂无序地进行分析直接影响市场调查报告的价值,使读者感到杂乱无章,读后不知所云。

3. 市场调查报告写作应当通俗易懂

市场调查报告应当通俗易懂,使读者能够很容易理解报告的内容。市场调查报告写作中应避免技术细节方面的介绍或讨论,也尽量少用专门术语,因为读者对技术问题未必了解,也未必有时间和兴趣了解。为了增加报告内容的易读性,增强报告的明了程度和效果,还可恰当运用图表作为辅助表达方式,通过直观可视的图表能够帮助读者理解用语言难以表达清楚的问题。

写作能力实训

一、根据下面有关鸡蛋消费行为的调查数据撰写市场调查报告主体部分,主要陈述被调查者基本情况、基本消费形式及影响鸡蛋购买行为的外部因素(见表 4-1～表 4-3)。

表 4-1　被调查者基本情况调查

统计指标	选　　项	人数	比例(%)
性别	男性	99	61.49
	女性	62	38.51
年龄	<20 岁	9	5.59
	20～30 岁	99	61.49
	30～40 岁	17	10.56
	40～50 岁	28	17.39
	>50 岁	8	4.97
职业	专业人士(如研究学者、从事养殖生产等)	38	23.6
	自由职业者(如作家)	7	4.35
	公司职员	23	14.29
	商人/雇主	4	2.48
	工人	3	1.86
	政府工作人员	14	8.7
	厨师/家庭主妇	11	6.83
	其他	61	37.89

统计指标	选　项	人数	比例（%）
月收入	<2000 元	61	37.89
	2000~4000 元	42	26.09
	4000~6000 元	25	15.53
	>6000 元	33	20.5
受教育程度	小学	3	1.86
	初中	16	9.94
	高中	17	10.56
	大学	112	69.57
	研究生	10	6.21
	博士生及以上	3	1.86

表 4-2　基本消费形式调查

统计指标	选　项	人数	比例（%）
购买场所	超市	89	55.28
	鸡场或农场	40	24.84
	农户	32	19.88
购买方式	称斤购买	64	39.75
	一定数量购买	35	21.74
	按鸡蛋托盘购买	62	38.51
月购买次数	0~2 次	94	58.39
	3~4 次	45	27.95
	5~6 次	10	6.21
	6 次以上	12	7.45
多久消费一托盘	2 天以内	10	6.21
	3~4 天	25	15.53
	5~6 天	37	22.98
	一周以上	89	55.28
日常消费种类	土鸡蛋	88	54.66
	饲料鸡蛋	72	44.72
	人工鸡蛋	1	0.62

表 4-3　外部影响因素调查

统计指标	选　项	人数	比例（%）
可接受的鸡蛋价格	2.00~2.50 元	43	26.71
	2.50~3.00 元	26	13.15
	3.00~3.50 元	25	15.53

续表

统计指标	选　项	人数	比例（%）
价格变动是否影响	价格合理即可	67	41.61
	有影响	52	32.3
	有一定影响	47	29.19
	没影响	62	38.51
营养价值是否影响	很重要	110	68.32
	一般	40	24.84
	不重要	11	6.83
品牌是否影响	很重要	45	27.95
	一般	90	55.9
	不重要	26	16.15
新鲜是否影响	很重要	140	86.96
	一般	21	13.04
	不重要	0	0
安全健康是否影响	绿色健康的鸡蛋	112	73.2
	一般鸡蛋	41	26.8

二、分析下面的市场调查数据资料,撰写市场调查报告主体部分,主要陈述中国奶粉市场现状(见图 4-1～图 4-5)。

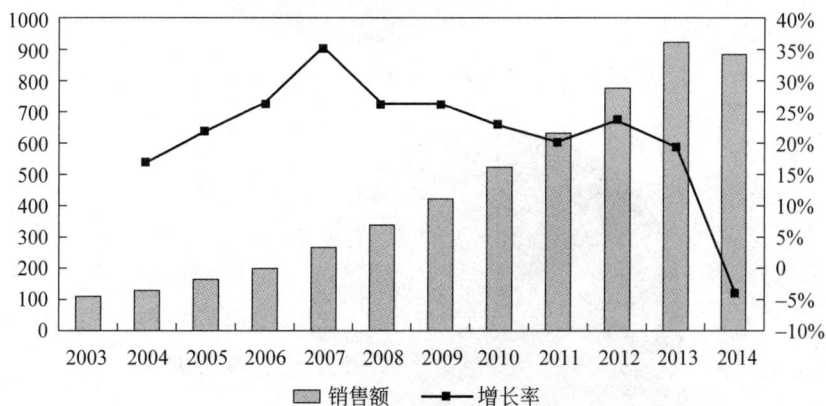

图 4-1　2003—2014 年中国婴幼儿奶粉市场销售额及增长率

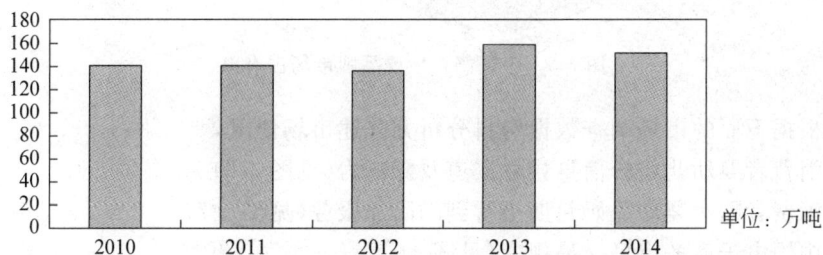

单位：万吨

图 4-2　2010—2014 年中国奶粉产量统计分析

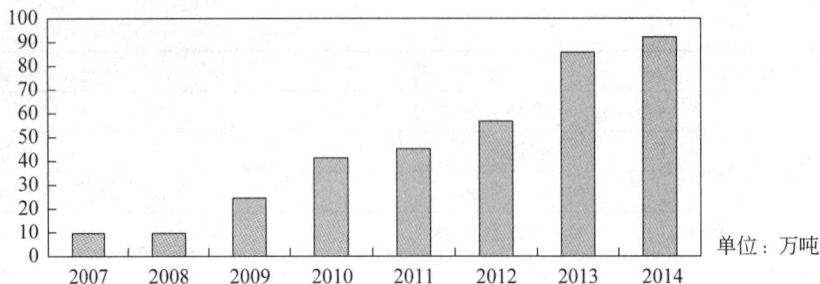

图 4-3 2007—2014 年中国进口奶粉量变化

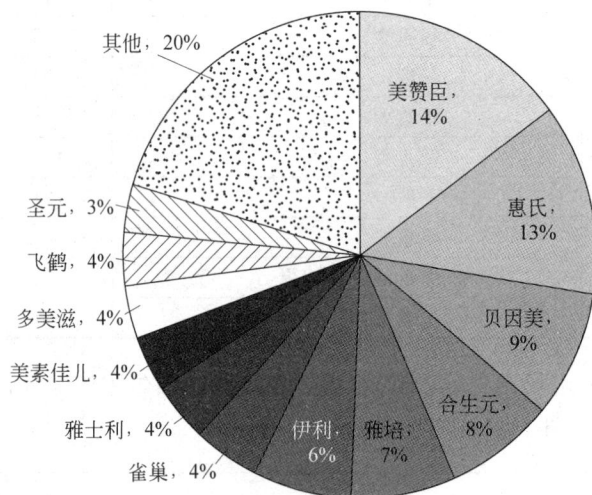

图 4-4 主要奶粉企业在中国的市场占有率

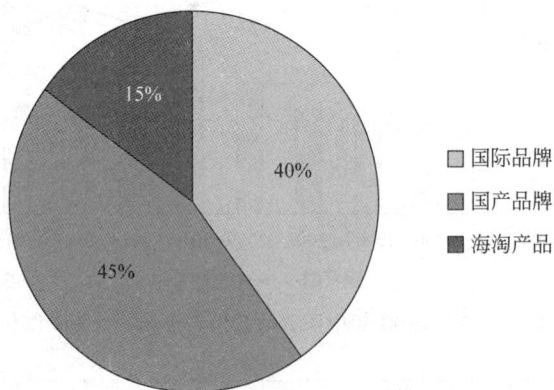

图 4-5 中国奶粉主要品牌市场占有率

三、根据下面的市场调查数据资料分析并陈述市场情况。

（1）消费者婴幼儿奶粉信息接触渠道及影响力（见图 4-6）。

（2）消费者购买婴幼儿奶粉期望得到的附加服务（见图 4-7）。

（3）中国电子商务市场交易规模（见图 4-8）。

（4）2015 年 B2B 电子商务服务商市场份额（见图 4-9）。

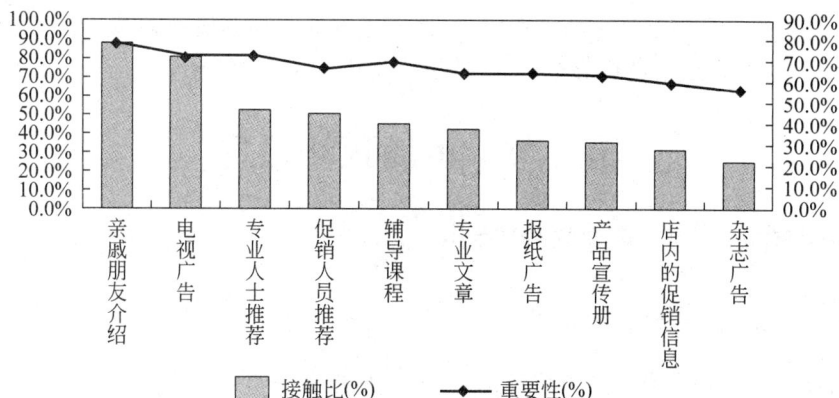

图 4-6 消费者婴幼儿奶粉信息接触渠道及影响力

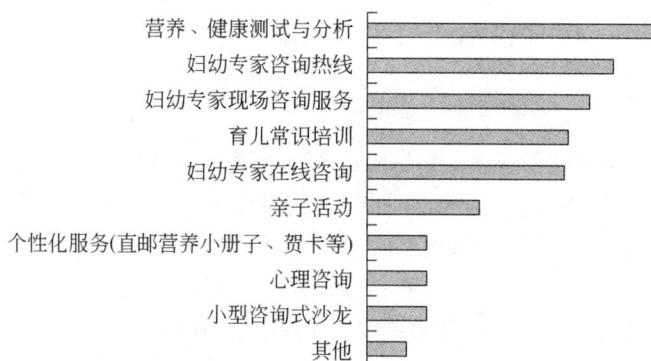

图 4-7 消费者购买婴幼儿奶粉期望得到的附加服务

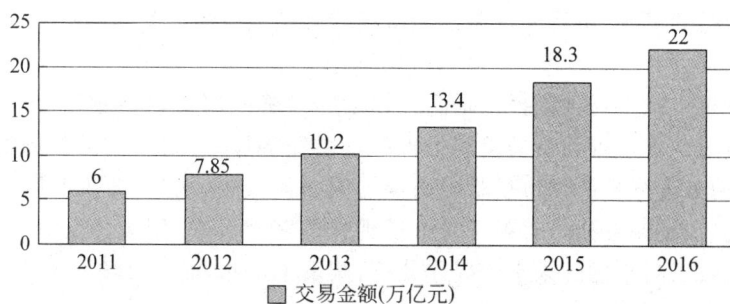

图 4-8 2011—2016 年中国电子商务市场交易规模

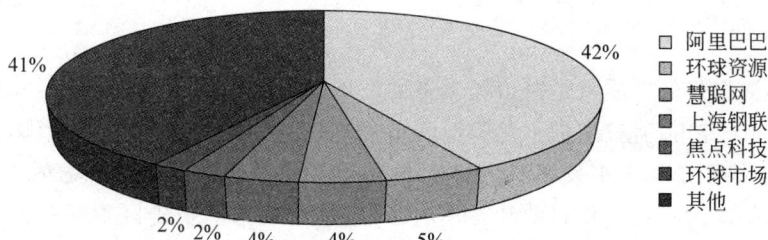

图 4-9 2015 年 B2B 电子商务服务商市场份额

四、大学校园是一个巨大的消费市场，请自主选择市场调研课题，深入大学校园进行实地调查，并对调查结果进行分析研究，撰写一份市场调查报告。

第二节 市场预测报告

一、市场预测报告的含义和特点

（一）市场预测报告的含义

市场预测报告是在市场调查研究的基础上，根据各种市场信息和资料，运用科学的预测方法，对未来市场的发展趋势进行分析、预测的书面报告。市场预测报告是市场预测的分析过程及其结果的反映。

市场预测方法包括定量预测方法和定性预测方法。定量预测方法又称数学模型预测法，是指运用一定的统计或数学方法，通过建立数学模型来描述预测目标的变化发展规律，并依此对预测目标的未来发展趋势进行预测。定量预测方法可分为时间序列预测法和回归（相关）分析预测法两大类，其中时间序列预测法又包含算术平均预测法、季节分析预测法、马尔可夫预测法、趋势预测法，回归（相关）分析预测法包含一元线性回归预测法、多元线性回归预测法、非线性回归预测法、自相关回归预测法。定性预测方法是预测者根据已经掌握的信息和资料，凭借个人的实践经验和理论、业务水平对事物的未来发展做出性质和程度上的预测。定性预测方法主要分为专家意见市场预测法、判断市场预测法、理论分析市场预测法等类别，每种类别又分别由许多种预测方法组成。

市场调查和市场预测都是市场研究的重要手段，它们有着密切的关系。市场调查是市场预测的前提和基础，市场调查不仅为市场预测提供原始的数据和资料，还可以为修正预测值提供依据。

市场调查报告和市场预测报告是两种相近的经济应用文体，它们有相同之处也存在明显区别。市场调查报告和市场预测报告都是以经济理论为指导、以市场实际情况为依据、运用科学的方法分析研究市场状况而撰写的书面报告。它们的主要区别在于报告内容的重点不同，市场调查报告着眼于对市场现状的客观反映，侧重于反馈市场信息；市场预测报告则着眼于对市场的未来状况作分析，侧重于预测，揭示市场发展趋向。

（二）市场预测报告的特点

1. 预见性

市场预测报告的性质就是对市场未来的发展趋势做出预见性的判断。市场预测报告虽然也分析、研究市场情况，但不是以反映市场现状为目的，而是通过对市场情况的分析研究，科学地揭示市场未来发展变化的趋势，准确预见未来的前景。市场预测报告是以预见未来市场状况为主要写作目的和写作内容，这是市场预测报告区别于其他文体的根本特点。

2. 科学性

市场预测方法包括以数理统计为核心的定量预测方法和以理论分析为核心的定性预测方法,预测方法的科学性使预测分析过程及结果在科学性上得到较为可靠的保证,使预测结果和未来实际情况的偏差概率达到最小化。市场预测报告是市场预测分析过程及其结果的反映,市场预测报告的科学性集中体现在准确论述预测对象的客观运行规律和市场发展趋势,并详细阐明做出这种判断预测的原因和理由,有理有据、令人信服。

3. 时效性

与市场调查报告一样,市场预测报告也具有鲜明的时效性。市场状况不断变化,市场预测报告必须及时地反映市场未来发展变化的新动态、新趋势,为企业和经济管理部门制订计划提供必要依据,为科学决策提供参考。

二、市场预测报告的分类

根据市场预测的分类方法,市场预测报告相应地可以从各种角度分为多种类型。

(1) 按预测时间划分,可以分为短期市场预测报告、中期市场预测报告和长期市场预测报告。短期市场预测报告一般反映预测对象 1 年之内发展变化趋势;中期市场预测报告一般反映预测对象 2～5 年内发展变化趋向;长期市场预测报告一般反映预测对象 5 年以上的发展前景。

(2) 按预测范围划分,可以分为宏观市场预测报告和微观市场预测报告。宏观市场预测报告是从宏观经济管理的角度反映影响国民经济发展的全局性、整体性、综合性的市场发展变化趋势;微观市场预测报告是从企业的角度反映影响企业生产、经营活动的市场发展变化趋势。

(3) 按预测内容划分,可以分为市场环境预测报告、市场需求预测报告、市场供给预测报告等。市场环境预测报告是对企业经营环境中的政治、经济、社会文化等影响企业发展的外部因素所做的预测;市场需求预测报告是对需求量和需求商品变动趋势的预测;市场供给预测报告是对进入市场的商品资源总量及其构成的变化趋势所做的预测。

范例导读与简评

2016 年全国电力消费与供需预测报告
中国电力企业联合会

2016 年前三个季度,全社会用电量同比增长 4.5%,增速同比提高 3.7 个百分点,其中第三季度同比增长 7.8%。预计第四季度全社会用电量增速将比第三季度有所回落,全年全社会用电量同比增长 4.5% 左右,气温因素拉高全年增速 2 个百分点左右。预计全年新增装机 1.2 亿千瓦左右,年底全国发电装机容量 16.4 亿千瓦左右,非化石能源发电装机比重将进一步提高至 36.5% 左右。全国电力供应能力总体富余、部分地区相对过剩，迎峰度冬期间部分地区电煤供应可能出现偏紧甚至紧张局面。

一、前三个季度全国电力供需状况

（一）电力消费增速同比提高，第三季度全社会用电量较快增长

前三个季度全国全社会用电量 4.39 万亿千瓦时、同比增长 4.5%，增速同比提高 3.7 个百分点。分季度看，第一、第二、第三季度全社会用电量同比分别增长 3.2%（扣除闰年因素增长 2.1%）、2.1%、7.8%，第三季度增速明显提高，其中，7月、8月、9月增速分别为 8.2%、8.3% 和 6.9%。前三个季度电力消费呈现以下主要特点。

一是第三季度城乡居民生活用电量增速创 10 年来新高。前三个季度城乡居民生活用电同比增长 11.6%，增速同比提高 7.0 个百分点。其中，第三季度增速为 18.4%，超过 2013 年同期全国大范围极端高温天气时的用电增长水平。

二是第三产业及其各行业用电快速增长。与第三产业增加值保持较快增长相对应，第三产业用电量同比增长 11.5%。其中，第三季度增长 15.3%，为 2011 年以来的季度最高增长水平。分行业看，信息传输计算机服务和软件业用电同比增长 15.3%，延续近年来的快速增长势头；金融、房地产、商务及居民服务业用电增长 12.7%；交通运输、仓储、邮政业用电增长 10.7%；商业、住宿和餐饮业用电增长 10.0%。

三是第二产业及其制造业用电增速逐季上升，产业结构调整和转型升级效果持续显现。第二产业及其工业用电量同比分别增长 2.0% 和 1.9%，增速同比均提高 2.9 个百分点；制造业用电量同比增长 1.1%，各季度增速分别为 1.5%、0.7% 和 3.8%，呈逐季回升态势。四大高耗能行业（化学原料及化学制品制造业、非金属矿物制品业、黑色金属冶炼及压延加工业、有色金属冶炼及压延加工业）合计用电量同比下降 1.9%，其中，第一、第二、第三季度增速分别为 5.8%、1.1%、0.8%。在房地产和汽车市场回暖等因素作用下，第二季度以来非金属矿物制品业、黑色和有色金属冶炼及压延加工业等重要生产资料价格总体波动上升，市场预期好转，其主要产品产量增速逐步提高，带动用电增速明显回升，也带动第二产业及其制造业用电增速逐季提高。前三个季度，在 20 个制造业行业中，除黑色和有色金属冶炼及压延加工业两个高耗能行业用电负增长外，其余制造业行业均实现正增长，且除四大高耗能行业及纺织业（1.9%）以外的其他 15 个行业用电增速均超过 2%，其中，交通运输电气电子设备制造业、医药制造业、化学纤维制造业、工艺品及其他制造业、文体用品制造业等 10 个行业用电增速均超过 5%。可见，除高耗能行业以外的其他制造业保持一定的增长水平，其中新兴技术行业及大众消费品业增长势头较好，反映出当前产业结构调整和转型升级效果继续显现。

四是电力消费增长动力持续转换、消费结构继续调整。从用电增长动力看，第二产业、第三产业和城乡居民生活用电量分别拉动全社会用电量增长 1.4 个、1.5 个和 1.5 个百分点。其中，第二产业中的四大高耗能行业下拉全社会用电增速 0.6 个百分点，当前全社会用电量增长的主要动力从前些年的传统高耗能行业持续向服务业、生活用电以及新兴技术行业转换。从电力消费结构看，第三产业和城乡居民生活用电量比重同比均提高 0.9 个百分点，而第二产业比重降低 1.8 个百分点，其中四大高耗能行业比重降低 1.9 个百分点，第二产业用电比重的下降全部来自高耗能行业比重的下降。

五是各地区用电均实现正增长,东、中部地区增速领先。东、中、西部和东北地区全社会用电量同比分别增长5.5%、5.5%、2.6%和1.4%,增速同比分别提高4.7个、5.2个、0.7个和3.2个百分点。总体来看,东、中部地区用电形势相对较好,是今年全国用电量增长的主要稳定力量,分别拉动全国全社会用电量增长2.7个和1.0个百分点,西部地区拉动0.7个百分点,东北地区拉动0.1个百分点。

(二)发电装机容量快速增长,电力供应能力总体富余

前三个季度,全国基建新增发电装机7270万千瓦,其中新增非化石能源发电装机4408万千瓦。截至9月底,全国6000千瓦及以上电厂装机容量15.5亿千瓦,同比增长10.8%,超过同期全社会用电量增速6.3个百分点。前三个季度,全国规模以上电厂发电量4.37万亿千瓦时、同比增长3.4%。发电设备利用2818小时、同比降低179小时。前三个季度电力供应呈现以下主要特点。

一是火电新增装机规模同比减少,发电设备利用小时同比继续降低。今年国家出台了促进燃煤发电(以下简称"煤电")有序发展相关政策,前三个季度火电完成投资同比下降8.4%,降幅逐季扩大;火电新增装机2901万千瓦(其中煤电2266万千瓦)、同比少投产1054万千瓦,国家控制煤电建设的相关政策效果有所显现。9月底,全国6000千瓦及以上火电装机容量10.3亿千瓦、同比增长7.3%。全国规模以上电厂火电发电量同比增长0.8%,9月,受电力消费较快增长以及水电发电量大幅下降等影响,当月火电发电量同比增长12.2%,拉动今年以来火电发电量累计增速首次实现正增长;设备利用小时3071小时(煤电3166小时)、同比降低213小时,为近些年来同期最低水平,广西、四川、云南和西藏不足2000小时,其中云南仅872小时。

二是水电发电量较快增长,发电设备利用小时同比增加。水电投资同比下降20.5%,已连续4年下降;新增水电装机788万千瓦,其中抽水蓄能电站239万千瓦。截至9月底,全国6000千瓦及以上水电装机2.8亿千瓦,同比增长3.9%。全国规模以上电厂水电发电量同比增长8.6%,受来水形势变化等因素影响,前三个季度全国水电生产呈现前高后低的特征,9月发电量同比下降11.4%;设备利用2766小时、同比增加127小时。

三是并网风电装机容量及发电量快速增长,设备利用小时降幅略有收窄。风电投资下降29.2%;截至9月底,全国并网风电装机1.4亿千瓦、同比增长28.0%;全国6000千瓦及以上电厂风电发电量增长26.8%,设备利用1251小时、同比降低66小时,降幅较上半年收窄19小时,吉林、新疆和甘肃等省份设备利用小时低于1000小时,其中甘肃仅870小时。与上年同期相比,新疆、宁夏和甘肃风电设备利用小时同比分别降低388小时、358小时、105小时。"三北"地区部分省份弃风情况仍然较为严重。

四是并网太阳能发电装机容量翻倍增长,太阳能发电设备利用小时降幅扩大。受光伏发电上网电价限期下调政策影响,一大批太阳能发电项目集中投产,太阳能发电装机新投产2254万千瓦、同比增加1571万千瓦,截至9月底全国并网太阳能发电装机容量7075万千瓦(其中绝大部分为光伏发电),同比增长超一倍。前三个季度,全国6000千瓦及以上电厂并网太阳能发电量460亿千瓦时、同比增长63.4%;全国并网太阳能发电设备利用889小时、同比降低107小时,宁夏、新疆和青海降幅超过100小时。西北地区部

分省份弃光情况较为突出。

五是核电装机及发电量快速增长，核电设备利用小时持续下降。核电投资同比下降1.4%；核电新投产5台机组、503万千瓦。截至9月底，全国核电装机容量3135万千瓦、同比增长29.9%，发电量同比增长22.4%；设备利用5235小时、同比降低290小时，降幅比上半年扩大181小时。与上年同期相比，除广东外的其余省份设备利用小时降幅均超过250小时。其中，福建、辽宁分别降低645小时、780小时，主要原因是近两年用电增长放缓而装机容量快速增长，尤其是多台核电机组陆续投产导致部分核电机组降负荷运行甚至停机备用。

六是跨区、跨省送电实现一定增长。受电网公司加大华中和南方水电以及西北风电外送消纳等影响，跨区送电量增长5.6%。跨省输出电量增长4.4%，南方电网区域西电东送电量同比增长6.2%。

七是全国电煤供需形势由宽松转为偏紧、电煤价格急剧上升，发电用天然气供应总体平稳。前三个季度，全国煤炭市场需求低迷，但受煤炭去产能控产量影响，煤炭产量降幅明显超过消费量降幅，导致电煤供需失衡，煤炭库存下降，同时，煤炭运输环节受阻，全国电煤供需形势从宽松逐步转为偏紧、部分地区紧张，电煤价格急剧上升，加剧煤电企业经营困难局面。第一季度，全国天然气需求明显回升，个别地区部分时段天然气发电供气受到一定影响；第二、第三季度，进入天然气消费淡季，需求明显回落，天然气发电供气总体有保障。

二、第四季度及全年全国电力供需形势预测

（一）第四季度全社会用电量增速环比回落，全年增速高于上年

第四季度，预计气温因素对用电的影响比第三季度有所减弱，预计全社会用电量增速将比第三季度有所回落；预计全年全社会用电量同比增长4.5%左右，其中气温因素拉高全年增速2个百分点左右，明显超过预期，也导致全年用电增速明显超过预期。

（二）火电新增装机少于上年，非化石能源占比进一步提高

预计全年全国基建新增发电装机1.2亿千瓦左右，其中非化石能源发电装机7000万千瓦左右，火电5000万千瓦、比上年减少1600万千瓦左右。预计2016年年底全国发电装机容量将达到16.4亿千瓦，其中，非化石能源发电6.0亿千瓦、占总装机比重将上升至36.5%左右。

（三）第四季度电力生产的外部影响因素诸多，不确定性增加

一是迎峰度冬期间部分地区电煤供应将可能偏紧甚至紧张，个别地区部分时段天然气发电供气预计将受到一定影响。二是电煤价格急剧上涨，加剧发电企业经营困难局面，将可能影响电力热力供应。三是气象部门初步预计迎峰度冬期间我国气温呈北冷南暖的特征，低温天气将加剧吉林等东北地区电煤供需紧张局面。四是全国水电厂蓄能值同比减少，结合气象部门预测今冬全国大部地区降水以偏少为主的初步判断，预计第四季度全国水电生产形势总体不容乐观。

（四）全国电力供应能力总体富余，部分地区相对过剩

预计第四季度全国电力供应能力总体富余、部分地区相对过剩。其中，东北、西北区域电力供应能力过剩，华北区域电力供需总体平衡，华中、华东区域电力供需总体宽松，南方区域电力供需总体宽松，其中贵州因电煤紧张以及来水偏枯导致电力供需偏紧。预计

全年发电设备利用 3800 小时左右,其中火电设备利用小时将降至 4150 小时左右。

三、有关建议

（一）坚持多措并举,保障电煤市场稳定供应

随着一系列煤炭去产能政策的相继落实,煤炭供给侧结构性改革取得了一定成效,但也出现了电煤价格急剧上涨、部分地区电煤供应紧张等新情况,应密切关注出现的新形势、新问题,及时采取有效措施,避免煤炭市场大起大落。一是督促各地严格贯彻落实《关于适度增加部分先进产能投放保障今冬明春煤炭稳定供应的通知》(发改电〔2016〕605 号)等文件要求。尽快加大释放安全高效先进煤矿产量,加快回补各环节煤炭库存,满足冬储煤的实际需要,以保障电煤稳定供应,并尽快抑制煤价上涨趋势。二是协调解决好煤炭运输环节问题。国家有关政府部门及单位积极协调铁路运输部门,保障电煤运力,尤其及时向华中等远距离跨区调运的电煤低库存地区增调铁路运力,确保电厂库存的有效提升,特别是迎峰度冬、迎峰度夏、全国"两会"等关键时期和重要节假日的电煤供应和运输。三是鼓励煤炭企业与发电企业签订中长期合同。促进煤电双方形成"利益共享,风险共担"的长期良性合作机制,规避因电煤市场价格大起大落给煤、电双方经营带来的风险;加大对煤、电双方履行中长期合同的事中事后监管,建立煤炭购销诚信保障监督体系,提高合同兑现率。四是逐步培养合理有效的市场机制。尽快制定并完善各项长效措施,科学统筹当期问题与长远发展,保障市场稳定,避免因煤炭产量和价格大起大落冲击相关产业及经济发展,实现上下游各行业的多赢发展。

（二）统筹推进电力改革与行业发展,避免行业风险聚集

当前电力行业特别是发电企业正处于市场需求增长放缓、电力交易价格下降、燃料成本大幅上涨、节能减排改造任务繁重、产能过剩风险加剧等多重矛盾交织叠加的特殊时期,企业面临严峻的经营压力和困境,急需统筹电力改革与行业发展、经营各项工作,积极稳妥推动改革政策落实。一是要统筹协调电力体制改革、国企改革、国有资产监督管理体制改革等多重改革与行业发展,完善相关调控政策。充分考虑改革对象的承受能力,坚持在保证行业企业运行在合理区间和健康发展的大前提下,推进行业改革和产业调控,避免各类不利因素叠加影响造成的风险快速聚集,引发企业大面积经营困难。二是加强政府对电力市场改革的指导和监督,推进电力市场公平、有序竞争。建议中央政府有关部门密切关注改革中出现的新情况、新趋势,进一步规范电力市场化改革秩序,营造公平公开、竞争有序的电力市场环境,加强对各省级电力市场交易的指导和监管,及时纠正地方保护性的不合理政策;坚持市场为主、政府引导为辅的原则,避免政府对电力交易具体过程的过多干预。三是推动电力交易价格形成机制的建立和完善。完善电力市场交易机制,避免人为设计严重供需不平衡的电力交易市场等不规范行为,建立交易价格信息统计发布平台,逐步形成合理的价格形成机制,使价格信号真正反映市场供需。四是健全电力市场主体信用体系。健全守信激励和失信惩戒机制,加强对电力市场主体的监督和惩戒,规范电力市场交易秩序,防范恶性竞争;切实加强直接交易合同约束力,保证交易双方的履约意识,杜绝用户实际用电量与合同电量存在较大偏差、长期拖欠巨额电费等行为,维护市场秩序。

（三）坚持输出与就地消纳并重,推进市场机制化解清洁能源弃能问题

近年来,我国可再生能源发电的迅速发展显著促进了能源结构的优化调整,但在电

力消费市场放缓的大背景下，新能源发展过于集中和速度过快、电源电网发展不协调等矛盾，严重制约了新能源发电的健康可持续发展，需统筹协调相关部门和企业，标本兼顾，从行业全局妥善解决好弃能问题。一是提高可再生能源在更大范围内的平衡消纳能力。采取有效措施，加强送受端、区域间的协调，充分利用现有跨省（区）输电通道，结合规划加快跨省（区）输电工程，特别是可再生能源基地外送通道建设，确保现有可再生能源过剩能力得到更大范围消纳、新增发电能力能及时送出。二是提高可再生能源发电就近消纳能力。充分发挥市场机制在消纳存量可再生能源中的关键作用，鼓励可再生能源参与电力直接交易，推进可再生能源与火电发电权交易置换，以及可再生能源替代燃煤自备电厂发电，促进可再生能源就近消纳。三是推广实行峰谷分时电价。结合电力交易市场的建立和发展，加快峰谷分时电价和实时电价的试点和推广应用；加强需求侧管理，适当加大峰谷电价差，促进低谷电能消费、提高电网负荷水平；完善阶梯电价制度，鼓励居民低谷时段用电，低谷电量不纳入阶梯电价的计量，促进居民用电增长。四是加快建立辅助服务市场，提高系统综合调峰能力。建立健全发电企业调峰、调频、备用等辅助服务考核机制和补偿机制；加快建设抽水蓄能等各类调峰电源，鼓励各方投资建设服务新能源消纳的调峰机组；贯彻落实好国家能源局关于火电灵活性改造试点的通知要求，尽快推进各批次试点项目改造，积累经验，逐步推广。五是加强政府监管，提高政策执行力度。提高国家各项清洁能源发展政策措施的统一性和连续性，并着力解决政出多门、政策多变和政策不"落地"等问题，稳妥处理好电力行业当期投资与长远发展之间的关系，进一步协调好地方政府和中央企业之间的关系，为清洁能源的健康有序发展提供健康的政策环境。

（摘自《中国电力报》）

简评

这是一篇关于电力供需的市场预测报告，按照预测范围划分，这篇报告属于宏观市场预测报告，反映全局性、整体性的电力市场发展变化趋势。报告基于2016年前三个季度全国电力消费与供需状况，主要分析预测了2016年第四季度及全年全国电力供需形势，并提出对策建议。文章结构完整，包括前言、市场情况、市场预测、对策建议等内容，并以小标题揭示要点。这篇市场预测报告以大量经济数据为基础，周密分析判断；文章内容充实，逻辑严密，语言准确简练，具有说服力。

提示：市场预测报告的基本结构与写作要求

一、市场预测报告的基本结构

市场预测报告的结构包括标题、正文、落款三部分。

（一）标题

市场预测报告的标题通常有以下两种类型。

1. 公文式标题

公文式标题也称要素式标题，一般由预测时限、预测范围、预测对象和文种等要素构成，如《2014—2020年中国碳钢轴承市场发展前景预测报告》。在标题写作中，可以根据具体情况灵活省略预测时限、预测范围等要素,如《乐器市场发展前景预测报告》。

2. 文章式标题

文章式标题是将市场预测报告的主要内容和观点概括成标题。文章式标题又可分为单标题和双标题,其中双标题采用正副标题形式,正标题揭示市场预测报告的主要内容和观点,副标题补充说明预测时限、预测范围、预测对象等情况。如《国产合资进口产品三分天下——降低关税后中国家电市场走势预测》《柳暗花明——自行车市场销售趋势预测》。

(二)正文

市场预测报告的正文主要包括前言、市场情况、市场预测、对策建议等内容。

1. 前言

作为市场预测报告的开头,前言部分可以概括介绍预测对象的总体情况,交代预测背景、目的、方法,也可以直接揭示市场预测结论,以引起下文。

2. 市场情况

运用市场调查所获取的各种资料数据说明预测对象的有关情况,并对能够影响预测对象发展变化的有关因素进行必要的分析,以便为下一步预测未来的发展趋势和提出对策建议提供事实根据。

3. 市场预测

预测发展趋势是市场预测报告的核心部分,是根据市场情况对预测对象进行深入分析研究,运用科学的预测方法对其未来发展趋势做出科学的推断。这一部分要做到内容充实、分析透彻,既要清楚论述市场发展前景和趋势,又要详细阐明做出这种判断预测的原因和理由,既要反映预测的结果,又要反映预测的过程,做到有理有据、令人信服。

4. 对策建议

针对预测对象的发展前景提出具体的对策建议,这是市场预测报告的一项重要内容。提出对策建议必须以预测结果为依据,要明确具体、切实可行,不能笼统抽象,更不能脱离实际。

(三)落款

在市场预测报告正文之后右下方写明撰写报告的作者和单位名称,并写明市场预测报告完成的具体时间,以备查考。如果标题下面已注明相关内容,则落款时可省略。

二、市场预测报告的写作要求

1. 明确市场预测报告写作的目的

市场经济活动千变万化,市场现象错综复杂,市场预测报告写作过程中要明确目的,才能根据需要集中材料分析解决核心问题,避免眉毛胡子一把抓,头绪繁杂。

2. 广泛收集资料

写好市场预测报告要有充足的信息和资料,只有掌握了有关市场活动的大量资料数据,才能从经济现象之间的内在联系中探索其发展变化的规律。

3. 周密分析判断

市场预测不是主观想象,而是采用科学的预测方法,根据事物的内在联系,在详尽掌据市场信息资料的基础上，由此及彼，由表及里，由已知推断未知，由现实推断未来。因此市场预测报告写作需要严密的逻辑推理，周密分析判断，防止片面得出结论。

写作能力实训

一、根据下面的数据资料撰写 2017 年汽车市场预测报告（见图 4-10～图 4-18）。

（一）2016 年全年销量走势。

2016 年中国汽车销售整体实现同比较快增长，预计全年销量为 2800 万辆，同比增长可达 13.9%。

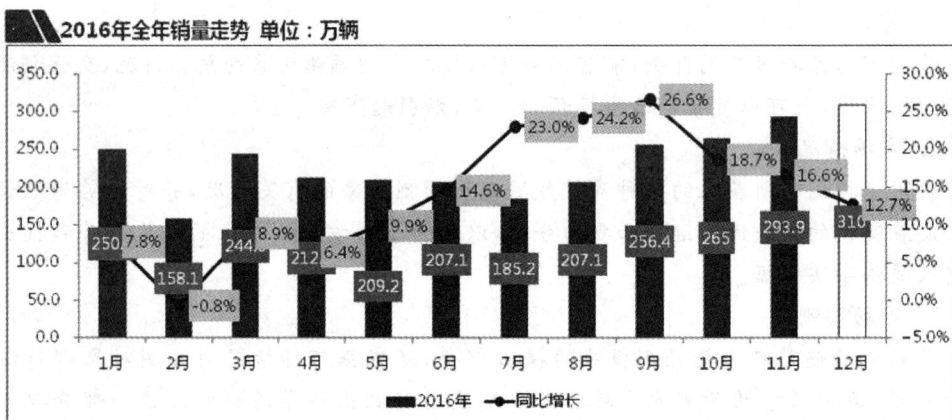

图 4-10　2016 年全年销量走势

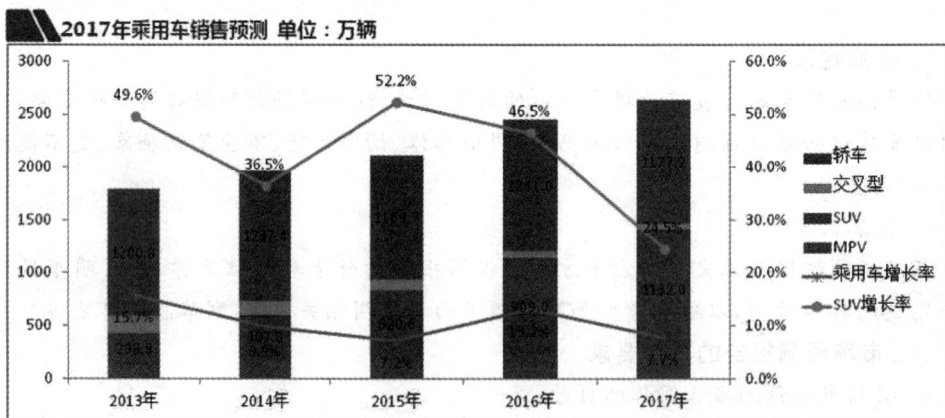

图 4-11　2017 年乘用车销售预测

1. 汽车市场与 GDP 增速基本一致，1.6L 政策驱使出现波动。

2011—2015 年，乘用车市场体现为刚需的平稳增长，主要是经济增长所带动；2015—2016 年的增长主要为 1.6L 政策刺激。

2. 总投资：出现 16 年来新低，民间投资下滑。

（1）1—10 月，房地产回暖带动个别月份固定资产投资增长加快，但累计增长 8.3%，

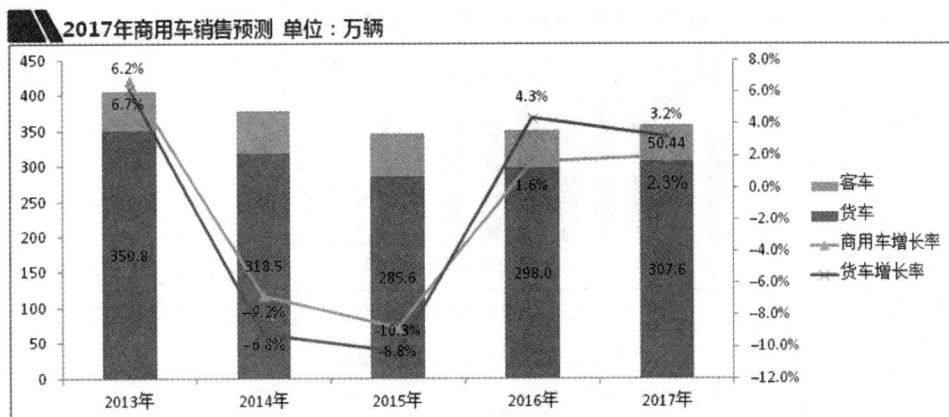

图 4-12　2017 年商用车销售预测

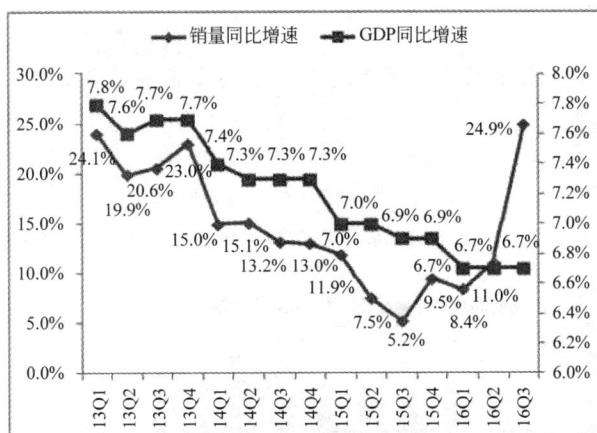

(a)

(b)

图 4-13　汽车销量与 GDP 增速对比

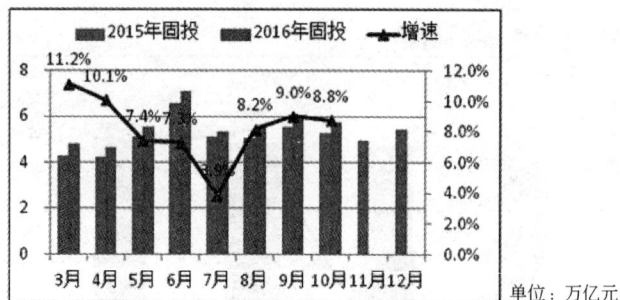

(a) 固定资产投资增速(不含农户)

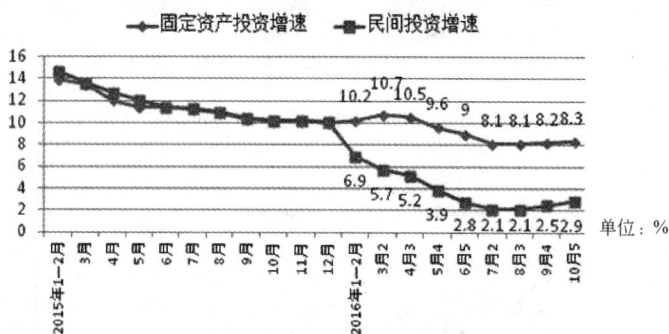

(b) 固定资产投资与民间投资增速对比

图 4-14 固定资产和民间资产增速

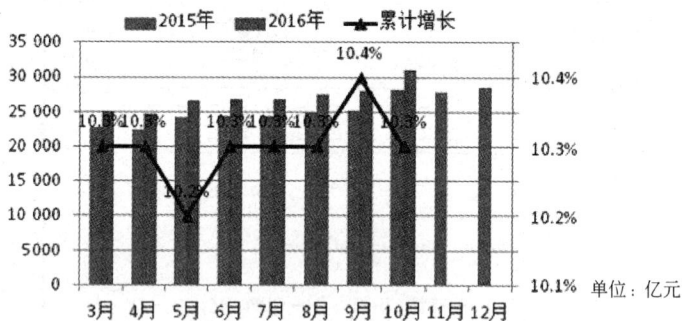

(a) 社会消费品零售总额

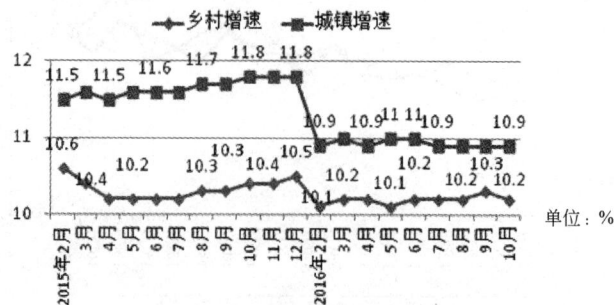

(b) 分区域累计增速对比

图 4-15 消费情况

汽车主力消费人口规模趋势

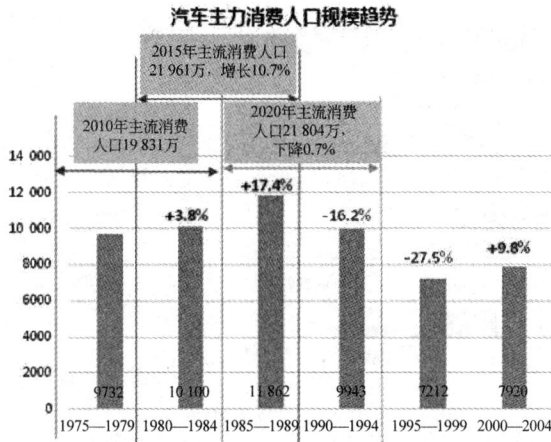

数据来源：国家统计局

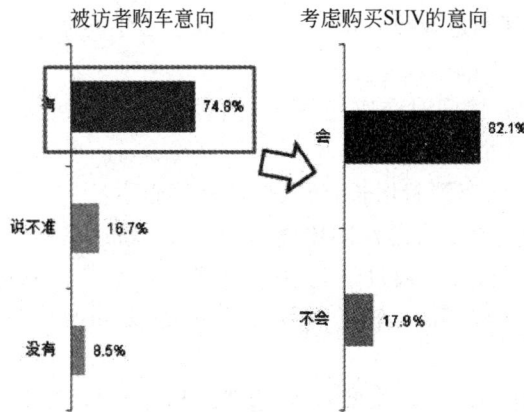

图 4-16 汽车主力消费人口及购买意向

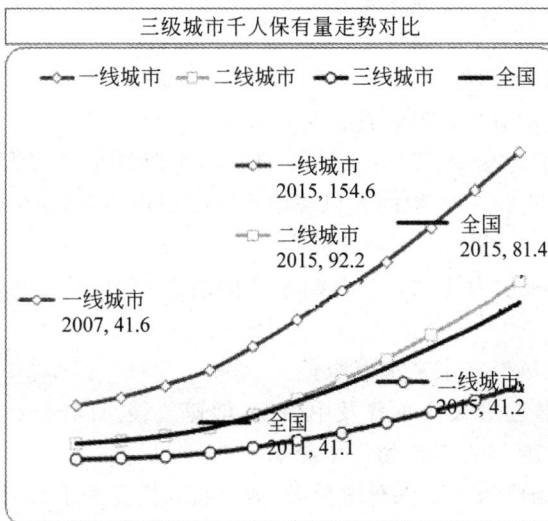

图 4-17 三级及以下市场情况

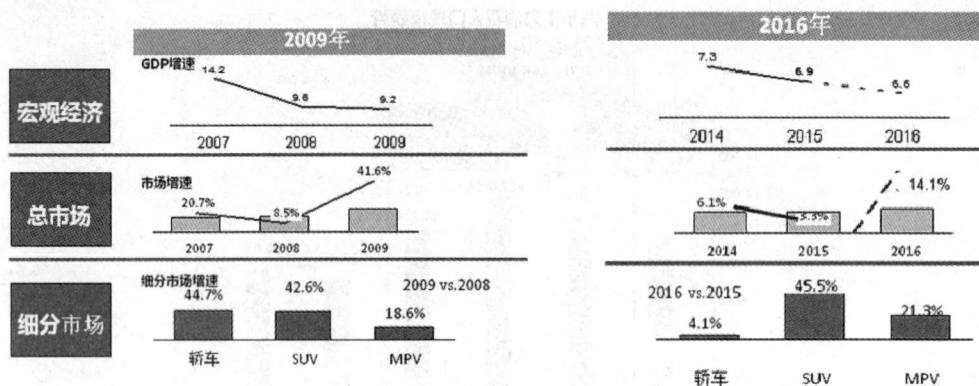

图 4-18　汽车政策

仍呈走低趋势；下半年房地产增长减缓，制造业下行，民间投资下滑，基建高增长的现象。

（2）1—10 月，民间制造业投资增长 2.6％，低于去年同期 6.8 个百分点，民间投资约 50％集中于制造业。

（3）PPP 推进受阻，民间对交通、公共设施的投资分别增长－0.2％和 5.5％，低于去年同期 24.5 个和 23.0 个百分点。

3. 消费：房地产、汽车消费增长，但长期消费信心不足。

1—10 月，社会消费品零售总额同比增长 10.3％，增速基本稳定，对经济拉动作用较强；但也体现出，经济下行开始通过就业、收入对消费产生滞后影响，体现在以下内容。

（1）从结构看，房地产和汽车消费为增长主力；无刺激领域基本生活类则呈放缓趋势。

（2）近三年拉动作用较大的新型消费，也进入增速回落、寻求新突破点的平台期。

（3）从区域看，乡村消费增长快于城镇，1—10 月年增长 10.9％，高于城镇 0.7％，保持自 2013 年以来快于城镇的态势；但乡村消费增速出现回落的趋势且快于城镇，经济下行对乡村消费影响最大。

（二）影响汽车消费因素。

1. 主力人口规模将减少，SUV 或成主力需求。

（1）主力人口规模将减少：25～35 岁是目前的主流汽车消费人群，根据国家各年出生人口规模，至 2020 年 25～35 岁的人口规模将开始出现下滑，未来购车主力人口基数仍有下滑趋势。

（2）SUV 仍为未来主力需求：在有购车意向的人群中，其中称将考虑购买 SUV 的人群达 82.1％。

2. 三级及以下市场带来未来车市增长。

（1）一二线市场普遍进入汽车普及中后期，增速放缓。同时汽车限购和交通拥堵影响复数保有，生活成本高昂也对市场产生影响。

（2）未来三线市场成为主要汽车增量源，居民收入提升和消费释放，将主要带动入门车型增长。但因其区域跨越大、发展不均衡，导致需求释放周期长，带来中国汽车市场的波浪式增长。

3. 汽车政策：当前市场环境和 2009 年差异较大。

（1）购置税优惠政策下，2009 年汽车市场高速增长；根据往年销量情况看，2010 年增速明显降低，2011 年再次递减。

（2）当前，汽车市场增速主要是由购置税政策拉动，如取消，预测第一季度预计会出现负增长，第二季度持平，第三、第四季度微增长。

二、根据下面有关彩电市场需求的数据资料，要求对明年彩电市场需求进行预测分析，并撰写市场预测报告。

（1）去年年末城乡居民家庭单位分别为 23.8 万和 98.8 万户；近 5 年年均增长率分别为 2.8‰和 3.2‰。

（2）近 8 年城乡居民家庭彩电拥有量（台/百户）如下。

城镇：65.6	69.7	73.2	75.5	77.6	79.4	81.2	82.8
农村：3.23	6.82	9.10	11.2	14.4	17.6	20.9	24.7

（3）据统计，居民彩电需求占社会总需求的 80%。

（4）据问卷调查；城乡居民购买彩电规格选择分布如下。

规格（寸）：20 以下	21	25	29	34	38	43	50
城镇（%）：0	10.0	17.8	25.4	26.6	10.2	6.4	3.6
农村（%）：18.2	23.6	38.8	10.2	6.8	2.4	0.0	0.0

（5）据问卷调查，城乡居民购买彩电品牌选择分布如下。

品牌：	TCL	LG	海尔	康佳	创维	国产其他	进口品牌
城镇（%）：23.6	8.4	24.1	16.2	7.7	8.6	11.4	
农村（%）：28.3	8.4	32.2	14.8	8.2	8.1	0.0	

（6）据问卷调查，城乡居民购买彩电平面选择如下。

类型：	纯平	背投	超平	直角平面	其他
城镇（%）：21.6	18.8	25.8	23.8	10.0	
农村（%）：26.4	14.0	24	26.3	9.3	

（7）据问卷调查，城乡居民购买彩电价格选择分布如下。

价格：	1000 元以下	1000~2000 元	2000~3000 元	3000~5000 元	5000 元及以上
城镇（%）：5.7	21.8	43.5	18.6	10.4	
农村（%）：9.8	48.6	32.8	8.8	0.0	

（8）据问卷调查，城乡居民购买彩电关注的因素分布如下。

因素：	质量	服务	价格	功能	其他
城镇（%）：38.6	43.4	8.3	5.4	4.3	
农村（%）：32.4	35.8	20.4	8.6	2.8	

（9）明年彩电需求扩大的主要因素如下。

① 城乡居民收入可望保持续增长，预计增长率将保持 10.2% 左右。

② 彩电供大于求，价格下调可望刺激彩电需求，特别是农村需求。

③ 城镇彩电普及率虽高，但许多家庭已进入以旧换新的购买期。

④ 厂商的市场竞争，宣传与推广力度加大，有利于扩大市场需求。

⑤ 随着农民收入提高，电网改造到位，消费设施的完善，农村彩电需求将不断扩大。

三、根据某市近8年有关食品市场需求的数据资料，要求对明年食品市场需求进行预测分析，并撰写市场预测报告（见表4-4）。

表　4-4

总人口（万人）	98.9	104.5	109.7	114.9	118.6	121.5	124.8	128.2
可支配收入（元/人）	12 577	13 496	14 283	14 838	15 160	15 425	15 854	16 280
消费性支出（元/人）	11 131	11 851	12 538	13 920	13 186	13 332	13 616	13 998
其中：食品	4258	4422	4766	4905	4943	4927	4932	4988
粮食（千克/人）	97.8	101.7	97.0	88.6	86.7	84.9	88.6	82.3
鲜菜（千克/人）	120.6	120.7	116.5	118.5	113.3	113.8	114.9	114.7
食用植物油（千克/人）	7.1	7.5	7.2	7.1	7.3	7.6	7.8	8.2
猪肉（千克/人）	17.4	17.1	17.2	17.1	15.3	15.9	16.9	16.7
牛羊肉（千克/人）	3.4	3.1	3.2	3.3	3.7	3.3	3.1	3.3
家禽（千克/人）	3.7	4.1	4.0	4.0	4.9	4.7	4.9	4.8
鲜蛋（千克/人）	8.9	9.6	9.7	9.6	11.1	10.8	11.5	11.8
水产品（千克/人）	8.2	8.5	9.2	9.3	9.3	9.8	10.3	11.7
食糖（千克/人）	1.8	1.9	1.7	1.8	2.1	1.9	1.8	1.9
酒（千克/人）	9.7	10.0	9.9	9.7	9.6	9.7	9.6	10.0

其他市场调查资料如下：

（1）居民食品需求约占整个社会食品消费需求的75%。

（2）粮食消费需求中，居民对细粮、杂粮需求比重有所上升，对普通米、普通面粉需求比重有所减少。

（3）蔬菜消费需求中，居民对无公害蔬菜、反季节蔬菜需求大。

（4）食用植物油需求中，居民对精炼茶油、菜油、豆油、花生油等需求扩大。

（5）猪肉消费需求中，居民对不含激素的瘦肉制品、香肠需求大。

（6）牛羊肉消费需求中，黄牛肉及其制品、黑山羊肉及其制品销售走俏。

（7）家禽消费需求中，居民喜爱土鸡、土鸭及其制品。

（8）蛋品消费需求中，居民喜爱土鸡蛋、土鸭蛋及其蛋制品。

（9）水产品消费需求中，居民对海水产品、特种淡水产品需求扩大。

（10）酒类消费需求中，啤酒、果酒需求比重上升，白酒需求比重下降；高度酒需求比重趋降，中低度酒需求比重趋增；名酒需求比重扩大，非名酒需求比重缩减。

（11）食糖消费需求中，居民对名优白砂糖、赤砂糖、冰糖需求相对稳定，名优糖果销售走势好。

四、搜集某一产品近期的销售数据，了解影响该产品销售量变化的因素，对其未来的销售量进行预测，并撰写市场预测报告。

第三节 经济活动分析报告

一、经济活动分析报告的含义和特点

（一）经济活动分析报告的含义

经济活动分析报告是以各种经济现象和经济活动为分析对象，以科学的经济理论和经济政策为指导，以各种经济指标和经济核算资料为基础，系统反映经济活动分析过程及其结果的一种书面报告。其中，企业经济活动是整个社会经济活动的一个微观部分，企业经济活动分析作为现代企业管理的重要环节和手段，主要包括企业偿债能力分析、企业盈利能力分析、企业资产管理水平分析、企业资本结构分析、产品成本分析、企业生产经营活动分析、企业财务状况综合分析等方面。

经济活动分析报告的基本功能是反映经济现象和经济活动情况，揭示经济运行规律，总结经济工作的经验，分析存在的问题，并为人们处理和解决问题提供科学的建议。从宏观角度看，经济活动分析报告反映国民经济各构成部分的动态状况，使各级政府能够针对经济活动中出现的问题及时调整产业结构和生产力的布局，保证市场良性运行，有效发挥政府经济职能部门的宏观调控作用。从微观角度看，经济活动分析报告能够反映和科学评价各企业的经济活动状况，在各企业进行科学管理和决策中发挥重要作用，有助于企业改善经营管理，提高经济效益。

（二）经济活动分析报告的特点

1. 专业性

经济活动分析是以一定的经济理论和经济政策为指导，以各种经济指标和经济核算资料为基础，对已经发生的各种经济现象和经济活动进行分析研究。这种分析研究是对经济现象和经济活动的认识和推理，需要具备有关的专业知识。经济活动分析报告是反映经济活动分析过程及其结果的书面文字材料，主体材料来自计划指标、会计核算、统计资料以及其他相关经济信息，在语言表达上大量使用经济专业术语。

2. 数据性

经济活动分析的前提是充分调查反映经济活动运行状况的各项重要经济指标和经济核算资料。写作经济活动分析报告需要建立在大量经济数据的基础上，文本表述的内容以数据指标为核心，数据的计算、对比和分析贯穿整个文本。

3. 分析性

经济活动分析的价值在于通过对各种数据进行分析研究，对经济活动中的成绩和问题、经验与教训等影响各项计划指标执行结果的主客观因素进行检验和评估，得出客观的评价性意见。其中经济活动分析常用的分析方法有对比分析法、因素分析法、动态分析法等。经济活动分析报告是以经济活动数据的分析说明为主要内容的书面报告，报告中要对各种数据进行详细的分析说明以揭示经济活动的变化规律，数据分析成为基本的论述方法。

二、经济活动分析报告的分类

根据不同的分类标准，经济活动分析报告的类型主要有以下两种。

（1）按分析对象的范围划分，有宏观经济分析报告和微观经济分析报告。前者反映国民经济全局性问题或行业共性问题，如《××××年度××省经济运行情况分析》《××××年度中国汽车工业产销形势分析》。后者研究分析企业生产经营活动的特点和规律性，对企业的生产经营进行整体评价，如《××××年度××集团公司经济活动分析报告》。

（2）按分析对象的内容划分，有综合分析报告和专题分析报告。综合分析报告也称全面分析报告，是对一定时期内的经济活动进行全面、系统的分析研究。综合分析报告内容较广，涉及的问题较多。如《××××年度××省经济运行情况分析》《××××年度××集团公司经济活动分析报告》。专题分析报告是对经济活动中某一专门问题进行分析研究，反映经济活动的某一侧面。专题分析报告内容集中，一事一议。如《××××年度××省住房公积金运行情况分析报告》《××公司流动资金使用情况分析》。

范例导读与简评

2015 年上市出版传媒企业经营活动分析报告
国家新闻出版广电总局规划发展司

根据上市公司 2015 年年度报告，对内地主板和创业板上市的 32 家出版传媒企业（出版公司 9 家、发行公司 4 家、报业公司 6 家、印刷公司 10 家、新媒体公司 3 家）经营活动情况分析如下。

一、经营情况综述

（1）2015 年，出版传媒上市公司经营规模不断扩大，产出和利润持续增长，总体保持稳健发展态势。截至 2015 年年底，出版传媒上市公司资产总额 1968.54 亿元，较 2014 年年底增加 299.18 亿元，增长 17.92%；所有者权益 1203.32 亿元，较 2014 年年底增加 211.10 亿元，增长 21.28%；全年实现营业收入 1135.23 亿元，较 2014 年度增加 137.76 亿元，增长 13.81%；净利润 116.75 亿元，较 2014 年度增加 4.08 亿元，增长 3.62%。

（2）出版传媒旗舰企业地位凸显。凤凰传媒、中南传媒资产总额、营业收入、所有者权益均超 100 亿元，率先跻身"三百亿"公司行列。中文传媒资产总额、营业收入双超百亿元，成为"双百亿"公司。上述 3 家公司占出版传媒上市公司整体规模的 1/4 以上，共同组成第一方阵。长江传媒营业收入超过 100 亿元，华闻传媒、康得新、紫江企业资产总额超过 100 亿元，成为"百亿"公司。

（3）出版传媒上市公司保持了较高的盈利能力和偿债能力。2015 年，出版传媒上市公司平均净资产收益率为 10.64%,高于传媒娱乐行业 8.9%和印刷包装行业 7.7%的平均水平。截至 2015 年年底,出版传媒上市公司资产负债率为 38.87%,较上年同期下降了 1.69 个百分点,保持了较好的长期偿债能力。

(4)融合发展和数字化转型持续加速。2015 年上市公司年报显示,出版传媒公司大力推动融合发展和数字化转型,积极拓展新媒体、互联网出版、互联网游戏、影视剧生产、软件开发、数据平台等新业态业务,整体发展势头良好。报告期内,中文传媒、凤凰传媒、中南传媒、时代出版 4 家出版公司在年报中将新业态业务作为主营业务单独体现,新业态业务实现大幅增长,占比显著提升。中文传媒新业态业务同比大幅增长 1404.85%,占营业收入的 29.32%。

(5)报业公司经营困难加剧。2015 年,6 家报业公司实现营业收入 118.50 亿元,同比增长 0.73%;净利润 13.41 亿元,同比大幅下降 38.34%。其中粤传媒、*ST 生物出现亏损,*ST 生物资不抵债,面临退市风险。报刊业务下行趋势明显,拉低公司整体盈利水平。

(6)出版传媒企业新一轮上市热潮隐现。2015 年,昆仑万维、中文在线、读者传媒 3 家公司实现 IPO 上市;青岛出版集团控股的城市传媒完成借壳上市,上市公司阵容向城市级出版传媒企业扩展。另有 14 家出版传媒企业正在报证监会排队审核。

二、整体经营状况分析

(一)产出和利润分析

(1)营业收入快速增长,出版公司、新媒体公司增速超 20%。

2015 年,出版传媒上市公司营业收入实现了较快增长(见表 4-5),当年实现营业收入 1135.23 亿元,较 2014 年度增加 137.76 亿元,增长 13.81%。其中,9 家出版公司实现营业收入 606.83 亿元,较 2014 年度增加 107.24 亿元,增长 21.47%;3 家新媒体公司实现营业收入 34.48 亿元,较 2014 年度增加 6.14 亿元,增长 21.67%。长江传媒实现营业收入 118.88 亿元,同比增长 153.64%,跃居第一位。

表 4-5　出版传媒上市公司 2015 年度营业收入

指　标	营业收入(亿元)	增长率(%)
32 家上市公司	1135.23	13.81
其中:出版公司	606.83	21.47
发行公司	106.25	7.04
报业公司	118.50	0.73
印刷公司	269.17	6.54
新媒体公司	34.48	21.67

(2)净利润持续增长,出版公司占据半壁江山,新媒体公司增长强劲,报业公司大幅下滑。

2015 年,出版传媒上市公司净利润实现了持续增长(见表 4-6),达到 116.75 亿元,较 2014 年度增加 4.08 亿元,增长 3.62%。其中,9 家出版公司净利润 57.13 亿元,较 2014 年度增加 5.76 亿元,增长 11.21%,占全部 32 家公司净利润的 48.93%;3 家新媒体公司净利润 9.06 亿元,较 2014 年度增加 2.03 亿元,增长 28.88%;6 家报业公司净利润 13.41 亿元,较 2014 年度减少 8.34 亿元,下降 38.34%。

表 4-6　出版传媒上市公司 2015 年度净利润

指　　　标	净利润(亿元)	增长率(%)
32 家上市公司	116.75	3.62
其中：出版公司	57.13	11.21
发行公司	10.82	6.60
报业公司	13.41	−38.34
印刷公司	26.33	17.70
新媒体公司	9.06	28.88

（二）企业规模分析

（1）全年 4 家公司新上市,14 家公司排队审核,新一轮上市热潮隐现。

截至 2015 年年底,全年新增 4 家出版传媒企业(出版公司和新媒体公司各两家),在内地主板和创业板上市的出版传媒企业达到 32 家。其中,昆仑万维、中文在线、读者传媒 3 家公司实现 IPO 上市;青岛出版集团旗下的城市传媒完成借壳上市,实现了上市公司版图向城市级出版传媒企业扩展。另有山东出版传媒股份有限公司等 14 家出版传媒企业正在报证监会排队审核过程中。出版传媒公司有望迎来新一轮上市热潮。

（2）资产规模快速扩张,新媒体公司实现跨越式发展。

截至 2015 年年底,出版传媒上市公司资产总额达到 1968.54 亿元(见表 4-7),较 2014 年年底增加 299.18 亿元,增长 17.92%;所有者权益达到 1203.32 亿元,较 2014 年年底增加 211.10 亿元,增长 21.28%。其中,3 家新媒体公司资产总额 126.45 亿元,较 2014 年年底增加 57.21 亿元,增长 82.63%;所有者权益 95.77 亿元,较 2014 年年底增加 42.72 亿元,增长 80.53%。值得关注的是,由于新华传媒当期偿还银行借款 11.63 亿元,导致 4 家发行公司资产总额较 2014 年年底减少 7.56 亿元,下降 4.57%。

表 4-7　截至 2015 年年底,出版传媒上市公司资产规模

指　　　标	资产总额(亿元)	增长率(%)	所有者权益(亿元)	增长率(%)
32 家上市公司	1968.54	17.92	1203.32	21.28
其中：出版公司	852.92	17.93	525.85	17.23
发行公司	157.86	−4.57	113.64	8.24
报业公司	323.84	8.35	220.63	10.52
印刷公司	507.47	22.99	247.43	33.04
新媒体公司	126.45	82.63	95.77	80.53

（三）规模分布分析

2015 年,凤凰传媒、中南传媒拥有资产总额、营业收入、所有者权益均超百亿元,率先跻身"三百亿元"公司行列。中文传媒拥有资产总额、营业收入双超百亿元,成为"双百亿元"公司;所有者权益达到 97.6 亿元,当年同比大幅增长 52.21%,有望于 2016 年跻身

"三百亿元"阵营。截至 2015 年年底,上述 3 家公司合计资产总额 522.44 亿元,所有者权益 318.84 亿元,全年实现营业收入 317.33 亿元,净利润 38.77 亿元,分别占 32 家上市公司资产总额的 26.54%,所有者权益的 26.50%,营业收入的 27.95%,净利润的 33.21%。上述 3 家公司占出版传媒上市公司整体规模的 1/4 以上,共同组成第一方阵,旗舰地位凸显。另外,长江传媒营业收入超百亿元,华闻传媒、康得新、紫江企业 3 家公司资产总额超百亿元,成为"百亿元"公司。

三、经济效益水平分析

（一）盈利能力分析

2015 年,出版传媒上市公司保持了较高的盈利能力(见表 4-8)。32 家出版传媒上市公司平均净资产收益率为 10.64%,高于传媒娱乐行业(8.9%)和印刷包装行业(7.7%)的平均水平;也高于当前一年期存款基准利率(1.50%)和贷款基准利率(4.35%),显示出版传媒上市公司整体具有较强的盈利能力。分大类看,9 家出版公司平均净资产收益率 11.73%;4 家发行公司平均净资产收益率 9.90%;6 家报业公司平均净资产收益率 6.38%;10 家印刷公司平均净资产收益率 12.15%;3 家新媒体公司平均净资产收益率 12.18%,均超过报告期末一年期存、贷款基准利率。其中,报业公司平均净资产收益率低于出版传媒上市公司整体水平,盈利能力明显偏弱。

表 4-8　出版传媒上市公司 2015 年平均净资产收益率

指　　标	平均净资产收益率(%)/基准利率(%)
32 家上市公司	10.64
其中：出版公司	11.73
发行公司	9.90
报业公司	6.38
印刷公司	12.15
新媒体公司	12.18
一年期存款基准利率	1.50
一年期贷款基准利率	4.35
传媒娱乐行业	8.9
印刷包装行业	7.7

（二）偿债能力分析

出版传媒上市公司资产负债率稳中有降(见表 4-9),整体向好,个别公司资不抵债,面临退市风险。截至 2015 年年底,32 家出版传媒上市公司资产负债率为 38.87%,较上年同期下降了 1.69 个百分点,保持了较好的长期偿债能力。其中,4 家发行公司资产负债率 28.01%,较 2014 年年底大幅下降 8.52 个百分点。新华传媒当期偿还银行借款 11.63 亿元,资产负债率较 2014 年年底下降 16 个百分点,偿债能力明显提升。出版、报业、印刷、新媒体公司资产负债率与 2014 年年底基本持平,负债水平相对稳定。10 家印刷公司资产负债率最高,平均为 51.24%,较 2014 年年底下降 3.68 个百分点;3 家新媒体公司资产负债率最低,平均为 24.26%,较 2014 年年底提高 0.88 个百分点。*ST 生物传统传媒业务持续亏损，短期内难以扭转，资产负债率由2014年年底的95.61%，提高17.8个百分点，达到113.41%，资不抵债，面临退市风险。

表4-9　截至2015年年底上市公司资产负债率

指　标	资产负债率（%）	较上年同期增减（%）
32家上市公司	38.87	−1.69
其中：出版公司	38.35	0.37
发行公司	28.01	−8.52
报业公司	31.87	−1.34
印刷公司	51.24	−3.68
新媒体公司	24.26	0.88

四、市值与融资情况分析

（一）出版传媒公司市值

截至2015年年底，出版传媒上市公司整体市值达到6095.81亿元，大幅跑赢大盘。以2015年12月31日收盘价计算，32家上市公司总市值达到6095.81亿元，较2014年年底增加2872.15亿元，增长89.10%，大幅超过上证指数9.41%和深圳成指14.98%的涨幅。出版传媒上市公司受到市场广泛认可。

（二）新上市融资情况

2015年，全年4家公司新上市（见表4-10），募集资金26.36亿元，证券市场融资作用凸显。

其中，昆仑万维、中文在线、读者传媒3家公司实现IPO上市，城市传媒借壳上市，募集资金总额26.36亿元。昆仑万维公开发行7000万股，发行价格为每股20.30元，募集资金总额为14.21亿元，用于移动网络游戏研发代理、网页游戏研发代理、客户端网络代理、互联网金融收购等项目。中文在线公开发行3000万股，发行价格为每股6.81元，募集资金总额为2.043亿元，用于数字内容资源平台升级改造项目。读者传媒公开发行6000万股，发行价格为每股9.77元，募集资金总额为5.86亿元，用于以《读者》为核心的期刊群、数字出版、特色精品图书出版、信息平台、营销与发行服务体系等项目。城市传媒完成借壳上市，以每股5.33元的价格分别向青岛出版投资有限公司和青岛出版置业有限公司非公开发行股份募集配套资金2.49亿元和1.76亿元。

表4-10　2015年出版传媒公司新上市情况

上市时间	公司简称	业务内容	上市类型	发行数量（万股）	每股发行价格（元）	募集资金总额（亿元）	投资项目
2015年1月	昆仑万维	新媒体	IPO	7000	20.30	14.21	移动网络游戏研发代理、网页游戏研发代理、客户端网络代理、互联网金融收购等项目

续表

上市时间	公司简称	业务内容	上市类型	发行数量（万股）	每股发行价格（元）	募集资金总额（亿元）	投 资 项 目
2015 年 1 月	中文在线	新媒体	IPO	3000	6.81	2.043	数字内容资源平台升级改造项目
2015 年 8 月	城市传媒	出版	借壳	7973	5.33	4.25	借壳上市
2015 年 12 月	读者传媒	出版	IPO	6000	9.77	5.86	以《读者》为核心的期刊群、数字出版、特色精品图书出版、信息平台、营销与发行服务体系等项目

（摘自《中国新闻出版广电报》）

简评

这是一篇关于内地上市出版传媒企业经营活动的分析报告。按分析对象的范围划分，这篇报告属于宏观经济分析报告，反映上市出版传媒企业全局性问题；按分析对象的内容划分，这篇报告属于专题分析报告，主要对上市出版传媒企业的经营活动进行分析研究，反映经济活动的一个侧面。报告正文包括前言、经济活动基本情况、经济活动分析等内容，准确陈述上市出版传媒企业的整体经营状况和经济效益水平。文章从结构上看，将经济活动基本情况和经济活动分析杂糅到一起，通过小标题的形式划分层次结构。文章以大量经济数据为基础进行陈述，语言平实、简明，还运用图表作为辅助表达方式，整篇文章通俗易懂。

提示：经济活动分析报告的基本结构与写作要求

一、经济活动分析报告的基本结构

经济活动分析报告的结构包括标题、正文、落款三部分。

（一）标题

经济活动分析报告的标题主要有以下两种。

1. 公文式标题

标题由单位名称、时限、分析内容和文种构成，如《××公司 2013 年度经济活动分析报告》《××公司 2013 年度财务状况分析报告》。在标题写作中，可以根据具体情况灵活省略单位名称、时限等要素，如《成品油销售企业资金管理情况分析报告》《"超常规增长阶段"江苏农民收入变动分析报告》。

2. 文章式标题

将文章的主要观点或建议作为分析报告的标题，如《进一步降本增效提高盈利能力》《产品库存积压的原因何在？》《产销猛增 轿车最火 效益提升——××××年度中国汽车工业产销形势分析》。

（二）正文

经济活动分析报告的正文主要包括前言、经济活动基本情况、经济活动分析、经济活动对策建议等内容。

1. 前言

前言即引言、导语，作为经济活动分析报告的开头部分，可以针对分析的问题，或写明经济活动分析的背景、目的，或简要介绍经济活动基本情况，或概述主要观点结论、指出存在的问题等。前言部分是展开分析的铺垫，这一部分应开门见山，并尽快引入主体部分。有的经济活动分析报告省略了前言部分，直接进入主体的写作。

2. 经济活动基本情况

叙述和说明分析对象在一定时期内经济活动的基本情况，使读者对分析对象的经济运行状况有一个整体的、概括的认识。如主要经济指标完成情况、业务工作开展情况等。通常运用会计核算和统计资料等大量数据进行说明，采用文字叙述说明与图表展示相结合的表达方式。有的经济活动分析报告省略了前言部分，即以经济活动情况介绍为开头。

3. 经济活动分析

经济活动分析是经济活动分析报告的核心部分。这部分要以科学的经济理论和经济政策为指导，以各种经济指标和经济核算资料为基础，运用正确的分析方法对各项经济活动进行分析研究，客观、准确地评价经济活动。一般来说，经济活动分析主要涉及如下几个方面：分析各项经济指标的完成情况和经济活动运行特点；分析国家经济政策和财经制度的执行情况；分析各种经济手段、运行机制，探求经济活动成绩和问题的主客观影响因素等。

4. 经济活动对策建议

对策建议部分回答今后的经济活动将怎么办的问题。根据分析中发现的问题，提出针对性的切实可行的改进建议和措施，为今后的经济活动指明方向，为决策者提供参考，以促进经济活动的有效开展。

从结构上看，经济活动分析报告的正文多采用"经济活动情况—经济活动分析—经济活动对策建议"的纵式结构安排。除了这种写法外，有的经济活动分析报告将情况、分析和建议三部分内容糅合到一起，通过小标题的形式划分正文的层次结构。

（三）落款

在经济活动分析报告正文之后右下方注明撰写报告的作者或单位名称，并写明经济活动分析报告完成的具体时间，以备查考。如标题下面已标注相关内容，则不必重复。

二、经济活动分析报告的写作要求

1. 经济活动情况材料要丰富翔实

丰富、翔实的材料是准确反映经济活动情况、深入分析经济活动的依据和基础，写作经济活动分析报告要全面掌握经济活动情况有关材料，既要充分利用经济指标、统计和会计核算等数据资料，还要充分利用经济活动过程中产生的现实情况资料。

2. 经济活动分析要详细透彻

写作经济活动分析报告常见的问题是分析不够。有的只堆砌经济活动数据材料，缺乏对经济活动的分析研究；有的浅尝辄止，泛泛而谈，对经济活动的分析不够深入；有的缺乏逻辑,数据材料和分析结论或无因果联系,或无推理过程等。写作经济活动分析报告要抓住要点展开深入分析,问题要准确,观点要鲜明,要做到详尽的数据材料和具体的分析结论相结合,使分析透彻可靠。

3. 经济活动对策建议要切实可行

经济活动分析报告在分析、评价的基础上还应该提出切实可行的对策建议。提出对策建议不能空发议论,要防止用空洞的口号代替具体的建议。对策建议要有的放矢,有针对性,且有理有据,切实可行。

写作能力实训

一、根据某市 2017 年第二季度公积金运行情况的相关数据资料(见图 4-19～图 4-21),撰写公积金运行情况分析报告主体部分。

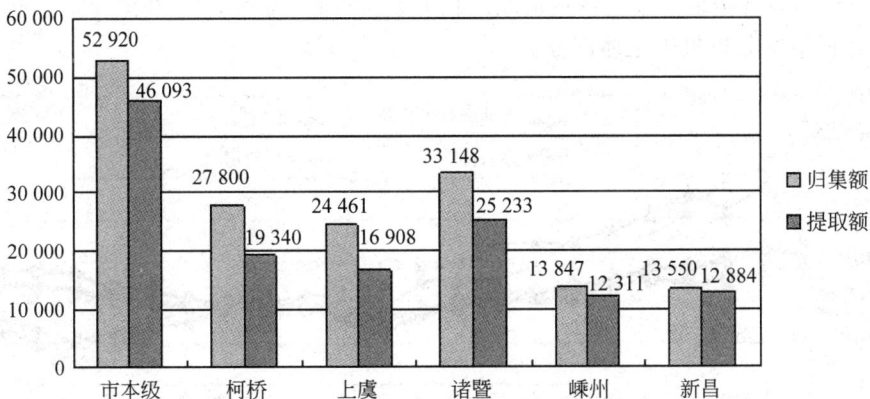

图 4-19 第二季度住房公积金归集、提取情况

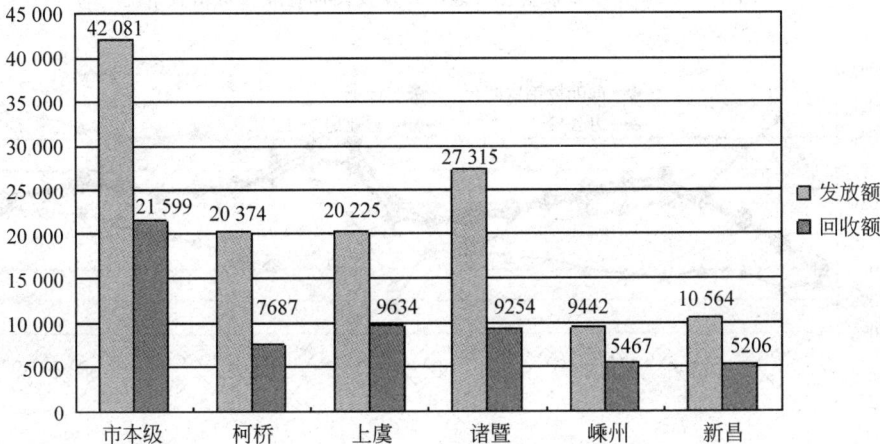

图 4-20 第二季度住房公积金贷款发放、回收情况

单位：万元

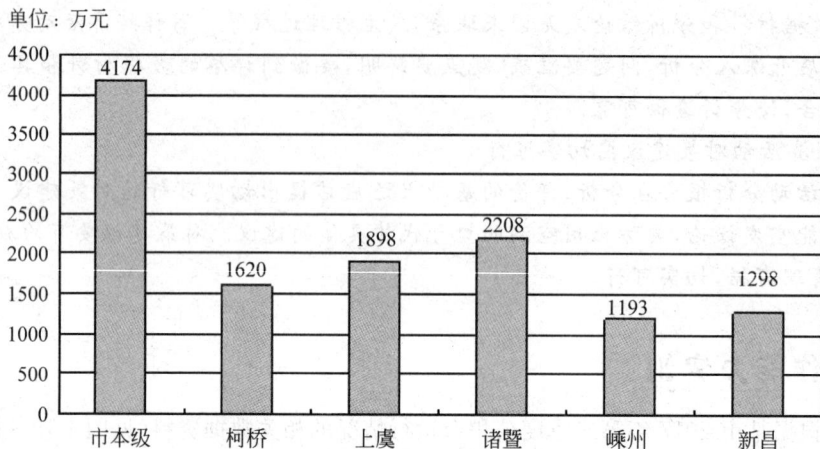

图 4-21　第二季度末各地住房公积金增值收益情况

二、根据某省房地产市场运行情况的相关数据资料（见图 4-22 和图 4-23），撰写房地产市场运行情况分析报告主体部分。

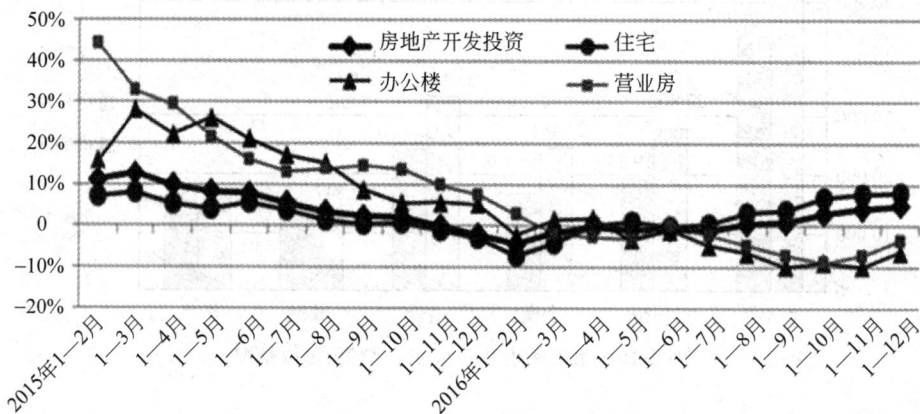

图 4-22　2015 年以来全省房地产开发及其他物业投资增长情况

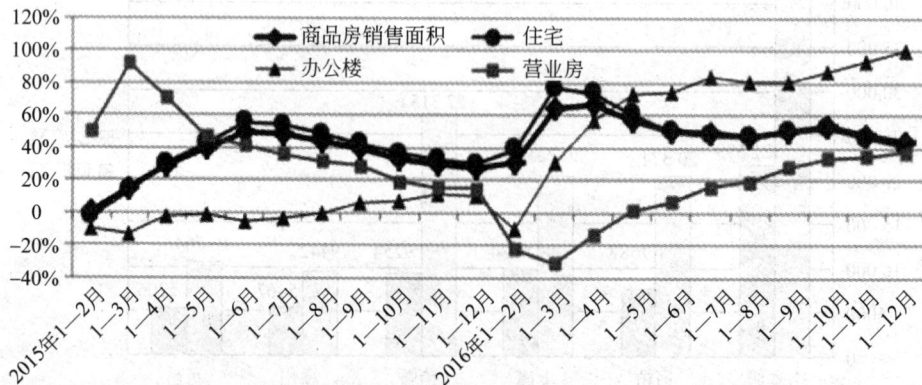

图 4-23　2015 年以来全省商品房及其他物业销售面积增长情况

三、调查了解某个企业的经济活动情况,广泛收集资料并深入分析,分别撰写企业生产经营活动分析报告、企业资本结构分析报告、企业资产管理分析报告、企业财务分析报告等。

第四节 经 济 合 同

一、经济合同的含义和特点

(一)经济合同的含义

经济合同是合同的一种,是区别于行政法规中的行政合同、劳动法规中的劳动合同的民事合同。根据《中华人民共和国合同法》(以下简称《合同法》),经济合同是指平等主体的自然人、法人、其他组织之间为实现一定经济目的而设立、变更、终止相互民事权利义务关系的协议。

1999年3月15日,第九届全国人民代表大会第二次会议审议通过《中华人民共和国合同法》,自1999年10月1日起实施,《中华人民共和国经济合同法》《中华人民共和国涉外经济合同法》同时废止。经济合同是调整经济协作关系的重要法律形式,有利于保护合同各方当事人的合法权益,维护社会经济秩序,促进社会主义市场经济健康发展。

(二)经济合同的特点

1. 合法性

经济合同的内容要符合《合同法》和其他相关法律、法规的规定,不得损害国家及社会公共利益。凡是法律、法规明文禁止的规定,不允许以合同方式相约违反。例如,"廉政合同""盗窃合同"之类都属于非法合同。

2. 平等互利性

经济合同当事人的法律地位是平等的,合同是自愿协商的产物,一方不得将自己的意志强加给另一方。当事人在合同中确定的相互间的权利义务关系应该是对等互利的,一方不得严重侵害另一方的利益。例如,建筑业、采矿业中,某些经营单位为了免除人身伤亡事故责任,强迫劳动人员与其签订"生死合同",这类合同一律无效。

3. 规范性

经济合同的格式和写法要注意规范。1990年2月,国家工商行政管理局编发了《中国经济合同统一文本格式》,并在全国推行经济合同统一文本制度。经济合同有规范的指导性文本,当事人可以参照各类合同的示范文本订立合同,减少或避免合同纠纷的发生。有些没有使用指导性文本的经济合同,写作时也要注意规范性,主要条款要周全,文字表达要准确。

二、经济合同的种类

经济合同的种类可以根据不同的角度划分不同的类型，按合同的写作形式可分为条款式经济合同和表格式经济合同。按合同的有效期限可分为长期、中期和短期经济合同。按合同的内容和性质，《合同法》规定有以下种类。

1. 买卖合同

买卖合同是出卖人转移标的物的所有权于买受人，买受人支付价款的合同。买卖合同是社会经济生活中应用最为广泛的合同之一。

2. 供用电、水、气、热力合同

供用电合同是供电人向用电人供电，用电人支付电费的合同。供用水、供用气、供用热力合同参照供用电合同的有关规定。

3. 赠与合同

赠与合同是赠与人将自己的财产无偿给予受赠人，受赠人表示接受赠与的合同。赠与合同可以附义务，受赠人应当按照约定履行义务。

4. 借款合同

借款合同是借款人向贷款人借款，到期返还借款并支付利息的合同。借款合同适用于商业银行及其他非银行机构向借款人发放贷款和自然人之间进行的民间借贷。自然人之间的借款利率要符合国家有关限制利率的规定，否则约定的利率不受法律保护。

5. 租赁合同

租赁合同是出租人将租赁物交付承租人使用、收益，承租人支付租金的合同。

6. 融资租赁合同

融资租赁合同是出租人根据承租人对出卖人、租赁物的选择，向出卖人购买租赁物，提供给承租人使用，承租人支付租金的合同。

7. 承揽合同

承揽合同是承揽人按照定作人的要求完成工作，交付工作成果，定作人给付报酬的合同。承揽包括加工、定作、修理、复制、测试、检验等工作。

8. 建设工程合同

建设工程合同是承包人进行工程建设，发包人支付价款的合同。包括工程勘察、设计、施工合同。

9. 运输合同

运输合同是承运人将旅客或者货物从起运地点运输到约定地点，旅客、托运人或者收货人支付票款或者运输费用的合同。运输旅客的是客运合同，运输货物的是货运合同。

10. 技术合同

技术合同是当事人就技术开发、转让、咨询或者服务订立的确立相互之间权利和义务的合同。技术合同包括技术开发合同（分委托开发、合作开发）技术转让合同（分专利权转让、专利申请权转让、技术秘密转让、专利实施许可转让）技术咨询合同和技术服务合同。

11. 保管合同

保管合同是保管人保管寄存人交付的保管物，并返还该物的合同。

12. 仓储合同

仓储合同是保管人储存存货人交付的仓储物，存货人支付仓储费的合同。

13. 委托合同

委托合同是委托人和受托人约定，由受托人处理委托人事务的合同。委托合同的标的是处理事务的行为，如代办运输、代管财物、律师代理等。适用范围比较广泛。

14. 行纪合同

行纪合同是行纪人以自己的名义为委托人从事贸易活动，委托人支付报酬的合同。行纪合同与委托合同看似相同，都是为委托人代办事务，但权限是不同的，行纪合同是以自己的名义为委托人从事贸易活动，自由度较大，而委托合同是以委托人的名义，在委托人授权范围内从事活动。

15. 居间合同

居间合同是居间人向委托人报告订立合同的机会或者提供订立合同的媒介服务，委托人支付报酬的合同。居间人就是中介人，居间合同又称为中介合同。

范例导读与简评

航空货物运输协议

合同编号：＿＿＿＿＿＿＿＿

甲方：＿＿＿＿＿＿＿＿＿＿＿＿

法定代表人：＿＿＿＿＿＿＿＿＿＿

地址：＿＿＿＿＿＿＿＿＿＿＿＿＿

　　乙方：＿＿＿＿＿＿＿＿＿＿＿

　　法定代表人：＿＿＿＿＿＿＿＿＿

　　地址：＿＿＿＿＿＿＿＿＿＿

　　根据国家相关法律、法规，甲乙双方在自愿、公平、合法、互利原则及友好协商的基础上，就国内航空货物运输业务合作的相关事宜达成协议，以资共同遵守。

　　第一条　合作内容

　　1. 乙方负责每天来甲方中转站提货。

　　2. 乙方必须按照甲方指定航线航班配置货物。

　　第二条　结算方式

　　1. 本合同涉及的运输费用，采用月结方式。

　　2. 计费重量以　航空主单　为准。

　　3. 运输单价：以乙方发给甲方，经甲方审核通过为准。如因季节原因、燃油附加费、航空公司调价等因素导致已定价格标准需要调整的，需在双方协商一致的情况下对原有单价进行独立更改并确定新价格及执行时间。

　　4. 每月5日前乙方向甲方提供上一自然月的账单，甲方应在收到账单10个工作日内予以核对完毕，并在每月25日前付清上月所有欠款，节假日顺延。

　　5. 乙方在收取甲方相关费用前必须提供真实有效的相应额度的增值税专用发票。乙方未及时提供发票，甲方有权推迟结算或不予结算。开具发票有瑕疵的，甲方有权要求重新开具。

　　第三条　甲方的权利和义务

　　1. 甲方有权获得货物在乙方代理过程中的相关票据凭证，有权第一时间获知货物在途的具体情况和准确到货、提取的情况。

　　2. 乙方上门提货时必须在甲方交接凭证上签字方可提货，且甲方有权随时跟踪查询货物的状态。

　　3. 甲方有权提出因乙方原因导致货物延误、损毁、灭失的索赔（不可抗力因素除外）。

　　4. 甲方有义务配合乙方对所出货物进行规范包装并使之达到航空运输的要求。

　　第四条　乙方的权利与义务

　　1. 乙方有权要求甲方及时支付航空运费。

　　2. 乙方有权要求甲方规范货物包装和相关单证的填写。

　　3. 乙方负责对甲方违禁品的处理事宜，甲方可协助乙方提供相关资料。

　　4. 乙方有义务在航班起飞前书面向甲方反馈货物配置情况，如果出现落货更改航班、航班起飞延误、航班临时取消等情况，乙方必须在正常预定起飞时间后1小时内通知甲方并协助进行应急处理。

　　5. 乙方有义务在航班正常配置后及时向甲方提供配载信息（14：30前）。

　　6. 乙方有义务按照约定准时到甲方提取货物（如临时发货要求，按照甲方通知，到甲方处提取货物），并确保运输过程中货物安全。

　　7. 乙方有义务在限定时间内（最长30分钟内）真实、全面反馈甲方查询的内容。

　　8. 未经甲方书面同意，乙方不得将本合同约定事项转包或分包。

第五条 保密条款

1. 在双方协议合作期间,甲方、乙方不得向任何第三方透露对方的一切商业机密,包括商业资料、技术、统计数据、运输价格、发货情况、客户信息等,如任何一方违反此规定对另一方造成不良影响或损失时必须承担相应法律责任和赔偿。

2. 在本协议终止后,该保密条款对协议的甲乙双方仍有效。

第六条 配载服务保证

1. 甲方交接给乙方的货物必须主单发运,不得无故拼单。

2. 乙方如因落货而导致甲方同一目的地的货物配载几个航班时,所配载的航班货物重量之和不能超过甲方的交货重量,否则,甲方将拒付多余部分货量的运费。

3. 如货物交付的延误是由于不可抗力造成的,则乙方不承担赔偿责任。如货物交付的延误是由于承运人或乙方的原因造成的,乙方应按落货赔偿标准向甲方支付违约金。

4. 货物在乙方承运期间发生灭失、毁损、延误的,如乙方能证明该原因是因不可抗力造成的乙方不承担赔偿责任。

第七条 协议终止

1. 在出现以下情况时,甲方可以单方面终止协议。

(1) 乙方泄露甲方的商业机密,经查属实的。

(2) 合作中乙方无能力满足甲方对航空货物运输的要求。

(3) 甲方在对乙方的考评中,若出现两次及以上不达标或三个月内出现 5 次以上严重过失的情况(如批量落货、信息不及时反馈、货物损毁/短缺/遗失等),甲方可单方面终止协议(不可抗力因素除外)。

2. 在合作过程中,如因任何一方内部问题需要单方面终止协议的,必须提前一个月书面通知另一方,经过双方协商同意后可以终止协议。

第八条 不可抗力

1. "不可抗力"是指协议双方不能控制、不可预见、预见但不可避免的事件,该事件影响、妨碍、延误任何一方正常履行本协议的义务,如飞行事故、政府行为、地震、天气、战争等。

2. 如果发生不可抗力事件,遭受该事件的一方应在第一时间以最快捷的方式通知另一方事件的情况,并协助应急处理相关事件,防止事件损失扩大。如果乙方没有采取积极的应对措施导致甲方损失扩大化,乙方应承担相应损失赔偿责任。

3. 因不可抗力导致连续延误超过 3 天的,双方可协商货物的应急运输措施并尽快达成协议。

第九条 其余事项

1. 本协议于双方签订日并经甲乙双方授权代表签字加盖公章后生效,本协议有效期为一年。

2. 本协议未尽事宜,双方可在协议执行期间协商解决或参照《中华人民共和国合同法》《中华人民共和国民用航空法》及相关法律执行。

3. 凡与本协议有关的任何争议,双方应协商解决。协商不能解决时,双方一致同意将争议提交甲方所在地法院。

4. 本协议的有关附件和本协议具有同等法律效力。

5. 本协议一式两份，甲乙双方各执一份。

6. 附件（略）。

甲方：　　　　　　　　　　　乙方：

代表人：　　　　　　　　　　代表人：

日期：＿＿＿年＿＿月＿＿日　　日期：＿＿＿年＿＿月＿＿日

简评

运输合同包括客运合同和货运合同，这是一份运输货物的货运合同，是承运人将货物从起运地点运输到约定地点、托运人支付运输费用的经济协议。该合同格式规范、结构完整，包括合同标题、当事人、引言、正文、结尾和签署等内容。其中，合同正文规定了标的、数量、酬金、履行方式、违约责任、解决争议的方法等内容，合同主要条款齐全。在写作过程中，各条款规定事项明确具体，语言表述准确、简练，符合合同的写作要求。

提示：经济合同的基本结构与写作要求

一、经济合同的基本结构

经济合同的基本结构包括首部、正文、尾部三部分。

（一）首部

首部主要包括以下各项内容。

1. 标题

标题即经济合同的名称，写在合同首页上方居中位置。标题要直接点明合同的性质种类。如"工矿产品买卖合同""借款合同""房屋租赁合同""2010 年货物运输合同"等。

为便于查考，可在标题右下方注明合同编号、签订地点和签订时间。

2. 当事人名称

当事人名称即订立经济合同的单位名称或个人姓名，要用全称。为了正文说明方便，可在当事人名称前面或后面注明双方约定的固定指代，如"甲方"与"乙方"、"供方"与"需方"、"承租方"与"出租方"等。

3. 引言

引言又称开头语，一般写明签订合同的依据和目的。如"为了明确供水人和用水人在水的供应和使用中的权利和义务，根据《中华人民共和国合同法》《城市供水条例》等有关规定，经供、用水双方协商，订立本合同，以便共同遵守"。是否写引言，可视合同内容需要而定。

（二）正文

正文即合同条款，是当事人协议的内容，也是当事人行使权利、享受义务的依据。按照《合同法》的规定，经济合同应具备以下主要条款。

1. 标的

标的是合同当事人权利义务共同指向的对象，没有标的的经济合同是无效合同。标的可以是物、行为和智力成果等。标的要写得具体、明确，如房屋买卖合同中的标的是房屋，在合同中应写清楚房屋的建筑面积、所在位置、图纸情况等基本内容，必要时还可通过附件说明标的的实际情况。

2. 数量和质量

数量是标的的具体计量，合同必须明确规定标的的数额、计量单位和计量方法。标的的数量应采用国家规定的法定计量单位计量。质量是对标的质的要求，反映标的的优劣程度。经济合同应明确标的质量的技术标准（如国家标准、行业标准）等级、检测依据等。

3. 价款或者酬金

价款或者酬金是指根据合同取得标的物（产品或者劳务）的一方当事人向另一方当事人支付的代价。取得产品所支付的代价叫"价款"，取得劳务所支付的代价叫"酬金"，也叫"报酬"。经济合同中应明确标的的单位价格、总金额、计算标准等。

4. 履行期限、地点和方式

履行期限是指合同履行的时间界限，是当事人双方履行合同义务的时间规定。履行地点是指当事人交付、提取标的的具体地点。履行方式是指采取什么方法来实现合同所规定的当事人之间的权利和义务。一般来说，履行方式包括标的的支付方式和价款或酬金的结算方式。

5. 违约责任

违约责任是指当事人不履行合同规定的义务所应承担的经济责任和法律后果。这是维护合同当事人合法权益的保证。违约责任的基本形式是支付违约金和赔偿金。

6. 解决争议的方法

解决争议的方法是指当事人在签订、履行合同发生争议时采用的解决问题的方式和程序。解决争议的方法主要有协商解决、仲裁解决和诉讼解决。如选择仲裁解决，则必须写明仲裁机构的具体名称；如选择诉讼解决，应写明管辖法院的名称。

（三）尾部

尾部是指经济合同的结尾和签署部分。

（1）合同的必要说明。包括合同条款未尽事宜的处理办法、合同的有效期限、合同的份数和保存方式等。

（2）合同的签署。包括当事人单位名称、单位地址、法人代表、电话、传真、开户银行、账号、邮政编码等。合同的签署要加盖当事人单位公章。需要鉴（公）证的合同，还应签署鉴（公）证意见，并加盖有关部门的公章。

二、经济合同的写作要求

（一）合同的条款要完备

经济合同中各方当事人的权利义务应当力求周详，合同的条款要完备，特别是主要条款不能遗漏。主要条款有遗漏的经济合同常常引起纠纷，难以处理。如缺少违约责任，一旦当事人不履行或不完全履行合同引起纠纷时，就没有解决的依据，无法保证当事人的合法权益。

（二）合同的规定要明确具体

合同是规定当事人权利义务的法律文件，是执行的依据。当事人在合同履行中引起歧解时，就各自朝着有利于减少义务增加权利的方向解释。因此，合同条款的规定要明确、具体，毫不含糊。合同条款越具体，越有利于合同的履行。

（三）合同的措辞要准确

合同是法律文书，签订后就不能随便改动；合同又是经济文书，直接与当事人的利益相关。合同条款的内容要求尽量周密严谨，不能有半点疏漏，稍有差错就会留下隐患造成经济损失。因此合同中的语言表述要准确无误，没有歧义。要达到这一要求，写作合同时应字斟句酌，精心琢磨，把可能出现的争议、可能出现的偏差都考虑周到，并在条款中加以明确。

写作能力实训

一、甲公司与乙公司订立合同，乙公司向甲公司购买实木地板并委托甲公司的专业人员进行安装；甲公司需向乙公司提供 A 级"二翅豆"实木地板 1000 平方米，并负责将实木地板运送到乙公司场地进行安装；实木地板价格为 460 元/平方米（包括木材费、运输费和安装费）。乙公司在实木地板到货验收合格后须预付货款总额 60%，余款在实木地板安装施工完成后 3 天内结清。同时，合同还约定了实木地板的质量保修问题。请根据所给材料，结合实际，拟写一份格式规范的买卖合同。

二、甲公司需要乙公司生产的一套精密成套设备，双方找丙公司商议，由丙公司购买并直接租给甲公司。甲、乙、丙三方签订了如下合同：①由丙公司付给乙公司货款 500 万元；②乙公司负责将精密成套设备运送给甲公司；③甲公司承租该设备，期限为 10 年，每年租金为 60 万元。同时，合同约定了乙公司交付设备的质量要求，甲公司使用设备过程中的设备损失费、维修费等内容。该合同由甲、乙、丙公司的法定代表人签字，甲、乙、丙公司加盖合同专用章。请根据所给材料，结合实际，拟写一份格式规范的融资租赁合同。

三、甲公司有 300 立方米的木材要加工成家具，乙公司找到甲公司，双方签订了合同。合同约定，乙公司将 300 立方米的木材加工成家具，合同履行期为 50 天，价款为 60 万元。同时，双方约定乙公司有保管木材的义务，木材毁损、灭失应由乙公司承担赔偿责任等。请根据所给材料，结合实际，拟写一份格式规范的承揽合同。

四、2016 年 2 月 1 日，甲公司与乙公司订立仓储合同，将一批货物储存在乙公司的仓库里，储存期为 12 个月，仓储费为 1 万元。2016 年 2 月 3 日，乙公司收到货物后向甲公司签发了仓单。在合同中，双方特别约定了仓单的依法转让问题。请根据所给材料，结合实际，拟写一份格式规范的仓储合同。

第五节　可行性研究报告

一、可行性研究报告的含义和特点

（一）可行性研究报告的含义

可行性研究报告又称可行性论证报告或可行性报告，是在招商引资、投资合作、政府立项、银行贷款等领域常用的专业文书，是针对拟开发或改造的项目实施的可能性、有效性、相关技术方案及财务效果进行具体、深入、细致的技术论证和经济评价,以求确定一个最优方案和最佳时机而写的书面报告。

(二)可行性研究报告的特点

1. 材料的真实性

材料的真实性即可行性报告所运用的大量数据、文件及资料必须是真实的,必须是通过科学方法搜集、分析、研究得出的,这是论证其项目的科学性和可行性的前提。

2. 论证的全面性

可行性研究报告是在做出决定前,从经济、技术、财务、市场销售等方面对决策或项目进行综合分析论证,并就法律、政策、环保以及对整个社会的影响做出科学的论证与评价。尤其不能忽略将会出现的风险,避免给项目建设单位造成不可挽回的损失。可行性研究必须通过全面、系统的分析方法进行,形成文字时常常需用介绍、分类、比较、图表、数字说明等方法。

二、可行性研究报告的主要类型

分类标准不同,可行性研究报告的类型也不同。

(1)按内容来划分,可分为政策或改革方案可行性研究报告、建设项目可行性研究报告、改(扩)建项目可行性研究报告、开发项目可行性研究报告、引进国外技术可行性报告、中外合资项目可行性报告、科学研究项目可行性研究报告等。

(2)按范围划分,可分为一般可行性报告(如小型项目、常规技术改造项目等)、大中型项目可行性报告。

(3)按性质划分,可分为肯定性可行性报告、否定性可行性报告、选择性可行性报告。

范例导读与简评

【范例一】　建设项目可行性研究报告范例导读

武当山国家森林公园旅游建设项目可行性研究报告

第一章　项目概述

一、项目名称:武当山国家森林公园旅游建设项目

二、项目承办单位简况

(一)建设单位:湖北省十堰市武当山生态旅游有限公司

(二)建设地址:武当山风景名胜区西神道

(三)项目负责人:李××

(四)联系电话:×××××

(五)总投资:约3亿元人民币

（六）建设期：3～5 年

三、项目简介

武当山是世界文化遗产、我国著名道教圣地和国家级风景名胜区，位于湖北省十堰市境内汉江上游南岸……武当山素以逶迤的自然风光、神秘的道教文化、惊世绝伦的古建筑群和玄妙的武当武术强烈地吸引着世界各地的旅游者，是我国众多旅游胜地中的一朵奇葩……然而，武当山西神道即武当山国家森林公园是尚待开发的处女地，仍处于旅游冷线……因此，有效整合武当山旅游资源，可进一步提升武当山旅游整体水平，培植武当山旅游经济新的增长点，带来更大的生态效益、社会效益和经济效益。

四、项目建设主要内容

（一）旅游基础设施项目

（1）公园大门建设。

（2）兴建旅游公路。

（3）加强电力基础设施建设。

（4）加强供水排污设施建设。

（5）辟建索道。

（二）古建筑景点恢复与修缮

（1）五龙行宫恢复与修缮。

（2）仁威观恢复与修缮。

（3）隐仙岩恢复与修缮。

（4）五龙宫恢复与修缮。

（5）西神道古神道的修缮。

（三）旅游配套服务设施项目

为增进武当山国家森林公园旅游服务水平，新建旅游休闲度假村、避暑山庄、水上娱乐园、旅游购物、旅游运输等旅游配套服务设施。

第二章　项目背景概况

一、资源条件

（一）自然地理状况

（1）地理位置（略）

（2）地势地貌（略）

（3）气候（略）

（二）动植物资源概况

（1）森林资源（略）

（2）动物资源（略）

（三）人文资源条件（略）

二、社会经济条件（略）

第三章　项目建设的必要性和可行性

一、项目建设的必要性

武当山西神道即武当山国家森林公园是武当山旅游风景区又一核心部位……是游客

游览观光、休闲疗养和度假避暑的最佳理想场所。

因此,为了更好地保护、开发和利用武当山世界文化遗产,保护森林资源生态环境,深度开发森林资源⋯⋯很有必要开发和建设武当山国家森林公园,带动周边地区经济发展,实现生态效益、社会效益和经济效益相统一。

二、项目建设的可行性

"两山一江"(武当山、神农架和三峡)是湖北省旅游发展的重中之重,并作为湖北旅游的王牌产品进行重点开发与建设⋯⋯从20世纪80年代开始,我国森林公园这一朝阳产业发展迅猛,如雨后春笋般地在全国乃至全世界各处涌现⋯⋯因此,开发建设武当山国家森林公园刻不容缓,势在必行,是繁荣本区域经济的需要,也是武当山走向世界,实现大旅游的需要,是武当山旅游经济发展的必然趋势。其操作也是完全可能和可行的,主要体现在以下几个方面。

(一)资源优势

武当山旅游资源丰富,资源档次高。作为湖北省旅游三大王牌之一,武当山不但是著名的国家级重点风景名胜区,是中国道教第一名山,而且早被列为世界文化遗产,其融自然风光、道教文化和武当武术、古代建筑于一体,兼具"雄、险、奇、幽、秀、古、神"等多种特色,在全国首批公布的国家重点风景名胜区中,作为山岳型风景名胜区和古老的道教圣地而蜚声中外。

(1)气候条件优越,森林动植物资源丰富(略)

(2)得天独厚的地貌景观(略)

(3)历史悠久的道教文化,丰富的古景资源(略)

(4)具有革命传统教育意义(略)

(二)区位优势(略)

(三)交通便利优势(略)

(四)产业优势(略)

第四章　客源市场分析与规模预测

一、客源市场分析

武当山是世界文化遗产、我国著名的道教圣地和国家4A级风景名胜区,武当山西神道即武当山国家森林公园又是武当山旅游风景区一个不可分割的重要组成部分,是森林环境特别优美、自然景观和人文景观品位较高、具有一定规模和区位条件较好的森林公园,与武当山东神道互为映射、相互照应,形成循环旅游圈而合二为一,也可独树一帜,其客源市场不仅与武当山风景名胜区同构,而且形成互动共振。因此,武当山国家森林公园的客源市场,应以武当山东神道风景名胜区的客源市场为基础。

(一)客源现状分析(略)

(二)客源市场前景分析(略)

二、市场预测(略)

第五章　总体布局及项目设计

一、项目指导思想

武当山国家森林公园项目建设指导思想是按照湖北省委、省政府提出的"保护为主,合理利用,科学规划,严格管理"的十六字方针,紧紧围绕特区"创世界知名风景区,建中国山水园林城"的宏伟目标,以《武当山风景区总体规划》和《武当山国家森林公园总体规划》为纲要,立足武当山森林旅游资源的现实和潜在优势,充分利用和发挥武当山森林公园的自然景观、人文景观以及古建筑景观作用,实行"边建设、边发展、边受益",实现生态效益、经济效益和社会效益双赢。

二、项目建设原则

武当山国家森林公园项目建设原则是在生态上要注重开发与保护并重,自始至终确保自然景观、水体和大气的保护,尽可能防止和减少对环境的污染破坏,塑造优美的生态环境,同时走开发与再就业工程相结合的道路,实现社会稳定、发展与繁荣。在实施过程中,根据客源市场的需求确定旅游资源开发的取舍、先后和方式,根据自身的资源、地理区位等条件,选择和确定目标客源市场,并据此确定资源建设,使资源条件与市场需求两个方面得到最佳的结合。凭借"天下第一道教仙山名山"的品牌,突出森林公园鲜明特色。在政策上,将森林公园的开发与建设纳入武当山旅游经济特区的政策及管理体制下,以保证管理的可操作性,并在时间和空间的安排上,切实采取整体规划、分期开发的层次安排,进一步确保开发与建设的可操作性。

三、项目总体思路

武当山国家森林公园开发与建设的总体思路是在保持森林植被、维护生态平衡的前提下,依山就势,就地取材,严格按照高起点、高标准、高质量、高水平的要求,把武当山国家森林公园建设成以森林生态景观为主体,绿色植物为格调,发挥自然风光、人文景观和古建筑景观等优势,辅以人工饰景,融旅游观光、休闲度假、疗养避暑、天然沐浴、漂流探险、文化娱乐、青少年野营和商贸洽谈于一体的综合性的一流的国家级森林公园。

四、总体布局及开发项目

武当山森林公园实行"一个核心,两条发展轴,中空边实"的布局,形成"一道屏障,两条景观廊道"。即以五龙宫景区为核心,以仁威观景区、鲁家寨景区和东河景区两翼为发展轴,成为低密度、低层数、高深化、适度后退、道路距离的、疏密有致、高低错落、绿树笼罩的森林公园。

根据《武当山风景区总体规划》和《武当山国家森林公园总体规划》,其总体布局可分为四大旅游功能区。

(一)五龙景区

1)景区范围(略)

2)旅游功能(略)

3)项目开发内容

(1)基础设施项目(略)

(2)旅游配套项目(略)

(二)仁威观景区

1)景区范围(略)

2)旅游功能(略)

3）项目开发内容

（1）基础设施项目（略）

（2）旅游配套项目（略）

（三）鲁家寨景区

1）景区范围（略）

2）旅游功能（略）

3）项目开发内容

（1）基础设施项目（略）

（2）旅游活动项目（略）

（3）旅游配套项目（略）

（四）东河景区

1）景区范围（略）

2）旅游功能（略）

3）项目开发内容

（1）基础设施项目（略）

（2）旅游活动项目（略）

第六章　项目建设进度安排

一、空间开发次序

武当山国家森林公园区域面积 3.88 万公顷，分四大景区，五龙宫景区、仁威观景区、鲁家寨景区、东河景区……

根据武当山国家森林公园的资源条件和旅游发展现状，其空间开发次序安排了 20××—20××年着重开发西线旅游主线，20××—20××年着重开发东线旅游主线，形成"人"字形开发格局，构筑完整的网络状区域旅游格局。

（一）20××—20××年在东线旅游主线上，着力开发五龙宫景区、仁威观景区和鲁家寨景区。（略）

（二）20××—20××年在西向旅游主线上，着力开发东河景区。（略）

二、时间进度安排

武当山国家森林公园建设项目实施进度主要分 3~5 年进行。

（一）20××—20××年年底建设的主要项目

基础设施项目（略）

（二）20××—20××年年底建设的主要项目

（1）基础设施项目（略）

（2）旅游活动项目（略）

（三）20××年建设的主要项目

（1）基础设施项目（略）

（2）旅游活动项目（略）

（3）旅游配套项目（略）

第七章　安全保护与消防

一、公园安全保护

（一）设计依据

（1）《建筑设计防火规范》

（2）《建筑防雷设计规范》

（3）《建筑灭火的配置设计规范》

（4）《电气设备安全设计系列》

（二）安全保护措施

（1）公园内应设消防设施。

（2）对所有设备均设安全防护罩，并设有明显标志。

（3）对索道、游乐设施等设备按规定检修，保证运行安全。

（4）对公园公路急弯、上下坡处设醒目标志，险道处设斑马墩、防护层。

（5）隐仙岩、华阳岩、关公祠、诵经台等处危险景点设防护栏杆。

（三）消防要求（略）

二、森林安全与保护

根据武当山国家森林公园森林防火系统建设的实际发展需要，本着经济、实用、科学、可行的原则，实施森林防火数字化监控网络体系建设。主要以森林公园安全保卫部门作为监控中心，在五龙顶和系马峰两处建立监控站，其中系马峰监控站作为微波传输的中继站。

（一）五龙顶监控站（略）

（二）系马峰监控站（略）

（三）监控中心（略）

该系统建成以后，不仅能够在林火多发季节对公园火险进行及早地发现、制止、扑灭，同时还能够一年四季实现其他辅助功能，将起到以下作用。

（1）对林火监控的作用。（略）

（2）对野生动植物保护的作用。（略）

（3）对旅游景点监控的作用。（略）

（4）系统防盗的作用。（略）

第八章　投资估算及资金筹措

一、投资估算

根据《建筑项目概算编制办法及各项概算指标》和国家、省、市有关规定以及《湖北省建筑工程综合预算定额》《湖北省建筑工程预算定额》《全国统一安装工程定额湖北省单位估价表》《湖北省建筑安装工程预算费用定额》《十堰市建设工程造价信息》。设备及工具以国内主要生产厂家 20××年 5 月的报价为依据，武当山西神道即武当山国家森林公园项目投资估算总额为 2.992 亿元人民币。

（一）各景区投资结构（略）

（二）各类项目投资结构（略）

二、资金筹措及来源（略）

第九章　经济效益评价与投资风险分析

武当山国家森林公园建设项目的启动不但可以有效地维护该区域良好的原生生态系统,科学地保护武当山世界文化遗产,为游客及后代留下宝贵的自然与文化资源,而且可以与武当山东线形成循环旅游圈,进一步推动武当山旅游事业快速、健康、稳步发展,带动和引爆地方经济的发展,加速武当山社会主义新农村建设,为保护性开发宝贵的森林资源和文化资源提供资金支持,也是促进旅游发展、构建和谐社会的根本保证。

一、经济效益预测

该项目主要以国家和地方及招商引资等投资为主……除建设必要的基础设施和生态保护工程外,本项目还将一系列旅游活动项目和旅游服务配套设施项目的流动开发来引导未来的旅游市场需求,集休闲度假、疗养避暑、天然沐浴、漂流探险、青少年野营、文化娱乐等多功能于一体,配套进行旅游观光、住宿、餐饮、娱乐、购物等综合性服务,以此促进武当山区域经济的发展。

(一)营业收入预测

(1)门票收入。(略)

(2)索道票收入。(略)

(3)交通收入。(略)

(4)餐饮收入。(略)

(5)住宿收入。(略)

(6)娱乐、休闲、购物收入。(略)

(7)其他收入。(略)

武当山国家森林公园今后的主要直接收入来源是门票收入、索道票收入等,本次测算以该项目实施后为公园带来的各项综合收入为依据。

(二)营业税金预测(略)

(三)固定资产折旧费估算(略)

(四)总成本费用预测(略)

(五)损益预测(略)

(六)财务分析(略)

(七)不确定性分析

(1)盈亏分析(略)

(2)敏感性分析(略)

二、项目投资风险分析

(一)旅游市场风险

可能出现的市场风险(略)

(二)生态维护及项目建设风险

武当山自然景观优美、生态多样性显著、动植物资源富集、生态系统完整、原生生态系统较敏感和脆弱。项目启动后生态维护难度大,项目建设管理有一定难度。

(1)生态环境保护风险(略)

(2)建设过程中的风险(略)

（3）建设施工成本控制风险（略）

（三）经营管理风险

项目建设和营运过程中，既存在经营上的风险，也存在管理上的风险。

（1）经营风险（略）

（2）管理风险（略）

第十章　生态效益与环境影响分析

一、生态效益分析

（一）旅游活动对生态建设的积极作用（略）

（二）旅游活动对生态建设的消极影响（略）

二、环境影响分析

（一）项目建设中生态环境防治措施

（1）项目建设可能对生态环境造成的损害（略）

（2）防治措施（略）

（二）项目正常运行的生态环境防治措施

（1）项目建成后可能对生态环境造成的损害（略）

（2）防治措施（略）

（三）项目的实施对生态环境影响综合评价（略）

第十一章　社会效益分析

一、项目社会效益

武当山国家森林公园建设项目旨在合理保护自然资源和生态环境的基础上凭借良好的原生生态环境建立生态旅游经济发展模式，通过旅游业综合效益的发挥来促进区域社会经济和环境的良性发展。因而本项目建设具有显著的社会效益。

（一）积极的社会效益（略）

（二）促进各行各业的共同繁荣（略）

（三）增进区域交流，推动社会均衡发展（略）

（四）创造大量的就业机会（略）

二、项目社会效益影响的评价（略）

第十二章　结论与建议

武当山素以"天人合一"的道教仙山、外柔内刚的绝奇功夫、惊世绝伦的古代建筑、古朴浓郁的民俗风情、雄险奇幽的自然风光"闻名于世"。武当山国家森林公园建设项目的实施将使武当山高品位的森林旅游资源转变为高价值的旅游产品，不断完善武当山旅游功能、改善武当山生态环境、丰富武当山文化内涵、提升武当山整体旅游形象，形成融道教文化、古代建筑、自然风光为一体，集知识性、娱乐性、参与性、科学性于一身的综合性文化旅游区，加快武当山国家森林公园开发建设步伐，实现区域资源、环境、社会和经济的可持续发展。

一、结论

武当山国家森林公园建设项目切实可行。

（一）从项目建设的必要性来看，武当山国家森林公园建设项目是推动武当山地区社会发展的引爆点,是解决武当山地区旅游发展中存在问题的关键点,是促进武当山地区旅游事业乃至经济事业腾飞的着力点。武当山国家森林公园建设项目的实施,实现与武当山东神道优势互补,形成同构、互动、共振,共同带动武当山地区经济发展。

(二)从项目建设的可能性来看,武当山国家森林公园建设项目的实施有着一系列良好的条件:组织上领导高度重视;区域条件优越;资源优势突出;客源市场潜力巨大;项目建设有一定的先期基础。这些条件的具备,为武当山国家森林公园建设项目的顺利进行提供有力的保证。

(三)从项目建设后的预期效果来看,武当山国家森林公园建设项目可以达到保护生态环境和通过旅游开发促进武当山地区社会经济发展的要求,经济效益、生态效益和社会效益极其巨大。通过本项目建设,可以进一步完善武当山旅游产品功能,丰富其文化内涵,提升武当山旅游形象,促进武当山地区资源、经济、社会的可持续发展。

(四)从项目本身来看,该项目指导思想明确,设计科学,财务分析合理,技术可行,符合项目设计的规范和要求。

二、建议

(一)武当山国家森林公园旅游建设项目的经济效益、生态效益、社会效益极其巨大,而武当山地区经济发展实力有限,加上该项目主要投资在基础设施和生态保护工程设施方面,建议国家计委、湖北省计委从专项资金中予以重点倾斜,加大投入力度,尽早建成并发挥效益。

(二)武当山特区应根据本项目特点,成立本项目建设领导与协调机构,建立高效有序的组织保障体系,加强各项建设的协调与管理力度,确保项目建设的顺利进行。

(三)武当山特区应根据本项目特点,在各项税费方面按生态环保工程予以减免,并加大投商引资力度,确保配套资金投入。

简评

本文是一篇关于国家森林公园旅游建设项目的可行性研究报告,原文篇幅比较长,此处进行了适当删减。本文分为十二章,围绕影响项目建设的各种因素,运用大量的数据资料,客观、全面、深入地进行分析,在此基础上得出符合科学的结论,并提出行之有效的应对方案,为决策者提供了可靠依据。全篇结构严谨、条理清晰、论证充分,写作格式规范。

【范例二】 改(扩)建项目可行性研究报告范例导读

××工程有限公司改建生产厂房项目可行性研究报告

第一章 总 论

(一)项目背景

1. 项目名称

××工程有限公司改建生产厂房项目

2. 承办单位概况

(1)项目建设单位:××工程有限公司

(2)承办单位简介(略)

3. 可行性研究报告编制依据

(1) 相关法律法规（略）

(2) 技术规范与标准（略）

(3) 项目有关资料（略）

4. 项目提出的理由与过程

（二）项目概况

(1) 拟建地点地理条件（略）

(2) 建设规模与目标（略）

(3) 主要建设条件（略）

(4) 项目投入总资金（略）

(5) 主要规划技术指标（略）

(6) 主要经济技术指标（略）

（三）问题与建议（略）

第二章　需求分析与建设规模

（一）需求分析（略）

（二）营销策略

根据目标市场定位和竞争力分析，在市场营销战略上，重视三个方面。

(1) 建立完善的技术服务网络，由销售工程师针对加工客户的使用服务信息调研，以满足新产品开发的要求。

(2) 在产品质量相差无几的情况下，价格就成为高度敏感的因素，为提高产品竞争力，要发挥低成本策略的作用，充分利用与目标市场相近，且交通便利的优势，发展稳定而灵活的送货机制。

(3) 通过有成效的管理，提高生产负荷，降低成本，以具有竞争力的产品价格，销售用户满意的产品。

（三）建设规模

本项目改建规模为建筑面积1300平方米，同时完成生产、辅助设施及配套设施的建设。实现销售收入1475万元。满足市场需求。

第三章　场址选择

（一）场址现状

1）地区与地理位置（略）

2）场址土地占地面积及功能分区（略）

3）土地利用现状（略）

（二）场地条件

1）位置、地形条件（略）

2）工程地质条件分析与评价（略）

3）周边建筑物与环境条件（略）

4）城市规划或区域性规划要求

(1) 符合工业布局和城市总体规划。（略）

（2）延续城市文脉。（略）

5）交通条件（略）

6）社会环境条件（略）

7）气候条件（略）

8）公共设施条件（略）

9）拆迁条件（略）

第四章　建设方案

（一）建筑思路和目标

1．建设原则

××工程有限公司改建生产厂房项目建设要坚持以下原则。

（1）做好规划工作。（略）

（2）建设完善的配套设施。（略）

（3）节约用地面积。（略）

2．建设目标

本项目改建规模为建筑面积1300平方米，同时完成生产、辅助设施及配套设施的建设。实现销售收入1475万元。满足市场需求。

（二）建筑方案

1．建筑方案描述

（1）建筑地点（略）

（2）建筑特征与结构（略）

2．主体工程与辅助工程

（1）平面布置和功能要求（略）

（2）主体工程（略）

（3）辅助工程（略）

（4）配套工程（略）

第五章　节能节水措施

建筑节能是执行国家环境保护和节约能源政策的主要内容，是贯彻国民经济可持续发展的重要组成部分。国家建设部在1995年颁布了《城市建筑节能实施细则》等文件，把《民用建筑节能设计标准〈采暖居住建筑部分〉》（JGJ 26—95）列为强制性标准，同时建设部又于2000年10月1日发布了第76号令《民用建筑节能管理规定》，对不符合节能标准的项目，不得批准建设。我们可参照上述文件规定进行设计和建设。

（一）节能措施

（1）能源消耗种类：本建筑消耗能源主要为电能、热能。

（2）主要节能措施（略）。

（二）节水措施（略）

第六章　环境影响分析

随着××市城区规划的重新调整，××市政府逐渐加大招商引资、调整经济产业结构的力度，××地区将增添许多新的产业项目，市区将向周边扩展，本项目拟建设在××区西区,本项目占地 1450 平方米,××工程有限公司厂区项目位于创建街 2 号,位于创建街东,双台路北,××工程有限公司地形属冲积平原,呈平缓地势,周边无污染源。

（一）现状分析

1. 空气质量现状

根据××市环境监测中心站的 2008 年度环境质量报告,××市市区空气质量达二级标准的天数占 83.9％以上,但项目所在区域的开发区主要污染物 PM10、SO_2 年均浓度略有超标。

2. 水环境质量现状

项目所在地运粮河水环境水质未达到《地表水环境质量标准》（GB 3838—2002）中 IV 类水质标准,主要超标污染物为氨氮、CODCR 等。

3. 声环境质量现状

根据环境监测结果,项目所在区域环境空气质量未达到《环境空气质量标准》（GB 3096—2008）2 类标准要求。

（二）项目建设与运营期对环境的影响

1. 施工期对环境的影响

（1）大气环境影响（略）。

（2）水环境影响（略）。

（3）工程施工过程中土方工程、回填土工程及所用各种施工机械发出的噪声将对周围其他声环境敏感目标产生影响。

（4）固体废物的影响（略）。

（5）施工期间,局部地区空气相对湿度降低、土壤含水率降低,对院内本厂产品、设备的保护没有负面影响。在施工过程中的颗粒物、扬尘沉积到产品表面,会对产品的卫生造成一定的损害。但短期、非连续施工机械、车辆引起的振动对产品不会产生明显的破坏作用。

2. 运行期对环境的影响

（1）水环境的影响（略）。

（2）大气环境影响（略）。

（3）本工程完成后,无新增噪声源,对周围环境基本无影响。

（4）项目建成后,空气相对湿度恢复到正常水平,对本厂产品没有影响。

（三）环境保护措施（略）

（四）环境影响评价

本次环境影响评价的对象是××工程有限公司改建生产厂房项目。评价单位在详细收集和分析与工程有关的各项资料的基础上,通过调查,对工程的环境影响开展了系统深入的研究和评价,认为该项目在施工期和运营期对大气环境、地下水、地表水等基本无影响,声环境是夜间噪声较高,昼间噪声排放符合标准。

第七章 劳动安全卫生消防

（一）危害因素及危害程度分析

1）依据及主要的技术规范、规程、标准（略）

2）主要隐患部位（略）

3）主要危害因素（略）

（1）生产因素（略）

（2）自然因素（略）

（二）安全保证体系和措施

1）安全管理方针

管理方针是"安全第一，预防为主"。

2）安全管理工作（略）

3）制定施工现场安全防护基本标准（略）

4）现场各种设施防护（略）

（三）消防措施（略）

（四）自然灾害的防范

1）地震（略）

2）雷击（略）

3）气温（略）

第八章　组 织 计 划

（一）建设招标（略）

（二）建设方式（略）

（三）建设项目的管理

为了保证项目建设的质量和效益，本项目成立改建工程领导小组，主要职能：负责项目的行政管理、计划财务、施工管理、设备材料管理、技术管理等工作。

（1）行政管理（略）

（2）计划财务（略）

（3）施工管理（略）

（4）设备材料管理（略）

（5）技术管理（略）

待项目实施过程中，管理机构视实施情况可进行适当调整。

第九章　项目实施进度

（一）总体设想

本工程拟在一年内完成，20××年4月开始立项至20××年6月末竣工。

（二）项目实施进度安排

由于本项目是利用原有场地建设，建设条件较好，因此可加快前期准备工作速度。项目建设期分两个阶段。

（1）前期工作及施工准备阶段（略）

（2）施工阶段（略）

第十章　项目投资估算与资金筹措

（一）投资估算

1．编制说明

本投资估算为××工程有限公司改建生产厂房项目，依据设计部门提供的设计方案和××省关于造价方面的文件,按照工程的相关文件,编制本投资估算。

2. 编制依据(略)

3. 投资及其构成(略)

(二) 资金筹措方式与来源

该工程项目总投资为 333.53 万元,资金来源为企业自筹投资。

第十一章　财　务　评　价

(一) 财务评价依据(略)

(二) 财务评价基础数据选取(略)

(三) 销售收入估算

1. 销售收入估算

项目达产年第一年生产规模为产量 1475 万元的橡胶辊产品,项目计算期 12 年,其中建设期设为 1 年。本评价从项目角度,测算各项总体指标。

2. 产品营业税和销售税金及附加估算(略)

(四) 成本费用估算

(1) 原辅材料及燃料动力(略)

(2) 维修费用(略)

(3) 折旧费(略)

(4) 无形资产摊销(略)

(5) 其他费用(略)

(五) 利润与分配

工程项目达产年实现利润总额 99.65 万元。正常年份的所得税税率按 25% 计取,正常年份的盈余公积金(含公益金)按 15% 估算。

(六) 盈利能力分析

工程项目税后内部收益率为 17.18%,财务净现值为 183.00 万元,投产后投资回收期为 6.25 年。投资利润率为 29.83%,投资利税率为 32.49%。

(七) 财务评价结论

综上分析与测算,工程项目得出主要经济指标如下。(略)

综合以上财务评价指标可以看出,工程项目财务内部收益率高于相关行业基准收益率,投资回收期短,并低于相关行业基准值。投资利润率、投资利税率等均高于相关行业的平均水平。因此本项目在财务上是可行的。

第十二章　社　会　评　价

(一) 项目对社会的影响分析(略)

(二) 项目与所在地区互适性分析(略)

(三) 社会风险分析

(1) 用地受制约(略)

(2) 人员技术水平的提高(略)

(四) 社会评价结论

本项目的投资建设可以增进××区的财政税收,加强了相关产业的配套,增加当地的劳动力就业,带动相关产业的发展,促进社会的发展,因此,投资本项目有助于提高社会效益。

第十三章 研究结论与建议

（一）结论

本次项目可行性研究的对象是××工程有限公司改建生产厂房项目,建筑面积1300平方米,20××年4月开工,20××年6月完工,完成生产、办公等基础设施及配套设施的建设。本报告是咨询单位在详细收集和分析与工程建设项目有关的各项资料的基础上,通过大量的调查、分析、估算,对建设项目开展了系统深入的研究和评价,编制了本项目可行性研究报告,得出的主要结论如下:

本工程的建设方案,适合本企业发展的需要,在经济上是合理的,在技术上是可行的,同时具有良好的经济效益和社会效益,项目的建设是可行的,也是必要的。

（二）建议

从实际使用功能看,考虑到建设项目的目的性,必须预先设定项目要达到的目的和主要的指标,避免在其生命周期内功能满足不了要求;考虑建设项目的独特性,重视设计要与食品园的整体环境配套,建筑艺术与风格在其生命周期内满足使用要求。使其具有前瞻性;考虑建设项目的一次性,关注建设项目的工程质量,避免由于工程质量问题产生质量成本(失败的补救和恢复工作消耗资源)。

本报告的结论是本着客观、公正、全面、科学的原则,依据委托方提供的资料,尽量通过现场进行调查,获得第一手资料,保证数据的代表性、准确性和时效性,估算、分析、预测后得出的。我们认为,有必要对报告的有关事项做出进一步说明。

（1）由于市场调研深度和广度的局限性,各种费用估算均是初步的。

（2）本可行性研究报告中的建设方案,根据目前较高水准设计考虑,现该项目只为初步方案研究阶段。

（3）建筑工程中不可预见的因素很多,工期、质量、成本、原材料供应等都会影响项目总体目标的实现。因此在工程实施进程中,要加强施工管理,实行工程监理制。

（4）协调好水、电、电信、交通等市政设施的配套联网,也是项目发展过程中不可忽视的重要问题。

（5）本项目建筑工程量小,施工周期短。工程建设中对新旧厂房的衔接处理上要多听有关专家的意见和建议,有关论证、设计、施工要紧密配合,对于建设过程中出现的问题,应用科学的方法进行分析、比较、论证。在设计和施工中要吸取国内外的建设经验,采用合理、可行、有效的技术手段,确保工程万无一失。

附表:

附表1　投资估算表

附表2　销售收入和销售税金估算表

附表3　固定资产折旧估算表

附表4　无形资产及长期待摊费用表

附表5　总成本费用估算表

附表6　利润表

附表 7　投资计划与资金筹措表

附表 8　资金来源与运用表

附表 9　现金流量表

简评

本文是一篇厂房改（扩）建项目的可行性分析报告，原文篇幅较长，这里只是列出了要点。报告的第一章是对该项目总体情况的介绍。接着从"需求分析与建设规模"到"社会评价"，是依据委托方提供的材料从各个方面展开分析，论证了改扩建的必要性和可行性。最后还对报告中一些未尽事宜提出了补充说明并附上了相关图表等附件。全篇条理清晰、格式规范，所需的相关数据详细而完备，对研究结论给予了有力支持。

提示：可行性研究报告的基本结构与写作要求

一、可行性研究报告的基本结构

可行性研究报告由于研究分析的对象不同、内容不同，各有自己的写法和特殊要求；又由于项目大小和复杂程度不同，内容也有繁有简。但是可行性报告从开始到完成的整个过程有一定的规律性，从而形成了相对固定的内容和格式。

一般来说，可行性研究报告由封面和标题、正文、附件三部分组成。

（一）封面和标题

大型的可行性研究报告设有封面，封面没有固定要求，一般包括项目名称、编制报告的单位、成文时间等基本内容。较长的报告还设有摘要和目录。

标题由项目主办单位、项目名称和文种组成，如《××厂技术改造的可行性研究报告》。也可以采用省略式标题，如《关于兴建××实训基地的可行性研究》。

（二）正文

正文是可行性研究报告的主体部分。不同类型的可行性研究报告的内容侧重点差异较大，但一般应包括以下内容。

（1）总论。总论也称概论，主要说明立项的背景、原因、目的、依据、实施单位、技术负责人、市场需求、报告人等情况。

（2）分论。分论是可行性研究报告的核心，是结论和建议产生的基础。要求使用系统分析的方法，围绕影响项目的各种因素，从不同角度论证拟建项目是否必要。或对预选项目的方案进行分析、比较，以确定拟建项目的可行性及作用等。

具体内容包括：市场调查情况；市场需求和发展规模分析；拟建规模分析；能源、原材料、基础设施情况；选址方案说明；技术工艺和设计方案；环境保护、劳动保护与安全防护；组织机构设置及管理；资金保障；经济利益与社会效益等。

（3）结论和建议。对可行性研究的结果做出综合性评价和判断，指出其优缺点，表明项目的可行或不可行性。

（三）附件

必要的辅助材料，如相关的政策文件、论证材料、统计图表、设计图纸等。

二、可行性研究报告的写作要求

（1）拓展视野。在整个社会经济迅猛发展的今天，进行可行性研究要善于把问题放到广阔的经济背景上去考察，要明确任何一个经济问题都不是孤立存在的。对拟建项目进行研究时，不仅要着眼于现实，还应把握未来的发展趋势。

（2）实事求是。必须本着高度负责的态度，对项目内容做出客观公正的评价。认真开展调查研究，对所掌握的资料进行反复核实，确保其真实可靠。全面考虑对项目产生影响的各种因素和条件，包括不利因素和可能存在的风险等。

写作能力实训

一、判断题

1. 可行性研究报告的主体部分，要求以系统分析的方法，围绕产生效益和影响项目投资的各种因素，运用各种数据资料加以论证。（　　）

2. 可行性研究报告按范围划分，可分为肯定性可行性报告、否定性可行性报告、选择性可行性报告。（　　）

3. 实事求是是可行性研究报告的写作要求之一。（　　）

4. 可行性研究报告应重点强调有利因素而回避不利因素。（　　）

5. 可行性研究报告与经济预测报告一样，都是为决策提供参考的材料。（　　）

6. 可行性研究报告中涉及的辅助材料，如图表或图纸等应放在主体部分。（　　）

二、写作题

1. 黄×打算与人合伙在某大学附近开一间观影吧，预算第一个月的资金需求。店租：5000元/月（100平方米）；简单装修：20 000元；设备费（电器、家具、投影仪等）：50 000元；其他（水电煤、设备维护、宣发等）：1000元/月；人工：2人，0元/月（合伙人）；消费对象：18～35岁的青年人。请为他代拟一份可行性研究报告（自行补充所需数据）。

2. 某大学会计系要兴建财会实训中心，请据此撰写一份该项目的可行性研究报告（相关材料自行补充）。

第六节　招　标　书

一、招标书的含义和特点

（一）招标书的含义

随着市场经济的迅猛发展和进一步规范，招标、投标活动在社会各个领域得到越来越广泛的应用。为了规范招标投标活动，保护国家利益、社会公共利益和招标投标当事人的合法权益，1999年8月30日第九届全国人民代表大会常务委员会第十一次会议通过了

《中华人民共和国招标投标法》，并于 2000 年 1 月 1 日起施行。随后，经过认真总结招标投标法实施之后的实践经验，又颁布了《中华人民共和国招标投标法实施条例》（自 2012 年 2 月 1 日起施行），进一步筑牢工程建设和其他公共采购领域预防和惩治腐败的制度屏障，维护招标投标活动的正常秩序。

广义的招标书泛指在整个招标过程中所涉及的一系列文书，如招标公告、招标章程、招标申请书、标书、招标须知、中标合同等；狭义的招标书是指招标单位在承包建设项目、进行大宗商品交易或合作经营业务之前，将项目的有关事项和要求通过各种媒介和途径向外界公布，以期利用投标者之间的竞争，达到择优选定中标者的一种告知性文书。

（二）招标书的特点

1. 公开性

除一部分内部发布的招标书外，绝大多数的招标书利用各种传播媒介向社会公开发布，让尽可能多的单位、个人知晓并参与投标，以便择优录用。因此，除标底外，凡是投标者需要知悉的内容，都应在招标书中公开说明。

2. 竞争性

招标书充分利用了竞争机制，它以竞标的方式吸引尽可能多的投标者加入，通过激烈的竞争实现优胜劣汰，从而实现优选的目的，以获取最佳的经济效益。

3. 时效性

招标书的时间限制，主要表现在两个方面：一个是招标的时间，即投标的截止时间；另一个是招标项目的完成时间。

二、招标书的主要类型

（1）按照内容及性质划分，可以分为工程建设招标书、生产招标书、大宗商品交易招标书、科研课题招标书、劳务招标书等。

（2）按照发布的范围划分，可以分为国际招标书、国内招标书、系统内部招标书等。

（3）按照招标的时间划分，可以分为长期招标书和短期招标书。

范例导读与简评

【范例一】　大宗商品交易招标书范例导读

教学实训设备及学校桌椅采购项目招标书

根据《中华人民共和国政府采购法》《政府采购货物和服务招标投标管理办法》等规定，经××省财政厅政府采购监督管理处批准的政府采购计划（编号：201705300014、

201707210071)批准,现就××职业技术学院的教学实训设备及学校桌椅采购项目进行公开招标采购,欢迎符合条件的供应商前来投标。

一、项目名称:教学实训设备及学校桌椅采购项目

二、项目编号:GXZC2017-G1-10828-CGZX

三、采购内容及数量

A分标:工作站6台、图形工作站1台、研讨桌1套、投影仪1套、投影幕布1个、功放(带音响)1套、实训中心文化建设1套、实训台4套、实训中心线路改造1套、实训中心造型改造80平方米、数码相机1台、复印机(带桌子)1台、电脑桌椅10套等。

B分标:门禁考勤机4套、门禁电源2套、磁力锁/电插锁2台、回弹支架2个、高清摄像机含支架2个、计算机1台、门禁软件1套、监控硬盘1块、交换机2台等。

C分标:礼堂桌椅120位、学生桌椅100位、教室桌椅2231位、黑板7张、升降式黑板13张等。

如需进一步了解详细内容,详见招标文件。

四、采购项目预算金额(人民币)

A分标:199.8372万元;B分标:4.0492万元;C分标:79.81万元。

五、本项目需要落实的政府采购政策

(1)落实强制采购节能产品、鼓励节能政策:对国家公布的节能产品政府采购清单中属于强制采购的产品,予以强制采购。属于非强制采购的产品,在技术、服务等指标同等条件下,予以优先采购。如需进一步了解详细内容,详见招标文件《招标项目采购需求》及《评标办法及评分标准》。

(2)鼓励环保政策:在技术、服务等指标同等条件下,优先采购国家公布的属于环境标志产品政府采购清单中产品。如需进一步了解详细内容,详见招标文件《评标办法及评分标准》。

(3)扶持中小企业政策。如需进一步了解详细内容,详见招标文件《评标办法及评分标准》。

六、合格投标人的资格要求

(1)符合《中华人民共和国政府采购法》第二十二条规定的投标人。

(2)参加政府采购活动前三年内,在经营活动中没有重大违法记录和不良信用记录;(被列入失信被执行人、重大税收违法案件当事人名单、政府采购严重违法失信行为记录名单及其他不符合《中华人民共和国政府采购法》第二十二条规定条件的供应商,将被拒绝其参与本次政府采购活动。供应商可在"信用中国"网站(http://www.creditchina.gov.cn)或中国政府采购网(http://www.ccgp.gov.cn)查询相关供应商主体信用记录,同时须在投标文件中将查询结果截图加盖单位公章如实报告评标委员会。两个以上的自然人、法人或者其他组织组成一个联合体,以一个供应商的身份共同参加政府采购活动的,应当对所有联合体成员进行信用记录查询,联合体成员存在不良信用记录的,视同联合体存在不良信用记录。

(3)本项目不接受联合体投标。

七、招标文件的获取

自公告发布之日起至 2017 年 9 月 1 日 17 时止，请登录××省政府采购网站（http：//www.××.gov.cn）直接在线办理报名登记业务并自行下载招标文件。法人企业报名时须上传法人授权委托书及被授权人身份证、非法人企业报名时须上传负责人授权委托书及被授权人身份证、自然人报名时须上传有效的自然人身份证明。在线办理招标文件的网上预览及报名业务咨询电话：×××××××。

八、投标保证金（人民币）

A 分标：3 万元；B 分标：0.08 万元；C 分标：1.4 万元（必须足额交纳）。

投标人应于 2017 年 9 月 14 日 10 时前将投标保证金以支票、汇票、本票等非现金形式转至本中心账户。

投标保证金提交账户。

开户名称：××省政府采购中心

开户银行：中国建设银行××市××路支行

账号：××××××××××

本中心财务（电话：××××××；传真：××××××）

九、投标截止时间和地点

投标人应于 2017 年 9 月 14 日 10 时前将投标文件密封送交到××市××路××号凤凰大厦，××省政府采购中心开标室，逾期送达的将予以拒收，未密封作无效投标文件处理。

十、开标时间及地点

本次招标将于 2017 年 9 月 14 日 10 时在××市××路××号凤凰大厦，××省政府采购中心开标室开标，投标人可以派委托代理人出席开标会议。

十一、网上查询地址（略）

十二、联系事项

（1）采购单位：××职业技术学院

地址：××市××区四塘街 4 号

联系人：张××；联系电话：××××××；传真：××××××

（2）采购代理机构：××省政府采购中心

地址：××市××路××号凤凰大厦

项目联系人：李××；联系电话：××××××

（3）监督部门：××省财政厅政府采购监督管理处；电话：××××××

××省政府采购中心

2017 年 8 月 21 日

简评

按内容来分，本文属于大宗商品交易招标书。题目采用的是省略式标题，只出现了"招标内容＋文种名称"。正文由前言和主体组成。前言简要介绍了招标的缘由和目的。主体部分包括招标项目、投标方具体条件和要求等。全文格式规范，结构严谨，内容具体明确。

【范例二】　工程建设招标书范例导读

××大学校园修缮改造工程（GXZC2017-G2-0403-KWZB）施工招标书

1. 招标条件

本招标项目××大学校园修缮改造工程（GXZC2017-G2-0403-KWZB）已由××省财政厅以采购计划表201612290007批准建设，招标人（项目业主）为××大学，建设资金来自政府投资，项目出资比例为100%。项目已具备招标条件，现对该项目的施工进行公开招标。

2. 项目概况与招标范围

建设地点：××市。

建设规模：校园修缮改造工程，详见施工图纸。

合同估算价：约230万元。

要求工期：90日历天。

招标范围：××校区教授工作室改造（主要工程内容为：一层至十五层办公室、卫生间、走廊及开水间部分的内墙面和天棚面翻新，重新布置电气及照明，更换防盗门，更换走廊吊顶，拆除中央空调等）明秀校区校园修缮改造（主要工程内容为：对中区环境杂物房、停车场、道路、绿化等进行改造），具体内容以图纸、技术要求及工程量清单为准。

3. 投标人资格要求

（1）符合《中华人民共和国政府采购法》第二十二条规定条件，国内注册（是指按国家有关规定要求注册的），具有法人资格的投标单位。

（2）投标人须具有建筑装修装饰工程专业承包二级及以上资质且具有城市园林绿化工程专业承包叁级（含叁级）以上资质的供应商。

（3）拟投入工程的项目经理须具备建筑工程二级及以上注册建造师执业资格。

4. 投标报名

现场报名。凡有意参加投标者，请于2017年2月3日至2月8日（法定公休日、法定节假日除外），每日上午9:00时至12:00时，下午1:30时至4:30时（北京时间，下同），由潜在投标人的委托代理人在××省公共资源交易中心（××市××区××路××号省政务服务中心4楼）进行现场报名。

5. 招标文件的获取

（1）凡通过现场报名者，请于2017年2月3日至2月8日（不少于5个工作日，法定公休日、法定节假日除外），每日上午9:00时至12:00时，下午1:30时至4:30时，由潜在投标人的专职投标员出示本人的"××建筑市场诚信卡"、支付凭证（原件及复印件）在××省公共资源交易中心（××市××区××路××号省政务服务中心4楼）购买招标文件，本次招标文件不接受邮购方式发售。

（2）招标文件（不含图纸）每套售价250元，售后不退。

（3）图纸押金1000元（退还图纸同时退还图纸押金。图纸押金须于发出中标通知书5日内退还投标人）。

（4）标书费支付：报名人在投标报名前，到银行以个人名义办理标书款支付或转账至下述专用银行账户（注明招标项目编号）；或报名人持本人银联卡到交易中心刷卡支付。

（5）标书费及图纸押金专用银行账户。

开户银行：建设银行××支行营业部

开户名称：××省公共资源交易中心

开户账号：××××××××

6. 投标文件的递交

（1）投标文件递交的截止时间（投标截止时间，下同）为 2017 年 2 月 24 日 10 时 00 分，地点为××省公共资源交易中心（××市××区××路××号省政务服务中心 4 楼）。

（2）逾期送达的或者未送达指定地点的投标文件，招标人不予受理。

（3）投标文件必须由企业专职投标员本人递交，并持专职投标员本人、拟投入的项目经理和拟投入的所有专职安全员的"××建筑市场诚信卡"刷卡通过验证，否则招标人不予受理。

7. 评标方式

综合评估法。

8. 预付款和进度款支付方式

预付款支付比例或金额：××××

进度款支付方式：合同内按工程计量周期内完成工程量的 85％，合同外按工程计量周期完成工程量的 60％。

9. 发布公告的媒介

本次招标公告同时在中国政府采购网（http：//www.ccgp.gov.cn）、××公共资源交易中心（http：//www.××.cn）、××省政府采购网站（http：//www.××.gov.cn）发布。

10. 交易服务单位

××省公共资源交易中心

地址：××市××路××号××政务服务中心 4 楼

联系人：胡工、王工　　联系电话：××××××

11. 监督部门及电话

广西壮族自治区政府采购监督管理部门　　联系电话：××××××

12. 联系方式

招标人：××大学	招标代理机构：××科文招标有限公司
地址：××市大学西路 180 号	地址：××大道 141 号中鼎万象五层
邮编：××××××	邮编：530001
联系人：简老师	联系人：何静
电话：××××××	电话：××××××
传真：××××××	传真：××××××

2017 年 2 月 3 日

简评

按内容来分，此招标书属于工程建设招标书。标题采用了三要素式：招标单位＋招标内容＋文种名称。正文由前言和主体组成。前言简要写明招标的条件和项目概况等内容;主体部分分别写了投标报名、评标定标方式、投标书相关要求以及招投标活动相关的具体信息,内容翔实清晰,语言表达简洁而准确。

提示：招标书的基本结构与写作要求

一、招标书的基本结构

招标书一般由标题、招标号、正文、结尾四部分组成。

（一）标题

标题通常由招标单位（或个人）名称、招标项目和文种三要素构成。如《西南交通大学设备采购招标书》《××职业技术学院实验楼废水处理工程招标书》;有时也可以省略招标项目或招标单位名称,如《××工程招标书》;甚至只写文种名称,如《招标书》。

（二）招标号

标题下方一般应标明招标号,以便归档备查。招标号一般由招标单位名称的英文缩写、年度和招标书顺序号组成。如《西南交通大学设备采购招标书》,招标号为 2009-EQ-130-GC-97;《深圳航空有限责任公司 2009 年办公家具年度供应商招标书》编号为 SZAZB09014。

（三）正文

正文由前言和主体两部分构成。

1. 前言

前言是招标书正文的前置部分,一般应写清楚招标单位的招标项目、招标缘由、依据或目的等内容。如"为了提高办公用品采购的透明度,降低我局办公用品购买价格,本着'公开、公平、公正、诚信'的原则,现对我局办公用品采购项目进行公开招标"。

2. 主体

主体部分是招标书的核心部分,一般包括如下:

（1）招标方式。公开招标、邀请招标、内部招标。

（2）招标项目情况。具体写明项目的名称、规模、技术和质量要求等。

（3）招标范围。即投标人应具备的条件,使潜在的投标人明确自己是否能成为此项目的投标人。

（4）招标步骤。招标的起止日期、地点、文件发售时间、价格、方式,接受招标文件的时间、地点,开标时间、地点、方式,签约时限,竣工日期等。

（5）投标报价要求和评标标准。

（6）其他注意事项。

（四）结尾

结尾要详细而具体地写清楚招标人名称、招标通告发布的日期。同时还要注明招标单位的地址、电话、电报挂号、传真、邮政编码、联系人等,以便投标者参与。有的招标书还将项目数量、工期、设计勘察资料等一些繁杂的内容作为附件列于文后。

二、招标书的写作要求

（1）招标书所涉及的内容事项必须符合国家的有关法律、法规和政策规定。

（2）招标内容和具体事宜的表达必须做到严谨周密。要避免诸如"尽可能""力争"等模糊的词语出现。

写作能力实训

一、判断题

1. 招标书按照内容及性质划分，可以分为国际招标书、国内招标书、系统内部招标书等。（　　）

2. 标底有时可在招标书中公开说明。（　　）

3. 招标书的撰写应体现公平、公开、公正的原则。（　　）

二、写作题

××学院拟通过招标确定教职工节日慰问品的定点供货商，请代此学院写一则招标书。具体情况如下：优质大米预估数量为1310（±2％）袋，香菇（干货）预估数量为1310（±2％）袋；压榨花生油预估数量为1450（±2％）瓶，八渡笋（干货）预估数量为1450（±2％）袋。其他相关信息自行补充。

第七节　投　标　书

一、投标书的含义和特点

（一）投标书的含义

投标书与招标书相对应，是投标者在充分领会招标文件后所编制的投标文书，是对招标书的回答。一般要求密封后邮寄或派专人送到招标单位，故又称为标函。

（二）投标书的特点

1. 针对性

在编写投标书时，最核心的要点是要对照招标书的要求，逐条响应招标书，其中的具体内容，如目标、造价、进度等，都要以招标单位所提出的各项要求为依据，使招标方能准确、清晰地看出投标方的投标意愿和投标能力。

2. 竞争性

投标是一种竞争活动，投标书是投标方参与竞争的唯一武器。这就要求投标方充分展示自己的实力和优势，才能在竞争中脱颖而出，但投标方的一切承诺应建立在自身实力的基础上。

3. 约束性

投标书具有严格的法律约束力。投标书和招标书一样,均为日后签订承包合同提供原始依据,它本身必须是法律许可范围之内的。它的条款一经写入投标书中,就具备了严格意义上的法律约束力。

二、投标书的主要类型

与招标书一样,投标书也可以从不同角度进行分类。按投标人员组成情况划分,可分为个人投标书、合伙投标书、集体投标书、企业投标书等;按投标的范围可划分为国际投标书和国内投标书等;按性质内容划分,可分为工程投标书、采购项目投标书、租赁投标书、劳务投标书等。

范例导读与简评

【范例一】　工程投标书范例导读

××景观工程投标书

（一）投　标　函

××集团有限公司:

(1) 我方已仔细研究了××有限公司瓶装富氢水生产线建设项目园林景观工程施工招标文件的全部内容,愿意以人民币(大写)肆佰柒拾柒万柒仟零贰元零肆分(小写¥:4 777 002.04 元)为投标总报价,计划总工期为 180 日历天,按合同约定实施和完成承包工程,修补工程中的任何缺陷,工程质量达到合格。

(2) 我方承诺在投标有效期内不修改、撤销投标文件。

(3) 如我方中标:

① 我方承诺在收到中标通知书后,在中标通知书规定的期限内与你方签订合同。

② 随同本投标函递交的投标函附录属于合同文件的组成部分。

③ 我方承诺按照招标文件规定向你方递交履约担保。

④ 我方承诺在合同约定的期限内完成并移交全部合同工程。

(4) 我方在此声明,所递交的投标文件及有关资料内容完整、真实和准确。

投标人:(盖单位章)

法定代表人或其委托代理人:(签字、盖章)

地址:××市高新区科技四路 2 号枫林绿洲 G 区 3 号楼

邮政编码:××××××

日期:××××年 8 月 20 日

（二）投标函附录

工程名称	××有限公司富氢水生产线建设项目园林景观工程
投标人名称	××绿化工程有限公司
投标报价	大写：肆佰柒拾柒万柒仟零贰元零肆分 小写：￥4 777 002.04 元
投报工期	180 日历天
投报质量	合格
项目经理	冯××

投标人：（盖单位章）

法定代表人或其委托代理人：（签字）

××××年 8 月 20 日

（三）法定代表人资格证明

投标人名称：××绿化工程有限公司

单位性质：有限责任公司

地址：××市高新区科技四路 2 号枫林绿洲 3 号楼

成立时间：××××年 3 月 30 日

经营期限：长期

姓名：李×× 　性别：男 　年龄：28 　职务：执行董事

系××绿化工程有限公司的法定代表人。

特此证明。

投标人：（盖单位章）

日期：××××年 8 月 20 日

（四）投标报价说明

（1）本报价依据本工程招标公告和设计施工图纸进行编制。

（2）工程量清单标价表中所填入的综合单价和合价均包括人工费、材料费、机械费、管理费、利润、税金以及采用固定单价法的工程所测算的风险金等全部费用。

（3）措施项目标价表中所填入的措施项目报价，包括为完成本工程项目施工必须采取的措施所发生的费用。

（4）其他项目标价表中所填入的其他项目标价，包括工程量清单报价表和措施项目报价表以外的，为完成本工程项目施工必须发生的其他费用。

（5）本工程量清单报价表的每一单项均应填写单价和合价，对没有填写单价和合价的项目费用，视为已包括在工程量清单的其他单价和合价中。

（6）本报价的币种为人民币。

简评

本文是一则工程项目投标书。标题采用了"投标内容＋文种名称"的方式。正文由开头和主体组成。开头写明了投标的缘由和意愿。主体部分写明了工程开工和竣工日期及质量标准，并且承诺如中标将履行规定的各项责任和义务。随后是投标书所需的一些材料(附录、资格证明等)。全文内容简洁,语言准确,是一份比较完整、规范的投标书。

【范例二】 采购项目投标书范例导读

<h1 style="text-align:center">投 标 函</h1>

致：××工程学院工程训练中心

根据贵方机械加工设备招标采购货物及服务的投标邀请 HNIE-2012-001-01,正式授权下述签字人 ××设备主管 代表我方××数控设备制造有限公司全权处理本次项目投标的有关事宜。据此函,签字人兹宣布同意如下：

(1)按招标文件规定的各项要求,向买方提供所需的货物与服务,第 A 包投标总报价为 66.6 万元人民币。

(2)我们完全理解贵方不一定将合同授予最低报价的投标人。

(3)我们已详细审核全部招标文件及其有效补充文件,我们知道必须放弃提出含混不清或误解问题的权利。

(4)我们同意从规定的开标日期起遵循本标文件,并在规定的投标有效期期满之前均具有约束力。

(5)同意向贵方提供贵方可能另外要求的与投标有关的任何证据或资料,并保证我方已提供的文件是真实的、准确的。

(6)一旦我方中标,我方将根据招标文件的规定,严格履行合同的责任和义务,并保证于"投标人须知前附表"中规定的时间完成机械加工设备项目,交付买方验收、使用。

(7)与本投标有关的正式通信地址如下。

地址：××市××镇新民社区兴盛路新源港 1 号

邮编：××××××

电话：××××××

传真：××××××

投标单位开户行：工商银行

账户：×××××××

投标单位授权代表人姓名：××

投标单位名称：××数控设备制造有限公司

日期：20××年 10 月 16 日

简评

本文是一则设备采购项目投标书。标题直接写文种名称"投标函",省略了投标方单位名称和投标项目。正文由开头和主体组成。开头写明了投标依据及意愿。作为采购项目投标书,投标方在主体部分第一项即提出自己的总报价,随后也表明态度:"我们完全理解贵方不一定将合同授予最低报价的投标人",使人一目了然。同时主体部分针对招标书中的要求做出了承诺。全文格式规范,层次清晰,条款具体明确。

提示：投标书的基本结构与写作要求

一、投标书的基本结构

投标书一般由标题、主送单位、正文、附件和落款五个部分组成。

（一）标题

标题的组成大致有四种情况：一是由投标人名称、投标项目和文种三部分组成。二是由投标项目名称和文种名称两部分组成，例如，《办公用品采购项目投标书》《××建设工程投标书》。三是由投标人名称和文种名称两部分组成。四是直接写文种名称"投标书（函）"。

（二）主送单位

主送单位即招标单位，要求在标题下顶格写明全称。也可以在招标单位名称前加"致"。

（三）正文

正文由引言和主体两部分构成。

1. 引言

投标书的引言主要写明投标人的具体情况、投标的目的或依据等。常见范例如下：

"我方全面阅读和研究了贵方关于××××项目的招标书，现经我方认真分析研究，同意接受招标文件的全部邀约条件，我方将严格按照有关招标法规及招标文件规定参加招标。"

"我们收到了贵公司关于××××的招标文件，经详细研究，我们决定参加该投标活动并投标。我们郑重声明以下诸点并负法律责任："

2. 主体

主体一般包括两方面内容：一是所提交的投标文件；二是投标人表明态度即表明承诺的内容。不同招标项目，投标人所提供的文件也不一样，应视招标文件规定和招标投标具体情况确定需要提交哪些文件，并注明提交文件的正本、副本的份数。

投标人承诺的内容一般包括以下几点。

（1）总报价及结算币种。

（2）如果是工程项目投标，应写明开工、竣工日期；如果是商品采购投标，应表明保证按合同规定履行义务。

（3）如果没有提供投标保证金保函，应写明所交纳的投标保证金金额及对投标保证金所持的态度。

（4）写明投标书的有限期限。

（5）对招标人不一定接受最低标价的投标或者其他任何可能收到的投标所持的态度。按惯例，一般是表示理解。

（6）其他承诺的内容。

（四）附件

把繁复的专门内容，如项目的具体内容、设计勘察资料、有关说明书等作为附件列于文后。

（五）落款

写明投标单位名称及其负责人、联系人，单位地址、联系电话，投标单位印章及授权代表签名盖章等。

二、投标书的写作要求

（1）投标书的写作内容应紧扣招标书的要求，同时突出投标方自身的优势和特点。

（2）语言表达应准确、周密。要全面、明确地表述所承诺的款项，以免产生歧义导致中标后发生纠纷。

（3）作为投标单位一方，在撰写时应坚持从实际出发，实事求是的原则，要做到量力而行，不能只为中标而夸大其词或弄虚作假。

写作能力实训

一、判断题

1. 投标书的语言表述应避免出现模糊度大的词语，如"尽量""力争"等。（　　）

2. 招标书和投标书不是合同，并不具备法律约束力。（　　）

3. 投标书所涉及的内容事项必须符合国家的有关法律、法规和政策规定。（　　）

二、写作题

请根据第六节招标书的范例二：《××大学校园修缮改造工程施工招标书》的具体条款拟写一则相应的投标书。

第五章

策 划 文 书

第一节　项目策划书

一、项目策划书的含义

项目策划书是指在对项目运作过程中的每一部分做出分析和评估,并制定出相应的实施策略和计划后,形成的一个总结文件。

二、项目策划书的特点

1. 可行性

编制的策划书是要用于指导项目运作,其指导性涉及项目运作活动中的各项工作及各环节关系的处理。因此其可操作性非常重要。不能操作的方案创意再好也无任何价值。不易于操作也将要耗费大量人力、财力、物力,管理复杂、显效低。

2. 创新性

创新是事物得以发展的动力,是人类赖以生存和发展的主要手段。即要求策划的创意新、内容新、表现手法也要新。新颖的创意是项目策划书的核心。

范例导读与简评

咖啡书吧创业项目策划书

模块 1　店铺介绍

1.1　店铺名称

店铺名称为"心怡咖啡书吧"。

1.2 店铺位置

××师范大学文理学院附近。

1.3 店铺结构

两层楼,一层为宽敞大厅二层为精致包间,二层带有阳台。

1.4 店面布局

1.4.1 恰当运用灯光、地毯、隔断等元素:尽量既有效利用空间,又显得错落有致,不显开阔平淡之感。可适当设计一些较为私密的桌位,让长时间逗留的顾客充分享受怡然自得的情调。分区布局,让每个细分群体的消费者都有自己喜爱的角落和桌位。

1.4.2 灯饰和灯光:灯饰是休闲吧厅装饰的重要元素,选择各种不同样式的灯饰可以有效增加休闲吧的美感。灯光是烘托休闲吧气氛的重要部分,可以选择不同颜色的灯光,烘托出休闲吧宜人的气氛。同时,顾客应该保留在自己的空间按照自己的要求调节灯光的便利。

1.4.3 墙面装饰和窗帘:按照季节及时调整,各种织物材质、图案、颜色尽量显得和谐,显示休闲吧的格调,贴近消费者感官享受。

1.4.4 桌位:桌位设计和摆放应该总体上和谐,个体上有差异,避免给消费者大排档的感受。

1.4.5 工艺品摆放:工艺品的选择应该贴近休闲吧气氛和消费者偏好,烘托出休闲吧的品位。

1.4.6 背景音乐:以浪漫,柔和的轻音乐为主,响度适中,切合季节变化和咖啡厅格调。

1.5 经营范围

奶茶、咖啡、点心、水果、图书代购。

1.6 发展目标

经营图书等文化商品,沟通信息,传播文化,形成一定规模的小型特色书店,将咖啡书吧打造成一个文化与休闲巧妙结合的惬意小屋,在开业初期就扩大影响效应,吸引三成以上的高校学生以及周边地带的消费群体。开业6个月后形成一批固定的消费群。第一年实现收支平衡,第二年开始盈利。最终实现社会效益和经济效益的最大化。

1.7 店铺宗旨

品出味道 读出智慧

1.8 服务宗旨

顾客是朋友,他是来休闲不是来消费的微笑式服务。

模块 2 市场分析

2.1 目标市场

我们决定选择18~29岁的消费者群体作为我们的目标市场,原因如下:

(1)该年龄段的消费者都是饮料的重度消费者,大概占整个饮料市场的40%,且由于学校众多,该目标群体能够形成足够大的市场规模并具有一定的发展潜力。

(2)由于高校学生群体消费观念的改变,该群体的购买力水平也相对较高。

(3)饮料市场尚未达到较高的品牌忠诚度,67.9%的消费者认为口味是影响其购买茶饮料最重要的因素；而18～29岁的青年人对此有较高的忠诚度，只要我们的产品在口味、功能和服务上有所突破，将比较容易赢得这一消费群体。

（4）18～29岁的青年人一般为不定型消费者，追求时尚，比较乐意尝试和接受新产品。

（5）18～29岁的青年人中学生占很大的比重，而这个年龄段的人处于人生的学习期，书与咖啡的结合，可以更好地利用他们的业余时间。

2.2　行业分析

休闲市场竞争激烈，且市场品种和品牌众多，新品牌、新品种的不断涌现，使市场被切碎细分，瓜分着消费者的钱袋，蜂拥挤占着市场。

我国咖啡餐饮业的市场份额有大幅度提高。从各业态来看，2008年百强企业中休闲类茶餐饮企业以销售额同比增长43.25%，排在各业态增幅首位；快餐企业销售额居各业态之首，为324.60亿元，占百强企业销售的31.85%；餐馆酒楼在各业态中上榜企业数量最多，达到40家。百强企业中，有部分企业在广告宣传方面投入的费用已经超过1亿元，占其2016年销售额的6.91%。2009年百强企业中，从营业额和增长速度来看，休闲餐饮依然发展迅猛，其营业额的增长速度远远高于百强中其他经营业态，增幅超过了50%。休闲饮品的代表性连锁企业以20%的速度逐年占据着越来越多的市场份额，部分非餐厅品牌也抢占着相当大的客群。

2.3　竞争对手分析

2.3.1　竞争者

星巴克、果麦、肯德基、必胜客、德克士、麦当劳、好食多，各种咖啡店、比萨自助店与茶店，这些是强势品牌，消费者对其有品牌偏好，有思维定式。但是它们的氛围都倾向于饮食消费，没有文化的氛围。

图书馆在一定程度上也是我们的竞争对手。图书馆的优势在于书籍种类全、数目多。但是图书馆侧重的是知识性，而书吧侧重的是休闲性；图书馆的开放时间有一定的限制，而书吧的服务时间能够随顾客的要求做出灵活的改动；图书馆的服务单一，而我们的服务人性化。

2.3.2　自身的优势与劣势

1）优势

（1）价格适中。

（2）创新品种，多种选择。

（3）装修别具一格，适合下午茶、私人小聚以及安静地看书。

（4）自立品牌，以简易的元素吸引顾客，无须加盟，在成本上可以低于加盟店，从而降低单价。

（5）可以读书的设计与众不同，可以吸引大批学生消费群体。

2）劣势

（1）成本较高。

（2）竞争对手范围广。

（3）没有像星巴克等店那么有名气。

2.3.3　咖啡书吧竞争的形式分析

环境竞争：随着大街小巷自助饮食店的增多，顾客的消费就有了非常大的选择余地，在这种情况下，竞争的焦点就转向了店面环境的改善，如果经营环境"脏""乱""差"，那么即使有一定的价格优势，也很难引来顾客，相反，创建洁净、明亮、整齐且优雅舒适的店面环境，则会使消费者感到心情愉悦，从而使回头率大增。

服务竞争：经过一定时期的市场竞争，经营环境都有了相当大的改善，价格战和各种促销活动也是此起彼伏，此时比拼的焦点转向了服务领域，自助饮食店属于服务性行业，因此服务态度和服务质量，直接影响到生意，服务竞争衍生出了多种多样的服务形式，如外卖服务、明星服务等形式。

地段竞争：消费群体客户涵盖社会各界，经常光顾的消费群体主要集中于年轻人，因此，不同的选择的地段环境就成为竞争焦点，一般而言，选择成熟写字楼和高校是保证良好业绩的前提。所以店铺位置定于高校附近。

产品竞争：供应的餐饮品种包括各种饮料与茶水和西式糕点，对产品进行技术开发与创新，设计产品的外观，引起更多人的兴趣。

效率竞争：效率竞争主要是指特定的时间和特定的对象，很大一部分消费群体是写字楼的白领、高校学生和附近居民，从点菜至结账都讲求速度，每逢午饭时段，尤其面对顾客众多的时候，效率是留住顾客的最佳手段。

模块3　产品与服务（略）

3.1　产品介绍（略）

3.2　收费设定（略）

3.3　特色服务

除了一般咖啡书吧提供的餐饮和看的书服务之外，根据消费者的不同需求提供顾客亲身体验浪漫咖啡制作的机会。

模块4　人员及组织结构

4.1　人员能力分析

店长：能带领团队，激发团队热情，为人诚实守信，具有良好的职业素养。

西点师：具有中高级以上职业资格证书，从事该工作一年以上。

咖啡师：具有中高级以上职业资格证书。

服务员：有相应工作经验、沟通能力较好。也可以提供一些高校学生勤工俭学的机会。

收银员：持有会计从业证，熟悉计算机操作，头脑清晰，认真谨慎。

4.2　人员分工（略）

模块5　市场预测

随着社会经济的发展，社会价值观发生了巨大的变化。人们不再仅是停留在吃饱穿暖，而更多地倾向于放松享受和提高自己。尤其在高校附近，学生更加渴望有一个安静优雅的环境学习优秀的文化，吸取更多的知识。由此产生了对咖啡书吧这种舒适环境的需求。

高校文化发展先进，文化消费较高。虽然存在各种书店，但没有充分满足读者日益增长的需要。咖啡书吧位于高校附近，学生条件较好，消费水平较高。周边学校较多，住宅小区也很多，消费能力较强。而且周边没有类似的店铺，独特性很强。

该区域交通便利、基础设施齐全、规划整齐、周边商铺门店密集、居住人口众多、商业前景十分广阔。应该有较好的市场前景。

模块 6　经营战略

6.1　营销策略

6.1.1　价格策略

为尽快打响知名度，可以拟定出短暂的优惠期，进行市场推广，以便迅速强占市场，逐步推出创新的服务卖点，保持市场热度。在客源稳定之后，则进行必要的筛选。

6.1.2　销售策略

通过发传单，开张大酬宾等形式对外宣传，吸引附近的人群，也可扩大影响；联合周边有影响力的休闲娱乐场所和高校举办一些活动，以利于市场开发和快速提升项目在当地的知晓度，进而培植市场；书吧员工每人一件印有"心怡 Logo"字样的文化 T 恤，文化 T 恤派发员工，让员工成为一道流动风景，使信息不胫而走，家喻户晓；确保服务品质，实施全员营销和推广会员政策，培植忠诚客户。

6.1.3　销售步骤

深入了解竞争对手状况，以及密切关注市场的变化，在推出产品的前期，我们计划做一个"预热"，去某个学校门口、校内或寝室去发放宣传单和优惠券，到新品上市时，可以在购买新品时凭优惠券获得精美礼品一份。一周内向顾客免费派送小瓶装的产品，使消费者对新产品有一定的了解。目的是使消费者了解和认识产品，打响产品的知名度。通过各种促销、抽奖等活动来迅速打开消费地区、扩大消费群、占领市场。

6.1.4　经营策略

（1）凡第一次消费的客人再加 10 元，发放贵宾卡，贵宾卡享受最低消费 10 元、单点 8 折的优惠。

（2）店内咖啡免费续杯。

（3）生日到店内来的客人送神秘礼品一份。

（4）节假日 Party 享受 5 折优惠。

6.1.5　增值项目

（1）亲身体验浪漫咖啡制作，品尝亲饮。

（2）根据社会关注的热点话题，定期邀请相关的学者和专家来店内举办沙龙。

（3）为顾客代订购杂志书籍。

6.1.6　广告策略

刚开业的时候电台和报纸宣传是必不可少的，但店铺以后的发展宣传就要靠自己的实力。还可以以店名组织一些活动增强知名度。学校内的活动是主要部分。

6.2　创新机制

6.2.1　技术创新

购买先进的设备，比如全自动的咖啡机、封口机、多功能的烘焙烤箱等设备。

每周推出新产品，提供套餐（一份套餐可随意搭配 10 元以下的饮品），提供独立包厢。

6.2.2 产品设计创新

根据消费者的不同品味设计不同主题的点心、水果拼盘、咖啡、奶茶;其次还可以根据社会的不同热点进行设计。

6.2.3 服务创新设计

咖啡书吧内的书一部分由店内购置,并设计一个交换看的空间,就是顾客可以把自己不看的书放到书架上,顾客之间可以互换书本,资源共享。而店铺要做好记录,保证书本的完整。提供了顾客之间交流认识的机会。而且我们还会根据顾客的需求购进,也可以帮他们代购一些他们想要的书籍。

由于本休闲吧的经济实力尚弱,因此初期将采取避实就虚的营销战略,避开大量的硬广告营销,而采取一整套行之有效的"承诺营销"进行产品宣传。通过菜单、海报、文化手册、广告、促销活动等向消费者进行宣传。做出持续性、计划性将决定本休闲吧在避免普通休闲吧的顾客忠诚度不高的缺陷方面具有先天的优势,为了使本休闲吧能够在顾客心目中树立起权威感和信赖感,本休闲吧将会建立一套完整的会员信息反馈系统,实现营销承诺。

(1)顾客反馈表。在服务中严格要求工作人员树立顾客第一的观念,认真听取顾客意见。

(2)将顾客满意进行到底。树立"顾客满意自己才满意"的观念,做到时时刻刻为顾客着想。

(3)建立休闲吧顾客服务调查表,定期由营销部专人负责对顾客进行跟踪服务。

模块7 生产计划

店铺位于××师范大学文理学院附近,需要基本的餐饮配置以及书架书本、计算机、柜台、卫生用品等。

营业时间:下午2:00到晚上10:00 双休日及节假日上午9:00到晚上11:00

招牌食品:根据本地人的喜好和口味,制作几款特殊的饮品和食品。例如,卡布奇诺、冰激凌奶茶、新鲜果汁等。

产品定位:新鲜食品,健康。

服务定位:顾客至上,微笑接待,人性化合理化服务。

模块8 财务分析

营业设备设施(略)

厨房设备用品(略)

餐饮设备用品(略)

清洁卫生用品(略)

洗涤设备用品(略)

餐椅餐桌柜架(略)

其他设备用品

场地租金:按照月租费用测评

物料储备:按照3天的储备周期

企业将获得的营业执照、许可证(略)

企业的法律责任(保险、员工的薪酬、纳税)(略)

员工工资与人数预算（略）

盈利前景（略）

模块9　风险分析

9.1　风险

9.1.1　外部风险（略）

9.1.2　市场风险（略）

9.1.3　内部管理风险（略）

9.2　对策

（1）留下一部分收益作为储备资金，应对风险。

（2）吸取先进的生产技术与经验，开发出自己的特色食品并形成独特的效果。

（3）严格管理，定期培训人员，建立顾客服务报告。

（4）项目开发阶段进行严格的项目规划，减少项目风险。

（5）进入市场后，认识食品市场周期，不故步自封，积极开发更新食品。

（6）与原料供应商建立长期合作关系，保证原料资源的供给。

（7）若商品过多地囤积，采取相应的促销手段，如用买一送一（小礼物）、发放会员卡、节日活动等方式来解决。

（8）效益差是每一个新兴的公司都可能会面临的问题，对此，首先要保持一颗乐观的心，静下来仔细地思考造成这种现象的原因以及相应的措施；对症下药，解决事情的主要矛盾，重整旗鼓，积极地吸取经验和教训，不断改良，从而做到经久不衰。

简评

本文是关于组建咖啡书吧的项目策划书。由于原文篇幅较长，因此省略了一些较为烦琐、专业性的内容。全篇从店铺介绍、市场现状分析、市场预测、财务分析等方面对组建咖啡书吧这一项目运作过程中的每个部分做出分析和评估，并制订出相应的具体操作计划。全篇内容充实、条理清晰、结构严谨。

提示：项目策划书的基本结构与写作要求

一、项目策划书的基本结构

项目策划书没有一成不变的格式，它依据项目的不同要求，在策划内容与编制格式上也有变化。但从项目策划活动的一般规律及文本制作要求看，具有一些共同的要素。

（一）封面

项目策划书的封面是读者首先关注的对象。项目策划书封面格式和色彩的选择应根据项目标志、主体定位而定。一般而言，封面的图案要以项目发起人品牌为主，充分显示品牌的特征，使读者能立即识别项目策划的对象。

项目策划书的封面应提供以下信息：一是策划书的名称；二是被策划的客户；三是策划机构或策划人的名称；四是策划完成日期。

（二）目录

目录是对正文内容的简要概述。通过阅读目录使阅读者能够迅速领会项目策划书的逻辑顺序和内容架构。项目策划书的目录一般只涉及正文的二级标题即可。

（三）正文

（1）策划目的。此部分内容多集中在前言或项目策划概述中,是项目策划的开始,属于整个策划的纲领性文字。要对该项目策划所要达到的目标、宗旨树立明确的观点,作为执行该策划的动力或强调其执行的意义所在,以要求全员统一思想、协调行动、共同努力保证策划高质量地完成。包括以下三个部分:一是项目策划背景的介绍。如该项目对企业的作用、项目所在地的政治经济发展趋势、该项目的社会价值与现实意义等。二是项目策划范围的介绍。如项目自身的范围、项目策划的具体范围以及适用的时间等。三是项目策划的目的。即项目策划所要达到的目标、主要理念、执行该项目策划的基本要求等。

（2）内外环境状况分析。不同的项目面临的环境并不相同。外部环境分析一般涉及宏观环境和产业环境的介绍,如政治、经济、文化、自然、技术等。内部环境则是对企业和项目的分析,如竞争对手、消费者、产品、渠道、促销方式等。通过内外环境分析,找出在各种环境组合下的项目策略制定的依据。

（3）策略方案分析。进一步交代项目策划的实施框架。主要内容包括项目使命、目标、具体策略以及实施控制的介绍。其中具体策略是主要的内容,涉及项目人力资源、组织架构、财务管理、主题定位等。

（4）组织结构分析。对涉及项目实施环节的项目策划书来说,组织结构设计是必要的。组织结构设计一般与人力资源管理结合在一起,具体内容包括团队建设、项目工作分解、岗位职责分工,以及人力资源管理中的人力资源规划、组织招聘、薪酬设计等管理模式设计。

（5）财务分析。其中既有项目预算、成本控制的内容,也有项目财务预测和风险管理的内容。由于项目策划面对的读者不同,因此对上述内容的关注也不同。但是对于任何项目来说,对项目的盈利能力和投资回报进行估算都是必需的。

（6）进度控制。项目计划和进度控制一般都采用特定的时间分期,分阶段设定各种目标,保证项目按时、按质地完成。进度控制分析主要内容包括进度控制、质量控制、费用控制等。

二、项目策划书的写作要求

（1）把握项目特征。任何项目都具有自身的质的规定性,一个项目的特征是区别于其他项目的标志。如文艺类项目策划和工程类项目的最大差别,就在于此类项目更偏重于对消费者内心感受的影响和触动,因此,其重点是关注消费者娱乐需求的特征。实际上,项目策划书只有抓住项目特征,才能把被说明的项目准确清晰地介绍给项目发起人,使他们对项目的发展战略、营销策略和项目管理有确切的了解。

（2）条理清晰。项目策划书撰写的目的是使项目发起人获得与项目实施相关的知识和技能,只有叙述清楚才能达到这个目的。要做到叙述清楚,则要讲究说明的方法,注意项目策划书的结构安排。在项目策划书叙述过程中,按照叙述项目计划、阐释事理的逻辑顺序来安排内容的次序,从而使整个文本达到层次清楚、主次分明的要求。

（3）用语准确。用准确的语言精确地叙述项目策划的内容,是项目策划书的基本要求。由于项目策划书可能会涵盖项目实施的各个层面,因此要注意突出重点,抓住项目所要解决的核心问题,避免冗长和使用过于生僻的术语,力求做到简明扼要。

写作能力实训

一、判断题

1. 项目策划书在编制格式上要求一成不变。(　　)
2. 项目策划书的特点有可行性、创新性。(　　)
3. 项目策划书的内容中不能使用专业术语。(　　)
4. 用准确的语言精确地叙述项目策划的内容,是项目策划书的写作要求之一。(　　)
5. 从项目策划书的文本制作要求来看,封面部分可有可无。(　　)

二、写作题

选择一个大学生创新创业项目,为这一项目拟写一份策划书。

第二节　公关策划书

一、公关策划书的含义

公关策划书又称公关策划文案。公关策划就是公共关系人员根据组织形象的现状和目标要求,构思和设计公共关系目标的行动和活动方案的过程。公关策划书则是将公共关系策划活动的整个过程按一定格式用书面形式表达出来。

二、公关策划书的特点

1. 可行性

任何一种公关方案,如果最终无法实施,那么即使它的创意再新再好,也只能束之高阁,也就失去了其使用价值。

2. 创造性

公关策划是具有强烈创造性的活动,即在平实的基础上追求令人意想不到的创造和突破。

3. 目的性

公关活动的目的要非常明确,一切活动都围绕这一目标展开。

范例导读与简评

七匹狼品牌市场推广活动策划书

××公关部

一、背景分析

（一）企业背景

七匹狼品牌创立于 1990 年，主要产品为夹克、T 恤等休闲服装，是以品牌经营为核心的上市公司，拥有中国上海、中国香港、东京三地优秀服装设计师，世界先进的计算机自动化生产设备，国际标准化、封闭式的工业园，产品款式新颖、面料精美、工艺精湛，素有"夹克专家"的美誉。目前，七匹狼品牌的销售网络已经覆盖全国各大中城市，并且已经连续六年在中国市场占有率第一。被誉为"中国夹克之王"的七匹狼男装，是中国男装市场上独树一帜的品牌。在 20××年，公司创新营销模式，将体育与品牌相结合，开始涉及体育领域，创建了七匹狼的旗下品牌——JXFW 运动系列。

（二）市场背景

2008 年北京奥运会使我国体育产业呈现出一派欣欣向荣的发展势头，给我国体育用品行业带来了百年难遇的发展机遇，但随着全球一体化的到来，国外强势品牌纷纷挺进中国市场。这无疑又给本土企业提出了新要求。

中国体育用品市场以鞋类和服装为主，知名的体育用品品牌有阿迪达斯、耐克、李宁、安踏、匹克等。其中耐克和阿迪达斯以高端市场为主，其质量和品牌优势使其多年占据着市场前两把交椅。李宁作为较早进入体育用品市场的品牌，近年得益于良好的产品质量和正确的市场营销，突出了低价竞争的重围，获得不错的成绩。现已取代阿迪达斯成为中国第二大体育用品品牌。

二、项目分析

（一）市场分析

由于受到耐克和阿迪达斯等国际体育用品巨头争夺市场的冲击，近年来，国内体育用品品牌在其主力市场——二、三线城市市场的竞争力越来越弱，这也使国内体育用品企业保持在二、三线城市市场份额的难度加大，订单大幅减少。据李宁公司 20××年第四季度订货数据显示，服装、鞋产品订单金额较上年同期均为双位数下降，其中服装产品订单金额同比降幅超 20％。匹克体育的公告也指出，在 20××年第四季度订货会上，匹克体育订单金额按批发价格计算较上年同期相比下降幅度达到 20％～30％。

在高库存压力和公司订单减少的双重压力下，国内体育品牌上市公司业绩增速普遍下滑。据李宁公司 20××年半年报显示，公司上半年收入 38.8 亿元，同比减少 9.5％，归属于上市公司股东的净利润为 0.44 亿元，同比减少 84.9％。公司预计，全年亏损将在 2.26 亿元。

相较总体行情，七匹狼 2012 年的业绩还算不错。七匹狼 20××年半年报显示，其主营业务上半年同比增长24.47%,净利同比增长40.61%,公司资产负债率同比下降9.95%,库存下降了23.36%。据中国电子商务研究中心报道,20××年第三季度,七匹狼品牌在淘宝男装成交额位列男装前五,成交额超过6000万元,以金字塔式分销模式树立了男装电商典范。

（二）SWOT分析

1. 优势

（1）品牌优势:公司品牌"七匹狼"是全国知名的服装品牌,在市场上有较高的知名度和美誉度,产品市场占有率在同类产品中名列前茅。

（2）推广能力强:以"狼"商标为起点,七匹狼的Logo在人们心中印象深刻,再通过广告宣传、营销活动将公司品牌与丰富的狼文化相融合,形成了以"狼文化"核心,融合品牌、文化与企业一体的市场营销战略。

（3）产业集群优势:在成本、新产品设计开发方面,"七匹狼"公司都拥有明显的竞争优势。

（4）市场经验丰富:公司经营管理团队中多数人具有长时期从事服装生产管理和市场开拓经验。其中,董事长周少雄有着23年服装行业从业的经历,和14年担任领导职务的经验。

（5）营销网络优势:截至2009年年末,公司的网络营销已覆盖32个省、自治区和直辖市,拥有670多家加盟专卖店和商场厅、柜。

（6）高品质的服务:从匹配的产品、店堂的装潢、道具的配置、光线的颜色,再到店堂产品的搭配、音乐气氛的营造、优质的服务、到位的信息反馈系统,都显示出七匹狼为顾客提供高品质服务的决心。

2. 劣势

（1）客户不合理:2009年及2010年,排名前五位的客户销售额占同期公司总收入的比例分别是41.02%、33.32%,公司对大客户仍具有较大的依赖性;公司目前主要通过代理商销售产品,代理商的财务状况的变化,对公司的销售网络体系是严峻的考验。

（2）消费人群分散:在社会人员心中,七匹狼是男士服装的品牌,的确,公司将产品的消费人群定位于28~45岁的男士,这其中的年龄跨度比较大,处于不同人生阶段的消费者在心理诉求方面存在比较大的差异,这在一定程度上加大了JXFW市场推广的难度。

（3）财务持续性差:财务状况虽然良好,但应收账款增长速度远远高于营业收入的增长速度。

三、策划目的

通过这次的公关活动,为JXFW运动系列做一次市场推广活动,让消费者了解本公司的新品牌,并吸引运动组织的注意。树立产品在消费者心目中的重要地位,使产品在同类竞争者中具有更大的吸引力。

四、策划主题

通过与电视台合作,突破现有的娱乐节目的局限,邀请国内著名的乐队成员作为导师,在广东、山东、江苏、浙江的主要城市及北京、上海、重庆、天津进行乐队比赛,唱响

"Band 王是我，舍我其谁"，在全国掀起一股乐队同台竞技的浪潮，从而在树立起一个高品牌"谁是 Band 王"，使七匹狼集团有限公司 JXFW 运动系列并通过连带效应深入人心；与此同时，通过创意广告，提高 JXFW 运动系列的知名度。

五、策划内容

（一）《谁是 Band 王》大型音乐节目

1. 前期工作：宣传活动

1）时间地点

5 月 1 日—6 月 1 日在广东、山东、江苏、浙江的主要城市及北京、上海、重庆、天津进行宣传及前期准备工作。

2）目的

电视台通过线上线下的宣传活动，为节目的推出造势。

3）宣传方式

（1）寻找传媒合作伙伴，考虑对象有腾讯、新浪、迅雷等，为进行全方位的网络宣传做准备。

（2）在当地有影响力的电视台多个时段进行宣传。

（3）在当地大学微博进行宣传。

（4）在节目官网和其他有影响力的网站做广告。

2. 中期工作：正式进行开播

1）时间地点

6 月 1 日—10 月 1 日在广东、山东、江苏、浙江的主要城市及北京、上海、重庆、天津等城市。

2）活动方式

通过与浙江卫视或江苏卫视共同投资、共担风险、共同招商、均分收益举办以 Band 为主的大型音乐节目。

3）流程

（1）6 月 1 日—7 月 1 日在广东、山东、江苏、浙江、北京、天津等地的 15 个主要城市进行海选，在每个城市选出前三强。（评委为当地的知名音乐人或者制片人）并将比赛情况在网络和当地电视台同步上映。

（2）在 7 月 1 日—9 月 1 日将各个城市的三强一共 45 组队伍汇集到广州，进行淘汰赛。选出最后的六强。每个星期将比赛同步××卫视的周五黄金时段播出，并且节目的评委变为邀请的著名乐队评委。

（3）在 9 月 1 日—10 月 1 日由前六强进行巡回演出，拉拢人气。

（4）在 10 月 1 日—10 月 7 日每个省的前六强相聚于广州，进行总决赛。总决赛以大型演唱会的形式举办，邀请著名歌手参与其中。并且最后的冠亚军由现场和线下的观众支持度来决定。

4）相关细则

（1）在海选现场，让七匹狼 JXFW 系列的商标无处不在。

（2）在整个活动期间，七匹狼在淘宝、天猫的旗舰店对 JXFW 系列进行同步的优惠活动。

（3）海选的评委由专业的音乐制片人担任，市三强和省六强的评委由××乐队和×
×乐队核心成员担任。

（4）整个活动期间，通过短信抽奖、微博抽奖和现场抽奖发放 JXFW 系列的产品。

（5）把海选片段制作成独家视频，并在广东、山东、江苏、浙江、北京、上海、重庆、天津
等当地有影响力的媒体做广告。市三强、省六强和总决赛的视频在合作电视台的黄金时
段播放。

3. 后期工作：后期宣传

1）时间地点

10 月 8 日—12 月 8 日在广东、山东、江苏、浙江的主要城市及北京、上海、重庆、天津
等城市。

2）市场推广

由知名度高的乐队为公司代言做活动，为 JXFW 运动系列做市场推广。

3）方式

（1）通过高知名度乐队的全国巡回演出，提高消费者对 JXFW 的认同感和信任感。

（2）通过让高知名度的乐队做 JXFW 形象代言人，进一步提高 JXFW 的知名度。

（3）七匹狼邀请高知名度的乐队参加，把 JXFW 运动系列捐给学校和运动组织，以达
到吸引公众眼球的目的。

（4）根据七匹狼集团有限公司的需要和实际情况，决定要不要进行另一轮的《谁是
Band 王》大型音乐节目。

（二）创意广告设计

1. 设计内容

在一所大学室内篮球场，场地氛围热气腾腾，两只篮球队正在进行激烈的比赛，双方
都大汗淋漓……在乐器上的七匹狼标志若隐若现，最后在一声狼啸声中传来一句"谁是
Band 王？舍我其谁！"推出我们的音乐节目海报。

2. 制作视频

广告主题为："谁是 Band 王？舍我其谁！"广告长度为 30 秒，委托××营销策划机构
制作。

（三）校园宣传方式

1. 时间地点

4 月 1 日—12 月 8 日在广东、山东、江苏、浙江的主要城市及北京、上海、重庆、天津等
城市。

2. 方式

（1）校园 DM(DM 是英文 Direct Mail 的缩写，意为快讯商品广告)

（2）传单、海报、横幅广告

（3）现场促销

（4）校园新媒体(校园阅报栏、食堂餐桌等校园新媒体)

六、经费安排

总支出：6 697 550 元(略)

七、可行性分析

1. 广告

俗话说"酒香不怕巷子深",而今,市场竞争日益激烈,"酒香也怕巷子深"。三等企业做产品,二等企业做品牌,一流企业做文化。企业仅有优质的产品和服务是不够的,只有配以良好的广告宣传,才能形成自己的品牌并使其丰满起来,从而使企业在波诡云谲的商海中永立潮头。

广告具有举足轻重的作用,是人们接触到的最多的东西,是影响我们消费的重要环节。且一则七匹狼的广告宣传的好坏直接影响着是否能够带来消费者的购买欲望,一个好的开头是成功的一半,因此广告宣传十分重要。

2. 音乐节目

我们寄望《谁是 Band 王》成为一种文化产业,而且此文化产业背后蕴藏着开发出的巨大经济效益,还有尚未被开发的巨大经济潜力。成功离不开群众基础。从大的背景来讲,这些年,随着中国经济的发展,中国中产阶层迅速增长。我们直接拿数据说话,下面分别是通过百度搜索关注《中国好声音》《非诚勿扰》《快乐大本营》及《百变大咖秀》的用户属性。我们可以看到,《快乐大本营》及《百变大咖秀》的观众普遍年龄较低,10～19 岁的观众占据了很大一部分。而《中国好声音》与《非诚勿扰》的观众重合度较高,20～39 岁的观众占据了绝大多数,而这部分年龄稍大的观众,很大一部分属于中产阶层。另外,中国人对 Band 队有特殊情怀,无论是早已毕业的工薪阶层或是青葱的大学生对 Band 都有一种执着。由此可预见,《谁是 Band 王》的观众层次广泛。

3. 校园推广

校园广告的受众群主要是大学生,他们对广告内容的理解力较强,广告效果明显,因此会使七匹狼得到较高认同。相同的教育背景,相近的心理需求,乐意接受新信息、追求新事物、尝试新体验是具有很强消费潜力的群体。七匹狼可有针对性地在校园投放广告,以最少的资金获得最佳的广告效果。

简评

由于篇幅原因,此处对原文进行了部分删减。这是一份品牌推广策划书。"背景分析""项目分析"部分是对将要开展的活动背景的介绍;随后点明了活动的目的;接着是公关策划书的核心部分,即具体的实施方案,对整体活动安排进行了详细介绍。本策划书目标明确、结构清晰、内容完整,但在语言表达方面还可以更为精练一些。

提示：公关策划书的基本结构与写作要求

一、公关策划书的基本结构

(一) 封面

封面的设计要大方、典雅;如果是涉外活动,则风格应该注意与国际接轨。封面的内容包括标题、署名及成文日期。

1. 策划书的标题

策划书的标题必须具体清楚,让人一目了然。其表现形式有三种。

（1）公关主体＋事由＋文种。由组织聘请的公关顾问、公关公司策划公关活动方案，其策划书一般用这种形式的标题。如《××商厦第十届香水文化节策划书》《××公司消除×××影响的公关活动策划书》。

（2）事由＋文种。由组织内设公关机构策划公关活动方案，其策划书一般用这种形式的标题。如《爱美奖学金计划 10 周年纪念活动策划书》。

（3）双标题。正标题一般是公关活动主题，副标题即常用策划书名称。如《我青春，我自信——××太白科技有限公司新产品推广公关策划书》。

2．策划书的署名

策划书的署名为策划者单位或个人名称。如方案系群体或组织完成，可署名"××公关公司""××公关部"；对其中起主要作用的个人，也可在单位名称之后署名，如"总策划×××""策划总监×××"。方案如系个人完成，则直接署名"策划人×××"。

3．策划书的成文日期

在署名下面注明策划文案完成的具体日期，一般加括号。如（2009 年 12 月 20 日）。

（二）正文

策划书正文可分为活动背景、活动实施方案和效果预测三个层次展开。

1．活动背景

活动背景分析的目的主要是让公关主体领导者、公关活动方案实施者了解这次活动要解决什么问题。因为，社会组织的任何一项公关活动的策划、组织和实施，都不是无缘无故的，均有其特定的背景和需要。只有阐明了这一背景和需要，才能引出后面的具体策划内容，也才能说明举办这一活动的迫切性和意义所在。因此，活动背景分析应是公关策划者在综合分析公关主体面临的公关问题基础上，对制定公关活动方案的依据、主要目的和创意的简要说明。

这部分内容应根据策划书的特点在以下项目中选取内容重点进行阐述：面临的公关问题及环境特征；实现既定目标需要克服的障碍；开展公关活动的原因；开展公关活动的目的动机等。

2．活动实施方案

活动实施方案是公关策划书的核心部分。其主要内容有活动目标、活动主题、活动内容、经费预算、项目参与者及分工等。这一部分的写作需要考虑周到，但以纲目式为好，不必过分详尽地去加以描述渲染，也不要给人以头绪繁多杂乱或干涩枯燥的感觉。

3．效果预测

正确地评估本次活动的效果，有助于了解公关方案的实现程度，衡量公关活动的实际效果，调动公关人员的积极性，并为下一轮公关工作提供新的信息。

（三）附件

附件内容不一定每份策划书都需要，应根据具体情况而定。重要的附件通常有活动筹备工作日程推进表、人员职责分配表、经费开支预算明细表、活动所需物品一览表、场地使用安排表、相关资料等。

二、公关策划书的写作要求

（1）文案的简洁性。公共关系项目策划书的文字叙述，要力求简洁、明确、朴实无华。

（2）内容表述的写实性。内容表述一定要完整，即使是细节性内容，也应有专门项目加以表述。

（3）结构的条理性。借助数字序列分层次、分步骤安排写作结构，标识出公共关系项目策划书的内容顺序。

（4）计划安排的周密性。公共关系策划书涉及多方面的操作性内容，一定要注意计划的周密、严谨，确保公共关系工作的顺利进行。

写作能力实训

一、判断题

1. 公关策划书的署名可以是个人或者单位。（　　）

2. 公关策划是具有强烈创造性的活动，即在平实的基础上追求令人意想不到的创造和突破。（　　）

3. 公关策划书不需要附件，所有资料和图表等都应放入正文。（　　）

二、写作题

1. 梦馨酒店为爱家集团在长沙市开办的首家宾馆，作为新进入的企业，知名度不高，而且在长沙市也有很多竞争对手。因此，梦馨酒店的开业庆典是非常重要的一个环节。请为该酒店进行公关活动策划，希望能借此一炮打响。

2. 为某一知名品牌如"美的"等拟定一份针对双十一期间的网站推广公关活动策划。

第三节　会展策划书

一、会展策划书的含义

会展是会议和展览的统称，是指在一定的地域空间由多个人集聚在一起形成的，定期或不定期的集体性的物质、文化、信息交流活动。它包括各种类型的会议、展览展销活动、体育竞技活动、各种节事活动等。会展策划书就是为实现会展活动的目标，在深入、全面分析会展信息的基础上，运用科学的策划方法，制定出的会展活动的最佳方案。

二、会展策划书的特点

1. 综合性

会展是一项涉及各个科学领域的综合性活动。会展的策划、组织、管理过程需要综合运用经济学、管理学、信息学、传播学、广告学等诸多学科的知识。会展策划书的写作要体现会展活动的过程，必然要融会贯通相关学科的知识。因此，会展策划书的作者应当具有较高的理论和政策水平，熟悉会展活动的工作流程，能够综合运用与会展文书写作相关的知识。

2. 目的性

会展策划书是一种目的性很强的创造性思维活动,作为这种创造性思维的语言表现形式,会展策划书的写作必须明确目标,围绕中心,体现策划意图。

3. 预见性

任何策划都是对未来行动的运筹,会展策划也不例外,需要策划者在充分把握现实的基础上,科学地展望未来,不仅要能够预见策划文案在实施中的正面效果,也要能预测可能出现的风险和问题,并提出相应的对策。

4. 可行性

会展策划的目的在于成功地举办会展活动,从而树立会展品牌形象,一份切实可行的策划书,不仅能够避免决策失误,保证会展活动的成功,而且可以大大降低成本,提高投入和产出之比。

5. 创造性

会展策划是一项创新工程,写作中既要注意操作的可行性,又要强调立意的创造性。要根据会展市场的需求,在保持自身优势和特色的基础上,在会展内容和形式上努力创造全新的亮点,吸引层次更高、数量更多的与会者、参展者和观众,从而塑造会展活动品牌形象,提升会展竞争实力。

范例导读与简评

2016 年南宁婚庆文化博览会策划方案

一、活动背景

婚庆作为一个新兴产业,伴随着经济的发展,有着迅速做大做强的趋势。据民政部门统计数字显示,2013 年南宁结婚人数已达 78 074 对,比 2012 年增加了 1 万多对,新人用于筹备直接与婚礼相关的细节,如婚纱摄影、婚庆、婚宴等环节的时间,基本都在 9 个月到 1 年之间,结婚消费已从单纯的举办婚礼婚宴发展到了婚纱摄影、婚纱礼服、珠宝、婚礼策划、新房购置、新居装修、婚车配备等众多项目,据统计,不计购房装修,结一场婚的直接消费就达 6 万元,南宁婚庆市场容量高达数亿,充满了巨大商机和前景。

蕴藏着巨大市场前景的婚庆消费领域,越来越受到社会各界组织、团体、商家的重视,许多媒体、广告公司、行业协会为了充分发掘婚庆行业的潜力,服务广大消费者,纷纷举办各种与婚庆有关的活动。

二、活动目的及意义

"2016 年南宁婚博会"将迎合新婚消费为导向的新型产业营销模式。横向结合结婚产业链上的婚纱生产、婚纱摄影、婚礼策划服务、婚宴服务、珠宝、房产、汽车、家装、家居、蜜月旅游、花艺、喜烟喜酒等新婚服务和产品。纵向集聚各行业中最具影响力的强势品牌企业,并配以婚纱流行趋势发布、彩妆流行趋势发布、珠宝流行趋势发布等活动,彰显整个展会看点多、强势品牌全、配套服务完备、资讯丰富、媒体关注度高、社会影响大的优势。现场提供"一站式婚庆服务",为适婚人士打造"整体婚庆解决方案",是南宁婚庆产业界一场规格最高、规模最大、影响最广、效益最强的时尚盛会。

三、活动时间

2016 年 5 月 1—3 日

四、活动地点

南宁体育中心

五、活动名称

主标题:2016 年南宁婚博会

口号:"谈婚论嫁,喜行天下"

六、会展规划

围绕婚庆行业产业链,针对相关产业的特性,对现场场馆进行布展规划,并通过现场互动区的设置及分时段的主题活动,以确保展会期间持续的人潮。

1. 婚房装饰区

房产、家装公司、家居建材、装饰材料等。

2. 婚庆服务馆

婚纱摄影、婚礼策划及服务、婚典花艺、蜜月旅游服务、新娘造型、新婚咨询服务等。

3. 婚礼用品馆

婚纱礼服、时尚内衣、服饰、鞋帽、珠宝首饰、结婚礼品及情侣工艺品、喜糖、喜酒、食品饮料、结婚请柬等。

4. 新婚生活馆

婚庆系列床上用品、家居用品(家具、家用电器、厨具)时尚造型、驻颜保健、纤体健身、化妆品、家居日化产品等。

七、现场活动

(一)我为婚狂大采购——1 元钱限时购物、限时网络抢购、新婚大派送、新婚幸运大抽奖的方式层出不穷

(二)经典蜜月游景区、线路推介(专场推介会)

(三)"行为艺术团体、个人展示"(作为会期现场活体广告牌出让)

(四)"设中心舞台",即在会场搭建"心心相印"形舞台

既能为参展企业(规定时间内)免费提供展示、交流新产品的机会,又能为消费者提供一站式服务。

(五)项目主题:情迷五月·情侣对对碰

项目内容:由四部分组成。

1. 背情侣赛跑(评选出最浪漫情侣一对)

第一个环节:"你我同行"。由男背女,中间设障碍考验情侣之间的默契。

第二个环节:"你我同运"。两人搭档面对面夹气球往返 50 米路程,考验共同进退。

第三个环节："你我同心"。参赛者轮番射靶。

"背情侣"短跑比赛主要是通过此活动来反映出情侣或爱人之间同甘共苦、共同进退的精神。

2. 心有灵犀一点通（评选出最默契情侣一对）

第一个环节："你比我猜"。考验情侣们的相互了解程度，预先准备好箱子，箱子中放置各种物品（以赞助商产品为主），一人触摸物品的形状推测出物品后，再通过形态表演表现出来，另一人根据对方的表演猜测物品的名称。

第二个环节："默契大配合"。主持人提出关于情侣之间的问题，如第一次的约会地点、对方最吸引自己的地方等，双方一起回答，答案一致加分。

3. 找情郎（新娘）（评选出最甜蜜情侣一对）

所有男士（女士）站成一排，每组中的女士（男士）被蒙上眼睛，通过触摸对方的手和脸来识别自己的情侣。

4. 请你嫁给我吧（评选出最幸福情侣一对）

求婚方式的比拼，男友通过表演、告白等任何方式进行现场求婚。

八、时间安排

2016 年 4 月 28 日—5 月 4 日

4 月 28—30 日：布展

5 月 1 日：开幕式、展览、现场活动

5 月 2—3 日：展览、现场活动

5 月 4 日：活动结束，清理会场

九、活动招商

本次活动拟面向社会各界开展三大类型的赞助招商。

(1) 总冠名赞助商（1 名）。

(2) 协办单位（若干名）。

(3) 赞助商（若干名）。

招商主要面对商家及产品包括：婚纱影楼、通信服务商、珠宝首饰、银行、化妆品、饮料、烟酒、糖果、手机、汽车、新上市楼盘、手表、旅游景点、航空公司、酒店、家私、计算机、礼品、休闲用品、数码相机、摄像机、保健品、时装、床上用品、家电、大众媒体等。

十、媒体宣传计划

（一）广西电视台

（二）广西电视台官方网站

（三）南国早报

（四）户外广告（公交车、灯箱）

十一、2016 年南宁婚博会亮点

(1) 锁定精准消费群体。

(2) 超规模地域博览会。

(3) 千户品牌商家联展——最有效促销宣传。

(4) 我为婚狂大采购——1 元钱限时购物、限时网络抢购、新婚大派送、新婚幸运大抽奖的方式层出不穷。

（5）婚庆展销企业爱心大派送——婚礼特价酬宾。

十二、活动费用预算

本次活动的 90%左右的费用将由赞助方出资,主办方只需要支付 10%左右的前期宣传费用和活动现场维序费用,预计总支出为 12 万元,具体费用支出表将在后期完善的方案附件中体现。

简评

这是一份婚博会策划文书。标题由会展名称和文种(策划文案)组成。正文部分首先从策划的背景依据入手,引出活动的目的和意义,接着一一列明办展时间地点、具体活动安排及相关的招商、宣传、推广计划等。本文的基本内容齐全、方案具体可操作,采用条文式结构,清晰明确,便于理解。

提示:会展策划书的基本结构与写作要求

一、会展策划书的基本结构

会展策划书一般由以下内容组成。

（一）策划书名称

一般由会展名称和文种组成,如《200×贵州车展策划文案》。会展的名称一般包括三个方面的内容:基本部分、限定部分和行业标识。如《第 90 届中国出口商品交易会》,如果按上述三个内容对号入座,则基本部分是"交易会",限定部分是"中国"和"第 90 届",行业标识是"出口商品"。

下面分别对这三个内容进行说明。

基本部分:用来表明会展的性质和特征,常用词有展览会、博览会、展销会、交易会和"节"等。

限定部分:用来说明会展举办的时间、地点和会展的性质。会展举办时间的表示办法有三种。一是用"届"来表示;二是用"年"来表示;三是用"季"来表示。在这三种表达办法中,用"届"来表示最常见,它强调会展举办的连续性。那些刚举办的会展一般用"年"来表示。会展举办的地点在会展的名称中也要有所体现,如"第一届上海国际服装节"中的"上海"。会展名称中体现会展性质的词主要有"国际""世界""全国"等。如"第一届上海国际服装节"中的"国际"表明本会展是一个国际展。

行业标识:用来表明会展题材和展品范围。如"200×贵州车展"中的"车"表明本会展是汽车产业的会展。行业标识通常是一个产业的名称,或者是一个产业中的某一个产品大类。

（二）会展地点

策划选择会展的举办地点,包括两个方面的内容:一是在什么地方举办;二是在哪个展馆举办。

策划选择会展在什么地方举办,就是要确定会展在哪个国家、哪个省或者是哪个城市中举办。

策划选择会展在哪个展馆举办,就是要选择会展举办的具体地点。具体选择在哪个展馆举办会展,要结合会展的展览题材和会展定位而定。另外,在具体选择展馆时,还要综合考虑使用该展馆的成本的大小如何、展期安排是否符合自己的要求以及展馆本身的设施和服务如何等因素。

(三)办展机构

办展机构是指负责会展的组织、策划、招展和招商等事宜的有关单位。办展机构可以是企业、行业协会、政府部门和新闻媒体等。

根据各单位在举办展览会中的不同作用,一个展览会的办展机构一般有以下几种。

主办单位:拥有会展并对会展承担主要法律责任的办展单位。主办单位在法律上拥有会展的所有权。

承办单位:直接负责会展的策划、组织、操作与管理,并对会展承担主要财务责任的办展单位。

协办单位:协助主办或承办单位负责会展的策划、组织、操作与管理,部分地承担会展的招展、招商和宣传推广工作的办展单位。

支持单位:对会展主办或承办单位的会展策划、组织、操作与管理,或者是招展、招商和宣传推广等工作起支持作用的办展单位。

(四)办展时间

办展时间是指会展计划在什么时候举办。办展时间有三个方面的含义:一是指举办展的具体开展日期;二是指会展的筹展和撤展日期;三是指会展对观众开放的日期。

展览时间的长短没有一个统一的标准,要视不同的会展具体而定。有些展览时间可以很长,如"世博会"的展期长达几个月甚至半年;但对于占会展绝大多数的专业贸易展来说,展期一般是3~5天为宜。

(五)展品范围

会展的展品范围要根据会展的定位、办展机构的优劣势和其他多种因素来确定。

根据会展的定位,展品范围可以包括一个或者是几个产业,或者是一个产业中的一个或几个产品大类,例如,"博览会"和"交易会"的展品范围就很广,"广交会"的展品范围超过了10万种;而"200×年贵州车展"的展品范围涉及的产业就只有汽车产业一个。

(六)办展频率

办展频率是指会展是一年举办几次还是几年举办一次,又或者是不定期举行。从目前展览业的实际情况看,一年举办一次的会展约占全部会展数量的80%,一年举办两次和两年举办一次的会展也不少,不定期举办的会展已经是越来越少了。办展频率的确定受展览题材所在产业的特征的制约。几乎每个产业的产品都有一个生命周期,产品的投入期和成长期是企业参展的黄金时期,会展的办展频率要牢牢抓住这两个时期。

(七)会展规模

会展规模包括三个方面的含义:一是会展的展览面积;二是参展单位的数量;三是参观会展的观众。在策划举办一个会展时,对这三个方面都要做出预测和规划。

(八)会展定位

会展定位就是要清晰地告诉参展企业和观众本会展"是什么"和"有什么",具体地说,会展定位就是办展机构根据自身的资源条件和市场竞争状况,通过建立和发展会展的差异化竞争优势,使自己举办的会展在参展企业和观众的心目中形成一个鲜明而独特的印象的过程。

（九）会展价格和初步预算

会展价格就是为会展的展位出租制定一个合适的价格。会展展位的价格往往包括室内展场的价格和室外展场的价格。在制定会展的价格时,便于展示和观众流量大的展位的价格往往要高一些,即遵循"优地优价"的原则。会展初步预算是对举办会展所需要的各种费用和举办会展预期以获得的收入进行的初步预算。

（十）招展、招商和宣传推广计划

招展计划主要是为招揽企业参展而制定的各种策略、措施和办法。

招商计划主要是为招揽观众参观会展而制定的各种策略、措施和办法。

宣传推广计划则是为建立会展品牌和树立会展形象,并同时为会展的招展和招商服务的。

（十一）应注意的问题及细节

内外环境的变化会给方案的执行带来一些不确定性因素,因此,当环境变化时是否有应变措施、损失的概率是多少、造成的损失多大、应急措施等也应加以说明。

（十二）落款

注明日期及策划者姓名、单位（如果是小组策划应注明小组名称、负责人）。有时也可在标题下注明策划者名称。

二、会展策划书的写作要求

（1）目标明确。会展策划书要针对会展的利益主体和营销对象进行可行性分析,确立策划目标,对即将举办的会展的相关事宜进行科学规划,以树立参展单位的最佳形象,提供最佳的商务交流平台。

（2）周密策划。成功的会展建立在周密系统的科学策划基础上。会展策划是为策划举办会展而提出的一整套办展规划、策略和方法。

（3）全面了解。不同类型的会展有不同的策划方案,内容也各有侧重,因此,要全面了解参会客商的要求,如客商的投资意向、投资领域、项目材料要求、相关费用标准等。

写作能力实训

一、判断题

1. 会展是指会议和展览。（　　　）
2. 展会的办展机构不能是政府部门。（　　　）
3. 不同类型的会展可以使用同一套策划方案。（　　　）
4. 会展策划书尤其要注意的是执行的可行性,可以忽略创造性。（　　　）
5. 会展规模包括会展的展览面积、参展单位的数量和参观会展的观众。（　　　）

二、写作题

某市政府拟主办"第一届东盟特色美食文化展"，欲借此活动提高城市知名度。请据此拟写一份会展策划书。

第四节　专题活动策划书

一、专题活动策划书的含义

专题活动是指为了达到一定目的，在一个特定的时期、特定的场合下，所开展的一系列相关活动，如参观、开业、庆典、捐助等。而专题活动策划书就是根据掌握的各种信息，对即将举办的专题活动有关事宜进行初步规划，设计出活动的基本框架，提出计划举办的活动的初步规划内容。

二、专题活动策划书的特点

1. 实用性

实用性是专题活动策划书最根本的特点，其根本目的是处理或解决实际问题，是具有一定实用价值的。

2. 程式性

专题活动策划这一类的文书，格式是比较固定的。这种固定的格式是在长期实践中约定俗成的，是适应需要和有利实用的规范要求。

3. 时限性

专题活动策划书是为达到某项目的而写的，因此在写作上有明确的时间要求，必须在一定的时间内完成。一旦时间过去，写作就会失去意义，所以策划书不仅要求要写得及时、发得及时，还要求所选取的材料应该是最新的现实材料。

范例导读与简评

××城市职业学院青年志愿者协会素质拓展活动策划书

一、活动背景

阳春三月，正值运动大好时机，为活跃校园氛围，响应构建和谐校园的号召，宣传贯彻大学生强身健体，增强社团文化交流，给更多的同学提供娱乐交流增进友谊的机会，更好地发展社团文化，更好地服务广大的同学，特开展这次形式多样、难度系数低、参与度广的社团春季校内素质拓展活动。

二、活动目的

此次活动旨在为全体青协人打造一场规模空前、声势浩大的脑力与体力、个性与团结的素质拓展大聚会,本次素质拓展以"社团动力、内聚活力、外展张力"为宗旨,以构建和谐校园,活跃学生社团文化氛围、提高社团人综合素质为目的,为青协人搭建一个展示才华、锻炼自我的平台。

三、活动主题

运动比拼,快乐周末,看我风采

四、活动主办

××城市职业学院××校区青年志愿者协会

五、活动形式

素质拓展运动

六、时间和人员

2016 年 5 月 25 日下午 13:00

××城市职业学院青年志愿者协会全体成员

七、活动地点

××城市职业学院××校区田径场

八、活动项目

1. 不倒森林

(1) 游戏简介:一组队员围成圈,围着竹竿跑步。

(2) 游戏人数:若干。

(3) 场地要求:平地。

(4) 需要器材:竹竿。

(5) 游戏时间:2 分钟左右。

(6) 活动目标:培养团体间的高度默契;锻炼大家的身体素质,肢体协调能力。

(7) 详细玩法:一组人围成圈站好,左右两人间隔约 1 米,每人手握一根竹竿。开始计时以后所有人按顺时针跑步移动,但是不准带动竹竿,只许扶正以保证竹竿不倒,在固定时间内转圈最多的组获胜。圈数按固定一人的旋转数为标准,每倒一根竹竿减一圈数。

2. 信任背摔

(1) 游戏简介:这是一个广为人知的经典拓展项目,每个队员都要笔直地从 1.6 米的平台上向后倒下,而其他队员则伸出双手保护他。每个人都希望可以和他人相互信任,否则就会缺乏安全感。要获得他人的信任,就要先做个值得他人信任的人。对别人猜疑的人,是难以获得别人的信任的。这个游戏能让队员在活动中建立及加强对伙伴的信任感及责任感。

(2) 游戏人数:12~16 人。

(3) 场地要求:高台最宜。

(4) 需要器材:束手绳。

(5) 游戏时间:30 分钟左右。

（6）活动目标：培养团体间的高度信任；提高组员的人际沟通能力；引导组员换位思考，让他们认识到责任与信任是相互的。

3. 十人九足

（1）项目类型：团队协作型。

（2）场地要求：一片空旷的大场地。

（3）需要道具：每组一条长约 5 米的绳子。

（4）详细游戏规则：以系别为单位，共 7 个队伍。每队 10 人，5 男 5 女排成一横排，相邻的人把腿系在一起，一起跑向终点，用时最短的胜出。分成三组进行比赛，抽签决定比赛次序。

4. 心心相印（背夹球）

（1）项目类型：双人协作型、户外游戏。

（2）场地要求：一片空旷的大场地；比赛赛距为 20 米。

（3）需要道具：每组一条长约 5 米的绳子。

（4）比赛人数：每队 12 人（6 男 6 女）。

（5）详细游戏方法及竞赛规则：每组 2 人，背夹一圆球，步调一致向前走，绕过转折点回到起点，下一组开始前进。向前走时，双手不能碰到球，否则一次罚 2 秒；球掉后从起点重新开始游戏。最先完成者胜出。按时间记名次，按名次计分。

① 比赛过程中如有球落地情况出现需返回起点重新开始。

② 途中不得以手、臂碰球，如有违反均视为犯规。每碰球一次记犯规一次，每犯规一次比赛成绩加 2 秒。

③ 进行接力时，接力方必须在规定区域内完成接力活动。比赛中应绝对服从裁判，以裁判员的判罚为最终判决。

5. 链接加速

（1）项目类型：团队协作型。

（2）参赛人员：由 6 名队员参赛（3 男 3 女）。

（3）场地要求：一片空旷的大场地；比赛赛距为 30 米。

（4）竞赛方法：参加游戏者 6 人一组，后边的人左手抬起前边的人的左腿，右手搭在前边的人的右肩形成小火车，最后一名同学也要单脚跳步前进，不能双脚着地。场地上画好起跑线和终点线，其距离为 30 米（以一篮球场宽为准，来回），游戏开始时，各队从起跑线出发，跳步前进，绕过障碍物回到起点，最先到达起点的为胜。按时间记名次，按名次记分。

（5）竞赛规则。

① 游戏过程中队员必须跳步前进，不允许松手（一直保持抬起前边的人的左腿），以防止出现断裂现象，队伍断裂必须重新组织好，从起点重新开始游戏。如果不重新组织，继续前进，则成绩视为无效，记为 0 分。

② 以各队最后一名同学通过终点线为准。

③ 比赛过程中，参赛队必须在规定的赛道进行比赛，不许乱道，犯规一次扣时 2 秒，依次累加。

6. 七彩连环炮

（1）项目类型：竞技游戏。

（2）比赛人数：一队 6 名队员（3 男 3 女）。

（3）道具要求：气球若干。

（4）场地要求：空旷的大场地。

（5）游戏方法：男女间隔排列，先男后女，以接力的形式，第一名同学跑到指定位置就吹气球，直到吹破。跑回原位置换下一个同学，如此轮换，以 2 分钟为限，计时完毕时按吹破气球个数记录成绩。

（6）竞赛规则。

① 男女必须间隔排列（为了增加公平性）。

② 必须在上一个队员吹破之后下一个同学才能开始吹，否则将在总个数里面进行相应扣减。

7. 无敌风火轮

（1）项目类型：团队协作竞技型。

（2）道具要求：报纸、胶带。

（3）场地要求：一片空旷的大场地。

（4）游戏时间：10 分钟左右。

（5）游戏玩法：12～15 人一组利用报纸和胶带制作一个可以容纳全体团队成员的封闭式大圆环，将圆环立起来全队成员站到圆环上边走边滚动大圆环。

8. 众星揽月

（1）游戏简介：这是一个锻炼大家默契的游戏，10 个人齐心协力完成起吊、移动、码垛等动作。把 5 条绳子的一头绑在一起，悬挂一个挂钩，5 个人围成一圈，通过 5 个人的共同牵引完成以上及步骤的动作。因为钩子的定位是通过 5 个人手头的线来确定的，其中只要有一人的牵引力度不当就会打乱中心钩子的位置而不能顺利起吊易拉罐。

（2）游戏人数：5～10 人。

（3）场地要求：平地。

（4）需要器材：束手绳。

（5）游戏时间：5 分钟左右。

九、活动流程

1. 活动前期准备

（1）申请场地。

（2）在学校中进行活动宣传通知，张贴海报。

（3）购置以及安排好素质拓展所需物品。

（4）联系专人在开始之前给协会所有成员合影留念。

（5）以部门为单位参赛。

2. 素质拓展开始前的准备

（1）将申请好的桌椅及其他素质拓展所需道具搬至场地；道具确保质量与数量。

（2）提前准备好活动场地，擦拭座椅，张贴海报，准备饮用水。

（3）提前准备好奖品以及一些纪念品。并给每个部门提前派发若干垃圾袋，以维持现场卫生。

（4）当天上午对所用道具进行检验检查；比赛器材应有备用，以备不时之需。

（5）主持人应提前熟悉运动会流程，裁判员要熟知活动规则，保障活动顺利有序进行。

（6）为应对受伤情况，应准备充足的应急药品和创可贴等急救医疗用具。

十、活动宣传

宣传部、采编部

十一、经费预算

海报宣传（两张）80元

比赛器材（若干）250元

活动小礼品（激励物资）（若干）300元

十二、其他注意事项

（1）安排人员负责现场秩序。

（2）活动结束后保证活动场地干净整洁。

（3）现场所有工作人员要求穿志愿者服装。

××城市职业学院

青年志愿者协会

2016年4月23日

简评

本文是一篇关于开展素质拓展活动的策划书。前三段交代了活动背景、目的、主题，是对此次活动的总体情况介绍。接着标明主办单位、活动对象、时间地点等基本信息。在具体工作安排中，对活动中的各项内容作了详细介绍（道具、场地要求、规则等）。结尾部分的注意事项中，对一些细节问题也做出了说明。但是，考虑到这一集体活动具有一定的危险性，因此还应有处理突发状况即关于活动安全的内容。

提示：专题活动策划书的基本结构与写作要求

一、专题活动策划书的基本结构

（一）活动策划书名称

活动策划书名称应简洁明了，如《××活动策划书》，"××"为活动内容或活动主题，避免使用诸如《社团活动策划书》等模糊标题。

（二）活动背景、目的与意义

活动背景、活动目的与活动意义要贯穿一致，突出该活动的核心构成或策划的独到之处。活动背景要求紧扣时代背景、社会背景与教育背景，鲜明体现在活动主题上；活动目的即活动举办要达到什么样的目标，陈述活动目的要简洁明了，具体化；活动意义其中包括文化意义、教育意义和社会效益，及预期在活动中产生的效果或影响等。

（三）活动时间与地点

活动时间与地点必须详细写出，非一次性举办的常规活动、项目活动必须列出时间安排表。活动时间与地点要考虑周密，充分考虑到各种客观情况的影响，如场地申请、场地因素、天气状况等。

（四）活动开展形式

所开展活动的形式，如文艺演出、文体竞赛、影视欣赏、知识宣传、展览、讲座等。

（五）活动内容

活动内容是活动举办的关键部分。活动内容要符合时代主旋律和社会文化建设内涵，健康向上，富有教育意义与启示意义。杜绝涉及非健康文化的消极内容。要详细介绍所开展活动的具体内容。作为策划的主体部分，表述方面要力求详尽，不仅仅局限于用文字表述，也可适当加入统计图表、数据等，便于统筹。活动开展应包括活动流程安排、奖项设置、时间设定等。涉及奖项评定标准、活动规则的内容可选择以附录的形式出现。活动流程安排大致可以分为三个阶段：活动准备阶段（包括海报宣传、前期报名、赞助经费等）；活动举办阶段（包括人员的组织配置、场地安排情况等）；活动后续阶段（包括结果公示、活动展开情况总结等）。

（六）经费预算

经费预算要尽量符合实际花费；写出每一笔经费预算开支，以便报销处理。如果大型活动需资金赞助，要联系外联部门开展相关工作。

（七）活动安全

对于大型活动和户外活动，要成立安全小组，指定第一安全负责人，充分考虑安全隐患，把人身安全放在活动开展的首要位置。

二、专题活动策划书的写作要求

（1）注意活动安排的可操作性。制定策划书是要用于指导活动的具体运作，其内容涉及活动运作中的各个环节，因此方案的可操作性非常重要。

（2）注意文案内容的周密性。内容表述方面应力求详尽，并将活动开展过程中有可能出现的各种突发状况考虑在内，做到未雨绸缪。

写作能力实训

一、判断题

1. 活动策划书标题应避免出现模糊表述。（　　　）

2. 活动内容的部分要符合时代主旋律和社会文化建设内涵，杜绝涉及非健康文化的消极内容。（　　　）

3. 活动策划书的主体部分应该用文字表述，统计图表、数据等应单独放入附件部分。（　　　）

4. 参观、开业、庆典、捐助等都属于专题活动的范畴。（　　　）

5. 专题活动策划书的写作要求是创造性和周密性。（　　　）

二、写作题

深圳城市管理学院将举办建校 10 周年庆典活动，请为此撰写一份校庆活动策划书。

第五节　营销策划书

一、营销策划书的含义和特点

（一）营销策划书的含义

营销策划是企业的策划人员依据市场营销的基本规律与技巧，在对企业现有的资源状况予以准确分析并有效利用的基础上，激发创意，制定出有目标、可能实现的解决问题的一套策略规划。营销策划书是营销策略规划的书面反映，也称企划案，是策划者针对企业的营销活动事先做出运筹规划的书面文件。

（二）营销策划书的特点

1. 动态性

任何的营销策划活动，都不是一成不变的，它是一个动态的过程，是一个发展的过程。现代市场经济瞬息万变，这就要求以市场为基础的营销策划须集灵活性和变通性为一身，能随时适应变化的市场。

2. 复杂性

一项优秀的营销策划方案，需要大量经济学、管理学、市场学、商品学、心理学、社会学、文化学、营销学等多学科知识的综合运用和融会贯通，并且能够非常灵活地与策划知识结合起来。

3. 利益性

营销策划必须以经济效益为核心。成功的营销策划，应当是在策划和方案实施成本既定的情况下取得最大的经济收益，或花费最小的策划和方案实施成本取得目标经济收益。

二、营销策划书的主要类型

根据具体营销对象不同，营销策划书可以分为商品销售策划书、促销活动策划书、价格策划书、营销渠道策划书等。

（1）商品销售策划书。针对企业产品的生产、开发、定位进行策划。

（2）促销活动策划书。针对企业产品、服务的营销及促销策略进行策划。

（3）价格策划书。针对企业产品的价格、定位策略进行策划。

（4）营销渠道策划书。针对企业产品的销售渠道、销售网络进行策划。

范例导读与简评

宏碁笔记本电脑营销策划书

一、前言

据调查显示,现在中国大学生人数已经超过千万,而且在校学生人数每年都在不断上升,由此可见,高校笔记本电脑市场并不是一个偶然的市场,而是新一代大学生的实实在在的需求。高校学生,特别是从事计算机行业的学生,喜欢标榜个性、跟随潮流、注重理性思考,时刻关注着IT界里的最新产品和技术,他们需要具有真正性价比且兼具优秀品质与时尚外观的产品。宏碁笔记本以它的外观美观、高性价比等特点,引领着IT产品的时尚潮流,极具个性的笔记本电脑特征能吸引广大在校学生的眼球,从而为宏碁笔记本电脑在校园的市场开发打下坚实的基础。

当今,由于Windows 10等软硬件规格的推出,CPU、笔记本电脑营销者进行着激烈的价格战,四年一次的换机潮涌动,台式机需求逐步被笔记本电脑所替代,台式机市场逐渐趋于饱和,笔记本电脑成为计算机厂商的又一个新的经济增长点。而高校学生又是IT市场最大的潜在消费群。

鉴于目前的趋势,本策划将以品牌、性能为切入点,以建立品牌意识、提高品牌影响力、提高宏碁笔记本电脑在市场的占有率、宣传宏碁笔记本电脑性能的相关知识、满足广大用户的需求为目的,以大一、大二学生为我们的主要目标客户,这个客户群体,勇于接受新鲜事物并勇于挑战,是消费的先锋,将成为我们的重要客户资源和争取对象。

二、宏碁笔记本电脑产品介绍

宏碁笔记本电脑产品技术、产品质量都处于全球领先地位,是全球第三大个人计算机品牌,拥有国际化运作的经营团队。宏碁笔记本电脑采用了无线信号增强技术,拥有多媒体影音控制中心,内置有硬盘防撞气垫,摄像头照出来的画面非常清晰。配备有最优秀的计算机管理软件,还具有快速充电的功能,采用碳纤材质,是一个质量过硬、价格实惠的品牌,非常适合高校学生使用。

三、校园市场分析

（一）目标消费群

全体大一新生以及软件学院、艺术系、电子系、经贸系电子商务专业的大二学生,其他专业的大二学生较少。

（二）目标消费群分析

（1）今年我校招收大一新生6600余人,这6600余人是新兴计算机消费群。其次,国庆节以及春节、学期开学是一个新的销售旺季,在11月到12月应当以宣传为主,大力传播宏碁品牌。

（2）大二部分学生由于没有购置自己的计算机,而大学生活给自己自由安排的时间非常充裕,在经过一年丰富多彩的大学生活后,也有强烈的购买计算机的欲望。

（3）大三的同学对购机比较熟悉,大部分同学已有计算机,由于面临毕业,对计算机的需求下降,所以这个群体不是我们的宣传对象。

综上所述,我们宣传和销售的主要目标是大一及大二的学生,我们的营销方案也是针对他们的特点来制定的。

四、市场需求分析

(1) ××学院目前有在校学生 17 000 余人,校内大一、大二学生较多,许多学生有购买计算机的打算。

(2) 学校生活设施完善,网络系统发达,大学生公寓城有学生 10 000 余人,每个宿舍 4 个床位,每人均有自己的电脑桌和网络接口,上网条件非常优越。

(3) 学院地处郊区,校内仅有一家小店提供计算机维护,计算机厂商也从未在校园开展过相关的大型宣传策划活动;学院是计算机厂商的一块宝地,通过本次宣传策划活动,宏碁可先入为主,依靠产品优异的品质、强劲的性能、优越的性价比和优良的服务保持在校园市场的绝对控制力,同时宣传品牌,扩大影响,在消费者心中树立起宏碁的品牌形象。

(4) 在××学院学生中做了相关的市场调查,调查显示,××学院计算机市场有以下几个特点。

① 大部分同学购机以学习为主,主要学习网站建设、软件设计、程序语言、室内室外装潢、平面设计等,同时兼顾游戏与娱乐。且根据专业的不同对计算机运用的用途要求不同,因此对计算机性能的需求有所差异。

② 有 2/3 的学生不懂硬件知识,对如何选购计算机没有主意,非常听信身边懂行的人,许多学生买计算机是通过熟人介绍决定的,特别是大一学生对计算机方面不是很了解,往往选择相信身边的朋友或者熟人,而且大一学生愿意参加团购的人也很多,所以我们的宣传重点也是放在提高品牌美誉度和口碑;另外,校园网购市场的开发也是一个不容忽视的市场。

③ 宏碁品牌在校内的主要竞争对手是联想,我们可以从联想与宏碁的性价比进行分析,充分发挥自身优势,弥补竞争对手的不足,更好地服务于消费者。

通过以上的这些分析,我们团队相信在××学院推广宏碁这个品牌是非常可行的,并将不断扩大宏碁在校内的市场占有份额,提高品牌的知名度。

五、SWOT 分析

优势:宏碁在校园市场有很好的知名度,而且信誉非常好,性价比高。全新的宝石外观设计,引领时尚潮流。整体结构结实耐用。宏碁笔记本电脑采用全向无线接收天线,全方位接收无线信号,信号强度远超一般品牌。计算机安全性和稳定性高,内置高杜比音效,音质纯正逼真,效果令人震憾,是移动影音首选。另外接口齐全。

劣势:大学生经济尚不能完全独立,消费能力有限,更适合推广中低档产品。

机会:大学生具有潜在的消费能力,是未来数码市场的主导消费群体。

威胁:其他知名品牌(普惠、联想、华硕等)也在争夺校园市场,而且实力不俗,不能轻视。

六、校园市场推广

(一)前期宏碁品牌宣传

(1)全方位推广:在宿舍每个楼层粘贴带有宏碁 Logo 的温馨提示,如"节约用水、用电,是中华民族的传统美德""请注意防火防盗"等,这样不仅扩大了品牌的影响,保证宣传的有效性,而且也减轻了同学们的规避心理,体现了宏碁回报社会、热心公益的形象。

(2)鉴于学院开展的"打字比赛""水晶连连看"等活动,可以向该活动提供宏碁品牌机赞助,提高宏碁品牌在学生中的宣传效应,从而提高品牌的知名度。

(3)在每天人流量超过4万人次的服务长廊悬挂"宏碁预祝我校第三届公寓文化节取得圆满成功"的横幅,这是一种高效低耗的宣传方式。

(4)开展IT产品相关的征文活动。

奖项设置:

一等奖　宏碁笔记本电脑一台

二等奖　宏碁相关产品赠送(鼠标垫、鼠标等)

三等奖　宏碁纪念品一件

目的:让同学们变被动接受宣传为主动关注宏碁,同时通过学生间的交际网扩大宏碁品牌影响。

预算:一等奖价值4000元,二等奖价值1000元,三等奖价值200元。总预支出为5200元。

(二)中期宏碁品牌宣传

1. 庆祝国庆

(1)国庆礼物派送。在国庆节的这几天,到软件学院、电子商务专业、艺术设计专业等最大潜在消费群所在专业发放问卷调查,同时赠送给每位参加调查的同学一个印有宏碁Logo的口杯、记事本和笔或鼠标垫等。

预算:宏碁Logo口杯3元/个,记事本2元/本,笔1元/支,鼠标垫3元/块。

预计送出:200套。

总预支出:200×9=1800(元)。

(2)欢度国庆。举办"我与宏碁有个约会"K歌大赛,加强我团队与校内同学的交流,同时听取他们的意见等。活动中间穿插有奖知识抢答来调动气氛。

预算:奖品总价值500元。

(3)赞助国庆文艺晚会,同时由宏碁产品公司拿出一到两台计算机在文艺晚会上义卖,所得款项用于资助××学院的贫困大学生。

(4)在国庆时,给重点客户群(软件学院、电子商务专业、艺术设计专业)的辅导员送一件礼品,表达新年祝福,同时宣传宏碁。

预算:200元。

2. 充分利用学校广播室的广播宣传效应

在学生中午吃饭时间在食堂广播室播放宏碁广告词、广告歌曲,让更多的人了解宏碁这个品牌。

(三)后期宏碁品牌宣传

(1)由我们团队对现在校内使用宏碁计算机的同学提供上门免费检修、重装系统、计算机更新等服务。

(2)在一、二、三区篮球场一个月举办一次计算机义务维修活动,主要针对宏碁品牌免费维修。

（3）建立"宏碁笔记本电脑微信交流群"交流使用后的感受。

（4）建立"宏碁俱乐部"交流技术，在全校举办两到三次计算机基础知识讲座，定期举办会员活动。

后期品牌维护预算：1000 元。

七、经费预算

主要的经费开支：前期品牌宣传预算总支出为 5200 元；中期品牌宣传预算总支出为 2500 元；后期品牌宣传预算总支出为 1000 元。

总的经费开支预算为 8700 元。

八、预测

宏碁这一品牌一定能在××学院打响，也会给全校师生展示一个热心公益、回报社会，敢为人先，追求卓越，标新立异的企业形象，同时以此来带动销量，推进企业的继续发展。希望借此方案提高宏碁品牌在校园中的影响力，达到提高市场占有率、提升宏碁品牌的知名度和美誉度的营销目标。

简评

这是一份十分详细的产品推广和促销活动策划书。全文分八个部分，前言部分即活动背景部分强调了该促销策划的重要性及必要性，随后对受众市场进行了分析。从第六部分开始是对整个促销活动的具体安排，包括品牌宣传方式、预算等，最后对活动效果进行了预估。此文结构清晰、材料充实、考虑周密。

提示：营销策划书的基本结构与写作要求

一、营销策划书的基本结构

（一）封面

营销策划书封面的视觉效果往往会给人留下深刻的第一印象，从而对策划内容的形象定位起到良好的辅助作用。封面的设计要醒目、整洁、大方、新颖。内容包括：策划方案的名称，如《森马服饰××市场促销策划书》；策划委托方，如《×企业××策划书》；策划机构或策划人名称；策划完成日期及本策划适用时间段。

（二）策划前言

概述策划的原因、目标、任务等。一般要简要交代接受营销策划委托的情况，指出该营销策划的重要性和必要性。

（三）环境分析

当前市场状况及市场前景分析：产品的市场性、现实市场及潜在市场状况；市场成长状况，产品目前处于市场生命周期的哪一阶段上；消费者的接受性。

对产品市场影响因素的分析：主要是对影响产品的不可控因素进行分析，如宏观环境、政治环境、居民经济条件、消费者收入水平、消费结构变化、消费心理等。

（四）营销目标

方案执行期间要达到的经济效益目标，如总销售量、毛利、市场占有率等。

（五）具体营销方案

营销方案包括营销宗旨、产品策略、价格策略、广告宣传等。

（六）策划方案各项费用预算

对营销费用的测算，要写明测算的具体项目费用及依据。如内容较多，可作为附录出现。

（七）附录

如引用的权威机构的数据资料、问卷调查表等，作为附件对主体内容进行补充说明。

二、营销策划书的写作要求

为了提高策划书撰写的准确性与科学性，应把握其编制的几个主要原则。

（1）逻辑思维原则。策划的目的在于解决企业营销中的问题，按照逻辑性思维的构思来编制策划书。首先是设定情况，交代策划背景，分析产品市场现状，再把策划中心目的全盘托出；其次进行具体策划，详细阐述内容；最后是明确提出解决问题的对策。

（2）简洁朴实原则。要注意突出重点，抓住企业营销中所要解决的核心问题，深入分析，提出可行性的相应对策，针对性强，具有实际操作指导意义。

（3）可操作原则。策划书是要用于指导营销活动，其指导性涉及营销活动中每个人的工作及各环节关系的处理，因此其可操作性非常重要。不能操作的策划内容创意再好也无任何价值。不易于操作也必然要耗费大量现有资源。

（4）创意新颖原则。要求营销策划的创意新颖、内容新颖、表现手法新颖，给人以全新的感受。

写作能力实训

一、判断题

1. 营销策划书的费用预算的内容，可放在附录中。（　　　）

2. 营销策划书可以以不变应万变。（　　　）

3. 在营销策划书中引用的权威机构的数据资料、问卷调查表等，可以作为附录的形式出现。（　　　）

4. 成功的营销策划应当是花费最小的策划和方案实施成本取得目标经济收益。（　　　）

5. 营销策划书的撰写应注意活动安排的可操作性和文案内容的周密性。（　　　）

二、写作题

某公司希望借助某大学举办运动会的契机开展旗下产品飞浪矿泉水的营销活动，请结合实际情况为其代拟一份营销策划书。

第六章

传 播 文 书

第一节　经 济 消 息

一、经济消息的含义和特点

（一）经济消息的含义

消息是一种常见的新闻体裁，它以简要的语言文字迅速、及时、准确地传播新近发生的有社会意义并引起公众兴趣的客观事实。广义的新闻是指新闻报道，包括消息、通讯、调查报告及新闻评论等。狭义的新闻则单指消息。

经济消息就是对当前经济领域中出现的具有一定经济价值或具有一定影响的事实所做的简要的报道。例如，有关国民经济、生产建设、人民生活等方面的内容。

（二）经济消息的特点

1. 真实性

新闻是对新近发生的事实的报道，其特点是用事实说话，也就是让活生生的真实事例来说明客观情况及作者观点。新闻的真实是一种实践的真实、历史的真实。真实性的具体要求是：人物、地点、时间、事件缘由、因果、经过等细节必须有据可查；消息中引用的资料、数据、引语、史实等现实的和背景的材料要确凿无疑。

2. 时效性

"新闻"一词中的"新"体现了新闻的价值，它必须迅速及时地把最新的事实告知读者。延误了信息就失去了新闻价值。

3. 精练性

经济消息要写得短而精，即要用较小的篇幅、简练的文字来叙述事实、传达信息，让读者在最短的时间内掌握最大的信息量。

二、经济消息的种类

（一）经济动态消息

经济动态消息是准确、迅速地传播新近发生或正在发生的国内外重大经济事件的一种报道形式。其特点是内容单一、一事一报，具有极强的时效性，简讯、一句话新闻等基本上都是动态消息。这是经济消息中最常见的一类。

（二）经济综合消息

经济综合消息即报道的不是发生于一时一地的经济事件，而是围绕某一经济主题，把不同地区或部门的同类情况综合起来进行报道的一种新闻形式。因此，经济综合消息既有面上对全局的概括反映，又有点上突出的典型材料，是有"点"有"面"，"点""面"结合的一种报道。

（三）经济经验消息

经济经验消息又称经济典型消息，是对某一部门或某一单位的成功经验所进行的集中报道。旨在通过对典型经验的报道，揭示出普遍规律。这类消息在写作上最大的忌讳，就是切忌写成工作总结或工作报告。

（四）经济述评消息

经济述评消息也称记者述评或消息述评。是一种在报道经济事件的同时进行适当议论的新闻形式，介于消息和新闻评论之间。可以采用夹叙夹议或先叙后议的表现手法。

范例导读与简评

【范例一】 经济动态消息范例导读

农民租飞机给农田喷药
榆树种粮大户实现"飞速度"

本报 7 月 8 日讯 今天，种粮大户陈卓只用了一天的时间，就完成了 100 公顷玉米地的喷药作业，而在往年，这项工作至少需要 5 天。

帮助陈卓实现这种"飞速度"的，是他租来的一架小型农用飞机。农民自己租飞机给农田喷药，这在我省还是首次。

今天早上 8 时，在榆树市五棵树镇合发村的一条笔直公路上，一架有着彩色机翼的蜜蜂 3 号超轻型飞机，经过 100 米的加速滑行腾空而起，飞向 10 千米外的一片玉米地。飞机从玉米地上空快速掠过，机翼下面喷洒下一片白色的药雾。

现在正是玉米的拔节期，也是对玉米进行抗倒伏、增产、抗菌、杀虫等喷药作业的关键时期。陈卓说："人工2个小时喷洒1公顷地,高架车1天喷洒20多公顷地,采用飞机航化作业省时高效,就是为了抢到庄稼用药的时间点。"

陈卓是榆树市远近闻名的种粮大户,他牵头成立的田丰合作社今年托管了601公顷土地。从合作社成立开始,陈卓就下决心走现代农业发展的路子,合作社的机械化水平逐年提高,现有60多台(套)农机,实现了耕、种、收全程机械化。这次租来飞机喷药,让合作社的现代化水平实现了一次真正的飞跃。

飞机是陈卓从哈尔滨一家公司租来的。该公司负责人王立辉介绍说,今天是他们第一次与我省农民合作开展玉米航化作业,"农民自主开展的航化作业在全国也比较少见,吉林农民的思想真是现代"。

航化作业是农业机械化的一个"高端"标志。近年来,我省不断提高农机装备水平,去年全省农作物耕种收综合机械化水平达到77.8%,今年这个数字将达到80%,航化作业面积计划达到200万亩,我省现代农业生产将迎来"飞速度"。

（《吉林日报》,2015年7月9日）

简评

本文在26届"中国新闻奖"评选中获得文字消息类二等奖。吉林省是农业大省,种粮大户个人出资开展航化作业是农业现代化的标志性事件,具有重要的示范引领作用。作者抓住这一具有前沿性的题材,第一时间独家报道,通过记录吉林农民这一富有创举的时代画面,反映出吉林省现代农业的整体面貌以及发展氛围。报道主题鲜明,立意深远。构思精巧,语言凝练,写作手法独特,极具创新色彩。叙事视角转换自如,故事层层递进,话题步步深入,情节推动能力、话题代入能力极强。

【范例二】 经济综合消息范例导读

包钢镍氢动力电池畅销美利坚
为美国混动汽车装配绿色能源突破百万支

2016年岁末,包头钢铁集团(以下简称包钢)旗下北方稀土电池公司生产的镍氢动力电池又一次亮相美国零部件汽车展会,现场吸引20余家客商投来合作意向。从研发成功到批量式供货,短短几年,包钢镍氢动力电池累计出口美国突破100万支。"包钢制造"的优秀品质,使美国混合动力汽车电池能源市场坚定地选择了"Made in China"。

镍氢动力电池是一种新型绿色能源,具有高能量、长寿命、无污染等特点,应用于混合动力汽车可节油减排,是世界各国竞相发展的高科技产品。

2008年之前,包钢定位电动自行车市场,率先研发镍氢电池产品。但因与铅酸电池相比性价比较低,包钢即将目光转向混合动力汽车市场,致力打开一片光明前景。

2010年,包钢镍氢动力电池研发初步告捷,第二年即实现小批量生产。2012年,包钢年产7万支镍氢动力电池,随后产量逐年增加,到2016年12月末,包钢实现年产45万支,且主要出口美国。包钢一举成为国内产能最大、技术装备水平最高的镍氢动力电池专业生产企业,同时也是全球第二大混合动力汽车用圆柱形镍氢动力电池生产企业。

包钢镍氢动力电池具备快速充放电、高安全性等特点,加之能够适应零上50℃至零下40℃的温度区间,一些新能源汽车锂电池与之无法比拟。尽管优势明显,但打开通往美利坚大门的道路仍然异常艰辛。

美国汽车行业对汽车零部件安全性、使用耐受性等要求十分严苛,由于此前没有车辆装配驾驶的实例,包钢镍氢动力电池始终难以叩开美国市场之门。2012 年,包钢携产品赴美参展,与一家美国汽车零部件排名"前三甲"的制造商建立起联系。通过考察生产现场、在美测试产品,该公司认定包钢镍氢动力电池具备快速充电、高功率放电、循环寿命长等特性,产品品质与价格具有较大优势,是理想的绿色电源,用于汽车原厂电池替代具有良好前景。

双方联手打拼美国本土市场。包钢以用户诉求作为改进基础,逐步完善电池容量一致性,提升电池低温性能,通过改良配方和工艺,产品性能不断提升,技术储备持续丰富,有效提高了包钢产品同汽车原厂电池和回收再利用电池竞争的实力,分得了美国汽车市场的一块蛋糕。

目前,包钢借助合作国外客商、开通电子销售平台等方式,已在美国、俄罗斯以及东南亚、中东、欧洲国家建立了销售网络。而包钢更有志于将自产的清洁能源运用在正在崛起的国内混动汽车市场上,共同擦亮中国自主品牌。

(《包钢日报》,2016 年 10 月 28 日)

简评

本文翔实报道了包钢镍氢动力电池出口美国 100 万支这一重要节点。这篇消息及时准确地抓住了新闻点,在运用简短文字跨越时间纬度的同时,记录了中国镍氢动力电池在美国乃至世界的初步崛起,做到了内容真实精悍、主题鲜明新颖,传播出属于"中国制造"和"中国创造"的正能量。该新闻真实准确、主旨鲜明、简明扼要、新闻性强,通过俯身基层使专业报道通俗易懂,取得了良好的新闻价值和社会效果。

【范例三】 经济经验消息范例导读

榆林 860 万亩流沙全部得到治理
标志着陕西告别"流沙"时代

本报记者呼东荣、张富强报道 距离榆林城区 20 多千米的榆阳区大纪汗村,地处毛乌素沙漠边缘,过去常年黄沙漫天,一片荒芜。如今,这里的荒沙经过整治,已变身万亩良田,成为现代农业示范区。类似的奇迹在塞上古城榆林随处可见。1 月 26 日,市林业局传来喜讯:我市境内最后 50 万亩流动沙地全部得到固定和半固定,这标志着陕西省所有的流动沙地全部得到治理,榆林沙区林业生态建设取得重大突破,实现了"沙进人退"到"人进沙固"的历史性转变。

据了解,陕西荒漠化和沙化土地面积的 99% 集中在榆林。过去,860 万亩流沙给榆林造成巨大危害,也成为陕西绿化美化的"短板"。榆林市委、市政府制定"南治土、北治沙"战略,几代榆林人坚持不懈实施三北防护林、防沙治沙综合示范区、退耕还林(草)天然林保护、京津风沙源治理二期等国家重点生态工程项目,使一块又一块流动沙地被固定和半固定。2012 年起,榆林市开展"三年植绿大行动"和"全面治理荒沙三年行动",植树造林300 多万亩,残留的 50 万亩流沙得到有效治理,再也"流"不起来了。目前,榆林从城区到乡村的绿色主框架已形成,在黄河沿岸形成以红枣为主的红色经济林,在中部黄土丘陵区形成以"两杏"为主的黄色经济林,在北部沙区形成以樟子松为主的绿色防护林带,全市林木覆盖率由2011年的30.7%提高到33%,植被覆盖度达53.43%。

针对沙化土地不同立地类型区,榆林还走出一条不断升级的科学治沙之路。一代代治沙人采取乔、灌、草相结合,人工、飞播、封育相结合,植治、水治、土治相结合,一改(改良土地)三化(林网化、水利化、园林化)八配套(田、渠、水、林、路、电、排、技)等一系列综合治理措施,推广樟子松"六位一体"等造林治沙实用技术,提高了治理水平,保证了治理成效。全市初步走上沙漠治理产业化、产业发展促治沙的治沙良性循环之路,建立起以种植业、养殖业、加工业、旅游业、新能源等为主的沙产业体系,以林草为保障,沙区成为我市粮食主产区和全省畜牧业基地、新食品长柄扁桃油原料基地。

市林业局总工郝文功介绍,随着林木覆盖率的提高,榆林市的降水量逐年增加,榆林城区二级以上天数也越来越多,2014年达到336天。"860万亩流沙得到治理,对榆林、对陕西乃至对全国的生态环境改善都具有重要的意义。"

(《榆林日报》,2015年1月27日)

简评

本文是榆林生态环境建设改善的里程碑式新闻,报道以点带面,放眼陕西,历数榆林几代人特别是"十二五"以来的治沙举措以及取得的巨大成果,榆林860万亩流沙全部得到治理,宣告陕西告别流沙时代,对榆林、对陕西甚至对全国的生态环境改善都具有重要意义。消息题材重大、写法新颖、简洁明快、短小精悍,读来振奋人心。

【范例四】　经济述评消息范例导读

项目审批"长征"698天
泰豪动漫变"动慢"

本报讯　一个产业项目需闯过20道行政许可事项审批关口,涉及8个部门及省、市、县三级政府、工业园区,最后完成项目审批时间长达698天——3月18日,记者在省政府最近一份调研报告中,看到了泰豪集团"晒"出的行政审批流程图。正是这纷繁复杂的审批"长征",令起步较早的泰豪动漫项目,实施进度缓慢,"'动漫'变成了'动慢'"。

据了解,泰豪动漫产业园一期工程2010年3月立项,至2012年11月才获得施工许可证。按法定期限计算,该项目完成各项审批需392个工作日,实际办理时间为200个工作日,剩余498天由以下三部分构成:13项非行政许可事项耗时255天;工程设计、供水、电力等市场有偿服务耗时100天;泰豪集团自身消防设计、环评整改、缴纳有关规费耗时143天。

"审批事项千头万绪,过于复杂。"据泰豪集团相关负责人介绍,除行政许可事项过多以外,审批前置事项大量存在,是审批过程迁延时日的重要原因。譬如,住建部门在施工许可审批过程中存在规划方案审查、施工图纸审查等;国土部门用地审查要制定失地农民养老保险方案等。由于部分审批前置事项还涉及垄断行业,其较低的工作效率直接拉长了项目审批时间。同时,一些政府部门服务缺乏主动性,未履行事项一次告知义务,导致申报材料、程序重复进行,令项目申报者"一头雾水"。

项目审批遭遇"长征",企业当然着急苦涩。泰豪集团董事局主席黄代放深有感触地说："市场瞬息万变,机遇稍纵即逝。近两年的审批时间,足以将一个'朝阳'项目拖成'夕阳'项目。一些中小企业,甚至可能因投资风险和成本的增加而倒闭关门。"对审批怪圈感到无奈的,并不只是企业。省发改委专家解析:"作为欠发达省份,江西能不能抓住、用好当前难得的发展机遇,在经济升级中走出一条发展新路,关键看行政效率。"吉安高新区一名基层干部的发问引人深思:"698天过长,那法定期限392个工作日内办结,就说明我们的效率高了吗? 200个审批工作日还能再缩短吗?"

"项目审批'路漫漫',吃亏的看似是项目投资者,但最终为低效'埋单'的,还是地方经济社会发展质量。"省委党校经济社会发展战略研究所所长黄世贤认为,深化行政审批制度改革刻不容缓,当务之急,既要完善顶层设计,又要抓好简政放权。期待经过不懈努力,把江西打造成为中部地区审批事项最少、行政成本最低、发展环境最好的省份。

(《江西日报》,2014年3月19日)

简评

本文是中国全面深化改革元年推出的一篇舆论监督力作,在中国改革步入深水区的关键时刻,作者敏锐地抓住典型事例"解剖麻雀",直击阻碍发展的"审批难""审批慢"怪相,反映来自企业家、基层干部、专家学者盼望破除发展机制体制障碍的急切呼声,凸显了政府"自我革命"的重要意义,彰显了党报的权威性和舆论引导力。本文采访全面,层层递进,犀利深刻,读之发人深省,是紧跟形势、针砭时弊而又短实新、接地气的佳作。

提示:经济消息的基本结构与写作要求

一、经济消息的基本结构

一般由标题、消息头、导语、主体、背景、结尾六部分构成。

(一)标题

标题是经济消息写作重要的组成部分,在新闻宣传中发挥的作用有时甚至会大于消息的正文。常见的标题形式有以下几种。

1. 单行标题

单行标题即只有一个标题,它是对消息内容的高度概括,要以简明的文字表明新闻主旨,使人一目了然。常用于内容简短、单纯的经济消息。例如:

火车站见证兰考经济变迁

2. 双行标题

双行标题即有两行标题。正标题是消息的主标题,反映经济消息的中心思想。正题可用实写的方法,即概括说明消息的主要事实或思想;也可用虚写的方法,即评价事实,揭示其意义或隐含的观点,且虚题往往语义不完全,无法构成一个完整的句子。副标题如位于正题之前则叫引题(又称肩题、眉题),作用是交代背景、烘托气氛、揭示意义,以引出正题并为正题服务,引题一般多虚写;副标题如位于正题之后则叫副题(又称子题),一般用来补充、注释和说明、印证主题,一般多实写。例如:

他们的心比煤还黑（正题）

山西宁武"7·12"矿难瞒报事件追踪（副题）

项庄舞剑　意在沛公（引题）

明传人民币贬值　实为投机牟暴利（正题）

3. 三行标题

三行标题即由引题、正题、副题组成的标题。三行标题比双行标题内容丰富，常用于比较重要的经济消息。拟写标题时三者之间的相互配合非常重要，各标题要注意各司其职，并注意主从之间的逻辑关系，用引题或副题突出正题。例如：

新股发行体制改革意见"靴子"落地（引题）

股票发行向注册制迈出重要一步（正题）

A股市场IPO即将重启（副题）

（二）消息头

消息头也叫电头，即"本报讯"或"××社××地××月××日电"的字样。消息头是消息的标志，是对发出消息的单位、地点和时间的说明。

（三）导语

导语是经济消息的开头部分，就是用一句话或一个段落将消息中最有价值、最重要、最具个性特点的内容简洁地表述出来，最大限度地激发读者的阅读兴趣。

导语由6个W组成：When（何时）、Where（何地）、Who（何人）、What（何事）、Why（何故）、How（如何），称为新闻六要素。写作时应根据经济消息的不同内容，在导语中只需突出介绍其中一两个要素，其余要素可放在新闻主体中去说明。

导语的写法较多，需因事、因人而定。常用的有以下几种形式。

1. 概述式

简明扼要地叙述经济消息中最主要、最新鲜的内容，让人首先对所报道的基本事实有一个总体了解。这是最常用的一种形式。例如：

中共中央总书记、国家主席、中央军委主席习近平16日上午在人民大会堂会见受到表彰的全国援外医疗工作先进集体和先进个人代表，代表党中央、国务院，向他们表示热烈的祝贺，向曾经参加和正在国外执行任务的援外医疗队全体同志致以诚挚的慰问。

2. 描写式

用形象生动的笔法勾勒出反映经济消息主要内容的场面或细节，给人以身临其境、生动具体的感觉。例如：

晚上7点刚过，高密的大街上便响起了鞭炮，一条消息在鞭炮声中口口相传：高密走出去的山东作家莫言荣获2012年度诺贝尔文学奖。

3. 提问式

以提问的形式明确提出有关新闻事实的主要矛盾或问题，以引起人们的关注和思考，然后在导语中或主体中再用事实加以简要回答。例如：

一个人的生命可以燃烧几次？在这个喧嚣浮躁的时代，又有多少人可以静下心来，全心全意去做一件事，为的却是他人的利益与幸福？有着35年党龄的上海人徐桔桔正在这样做着。

4. 结论式

将经济消息中事件的结局,针对某项工作、某个问题得出的肯定性结论放在开头,以提示报道这一事件的意义或目的。它多用于对重大事件或科研生产等方面的报道。例如:

经过近10年的探索,我国农业发展在政策扶持、科技支撑、农业机械化等方面形成了一套行之有效的机制,走出了一条中国特色粮食增产之路。

5. 评论式

在开头首先对所报道的事实进行简短精练的评价,明确揭示其实质、影响或意义。例如:

今年,我国将首次开展对国外援助项目执行情况的审计调查。这不仅将对加强项目资金管理、提高项目资金使用效益发挥积极的推动作用,还将填补我国政府审计在国外援助项目领域中的空白。

导语的形式不局限于上述五种,还有引语式、数字式、谈话式等。无论采用什么形式写导语,只要能简练、生动地反映经济消息的核心内容即可。

(四)主体

主体是经济消息的主干部分,也是展开事实、揭示和阐述消息主旨的关键部分。这个部分的内容或是阐发导语,或是回答导语,或是补充导语,对新闻事实作充分而具体的报道和说明。

主体部分常见的结构形式有以下内容。

(1)时间顺序。即按事件发生、发展的先后顺序来安排层次。这样可使事实的来龙去脉交代清楚,有助于读者对事实的把握和理解。但要注意围绕主题精心选材,重点突出,避免记流水账。经济动态消息及故事性较强的经济消息常采用这种结构。

(2)逻辑顺序。即根据事物的内在联系或问题的逻辑关系,用典型材料分别表现它的各个侧面,或并列,或因果,或主次,或点面。这样便于反映事物的本质和意义,有较强的说服力。经济经验消息、经济综合消息和经济述评消息常采用这种结构。

(3)时间和逻辑相结合的顺序。将上述两种方式结合起来使用,有助于发挥各自优势,取长补短。既能使新闻事实叙述得脉络清晰,又能把各个方面的逻辑关系讲清楚,达到更好地为突出主题服务的目的。这种形式多用于内容较复杂的经济动态消息、经济经验消息等。

(五)背景

背景又称背景材料,是指消息中对人物、事件起作用的历史背景、周围环境及客观条件的介绍。写经济消息有时要交代背景,目的在于帮助读者深刻理解经济消息的内容和价值,是为衬托、深化主题服务的。

经济消息的背景材料大致有三类:对比性材料,即对事物进行前后、正反的比较对照,以突出事件的重要性;说明性材料,即介绍政治背景、地理位置、历史演变、生产面貌等;注释性材料,即人物生平的说明、专业术语的介绍、历史典故的解释等,以帮助读者理解消息的内容。

需要说明的是,并非每篇经济消息中都有背景材料,背景材料的穿插也没有固定位置,在导语、主体、结尾部分可以灵活安排,有时可多处运用,甚至还可以独立出现。

（六）结尾

结尾通常是经济消息的最后一段或主体中的最后一句话。其作用是收束全篇、深化主题,表现事物的完整性和逻辑的严密性。这是经济消息的最后一个部分,但不是必备的部分。如果正文已将所要表达的内容叙述完毕,文章也就自然结束,不必画蛇添足。消息有无结尾,如何结尾,要根据经济消息的内容和要求来定。

二、经济消息的写作要求

（一）坚持用事实说话

所谓用事实说话,"事实"是指新闻事实和背景事实,"说话"是指隐含在事实中的意见、观点。也就是新闻工作者通过报道客观存在的事实,以体现某个道理、观点、思想,从而感染、影响、教育读者或者听众。

（二）选择最佳的报道角度

所谓报道角度,就是作者报道新闻事件的着眼点。同一个新闻事件,由于报道的角度不同,表现的主题也就不同。能否选取到最佳的报道角度、提炼出有深刻意义的主题,与作者的认识能力、对方针政策和实际情况的熟悉程度有很大关系。

（三）兼顾专业性与通俗性

经济消息中经常需要用到与经济相关的专业术语或权威数据,但是如果只重术语的堆积,不重通俗的阐释,是无法激起广大读者的阅读兴趣的,这就要求作者在专业性和通俗性之间找到一种融合的方法,使数字化的经济消息、抽象化的经济语言通俗易懂。如尽量运用生动活泼、富有表现力的群众语言来写作;多用结构简单、词语简洁的短句等。

写作能力实训

一、判断题

1. 导语"6月20日,雨过天晴,刚刚被雨水冲洗过的车巴沟,绿意葱茏,鸟语花香。"是概述式。（　　　）

2. 导语"三一集团今天在其官方网站宣布,三一集团起诉奥巴马一案在美国哥伦比亚特区联邦上诉法院胜诉。"是描写式。（　　　）

3. 导语"与联合国做生意难不难? 记者昨天采访了本市唯一一家既是联合国供应商又与联合国组织达成实际业务合同的北方国际集团有限公司。"是提问式。（　　　）

二、分析题

分析下列标题,指出哪些是虚写,哪些是实写。

1. 穿越寒冬的温暖（　　　）
　　拉萨市城市供暖开通（运行）仪式侧记（　　　）

2. 知否? 知否? 应是贱"肥"贵"瘦"（　　　）
　　爱吃瘦肉者,请您多付钱（　　　）

本省十几个县市调整猪肉各品种之间的差价（　　）

三、写作题

到校内的食堂或便利店、超市取材，写一篇经济动态消息。要求使用双行或三行标题，字数在 500 字左右。

第二节　经 济 评 论

一、经济评论的含义和特点

（一）经济评论的含义

经济评论是针对当前经济领域中出现的某个问题或某种现象进行评论、发表意见的一种议论文，如有关经济方面的社论、短评、专论、漫谈等，均属经济评论。

在现实情境中，经济评论是以新闻评论的形式与读者见面的。新闻评论是通过传播媒介对当前存在的社会现象发表看法和主张的评论性文章。经济评论作为新闻评论的一个分支，是就经济领域中新近发生或正在发生的事件进行评析，从而揭示事物本质、评判是非，提高人们的思想认识而写作。

（二）经济评论的特点

1. 针对性

经济评论的选材针对的是经济领域中新近发生或正在发生的、人们关注的，尚未定论或有争议的事件。只有抓住这样的事件进行评论，才能吸引读者，引起共鸣。

2. 时效性

经济评论也是新闻体裁的一种，因此也具有"新闻"所具备的"新"这个特点。经济评论针对经济领域里新近发生的有一定典型意义的事实或问题，及时发表议论，讲求时效性，最忌"马后炮"。

3. 专业性

经济评论的目的是在于辨明是非，在分析评论中认识和总结规律。因此经济评论必须以事实为依据，站在理论的高度进行评论。这就要求作者应具备相应的专业知识，如经济学的基本理论以及贸易、金融、财政、税务、投资和一些专门的分析方法、数学统计方法等。

二、经济评论的种类

经济评论的种类根据不同的标准，可以有不同的分类。根据表现形式的不同，可分为社论、评论员文章、述评、短评、随笔、编者按等；根据作者的身份的不同，可分为官方（代表政府）的评论、专家学者的一家之言的评论、记者或编辑部根据报道所做的短评、其他社会各界人士及普通百姓的评论等。现就根据评论的权威性、重要性程度分为三类：社论和评论员文章、经济述评和专论、经济短评和随笔。

（一）社论和评论员文章

社论（在广播、电视中称为本台评论）是代表报社、广播电台、电视台等大众传播媒介编辑部发言的权威性言论。评论员文章，在内容和写作特色上与社论没有严格界限，常以配合或结合新闻报道的形式发表。这类评论大都针对国内外的经济形势或国民经济发展中的变化、金融政策的调整以及经济领域中发生的重大事件等而写作，且由国家政府部门或重要报社发表，极具权威性和导向性，篇幅相对一般评论要长。

（二）经济述评和专论

经济述评和专论往往着眼于经济领域中某一方面出现的问题，或某项经济政策的变化，有针对性地进行专门的分析、评价，表明意见，提出建议，帮助人们正确地看待问题，提高思想认识。这些文章大都由资深专家或有关行家撰稿，因此对读者也有较强的引导作用。

（三）经济短评和随笔

经济短评和随笔常就日常生活中遇到的一些经济方面的具体问题和现象，发表作者独特的见解或感想，常配合一则消息或通讯加以评论。这类评论缘事而起、随感而发，篇幅短而精、内容丰富多彩、形式自由、语言生动，是经济新闻评论中使用最为广泛和最为活跃的一种。

范例导读与简评

【范例一】　社论和评论员文章范例导读

推进农业供给侧结构性改革
培育农业农村发展新动能

刚刚闭幕的中央农村工作会议，是继中央经济工作会议之后，中央召开的又一次重要会议。这次会议深入学习贯彻习近平总书记关于"三农"工作的重要讲话精神，深刻分析当前农业农村形势，全面部署 2017 年农业农村工作，强调以推进农业供给侧结构性改革为主线，加快培育农业农村发展新动能，开创农业现代化建设新局面。这对于统一思想，深化认识，做好明年和今后一个时期的"三农"工作具有十分重要的意义。

"三农"向好，全局主动。今年农业农村发展继续保持稳中有进的良好态势，农业结构调整迈出重要步伐，农村新产业新业态蓬勃发展，农村重要领域和关键环节改革深入推进，农村民生持续改善，农村社会保持和谐稳定。今年是打赢脱贫攻坚战的首战之年，精准扶贫、精准脱贫力度空前加大,全年1000万人的脱贫任务有望超额完成。这些成绩为我们应对经济下行压力、做好全局工作提供了有力支撑。

但必须清醒地看到,在经济发展新常态下,当前,农业农村发展还面临着很多困难和挑战。农民收入增速放缓,农业结构调整难度加大,放松"三农"工作的倾向有所抬头。我国农业农村发展的内在动因和外部环境正在发生重大而深刻的变化,正进入结构升级、方式转变、动力转换的平台期,"三农"工作到了逆水行舟、爬坡过坎的攻坚期。只有积极进取,农业才能再上新台阶,一旦松劲,就可能陷入停滞徘徊,甚至滑坡倒退。必须始终坚持把解决好"三农"问题作为全党工作重中之重不动摇,重农强农调子不能变、力度不能减,不断延续发展农业农村好形势。

新形势下,我国农业主要矛盾由总量不足转变为结构性矛盾,突出表现为阶段性供过于求和供给不足并存,矛盾的主要方面在供给侧,并且主要是结构性、体制性的问题。推进农业供给侧结构性改革,提高农业综合效益和竞争力,是当前和今后一个时期我国农业政策改革和完善的主要方向。要在确保国家粮食安全的基础上,紧紧围绕市场需求变化,以增加农民收入、保障有效供给为主要目标,以提高农业供给质量为主攻方向,以体制改革和机制创新为根本途径,优化农业产业体系、生产体系、经营体系,提高土地产出率、资源利用率、劳动生产率,促进农业农村发展由过度依赖资源消耗、主要满足"量"的需求,向追求绿色生态可持续、更加注重满足"质"的需求转变。

推进农业供给侧结构性改革,要把增加绿色优质农产品供给放在突出位置,把农业结构调好调顺调优。要适应市场需求,优化产品结构;发展适度规模经营,优化经营结构;立足比较优势,优化区域结构;加快科技创新,增强农业发展动能;促进融合发展,优化产业结构;推行绿色生产方式,集中治理农业环境突出问题,促进农业可持续发展。要紧紧围绕使市场在资源配置中起决定性作用和更好发挥政府作用,推进粮食等重要农产品价格形成机制和收储制度改革,深化农村产权制度改革,改革财政支农投入使用机制,加快农村金融创新,健全农村创业创新机制。要通过加快深化农村改革,全面激活市场、激活要素、激活主体,为农业供给侧结构性改革注入强大动力。

推进农业供给侧结构性改革是一个长期过程,处理好政府和市场关系、协调好各方面利益,面临许多重大考验,必须直面困难和挑战,坚定不移推进改革,勇于承受改革阵痛,尽力降低改革成本,积极防范改革风险,确保粮食生产能力不降低、农民增收势头不逆转、农村稳定不出问题。

推进农业供给侧结构性改革是"三农"领域的一场深刻变革,改革的方向已明,底线已定。农村改革是靠尊重基层创造取得成功的,推进农业供给侧结构性改革,要继续用好这个法宝。要尊重基层实践,鼓励农民创造,努力营造改革创新的宽松氛围。

明年是实施"十三五"规划的重要一年和推进供给侧结构性改革的深化之年,我们要认真贯彻落实党的十八届六中全会精神,全面加强和改进党对"三农"工作的领导,切实把认识和行动统一到中央的决策部署上,把农业农村工作的重心转移到推进农业供给侧结构性改革上,坚定信心,奋发进取,以优异成绩迎接党的十九大胜利召开。

(《人民日报》,2016年12月21日)

简评

本文在国务院召开中央农村工作会议之后适时推出，及时领会精神，紧跟党中央步伐，围绕党中央的决策精神，从各个方面阐述了农业农村工作的要点。既肯定了成绩，又没有忽视所面临的困难和挑战。这篇评论对贯彻中央精神、鼓舞信心起到了良好的舆论引导作用。

【范例二】 经济述评和专论范例导读

重视改革的"慢变量"

翟慎良

改革关键之年，如何做出关键作为？这无疑是一道沉甸甸的考题。最近，省委全面深化改革领导小组接连召开两次会议。从深化省管企业负责人薪酬制度改革，到科协所属学会承接政府转移职能试点……紧锣密鼓推出的一项项改革举措，让我们看到了省级层面全力推进改革的决心和行动。

船到中流，不进则退。当改革进入深水区，开始啃硬骨头，"进"的动力何在？此时此刻，面对改革的复杂性、艰巨性，一方面，我们必须增强改革的责任感、使命感，一如既往地加速推进改革。另一方面，我们必须重视改革的"慢变量"，更加协调系统地推进改革。

导致事物变化的因素，有"快变量"，也有"慢变量"。如海浪的起伏波动，其"快变量"是今天海上有没有风。但决定海浪的真正原因是月亮，有了月亮才有潮汐现象。月亮，就是海浪的"慢变量"。

改革也有"快变量"和"慢变量"之分。改革的"快变量"，是那些直接的、见效快的改革方面。而"慢变量"，则是那些深层次的，需要一个培育和成长过程的改革方面。比如，企业改革，进行股份制改造是"快变量"，它可以让企业一夜间"改头换面"。而建立现代企业制度则是"慢变量"，需假以时日企业才会因此真正"脱胎换骨"。再比如户籍制度改革，统一城乡户口是"快变量"，而农民市民化则是"慢变量"。改革中，或许一纸通知就可以实现城乡户口的统一，但农民成为市民却是个缓慢的过程。

全面深化改革，我们需要在"快变量"上大有作为，更需要在"慢变量"上大显身手。事实上，改革成效好不好，很大程度上恰恰是由"慢变量"确定的。而且，"快变量"的改革，最终也离不开"慢变量"改革的支撑。必须看到，容易的、体制外的、增量的、局部的改革，到如今已基本完成。向"全面"与"深化"发力，需要我们更多地在"慢变量"的改革上着力，使改革真正取得整体性成效。

重视改革"慢变量"，首先要明晰快与慢的辩证。改革，既是为当前计，更是为长远谋。忽视"慢变量"，只看眼前，只重速度，往往会欲速而不达，甚至留下后遗症。比如城镇化改革，有些地方急躁冒进，出现"农民被上楼"现象，所谓新城镇也成为"半拉子工程"。而重视"慢变量"，就要在城镇化改革中，一步步填平城乡之间的公共服务鸿沟，解决城乡户口之间的"含金量"差距。唯此，城镇化改革才能快速而又稳妥地推进。

现实中，这种"慢变量"的改革，是看不见的"潜绩"，是更难啃的"骨头"。作为改革决策者，必须增强改革定力，保持改革韧劲，不仅努力让百姓尽快享受"改革红利"，也要尽力给百姓留下"未来收益";不仅要有"吃力不讨好"的心理准备,还要有"功成不必在我"的气度和胸襟。

重视改革"慢变量",还要明晰此与彼的辩证。改革是一项复杂的系统工程,牵一发而动全身。改革变量之间,此慢与彼快,彼慢与此快,常常互为表里,相互交织。加快推进改革,必须避免快慢失衡、顾此失彼,解决好改革措施的衔接配套,处理好改革产生的利益冲突。

从这个意义上来说,民众的广泛参与、社会各方的协同配合,就是全面深化改革最重要的"慢变量"。只有重视了这个"慢变量",改革才能协调各方利益,汇聚各界力量,形成"砖连砖成墙,瓦连瓦成房"的局面。反之,一切改革皆如"壁里安柱",既不稳固,也不会长久!

(《新华日报》,2015年9月14日)

简评

本文评论鲜明提出,重视改革的"慢变量",要明晰快与慢的辩证、此与彼的辩证,对改革中出现的"冒进症"苗头给出了及时提醒,呼吁增强改革定力、保持改革韧劲。本文新华时评,主题重大,论点独特,有理论含量,富思辨色彩,针对性强,指导性强。

【范例三】 经济短评和随笔范例导读

"怎么证明我妈是我妈!"

解决证明过多过滥问题,需要打破政府职能部门间的信息"壁垒",真正实现让数据多跑路,让百姓少跑腿

"该怎么证明我妈是我妈!"这是北京市民陈先生的一句感慨。听起来有些好笑,却是他的真实遭遇。

陈先生一家三口准备出境旅游,需要明确一位亲人为紧急联络人,于是他想到了自己的母亲。可问题来了,需要书面证明他和他母亲是母子关系。可陈先生在北京的户口簿,只显示自己和老婆孩子的信息,而父母在江西老家的户口簿,早就没有了陈先生的信息。在陈先生为此感到头大时,有人指了一条道:到父母户口所在地派出所可以开这个证明。先别说派出所能不能顺利开出这个证明,光想到为这个证明要跑上近千千米,陈先生就头疼恼火:"证明我妈是我妈,怎么就这么不容易?"而更令陈先生窝火的是,这一难题的解决,最终得益于向旅行社交了60元钱,就不需要再去证明他妈就是他妈了。

陈先生的遭遇,并非孤例,很多人在办事过程中遇到过类似令人啼笑皆非的证明:要证明你爸是你爸,要证明你没犯过罪,要证明你没结过婚,要证明你没有要过孩子,要证明你没买过房……这样那样的证明,有的听起来莫名其妙,办起来更让人东奔西跑还摸不着头脑。

为什么需要这么多的证明?近日,本报在《关注改革"最后一公里"·聚焦社区治理》的报道中一针见血:证明过多过滥,除了审批事项太多外,还因为原本应由相关职能部门之间相互核实,但同级职能部门之间却互相推诿。说白了,就是要审批的事项很多,可谁也不愿担责。笔者办事就曾遇到过"部门A说需要部门B的证明,而部门B说没有部门A的证明我用什么来证明",就像是你要给我蛋,才能孵出鸡,而我说你要给我鸡,才能生

下蛋。这样的僵局，往往托人能打破。

然而当我们对一些证明感到不可理解，去问工作人员为什么要这个证明，得到回答往往是"就是这么规定的"。诚然，必要的证明是应该的，但花点钱、找找人就行，或者在没有知情权的社区盖个章也行，这也从一个侧面说明，其实不少证明并非非要不可。因此，各级政府部门有必要结合简政放权的时代要求，与时俱进地对需要当事人提供的材料事项进行梳理，能免的就免、能简的就简，从源头上减少对证明的需求。

让数据多跑路，让百姓少跑腿，信息化为现代社会治理提供了这样的可能和便利。解决证明过多过滥问题，当务之急需要打破政府各职能部门之间的信息"壁垒"，通过一定的规则和权限设置，让公民基本情况实现共享。这样，老百姓就不会再为各种证明四处跑腿，更不会出现"需要证明我妈是我妈"的尴尬。

（《人民日报》，2015年4月8日）

简评

本文利用典型事例，查摆证明过多过滥之现象，剖析职能部门相互推诿之根源，提出打破信息"壁垒"之建议。"怎么证明我妈是我妈"一文是独家首发，契合了简政放权的时势热点，击中了人们办事难的社会痛点，引发了其他媒体和社会民众的广泛关注与共鸣，传播效果极好。文章引起李克强总理的关注，为推动实际工作起了很好的作用，成为推动简政放权、治理证明过多过滥、方便群众办事等工作的重要抓手。

提示：经济评论的基本结构与写作要求

一、经济评论的基本结构

（一）标题

经济评论的标题在写作时，一般要求将所持的观点在标题中直接或间接地揭示出来，力求简洁生动。如《天价"出场费"吓退了谁》《以加快改革创新为强大动力——谈做好下半年经济工作》。

（二）导语

导语是文章的开头。主要作用是引出文章所要评论的事件、问题或观点，一般是先摆出所要评论的对象，再提出观点。导语的写法灵活多样，常用的有以下形式。

（1）引述式：在开头部分对所要评论的事件情况进行简要的介绍，为下文的评论提供事实依据。

（2）论辩式：常见的写法是先引出某种错误的说法或观点，以此树立靶子，随后展开针锋相对的辩论。

（3）设问式：先提出问题，再引出事实依据，展开议论。需要注意的是应抓住事情的实质来设问。

（4）结论式：在开头直接提出自己的观点，然后在下文提出证明以上观点的事实根据。

无论采用何种方式写作导语，都应开门见山，直接入题，避免用公式化的空话或套话。以精练的语言，让读者尽快明白因何事而评论。精彩的导语能与标题互相映衬，相得益彰,引起人们的阅读兴趣。

（三）本论

本论是文章的主体部分。本论的写作主要是选择和运用材料进一步阐述和深化导语中所涉及的内容。写作时应抓住一个核心论点,以此为中心铺开,将道理讲清楚,让自己的观点为读者所接受。在评议中首先应就事论理,不能脱离事实,空发议论。首先,既可以一事一议,也可以层层深入,多方面论证;其次,评议要有深度,有新意,要能透过现象看本质,而不能表面化、简单化、雷同化,只满足于泛泛而谈;最后,评议应把握好尺度,做到恰如其分,适可而止。

（四）结尾

结尾的写作没有特定的要求,可以是对全文作归结,再次强调所持观点,加深读者的印象;可以就如何解决问题提出意见和建议,希望有关方面给予重视和采纳;还可以就如何改进工作、服务态度等,提出希望和要求。也有的不给结尾单独设段,只是在分段末尾略加一两句话收束全文即可。

二、经济评论的写作要求

（一）关注热点,找准主题

一篇经济评论写作水平的高下,首先反映在主题的挖掘上,具体体现在是否掌握了国家的重大决策和大政方针的走向,是否摸准了经济生活的脉搏,是否抓住了牵动党心民心的热门话题。这就需要作者具有敏锐的观察能力、敏捷的思维能力和熟练的写作能力。

（二）通俗易懂,深入浅出

经济评论虽然具有一定专业性,但读者的范围却十分宽泛。这就需要把深奥的经济学原理,枯燥的经济数据和生僻的经济术语,变成普通读者能够理解的语言,使经济评论的专业化与通俗化相结合、指导性与可读性相结合。简言之,就是用语和表述"浅"但是立意和内涵"深"。

（三）以小见大,见微知著

经济评论追求的应该是评出深度和力度,所以选题不一定都是惊天动地的大事件。要抓住群众关心的,看似很小的问题,站在国家方针政策的高度发表言论,小事情也会产生大影响。要做到小处入手,大处着眼,言近而旨远。

写作能力实训

一、判断题

1. 经济评论必须站在理论的高度进行评论,这就要求作者应具备相应的专业知识,写出来的文章也应尽量使用专门用语或专业术语,以凸显其专业性。（　　）

2. 评论员文章与社论在内容和写作特色上没有严格界限。（　　）

3. 经济评论的选题应尽量选择大事件。（　　）

4. 经济评论应该对现实的经济状况起到指导作用,因此需要以长篇幅涵盖尽可能多的内容,做到面面俱到。（　　）

二、写作题

1. 根据下列报道，写一则短评，要求为 400 字左右。

把电信诈骗扼杀在最后一道关口
水果湖派出所全国首创"拦截奖"

本报讯　（记者万勤　通讯员孙逊）昨天，三家银行的大堂经理从水果湖派出所所长刘继平手里领到了总共 4000 元的"拦截奖"。三位经理协助民警帮助市民避免损失 165 万元。

1 月 3 日，83 岁的张爹爹来到兴业银行水果湖支行，准备将 150 万元转给骗子提供的"安全账号"，汪经理及时发现了这个骗局并报警，最终成功拦下这笔巨款。

近年来，通过电话、短信等方式进行的诈骗活动非常猖獗。从攒了一辈子钱的空巢老人，到掌管家庭财权的中年妇女，再到涉世未深的大学生，总有市民中招，有的人被掏空了家底，更有人为此病倒甚至轻生。

去年 2 月 27 日，水果湖派出所为防止市民因电信诈骗蚀财设立了一个奖项，这个创意来自全国公安二级英模刘继平，并获得武昌区公安分局、水果湖街综合治理办公室的支持。不久，这项全国首创的奖项被市民亲切地称为"拦截奖"。

所谓"拦截奖"，是对及时制止、拦截电信诈骗案的见义勇为行为的专项奖励。奖励办法规定，发现在银行柜台汇款或者 ATM 机转账的受骗市民，并成功拦截的，分别给予当事人 1500 元、1000 元奖励。对同一人多次拦截的，第三次之后每次奖励 500 元。奖励对象是银行工作人员或其他市民，民警除外。

当天，"拦截奖"的另外两名获奖者是汉口银行中北路支行经理汪莉、建设银行茶港支行经理张丽，他们分别领到了 1000 元、1500 元。

截至目前，水果湖派出所已颁发"拦截奖"45 次，共 4 万多元。

（《武汉晚报》，2014 年 1 月 11 日）

2. 根据近期所观察到的某一经济现象（正面、负面均可），结合你的认识，写一则短评，字数在 400 字左右。

第三节　广告文案

一、广告文案的含义和特点

（一）广告文案的含义

根据《中华人民共和国广告法》第一章第二条中的规定，广告是指商品经营者或者服务提供者承担费用，通过一定媒介和形式直接或者间接地介绍自己所推销的商品或者所提供的服务的商业广告。广告按其表现形式和内容的不同，可分为广义广告和狭义广告两大类。广义广告泛指所有带有明确目的的公开宣传活动，其基本形式是社会公益性广告和商业性广告；狭义广告通常是指商业广告。本节所提的广告为狭义广告。

广告文案也称广告文，是指广告的语言文字部分。它包括通过报纸、杂志、宣传册、传单、海报、条幅等形式来制作的广告作品的文案，也包括在电视、广播里所播广告的文案。

（二）广告文案的特点

1. 鼓动性

鼓动性是广告的根本目的。广告文案的内容须具备较强的感染力和吸引力，通过宣传产品所特有的特点来赢得消费者的好感和信任，从而购买该商品。

2. 艺术性

由于广告实质上是一种面向公众的宣传行为，为了让公众接受，达到宣传商品的目的，制作广告文案时必须充分调动起各种各样的艺术手段，以群众喜闻乐见的形式，形象、生动活泼地向消费者介绍相关的商品信息。

3. 真实性

广告文案宣传的主体对象是具体的商品，而每个商品都是客观存在的，有着其自身独有的具体的特点、性能、质量、用途等，在介绍这些涉及商品本身的实际情况时，应当真实、合法，不得含有虚假的内容，不得欺骗和误导消费者。

4. 思想性

广告文案的内容要健康，积极向上，不能宣传那些低级趣味，有违社会主义精神文明建设要求的东西，要保持正确的思想立场。

5. 浓缩性

受制作经费及人们的阅读习惯等有关因素的制约，广告文案的篇幅不宜过长，内容要精练，要在尽可能短小精悍的篇幅中把所要宣传的商品的有关情况明白无误地介绍出来。

6. 创造性

广告文案的创作最忌跟风，人云亦云，落入俗套，这就要求广告文案的创作要有创意，有新意，所用的手法及角度都应别具一格，写出自己的特点。

二、广告文案的基本类型

用不同的分类标准，可把广告文案分成不同的种类，如以内容范围分，可分为商业广告和社会公益广告；以写作手法分，可分为理性诉求广告、情感诉求广告和情理结合诉求广告；以传播媒介分，可分为影视广告、广播广告、报纸广告、刊物广告、网络广告、灯箱（光）广告、橱窗广告、车体广告、路牌广告、实物广告、牌匾广告等。为方便起见，本节仅限于介绍商业广告，为此，将其分为企业形象宣传广告和商品促销广告两种。

（1）企业形象宣传广告。这类广告主要是强调企业的经营原则、经营理念、经营方向、经营目标、经营范围等内容，目的是让消费者了解本企业的经营情况，并对本企业产生好感和信任感，从而在消费者的心目中树立起本企业的正面形象，成为消费者消费时的首选目标。

（2）商品促销广告。这是指以传播商品信息为主的广告，主要是对商品的性能、特点、用途、质量、价格等内容进行有针对性的强调、宣传，从而诱发起消费者潜在的消费欲望，进而产生购买的行为，达到销售商品的目的，这是市场上最为常见的广告种类。

范例导读与简评

【范例一】　企业形象宣传广告范例导读

ENEOS　引能仕

- JXTG 集团创立于 1888 年，历经 120 多年的品质信赖
- 2017 年《财富》世界 500 强
- 是综合能源、资源、原材料的知名企业集团
- 为各大汽车厂商供应 OEM 纯正油

扫描二维码关注"ENEOS　引能仕"润滑油的官方微信
扫描二维码关注"ENEOS　引能仕"润滑油的企业官方网站

诚招代理经销商
招商热线：021-68×××××
捷客斯（上海）贸易有限公司

简评

这是一则企业形象宣传广告。创立于 1888 年的日本的 JXTG 集团是一家知名的综合性能源、资源、原材料企业集团，目前是全球排名第六、日本排名第一的能源企业，占领了日本国内一半以上的市场份额，稳坐燃料油和润滑油行业龙头老大的位置。服务客户包括世界各大汽车厂家、钢铁、造船、机械设备、铁道等大型企业。从 1994 年进入中国市场以来，一直以其稳定的性能和优越的品质赢得了中国用户的长期信赖。为了宣传企业的形象，文中紧扣其历史来源及现实排位来做文章，寥寥几句，就把整个企业的形象给树立起来了。

【范例二】　商品促销广告范例导读（1）

Tyreweld 应急轮胎修补剂
一罐在手，出行无忧

欧洲原装进口
快速——迅速密封穿刺的轮胎并充气

简单——无须任何工具,无须更换备胎

安全——让您安全、快速地撤离事故现场

英国国家轮胎经销协会官方认可

美国百适通集团 中国区

地址:上海市浦东新区龙阳路××××号××国际大厦×××室

电话:021-50××××××

网址:www.h××××.cn

简评

这是一则商品促销广告,主要是宣传该公司所推出的一款产品:应急轮胎修补剂。轮胎漏气、爆胎等,是每个驾驶员都担心的事情,而换轮胎就更让人头痛,尤其是在高速公路上换胎,还会存在极大的安全风险。本文就抓住产品所独有的"快速""简单""安全"的三个特点来进行宣传,内容虽然文字不多,但却给消费者留下了鲜明的印象。

【范例三】 商品促销广告范例导读(2)

YN1200 LED 摄像灯

YN1200 是我司全新设计的高亮度便携式智能化的 LED 摄像灯。采用 3200~5000K 独立式的控制方式,告别切换色温的调节模式;灯珠采用密集式布局,补光更加细腻,让摄影创作赋予全新的体验。采用超轻薄设计,拥有超大面积发光灯板,不惧场地约束,轻松掌控灯光效果。可使用手机 APP 和遥控器控制,使用更方便,布光更轻松。它具有补光面积大、灯光效果显著等优点。

- 外观全新轻薄设计,双编码器设计调节亮度更加方便,色温板采用磁铁吸合方式,使用方便快捷。双 LED 数字显示屏设计,输出更直观。一键式记忆功能,轻松帮用户记忆常用的亮度值。
- 3200~5000K 色温模式分别采用单独的模块电路。让光线输出更稳定,效率更高。不同色温模式可以同时点亮,也可独立掌控。
- 手机 APP 支持多频道控制,最多可控制 8 个不同频道摄像灯的亮度。APP 可以从永诺官网下载或通过彩盒二维码扫描后下载。
- 采用了超大面积密集式布局灯板设计,更适用于拍摄大场面。
- 灯光采用 1200 颗灯珠构成,RA 平均值大于 95,接近自然光。
- 采用永诺专为摄像灯开发的 LED 恒流驱动技术,灯光亮度稳定。
- YN1200 提供两种型号,白色(由 1200 颗 5500K 色温灯珠组成)和双色(由 600 颗 3200K 色温灯珠和 600 颗 5500K 色温灯珠组成)。

深圳市永诺摄影器材股份有限公司

深圳市华强北路赛格科技园×栋西×楼 A5××

电话:0755-837×××××

传真：0755-837××××

网址：www.hkyongnuo.com

www.yongnuo.com.cn

简评

这是一则商品促销广告，宣传的是一款摄像灯。本文结合摄像灯的技术特点，突出其补光面积大、灯光效果显著、操作方便等优点。通过集中介绍产品的外观、色温模式、超大面积灯板设计、无线遥控等方面的具体情况，方便读者了解产品的有关指标，从而便于其有选择性地购买产品。

提示：广告文案的基本结构与写作要求

一、广告文案的基本结构

一篇完整的广告文案通常是由标题、正文两个部分组成，有的广告文还会加上一条广告标语。

（一）标题

广告文案的标题是广告内容的高度概括，标题要醒目，要吸引读者。广告文案的标题从其表现形式来看有以下三种。

1. 直接标题

所谓直接标题，是指在标题中直接写出所要宣传的商品的商标名称、品名、特点或优点等情况，如范例一的标题："ENEOS 引能仕"。"ENEOS 引能仕"分别是产品的中英文的商标名称，在同类产品众多的市场里，商标是本产品区别于同类产品的一个显著的标志，在标题里强调了这一点，就有助于读者对于本产品有一个初步的印象。

2. 间接标题

间接标题不会直接出现品名和商标，而是用一些比较曲折、委婉的手法或一些耐人寻味的词句来反映商品的特点。这种标题形式容易造成一种悬念，引发出读者的好奇心，所以往往能给人留下深刻印象。如美国某眼镜公司的广告："眼睛是灵魂的窗户，为了保护它——您的灵魂，请给窗户安上玻璃吧。"这个标题里面尽管没有出现产品的名称及种类，但却能结合其产品的性质、特点来发挥，将眼镜对眼睛所起到的保护视力的作用既生动又淋漓尽致地表现出来。

3. 复合标题

复合标题通常由多行标题组成，其写法类似新闻中消息标题的写法，分别由引题、正题和副题组成。引题主要交代背景，正题说明内容或特点，副题作补充。这种标题的好处是内容极为全面。写得好，往往具有极强的冲击力。如范例二的标题："Tyreweld 应急轮胎修补剂 一罐在手，出行无忧"就是一个典型的复合标题，"Tyreweld 应急轮胎修补剂"作为引题，介绍了该产品的商标名称及产品名称，便于读者对其产品有一个初步的印象；"一罐在手，出行无忧"作为正题，进一步渲染了产品的特点，强调其能给驾驶者带来充分的出行方便和安全，解决驾驶员的后顾之忧，整个广告的主要内容就得以充分反映出来了。

（二）正文

正文是介绍商品有关信息内容的部分,通常由开头、主体两部分组成,有的广告还会加上一条广告标语。

1. 开头

开头部分在有的广告文中可以不写。如果要写,一般是用一句话或一段话对所要宣传的商品的有关情况进行概括的介绍,以总领全文。

在商品促销广告中,开头通常是概括介绍商品的有关情况进行,以诱发消费者的兴趣,进而去阅读下文。如范例三的开头就写得很好。

作为摄像灯,色温准确,操作方便,轻便实用,这恐怕是摄像者比较集中关心的问题。现在既然文案强调其产品具有"补光面积大,灯光效果显著等优点",那么读者可能就很想知道为什么了,这就很自然地吸引读者继续往下看了。

企业形象宣传广告开头,通常简述企业的基本概况,以便于读者了解有关情况。如范例一的开头就明确地告诉了读者该公司的历史渊源及目前在市场中的地位。一个有百年历史的企业,历经沧桑,在激烈的市场竞争中不但没有被淘汰,反而还能在世界 500 强中占有一席之地(2017 年为第 127 位),其实力可见一斑。

2. 主体

主体是广告文案的核心部分,其写法和形式是多种多样的,主要根据主题表现的需要,既可以从头到尾完整地介绍有关情况,也可以抓住某个方面的内容进行强调;既可以综合运用叙述、描写、抒情、议论等表现手法,也可以加上图片、漫画以增加表达的效果;在体式上也可灵活运用文章体、诗歌体、对话体、书信体等形式。总之,要尽可能生动活泼地把有关信息用消费者易于接受的形式表达出来。

商品促销广告主体部分的内容,主要是以介绍商品的性能、特点、质量、优点、用途、使用方法、实用效果、价格及售后服务等内容为主。在具体写作中,可视主题需要,或全面介绍产品的具体情况,或着重突出某方面的特点。如范例二的内容就较为全面,将该产品快速有效、操作简单方便、确保轮胎安全的特点充分反映出来。对于在行驶途中轮胎出现的问题,每个驾驶员肯定是想尽快解决,但毕竟并不是每个人都能够熟练地换轮胎,而且如果处理不当,还会带来人身安全方面的危险。面对这个难题,就需要有一个简单快捷的方法去解决。针对这些情况,文案紧扣人们最为关心的问题,用简洁的文字,把本产品的主要功能及特点作了明确的交代,把本产品的安全高效、使用方便的特点明白无误地阐释出来,方便消费者选择。

企业形象宣传广告主体部分的内容,主要是为了树立企业的形象,故围绕企业的历史渊源、发展历史、经营原则、经营理念、经营方向、经营目标、经营范围等内容,结合主体的需要,有针对性地进行选择及表达。

3. 尾部

尾部一般是详细地介绍联系或购买商品的方法,要完整地写出生产或销售该商品的厂家或商家的具体名称、地址、联系电话、邮编、传真、电子信箱、二维码、联系人等基本内容,必要时还应附上简单的示意图,以方便消费者联系或购买商品。

（三）广告标语

广告标语是广告文案中的一个特别的现象,广告标语可根据具体情况来决定有无,必要时可加上。它不等同于广告文案的标题,也不一定要概括出全文的内容,广告标语更多的是起到反复强调,从而加深人们印象的作用。通常企业在为产品做广告宣传时,都会按不同的时期、不同的型号、不同的系列制作不同的广告文案,这些广告文案每篇都有不同的标题,但一般都会有一个共同的广告标语。人们不一定能记得住每篇广告文案的标题,但一般都能记住广告的标语,因为它反复出现,已让人们耳熟能详了。所以,在某种程度上说,广告标语已成为企业形象的标志。如李宁运动鞋的"一切皆有可能"、耐克的"JUST DO IT"、昆仑润滑油的"极致抗磨　润物无声"等,这些广告标语的使用,都在一定程度上强化了企业的形象,给读者留下了深刻的印象。

二、广告文案的写作要求

(一)要以国家的政策法规为指导

新的《广告法》颁布后,对于广告文案的用语有了更加严格的规定,因此,在制作广告文案时,一定要以国家的政策法规为指导,为保证最大限度的真实性,一定要杜绝使用那些诸如"最××""第一"等带有绝对化的用语。

(二)内容要真实可信

广告其实是一种大众传播手段,它要公开宣传有关的商品信息,希望受众是越多越好,因而,它对于内容真实性的要求是非常严格的。在制作广告文案时,一定要坚持实事求是的原则,要言之有据,言而有信,要客观、真实地介绍商品的实际情况,内容上不允许有任何弄虚作假和欺骗的成分。同时,由于再精巧的构思、明确的主题、丰富的手法都是通过文字来表达的,因此,所用的文字表达一定要准确,不能为了追求艺术效果而过分地夸大失实。

(三)要善于创新

广告文案的创作贵在创新,富有新意,最忌人云亦云,落入俗套。要想让消费者认识和接受广告宣传的内容,在广告文案的整个制作过程中,无论是构思、立意、表现手法、表达形式还是具体的语言文字,就应结合自身的特点和优点,写出新意,写出特点,以给人耳目一新的感觉。

(四)创作手法要丰富多样

广告是面向公众公开宣传有关的商品信息,而人们对于那种缺乏艺术感染力的宣传以及赤裸裸的说教是非常反感的。因而,在制作广告文案时,在不违反真实性原则的前提下,创作手法就应做到丰富多样,要充分运用如幽默、夸张、比喻、拟人、对比、抒情、排比、双关语等修辞手法。除了以文字为主要载体外,还可以加上一些图片、照片、漫画等辅助形式。

(五)要突出和强调本产品的特点

在构思一篇广告文案的时候,应注意通过分析比较,突出和强调本产品的与众不同之处,并以此作为广告宣传的主题来统率全文。这种比较可从两方面进行,一是与别人比,与同类商品相比,同样的工艺比技术,同样的技术比质量,同样的质量比价格,同样的价格比服务,力求将人有我有、人有我优、人无我有的特点表现出来;二是和自己比,因为同一厂家同一商标下的商品有不同的型号、规格,这些不同的型号、规格的商品是为了满足不同的市场及不同的消费者的,很明显也就有着各自不同的特点,那么在宣传中也应对此加以强调。

写作能力实训

一、判断题

1. 广告是商品经营者或者服务提供者承担费用，通过一定媒介和形式直接或间接地介绍自己所推销的商品或所提供的商业服务。（　　）

2. 有时候广告的标题所起的作用比正文还要大，故应精心制作广告的标题。（　　）

3. 广告为使内容更加生动形象，在写作时可使用多种多样的艺术手法。（　　）

4. 广告的传播是没有范围限制的，但内容不能违反国家有关法规。（　　）

5. 某广告语"每天一个苹果，医生不来找我"所用的手法是夸张。（　　）

二、分析题

1. 阅读下面的材料，回答文后所列的问题。

寒　具

苏　轼

纤手搓来玉色匀，碧油煎出嫩黄深。

夜来春睡知轻重？压匾佳人缠臂金。

（1）这则广告的主题是什么？作者是从何入手、抓住消费者什么样的心理来强调主题的？

（2）这则广告的主要创作手法是什么？

2. 运用所学知识，谈谈你对如何正确处理好广告文案真实性与创造性、艺术性的关系的看法。

三、写作题

某楼盘位于市郊，除该楼盘外，附近几无其他建筑物，但该地为地铁×号线的终点站，并有 2 路公交车开通。

（1）阅读分析该材料，制作一份售楼广告文案。

（2）如何结合该楼盘的特点提炼出宣传的主题？

第四节　产品说明书

一、产品说明书的含义和特点

（一）产品说明书的含义

产品说明书是一种旨在向消费者介绍产品的名称、产地、性质、结构、效用、使用方法、保养、维修等知识和必要的操作技能，用以指导消费的文书。

（二）产品说明书的特点

1. 知识性

产品说明书必须给顾客以具体的知识，起到扩大顾客的知识领域，使之对某种产品以及对某种科技内容加深了解的作用。

2. 说明性

产品说明书主要表达方式就是说明，常用的说明方法有程序说明法、比较说明法、数据说明法、图表说明法和比喻说明法等。产品说明书向使用者客观地介绍产品的情况，不带个人的主观色彩。

3. 实用性

产品说明书是对产品的性能、特点、使用方法、维护方法、保养方法等的具体、详细的说明，这些都是有实用价值的内容，因此它能广泛地应用于生产、销售以及用户的生活和工作中。

二、产品说明书的主要类型

（1）按载体的表现形式分，有外装式说明书、内装式说明书。

（2）按内容和用途分，有民用产品说明书、专业产品说明书、技术说明书等。

范例导读与简评

【范例一】　民用产品说明书范例导读

万和热水器 JSQ20-10A 说明书

一、万和热水器使用方法

（1）在开启热水开关前应先确定点火是否正常及水供应是否充足。然后开启气阀再开热水开关，热水器开始工作。注意第一次使用或者长久未用时，因管内存有空气，主燃烧器就不易点燃。发生这种情况时，请关掉热水开关或进水开关，约5秒钟后重新启动，直到点燃。

（2）使用完毕，应先关掉冷、热水开关，停止使用后必须关掉气源开关，以防出现意外事故。

（3）温显窗及保护功能说明。

① 温显窗能显示火焰、出水温度及电池电压；出现意外时，能自动关掉燃气通道，蜂鸣器报警，同时显示器显示故障代码。

② 故障代码意义。接口故障（E0）：温度传感器开路或短路；点火系统故障（E1）：点火结束后，还未检测到火焰；燃气不足或意外熄火（E2）：正常燃烧后，检测不到火焰；出水

温度过高(E3)：出水温度超过80℃或干烧；应更换电池(E4)：电池电压低于2V。

二、万和热水器保养方法

(1) 正确使用气源。热水器型号上第三字母是气源的代号，Y表示液化石油气，R表示人工煤气，T表示天然气。

(2) 热交换器与烟道的检查。

① 热水器的热交换器每年清洗一至两次，清洗时需用专用工具拆下热交换器，用洗洁剂洗刷积在热交换器上的污垢，然后用清水冲干净后晾干。

② 定期清除排烟口的污垢和积碳。

(3) 检查漏气。

① 常常用肥皂水检查各个气管接口处是否漏气，出现问题应及时补救。

② 常常检查煤气管道有无龟裂、曲折或松脱，注意及时处理或更换不合格的管路。

(4) 水锈清洁。万和热水器出水困难，大火点不着时，可能是有污物或泥沙堆积在过滤网处需要清除。具体方法如下：

① 关掉冷水总阀。

② 拧开螺母，小心拉出过滤网，用清水将污物冲洗干净。

③ 依原样将过滤网放回并将螺母拧紧。

简评

这则万和热水器的说明书侧重把产品的使用方法以及维护保养方法做了全面、详细的介绍和说明，语言平实直白，通俗易懂，操作性强，用以指导消费者正确、安全地使用该产品。

【范例二】　专业产品说明书范例导读

肠胃宁胶囊

【药品名称】

通用名称：肠胃宁胶囊

商品名称：肠胃宁胶囊

【主要成分】党参、白术、黄芪、赤石脂、姜炭、木香、砂仁、补骨脂、葛根、防风、白芍、延胡索、当归、儿茶、罂粟壳、炙甘草。

【性状】本品为硬胶囊，内容物为黄棕色至黑褐色颗粒及粉末；气香，味苦。

【适应症/功能主治】健脾益肾，温中止痛，涩肠止泻。用于脾肾阳虚泄泻日久，大便不调，五更泄泻，时带黏液，伴有腹胀腹痛，胃脘疼痛，小腹坠胀，饮食不佳。属上述证候者舌质淡红，苔薄白或腻，脉细微或沉细，慢性结肠炎，溃疡性结肠炎、肠功能紊乱属上述证候者。

【规格型号】0.3克×12粒×2板(仙河)。

【用法用量】口服。一次4～5粒，一日3次。

【不良反应】尚不明确。

【禁忌】儿童禁用。

【注意事项】禁食酸、冷、刺激性的食物。严禁用于食品和饲料加工。

【药物相互作用】如与其他药物同时使用可能会发生药物相互作用，详情请咨询医师或药师。

【贮藏】密封。

【包装】铝塑包装，0.3 克/粒，12 粒/板，2 板/盒。

【有效期】24 个月。

【批准文号】国药准字 Z20060120。

【生产企业】山东仙河药业有限公司。

简评

这则药品说明书有自己的特点，它运用科学、严谨的语言详细介绍该药品的主要成分、性状、功能主治、规格型号、用法用量、注意事项、贮藏方法、有效期限等，特别注明使用该药品的禁忌和注意事项，确保使用者的用药安全。

提示：产品说明书的基本结构与写作要求

一、产品说明书的基本结构

产品说明书一般由标题、正文、结尾三部分组成。

（一）标题

完整的标题由产品名称和文种组成。如"万和热水器 JSQ20-10A 说明书"，有的只写产品名称作标题，如"肠胃宁胶囊"。

（二）正文

通常写明产品的基本情况。根据不同的对象，这部分内容可以相对灵活，有不同的侧重点。基本包括产品的性能和特点、产品的结构内容、产品的规格型号、产品的使用方法和用量、产品的保养与维修、责任保证、注意事项。如"万和热水器 JSQ20-10A 说明书"就逐条介绍产品的使用方法、工作原理、保养方法、维护步骤、注意事项等内容。因为是电器产品的说明书，所以文字介绍详尽、细致，操作性、实用性很强，有自己的侧重点和特征。

在正文的整体结构上，可以采用条款式逐一说明，也可以用概括介绍的方式。

（三）结尾

一般包括企业的名称、地址、邮编、电话和电传等内容，以便用户联系。

二、产品说明书的写作要求

（1）态度要认真负责。产品说明书是给消费者看的，因此，写作者必须以认真负责的态度来写作，抓住产品的本质属性和特点，从消费者的需要出发，加以正确的指导。这样的产品说明书才能真正成为消费者的助手和顾问。

（2）内容要真实准确。要如实介绍产品的性能、作用、操作程序、使用禁忌等。因为说明书有极强的实用性，所以凡消费者应该了解的知识必须准确明了地加以说明，不能省略，更不能遗漏，才能保证消费者安全使用产品。

（3）语言要通俗易懂。产品说明书面向不同文化层次的消费者，写作目的是使他们看明白，能懂会用。所以语言不能过于深奥难懂，应浅显明白，简洁通畅。

写作能力实训

一、判断题

1. 产品说明书可以较多地使用专业名词、术语。（　　　）
2. 产品说明书理论性很强。（　　　）

二、简答题

写作产品说明书正文时要突出哪些内容?

三、指出药品说明书的不足之处并修改

××地黄丸说明书

药品名称：××地黄丸

药品单位：瓶

规格：10 丸/瓶

功能与主治：本品滋阴补肾。用于肾阴亏损、头晕耳鸣、腰膝酸软、盗汗遗精。

用法与用量：口服，一次 1～2 丸，一日三次。

药品说明：

(1) 主要成分：熟地黄、泽泻、牡丹皮、山药、茯苓、酒萸肉。

(2) 注册商标：××××

(3) 剂型：丸剂

四、写作题

选择一种日常用品，试写一篇产品说明书。

第七章

公 关 文 书

第一节　述　职　报　告

一、述职报告的含义和特点

（一）述职报告的含义

述职报告是领导干部根据制度规定或者工作需要,定期或不定期地向组织人事部门、主管领导以及本单位的干部职工,陈述本人或单位在一定时间内履行岗位职责情况的一种文书材料。

述职报告有助于正确考核和评价干部,有利于增进了解,也便于群众民主监督。

（二）述职报告的特点

1. 汇报性

述职报告是领导干部就任职期间的德、能、勤、绩向有关部门及领导、群众做出汇报,接受考核和监督,因此,内容要求实事求是,如实叙说,不夸大成绩,不回避问题。

2. 自述性

自述是报告以第一人称回顾自己在任职期间履行岗位职责的情况,对自己做出自我评价、自我鉴定。

二、述职报告的主要类型

（1）从时间上分,有任期述职报告、年度述职报告、阶段述职报告。

（2）从报告主体分,有个人述职报告、领导班子述职报告。

（3）从内容上分,有综合性述职报告、专题性述职报告。

范例导读与简评

【范例一】　任期述职报告范例导读

述职报告

尊敬的领导、同志们：

2013年年初，在学校的民主选举会上，我被选为副校长，分管学校后勤工作。三年里，带着全体教师的信任与期待，认真地抓好分管工作，较好地完成了各项工作任务。现将有关工作完成情况汇报如下。

一、修身立德，率先垂范

我对自己制定的标准是高起点、严要求，力求做到最好，做教师的表率。

（1）加强学习，提高能力与素质。在今天学习型的社会里，学习就是工作，工作就是学习。因此，我把工作当作学习之源、学习的过程。对于工作中出现的一些问题，我会反思，也会虚心地向其他班子成员或老师请教，吸取宝贵的意见，对不同的意见，我常常换位思考，多站在师生一边，从学校大局来思考问题，寻求最好的解决办法。工作之余，也学习一些教育教学和学校管理理论，在工作中找差距，在学习中长知识，不断提高自身的能力。

（2）以身作则，做老师的表率。对于学校的各种制度，我以身作则，带头遵守，自觉接受群众的监督。每天我坚持到校早，离校晚，始终把学校工作放在第一位，对于上班时间还未处理完的工作，晚上和双休日再到学校加班。虽然有时觉得有点累，但活得很充实。虽然老师信任我，给了我职位，但我从来不居官自傲，我觉得我也是群众中的一员，一名普通老师，我也喜欢和其他老师讨论教育教学工作中的疑难问题。当老师需要帮助时，我也能主动援手，将主动帮助别人做事作为我的一种乐趣，做老师的知心朋友。

二、学校后勤工作不断改进

后勤工作是学校开展教育教学工作、师生和谐生活的有力保障，后勤管理工作的好坏直接影响学校工作的有序进行。因此，我从强化后勤内部各环节管理入手，抓住以下几方面工作。

（1）抓管理，树形象。针对后勤工作分散、零碎、岗位多的特点，有针对性地根据每一位职工的特长，对各项工作进行细化、量化，做到既有分工，又有合作，既发挥个人潜能，又充分体现优势。

（2）抓教育，比奉献。在具体工作中，我注意做好职工的思想教育工作，与他们谈心，经常开展爱岗敬业教育、艰苦奋斗教育、集体主义教育等。如对一些后勤人员责任心不强的现象及时进行了教育，让他们清醒地认识到后勤工作同样是学校一项重要的基础工作，增强后勤工作的责任感和光荣感，树立以校为家、爱校光荣的集体主义观念和主人翁精神，从而立足本职岗位，争做一流工作，争创一流业绩。经过一年的努力，培养了一支团结合作、吃苦耐劳、尽职尽责的后勤班子。

（3）严格财务管理，近几年来，我校制定并逐步完善了财务管理制度。一方面，严格执行了上级的收费政策，并及时将上级的收费文件予以公示，彻底制止了乱收费行为。特别是免除了义务教育阶段学杂费以来，学校从未向学生收取任何费用，校服、学生平安保险、生活就餐、学习资料等都是学生自主消费。另一方面，学校各项开支严格按预算执行，重大开支由校委会商量决定，教师津补贴严格按上级文件规定发放，杜绝乱发乱补，每学期都要由民主理财小组对学校收支进行一次审核清理，并及时张榜公布，由于管理严格，学校财务受到了老师的好评和上级领导的赞许。

三、认真做好自身教学工作

三年来，我一直担任六年级的数学教学，为尽量克服行政工作对教学的影响，特别是临时开会和到职教中心参加校长培训学习，我常常要与其他科老师进行调课，回来后再补上，从来没有因故而落下一节课，反而自己会增加一些时间给同学开小灶，进行培优辅差工作。另外，我还积极参加教研教改活动，参加《学习实践与效率的关系》课题研究。学期初，我深入课堂听课，和大家一起研究，取长补短，每学期听课都达到24节，做到有听有评。

四、目前存在的问题

回顾三年来的工作开展情况，我觉得我的工作是尽职尽责的，自己的工作层次和水平有了明显的提高，岗位职责和各项指标完成的质量有明显的改善，分管工作各方面切实得到了加强。后勤工作真正为学校发展起到保驾护航作用。在此，我要感谢所有支持我工作的教职工特别是后勤人员。在取得成绩的同时，也存在着缺点与不足，一是由于经费不足学校基础设施落后，硬件设施不完善，严重制约了后勤工作为教学一线服务功能的发挥；二是后勤保障能力仍需加强；三是自己的管理水平、工作方法、协调能力还有待提高。针对上述问题，我有决心在今后的工作中逐步加以解决、提高。为把我校办成真正的社会名校做出自己应有的贡献。

简评

这是一篇学校副校长任期述职报告。正文开头简要评价自己任职三年来的工作业绩，并做出总评价。主体从"修身立德，率先垂范""学校后勤工作不断改进""认真做好自身教学工作""目前存在的问题"四个方面来陈述自己任职期间所开展的工作及取得的成绩，以及存在的问题和缺点。有特色，有重点，条理清晰，内容具体、实在，注重用材料说话。但文章有一点点微瑕，就是没有指出今后努力的方向。

【范例二】　年度述职报告范例导读

医生年终考核述职报告

作为一名基层的医务工作者，我始终能够兢兢业业、刻苦努力地工作，不辞劳苦，积极为患者服务。乡镇医疗卫生工作是预防为主、防治结合的卫生机构，是农村三级卫生服务网的枢纽，是新型农村合作医疗制度的重要服务载体。一年来的实践工作，我有很多的思考和感受，在这里做一下简单的陈述。

一、努力学习，不断提高政治理论水平和业务素质

在实践工作中，把实践作为检验理论的唯一标准，工作中的点点滴滴，使我越来越深刻地认识到在当今残酷的社会竞争中，知识更新的必要性，现实驱使着我，只有抓紧一切可以利用的时间努力学习，才能适应日趋激烈的竞争，胜任本职工作，否则，终究要被现实所淘汰。努力学习各种科学理论知识，学习各种法律、法规和党的政策，领会上级部门重大会议精神,在政治上、思想上始终与党组织保持一致,保证在实践工作上不偏离正确的轨道。同时,在实践中不断总结经验教训并结合本职工作,我认真学习有关国家医疗卫生政策、医疗卫生理论及技能,不断武装自己的头脑。并根据工作中实际情况,努力用理论指导实践,以客观事实为依据,解决自己在工作中遇到的问题。

二、恪尽职守,踏实工作

当步入神圣的医学学府的时候,我就庄严宣誓过:"我志愿献身医学,热爱祖国,忠于人民,恪守医德,尊师守纪,刻苦钻研,孜孜不倦,精益求精,全面发展。我决心竭尽全力除人类之病痛,助健康之完美,维系医术的圣洁和荣誉,救死扶伤,不辞艰辛,执着追求。为祖国医药卫生事业的发展和人类身心健康奋斗终生。"今天,作为一名基层医疗工作者,深深地感受到肩负的重任和应尽的职责。按照分工,摆正位置,做到不越位,不离任,严格遵守职责,完成本职工作。只有把位置认准,把职责搞清,团结同志,诚恳待人,脚踏实地,忠于职守,勤奋工作,一步一个脚印,认认真真做事,才能完成好本职工作。

(1)在门诊、住院的诊疗工作中,我随时肩负着湖潮乡4149户,共一万七千多口人及外来人口的健康。360天,天天随诊。哪怕是节假日、休息日,时时应诊。不管是在任何时候,不耽误病人治疗,不推诿病人,理智诊疗。平等待人,不欺贫爱富,关心、体贴、同情每一位就诊的患者。做到合理检查,合理治疗,合理收费。在新型农村合作医疗的诊疗中,严格按照新型农村合作医疗就诊规则,开展门诊、住院的诊疗工作。

(2)相关政策宣传及居民健康教育方面,从××年新合医在我乡开展以来,本人认真学习新型农村合作医疗政策及相关新型农村合作医疗会议精神与新型农村合作医疗诊疗制度,组织村医生及本院职工进行培训学习,并利用赶集、到卫生室督导检查和下村体验时间及平时诊疗工作中,以发放宣传资料等方式宣传新合医工作。以电话、现场咨询及发放资料等方式,开展居民健康教育工作。

(3)安全生产维稳管理、新型农村合作医疗管理。创造安全舒适的工作环境,是日常工作正常开展的前提,2013年的本院的安全生产维稳管理,本人通过职工的会议培训,使全院职工安全意识有明显提高,通过组织安全生产隐患排查,使我院的事故发生率全年为零,保证了我院日常工作正常开展。在日常的工作中注意搜集、汇总、反馈及时上报各新型农村合作医疗管理方面的意见和材料,为院领导班子更好地决策,并协助管理我院及我乡的新合医及乡村一体化工作。

(4)科室管理。20××年本人自负责医疗科工作以来,按照分工,摆正位置,做到不越位、不离任、不超位,严格遵守职责,搞清职责,团结同志,诚恳待人,脚踏实地,忠于职守,勤奋工作。在院领导指导下,在本科室全体工作人员的支持和协助下,各项工作落实到位并扎实推进,辅助科室相互协作,使科室医疗服务工作有条不紊地开展着。通过派人进修、自我学习、集体培训等方式,使全体医务人员的诊疗知识、诊疗技能及业务水平有了明显的提高,增强了我院的诊疗服务水平。

三、存在的问题

总的来说,我自己努力做了一些工作,但是还存在着不少不足之处,给自己和工作造成了不利的影响,譬如有时工作方法欠妥当,考虑欠周到,在今后需要注意加以纠正和克服。在工作方法上还需要更加扎实、更深入、更细致,把原则性和灵活性很好地结合起来,提高工作质量。在工作中,我时常感到能力和知识的欠缺,需要进一步提高各种业务素质和理论水平,提高文字水平和综合素质,使自己圆满、出色地完成本职工作。在这里我向领导和同志们道个歉,希望有不妥之处给予原谅。

简评

这是一位医生的个人年度述职报告。开头先简述背景,对自己的工作进行总评价,为述职报告定下基调。主体分条分点地从思想方面、工作方面、医疗业务方面介绍自己的工作做法、取得的成绩、认识和收获等。内容翔实,材料充分具体,说服力强。结尾部分略写存在的问题和今后的设想以及努力方向。

提示：述职报告的基本结构与写作要求

一、述职报告的基本结构

述职报告由标题、称谓、正文、署名和日期四部分组成。

（一）标题

述职报告常见的标题写法是"时限＋文种",或者是"职位＋文种"。如"2009年度述职报告"或"医生年终考核述职报告",有时也直接可写"述职报告"四个字做标题。

（二）称谓

称谓是报告者对听众的称呼。称谓要根据会议性质及听众对象而定。如一篇在教职工代表大会上作的述职报告的称谓是："尊敬的各位领导、来宾,全校教职工同志们。"称谓放在标题之下,正文的开头。

（三）正文

一般来说,述职报告的正文包括开头、主体、结尾三部分。

（1）开头要定述职基调。写明述职时限、范围及对任职的总体评价。如"医生年终考核述职报告",开头写"作为一名基层的医务工作者,我始终能够兢兢业业、刻苦努力地工作,不辞劳苦,积极为患者服务",就是为自己定基调,做出总评价。

（2）主体写履行岗位职责的情况。这是述职报告的核心。要具体写明任职以来所做的主要工作和成果,工作中存在的主要问题,对自己工作规律的认识等。如上面范例一中副校长的述职报告,主体先从"修身立德,率先垂范",到"学校后勤工作不断改进",再到"认真做好自身教学工作"三个方面来陈述任职期间所开展的工作及取得的成绩,最后一层"目前存在的问题"则写工作中存在的问题。把自己任职期间的德、能、勤、绩全面、有条理地表述出来,向有关部门及领导、群众做出汇报,目的是接受考核和监督。

这部分多数是按性质不同分成几个方面来写,每个方面可先写实绩,后写认识和做法;也可以先写认识和做法,后写实绩。但不管怎么写,都要充分体现个人的工作能力和管理水平。

（3）结尾写今后的设想和决心,并给自己下个结论,是称职还是不称职。这部分可以略写。

（四）署名和日期

写在正文的右下方。有些述职报告署名放在标题下面。

二、述职报告的写作要求

（1）内容客观，态度端正。述职者要客观陈述履行职责的情况，既要讲成绩，又要讲失误；既要讲优点，又要讲不足。要认真回顾，全面总结，客观分析。

（2）重点突出，写出个性。述职时对有全局性的重要工作，对有创造性、开拓性的特色工作重点着笔，力求详尽具体；对日常性、一般性、事务性的工作表述要尽量简洁。述职报告要突出个性特点，展示述职者个人的风格和魄力，切忌千人一面，千篇一律。

第二节　竞　聘　书

一、竞聘书的含义和特点

（一）竞聘书的含义

竞聘书是竞聘者对某一工作岗位或职位竞争应聘的一种书面材料。由于它是竞聘者在特定的会议上，面对特定的听众所发表的用以阐述竞聘优势及被聘后的工作设想、打算的演讲，所以，它往往又被称为竞聘报告。

（二）竞聘书的特点

1. 自荐性

竞聘书最突出的特点是自荐性。任何形式的竞聘书都旨在让别人了解自己，选用自己。因此，在撰写时要把自己的基本情况，尤其是某方面的特长、优势以及基本设想等如实地写出来，设法让别人了解自己，并认定自己的潜力，博得对方的好感。

2. 竞争性

竞聘是有很多人去竞争某个岗位或某个职位。在众多人才竞争某个职位的情况下，谁的条件好，谁才有可能被聘用。所以除了要重点写自己的优势、专长以外，还要自信向上，用积极的语言来突出个性，表现竞聘者独特的个人风采和魄力，增加竞争力。

二、竞聘书的主要类型

按内容分，竞聘书分为岗位竞聘书和职位竞聘书两种。

范例导读与简评

【范例一】　岗位竞聘书范例导读

岗位竞聘发言稿

尊敬的各位领导、同志们：

你们好！

　　首先感谢局领导给我这样一次机会参加竞争上岗。对我个人来讲，我想这不仅是一次竞争，更是一次对自己的检验、学习和锻炼。下面我就把自己竞聘办公室副主任的一些想法，向各位领导和同志们汇报一下。

　　我的汇报分为三个部分。

一、个人工作经历

　　本人李××，2010年毕业于长安大学经济管理学院统计学专业。从学校毕业后，公路局是我唯一的工作单位，在座的各位也是最亲密的同事、朋友。在我工作的3年中，各位领导和同志们给了我莫大的关心和帮助，使我从一个对公路实践工作所知甚少的青年，到现在成长为一个可以独当一面的养护职工。我深深地感到，个人的每一点成长、进步，都得益于单位的良好的氛围和环境；体现了领导和同志们对我的厚爱和关心。在公路局这个大家庭里工作，感觉踏实，也很温暖。是对公路局这个大家庭的热爱，激发了我竞争办公室副主任的勇气；是因为有了你们——在座各位的支持，才激发了我竞聘办公室副主任的信心。特别是现在的公路局，政通人和、心齐气顺。在这样的一种氛围里工作，有这么好的工作环境，没有理由不好好工作，没有理由不积极开拓，力求上进。

二、竞聘办公室副主任具备的条件

　　竞争办公室主任我有以下优势。

　　（1）三年养护基层工作的锻炼，使我养成了做好办公室工作必备的政治意识、大局意识、纪律意识和扎实的工作作风，并基本具备了一定的组织协调能力、综合管理能力、文字表达能力和调查研究能力，这些都是作为办公室副主任的必备条件。

　　（2）本人作为局兼职档案员、信息员和安全员，在亲身参与各项工作的同时，参加了多种培训活动，对办公室的信息报道工作、档案管理工作以及安全生产较为熟悉，这为较快适应办公室的各项工作奠定了坚实的基础，也为今后能够较快、较早地融入工作赢得了时间。

　　（3）写作方面，在我局开展的"四个一"工程中，本人参与编写了反映我局十年发展变化的《大路朝阳》一书，体现出了较强的文字功底，并被评为局"四个一"工程先进个人。在我局建局十周年征文大赛中，我的一篇反映养护工作十年发展状况的文章《细小之处见沧桑》获得了一等奖。

　　调查研究方面，本人在校期间在辅导员老师的带领下，曾参加过各种类型的调查研究活动，培养锻炼了个人这方面的能力。工作后在领导的安排下，曾先后进行了红金路开发可行性调研，以及养护职工生活状况调研工作，并写出了相应的调研报告，得到了各级领导的肯定和认可。

　　信息写作报道方面，局办公室主编的《历城公路信息》上，多次采用了我的文稿材料。在我局开展保持共产党员先进性教育活动期间，作为局领导小组办公室的成员，本人负责"保先"教育活动简报的编辑、文字整理工作，做到了报道及时，导向正确，从而使活动简报成为我局"保先"教育活动的主要宣传载体。本人的文字编辑及材料整理能力也得到了较好的锻炼与提高。此外，本人在养护科一直负责内业资料的归档整理工作，在档案管理方面也积累了一定的工作经验。

　　（4）本人性格开朗，爱好广泛，喜欢各类文体活动，有一定的摄影、摄像、编辑技术，这些综合素质将对我干好办公室工作起到推进作用。

三、竞聘成功后的工作打算

假如本次竞聘我能荣幸担任办公室副主任一职,我的主要目标和工作思路概括为以下几个方面。

一个目标把办公室建设成为精干、高效、协调有序、团结奋进的办事机构,充分发挥办公室的参谋作用、助手作用、协调作用、枢纽作用和保障作用。

(1)强化新闻宣传报道工作,加大宣传报道力度,认真做好《历城公路信息》的编写工作,注重信息的准确性与时效性。并保证在省、市、区各级报纸杂志上的发稿数量。同时,密切与新闻单位的联系,做到沟通及时。

(2)扎扎实实地抓好督查督办工作。督办是决策、执行、监督过程中的重要一环。是保证政策、决策准确、及时执行的关键,是政策调整和进行再决策的主要依据。因此需要及时准确收集和反馈各项决策执行及工作任务进展的动态情况。做到督查督办的程序化、经常化、制度化,加大督办工作力度,制定具体措施。督查督办情况形成文字,并适时公开督查督办结果。

(3)做好调查研究工作。重大决策的会前,办公室及时提交有关情况的书面调查报告,做好相关方面的意见汇总收集。对有关公路改革发展形势的资料、重要政务信息及时收集、反馈,以提高领导掌握工作动态和决策的前瞻性、预见性。

(4)突出做好全局招商引资的服务工作。积极协助能够引进项目的职工完成招商引资工作,严格把好项目引进的审核关,为职工提供政策、信息和其他资源上的服务。

(5)加强档案管理工作。确保档案管理水平。作为办公室副主任,实际上是办公室具体事务的操作者和执行者,必须严格要求自己,以身作则,作为副主任,是主任的得力干将,是联系上下的纽带,也是办公室领导班子的重要一员,必须明确自己所处的特殊位置。既要注意收集大家的意见和建议,协助主任从办公室整体利益出发,制定有利于办公室发展的政策和举措;又要做好宣传思想工作,维护主任在办公室的形象和地位。作为办公室副主任,应该是一个多面手,对办公室的各项工作都应精通,懂管理、会管理、能管理。要求别人做到的,自己不仅要做到,而且要做好,这样才能发现问题并及时地给予指导。

办公室的工作就是紧紧围绕全局工作的中心,以政务工作为重点,以信息工作为突破口,逐步完善全系统办公室业务工作的考核管理机制,加快办公自动化建设步伐,充分发挥办公室参谋助手、协调服务、监督把关的职能作用,最终实现为领导服务、为机关服务、为基层和群众服务的目标。努力当好领导的参谋助手,工作中多请示、勤汇报,既充分尊重领导的意见,又敢于表达自己的看法,提出合理化建议;对领导交办的工作做到事事有回音、件件有着落,坚持做到不越权、不越位、不错位、不失位,协调好与各科室的合作关系,让领导和同志们满意、放心!

应该说办公室主任是一个具有辅助和承办的双重性角色的岗位,它是沟通上下、联系左右的枢纽和桥梁,发挥着承上启下、参谋和助手作用。它的主要工作职责,简单地说:就是负责公司文件的起草、处理、形象宣传、会议组织、协调、督办、车辆、安全、事务等各项工作,概括地说就是办文、办会、办事。

一是要树立效率观念。文秘的日常工作烦琐而且枯燥。但是,我会用高度的责任心,树立时间速度和质量相统一的效率观念，勇于创新，善于发现新问题，想出新点子，改变以往的一些旧方法、旧习惯，极大地提高工作效率，适应公司发展需要。案前百事，能分清轻重缓急，做到大事不误，小事不漏。争取在定量的时间里做出更多、更好的事情。二是要树立信息观念。做好信息收集、整理、传递工作。文秘工作在某种意义上说就是信息工作。因为，撰写各种材料、文件，就是生产信息；收发文件、资料，就是传递信息；整理文件、资料、立卷、归档，就是储存信息；调查研究、综合情况、督办检查就是信息的反馈和整理。如果我当选，我将把领导和同志们的期望铭刻在心，按照"管好自己、带好队伍、搞好服务"的工作思路开展工作，团结带领办公室全体人员，争创一流业绩，树立良好形象，以优异的工作成绩回报领导和同志们的信任。

首先要加强学习。办公室是工会的参谋部、情报部、督导部，是沟通上下、联系左右的枢纽。要发挥好参谋服务协调作用，就得不断地加强学习提高自身素质。同时抓好办公室全体人员的学习，以适应办公室工作的要求。

其次要开拓创新。形势发展日新月异，如果办公室工作因循守旧，就难以跟上领导的思路和工会工作发展的节奏。因此，必须不断开拓创新。要创新工作方法，提高工作效率。改革后勤服务管理，提高服务质量，在总结以前好的制度的基础上，根据不同情况、不同条件，不断完善，不断创新，使之更加科学、规范。

再次要精心搞好服务。服务是办公室工作的天职，在这方面要团结同志，调动大家的积极性，按照"及时、热情、超前、立体"的标准来要求自己，不断强化服务意识，提高服务质量。努力做到"不以事小而不为，不以事杂而乱为，不以事急而盲为，不以事难而怕为"，尽心尽力地为领导和市总工会的全体同志服好务。

最后要廉洁奉公，维护好公路局形象。办公室是公路局的窗口。办公室主任公道、正派、廉洁与否，直接影响着工会整体形象。公道正派，心无杂念，是做好办公室工作的重要前提。有私心、缺乏公共意识、整体意识就要出问题。为此，我将会按照党纪国法和公路局的规章制度严格要求自己，努力做到慎独、慎微，不辜负领导和同志们的信任。工作中，将在严格执行各项规章制度的同时，尽最大能力满足领导和同志们的工作需要，为公路局工作的开展提供有效的后勤保障，确保公路局各项工作正常、有序、高效运转。

实事求是地讲，在这次竞争上岗中，相信包括我在内的每位同志都对自己的进步充满憧憬。我本人也希望能获得成功，同时我也不断地告诫自己，作为一名党员，就要把自己的一切交给党和人民，让群众来评判，由组织来选择。我会坚决服从工作需要和组织安排。无论结果如何，我都将以此为新的起点，更加严格地要求自己，以更优异的工作成绩，回报领导和同志们的关心和厚爱。

各位领导，同志们，以上是我的竞职发言，由于心情比较激动，时间有限，在发言中如有不妥之处请提出批评。谢谢大家！

简评

这是一篇岗位竞聘书。开头先提出竞聘岗位的名称，再介绍自己的基本情况、工作经历，文字简洁明了。文章笔墨集中在后半部分：提出自己竞聘办公室副主任的几方面优势，这里是详写，有材料，有数据，令人信服。接着阐述自己被聘后的设想，提出了很多具体的目标和行之有效的措施、方法，而且是一边写设想一边穿插着对所竞聘岗位的认识，条分缕析，清楚明了。

【范例二】　职位竞聘书范例导读

职位竞聘演讲

尊敬的各位上级领导、各位老师：

你们好！

我要竞聘的是美术特长班老师。我从小就非常喜欢美术，对于美术有独特的见解，善于创造富有想象力的作品。喜欢画画的我常听到父母的夸奖，朋友们也经常请我作画。中学毕业，因为一些原因，我没有实现自己的梦想去正规学校潜心学习美术。但这些因素从没有熄灭我对美术的挚爱！中专时期，我们学校没有设立美术专业，我才选择了声乐专业。虽然声乐方面我学有所成，有了一番成绩，但我依然深深热爱美术。再者，艺术是一种审美活动，音乐和美术之间有着一定的联系。读书期间，我的美术成绩一直保持在班上名列前茅。其中还在一次全市竞赛中荣获一等奖。

中国画在世界绘画史上有深远的影响，它是用毛笔、墨以及中国画颜料，在特制的宣纸或绢素上作画。而西洋画是区别于中国传统绘画体系的西方绘画，包括油画、水彩、水粉、版画、铅笔画等许多画种。其中我对这些绘画素材的用法都有所了解，并擅长水彩、水粉画。这是我的竞岗优势。

我的工作设想如下：

（1）潜心研究教学方法，通过查阅和欣赏他人作品提高审美能力和了解如何开展有趣的教学活动，使幼儿能大胆地表达自己的情感、理解和想象，从而使幼儿体验到以自己独特的个性化的方式感受美、表现美和创作美的自由和快乐。

（2）因人施教，开展教学活动。引导幼儿学会观察欣赏自然中的美好事物，观察周围的人和事，积累丰富的感性经验。使幼儿获得想象画的素材，并学会运用素材，创造出具有一定空间和审美价值的视觉形象的艺术。

（3）在"有趣"中提高幼儿想象画的技能。幼儿对美术感兴趣了，才能更为有效地激发他们参与活动、主动学习的欲望。因此，在选择想象画的内容时，根据各班幼儿不同的年龄特征、兴趣爱好及现有的绘画水平，多选取幼儿生活中熟悉的、感兴趣的、具有吸引力的题材，因材施教。

（4）与家长做好沟通工作，注意日常生活中的引导，以及相关素材的准备。

如果我能荣幸地成为美术特长班的老师，我将珍惜这个机会，扎扎实实地工作。当然，如果不能上岗，我也会正视自己的不足，在以后的工作中继续努力。

谢谢大家！

简评

这是一篇职位竞聘书，作者竞聘美术特长班教师这一职位。文章对所竞聘职位认识很到位，先写了自己具备美术特长和艺术素养，对自己的竞聘条件和优势以及被聘后的设想都做了淋漓尽致的重点铺陈、叙说，让人对他有充分认识、全面了解。态度真实诚恳，语气自信坚定，能给人留下深刻印象。

提示：竞聘书的基本结构与写作要求

一、竞聘书的基本结构

竞聘书一般由标题、称谓和问候语、正文、致谢语组成。

（一）标题

标题由竞聘岗位（或职位）＋文种组成。如"教师岗位竞聘书"或"主管竞聘书"，也可以直接写"竞聘书"三个字作标题。

（二）称谓和问候语

根据不同的会议和听众有不同的称谓，如"尊敬的各位领导、各位同事"，写在标题之下正文之前，然后另起一段写问候语"大家好！"。

（三）正文

正文一般包括基本情况介绍、竞聘的职位及对竞聘职位的认识、自己的有利条件、被聘后的设想四个方面。

（1）基本情况介绍：包括姓名、年龄、政治面貌、学历、专业及工作经历等。要求准确、简练。如上面一则岗位竞聘书范例，在问候语、要竞聘的岗位说完之后，马上把自己的姓名、学历、经历、现任职务作了介绍，目的是让别人认识自己，了解自己。

（2）竞聘的职位及对竞聘职位的认识：写明竞聘的职位名称，明确自己的求职愿望。上面岗位竞聘书范例中，作者点明竞聘的是办公室副主任岗位之后，立即谈论自己假如竞聘成功的打算以及对所竞聘岗位的认识，认为办公室副主任的责任重大，工作纷繁复杂，只有抓住关键，把握重点，才能取得事半功倍的效果。提出了强化新闻报道工作、抓好督查督办工作、做好调查研究、加强档案管理等工作制度的建立和修订，并提出具有指导性或补充性的建议。

谈论自己对所竞聘职位的兴趣和认识时，一定要扣住所求的职位来写，不能夸夸其谈，离题万里。

（3）自己的有利条件：竞聘书中要多讲自己具备的人无我有、人有我优的有利条件，比如自己独有的专业知识和卓越的组织能力等。上面那则的岗位竞聘书范例就突出强调自己有多年的养护基层工作经历和文字写作、编辑特长及档案管理经验，养成了勤于学习、踏实肯干的好作风，而这些刚好与所竞聘岗位的要求相吻合，对竞聘成功非常有利。

因此介绍自己的有利条件时一定要有的放矢，切不可偏离所竞聘的职位和对方所要求的条件，笼统、盲目地介绍自己是徒劳无益的。

（4）被聘后的设想：写自己一旦被聘后将要实现的目标和任务、将要采取的措施和方法等。如范例一中，写如果自己竞聘成功，一连写出五个设想以及四个办公室工作的重点和核心，表明自己一旦被聘为办公室副主任后将要达到的目标和理想，提出明确的管理办法和措施，充满希望和信念，语气坚定，给竞聘演讲增加感染力和说服力。这部分要写得具体可行，诚笃可信。

以上四个方面可以根据实际情况有所侧重，不要面面俱到。有时也可省略某些方面不写。

（四）致谢语

一般用"谢谢大家"做致谢语。

二、竞聘书的写作要求

(1) 要有针对性。竞聘书要针对所竞聘岗位或职位的需求来重点介绍自己,阐述自己竞聘的优势条件。目的明确具体,才有可能被聘用。

(2) 要有展示性。竞聘书要善于推销自己,要充分展示自己的才能和以往的工作业绩,以期引起别人的兴趣和注意。

(3) 要有求实性。竞聘书要实事求是,不要夸大其词,华而不实。

第三节 简 历

一、简历的含义和特点

(一) 简历的含义

简历是对自己的生活经历,包括学历、工作经历等有选择、有重点地加以概括叙述的一种常用文书。

求职时不能只向用人单位送简历,还要有一份求职信。简历一般是附在求职信后面的附件。

(二) 简历的特点

1. 简洁性

简历越简短越好,因为招聘人员没有时间或者不愿意花太多的时间阅读一篇冗长空洞的个人简历。最好在一页纸之内完成,一般不要超过两页。

2. 真实性

撰写简历一定要实事求是,不能凭空编造学历、工作经历。雇主完全可以凭着背景资料查核你所呈交的简历资料,即使你只是撒个小谎,也很容易被人发现,弄巧成拙。

二、简历的主要类型

(1) 按文字分,有中文简历、英文简历等。
(2) 按写作者身份分,有毕业生简历、从业人员简历等。

范例导读与简评

【范例一】 毕业生简历范例导读

简 历

姓名:刘×× 性别:男 目前所在地:××市 民族:汉族

户口所在地：××

身材：170cm　65kg　婚姻状况：未婚　出生日期：1992年5月

求职意向：金融、证券、期货方面相关工作

应聘职位：投资顾问、操盘手、储备经理

工作年限：0年　职称：无　求职类型：应届生求职、全职

可到职日期：随时

月薪要求：面议　希望工作地区：××省××市

教育背景：毕业院校为××大学　最高学历为本科

毕业日期：2014年7月

所学专业：金融数学

【教育经历】

时间	院校	专业及学历
2010年9月至2014年7月	重庆大学	金融数学　本科

【自我评价】

本人热心、善良、自信、自律、上进心强，有较强的组织、管理能力。工作认真负责，勇于承担责任，能够快速接受新知识和快速适应新环境，具有良好的团队合作精神以及较好的个人亲和力。

能力方面，本人大学期间曾加入多个学生组织，包括校学生会、书画协会、市场营销协会等。四年里，我参与主办校级活动近二十次，即使大四上学期已卸任校学生会宣传部部长职务，仍被校团委任命为重庆市"我的青春故事"成长报告会本校区的负责人；同时，自大一以来，我几乎每个假期都将自己投身于社会实践中，获得宝贵的实际操作能力及丰富的社会经验。在校期间，我获得校级甚至市级的多次奖项，并被评为重庆市优秀学生干部。

四年里，我没有将自己的业余时间浪费在游戏方面，而是热情地投入计算机软件学习中，主动学习并掌握了 MS Office、Photoshop、会声会影、Matlab、Eviews 等软件；四年里，我没有放弃自己对书法和摄影的爱好，尤其在书法中投入了大量的精力，并多次获得相关荣誉证书。

【所获奖项】

2011年3月　徽标设计大赛三等奖

2011年4月　校优秀学生

2011年5月　书画摄影展书法类三等奖

2012年11月　进步奖学金

2012年12月　摄影比赛二等奖及最佳镜头奖

2013年5月　第十一届大广赛快克创意实战奖入围奖

2013年6月　规范汉字书写大赛一等奖

2013年9月　优秀学生干部

【工作实践经验】

2013年5—6月　国元证券　柜台业务

2013 年 5—6 月　农业银行分行大堂经理助理

2013 年 9—11 月　××大学 Sky 自行车车行　负责人之一

【校内职务】

担任时间	职务名称	学校
2011 年 9 月	策划组组长	××大学
2011 年 9 月	校学生会宣传部副部长	××大学
2012 年 9 月	宣传委员	××大学
2012 年 9 月	校学生会宣传部部长	××大学
2011 年 2—7 月	记者团摄影部负责人	

【证书】

2014 年 7 月　××大学学士学位证书

2010 年 12 月　大学英语四级证书

2011 年 9 月　计算机二级证书

2010 年 11 月　普通话证书

【联系方式】

电话：13500000

邮箱：job@jianli-sky.com

简评

这份简历比较全面细致、简洁明快、结构严谨，让人一目了然。因没有工作经历，就只能突出受教育背景、实践经历、工作能力及其专长部分，善于扬长避短。

【范例二】　从业人员简历范例导读

个 人 简 历

姓名：钱××

性别：男　民族：汉族

目前所在地：××市

婚姻状况：已婚　出生日期：1988-03-07

身材：175cm　65kg

电话：159××××××××

【教育背景】

毕业院校：××商学院

最高学历：本科　毕业时间：2010-07-03　所学专业：企业管理

【教育历程】

2006-09-01 至 2010-07-03：兰州商学院　企业管理专业

毕业证编号：00703705

语言能力：外语，英语四级

普通话水平：优秀　粤语水平：一般

应聘职位：行政专员/助理、高级管理、证券/金融/投资

【工作简历】

酒店家具制造有限公司　起止年月：2012-11 至 2014-03

公司性质：私营企业　所属行业：家具/家电/工艺品/玩具/珠宝

担任职位：业务经理

工作描述：

（1）熟悉产品，对产品有所掌握，并能独立分析其组成和给予准确的报价。

（2）能独立开发客户，对外贸流程了解，对产品的规格、质量等都能给客户及时的答复，有随机应变的能力，处理好客户的疑问，并努力下单。

（3）生产过程应跟踪、验货，做到质量保证。

（4）能够独立制作整套单据和相关的检验证明等，并独立联系货代，将货物安全送入仓库，及时通知客户和货代有关货物装运的情况，妥善保管客户的资料和样品。

离职原因：个人原因

【工作能力及其他专长】

（1）具备英语听、说、读、写的基本能力，能熟练运用网络查阅相关英文资料。

（2）熟练掌握 Windows 操作系统和 Office 办公软件。

（3）有较强的沟通协调能力和灵敏的应变能力。

【个人自我评价】

兴趣广泛、适应力强、做事脚踏实地、认真负责，具有良好的沟通及组织策划能力、学习能力、理解能力、解决问题能力，能很好地处理人际关系，勇于迎接新挑战。喜好文体活动，性格活泼开朗、乐观向上，对工作认真刻苦，有强烈的责任心和团队意识，愿意接受出差工作。

【附加证明材料】

（1）本科毕业证书复印件（1 份）

（2）英语四级证书复印件（1 份）

简评

这份简历内容简洁明了。教育背景从大学开始，高中及以前的不要写进去。文中的重点是个人工作经历、担任职务、业务能力的阐述，紧扣职业定位和求职目标来写，让人容易记住其优势，增加求职的成功率。

提示：简历的基本结构与写作要求

一、简历的基本结构

简历的基本结构包括标题和正文。

（一）标题

标题写"个人简历"或者"简历"即可。

（二）正文

简历的正文内容从前往后一般是：个人信息、教育背景、所获荣誉、个人工作经历、发表著作、所参加的组织、其他能力和爱好、附加证明材料等。

（1）开头：先交代个人基本信息，包括姓名、性别、出生年月、民族、身高、学历、毕业院校、专业、毕业时间、联系电话、联系地址、现家庭住址等。

（2）主体：包括教育背景、所获荣誉、个人工作经历、发表著作、所参加的组织、其他能力和爱好。这部分内容很多，要根据自身的情况有所侧重。写作前应明确自己的职业定位及求职目标，同时对目标求职企业的背景、工作内容、企业文化进行前期了解，将自己在教育背景、经验或技能等方面的优势凸显出来。在叙述自己的教育背景、社团经验或工作历练、荣誉、特殊技能与训练、参与过的活动等经历上，强调有符合企业需求的个人优点、成就与能力。如范例一是一位毕业生的简历，没有工作经历，只能花多一点笔墨来写自己的教育背景和专长；而范例二是一位从业人员的简历，有较长的工作经历和丰富的工作经验，就要把这些凸显出来，作为重点写作。

（3）结尾：一般是附加证明材料。列举有关的证明人及有关附加性参考材料。附加性材料包括学历证明、获奖证书、专业技术职称证书、专家教授推荐信、所发表的论文著作等。

二、简历的写作要求

（1）简历必须突出重点。它不是个人自传，与所申请的工作无关的事情要尽量不写，而对所申请的工作有意义的经历和经验绝不能漏掉。

（2）要用积极的语言，切忌用缺乏自信和消极的语言写个人简历。

第四节 求 职 信

一、求职信的含义和特点

（一）求职信的含义

求职信是指求职者根据自己的条件和意向，向用人单位自荐谋求职位，并希望得到录用的一种专用书信。

（二）求职信的特点

1. 针对性

要针对用人单位的招聘广告，向对方展示自己的优点、特长、工作经历或者社会实践，表明自己有较强的可塑性。

2. 推销性

推销性主要是指尽量找出主观条件与客观需要一致的地方，针对用人单位所需来有的放矢地推销和介绍自己，从而让对方觉得：无论从哪个角度，你都能胜任该项工作，最终打动对方。

二、求职信的主要类型

（1）根据求职者身份的不同，可分为毕业生求职信、待业人员求职信和从业人员求职信三种。

（2）根据有无明确求职单位来分，可分为专对某一单位而写的求职信和没有明确目标的求职信两种。

（3）根据求职信息发送的形式来分，可以分为以书面材料寄送或当面呈递的求职信和通过媒体发送的求职信两种。

范例导读与简评

【范例一】 毕业生求职信范例导读

求 职 信

尊敬的领导：

您好！

非常感谢您能抽空垂阅一下我的求职信！

我是一名来自××理工大学土木工程学院建筑工程管理专业的本科毕业生，在即将结束大学生活掀开人生新的一页之时，我怀着无比激动的心情向您毛遂自荐，接受您的挑选与考验。

四年大学生活的不断锤炼和系统学习，培养了我吃苦耐劳、自强不息的精神和诚实勤奋的品质。在"好学力行"校风的熏陶下，我刻苦学习、取得了优秀的成绩，也获得了一些宝贵的经验，作为一名建筑工程管理专业的学生，我热爱建筑工程管理并投入了大量的热情和精力。大学期间，我系统地学习了建筑工程定额与预算、工程量清单计价、装饰工程概预算、工程招投标组织与管理、施工组织与进度控制、工程经济学与项目融资、工程项目管理、建设法规、工程索赔、建筑AutoCAD制图、建筑力学与建筑结构等专业知识。

我不但刻苦学习理论知识和专业技能，而且还注重理论与实际相结合，积极参加社会实践和各类实习工作，具备了较多的建筑学专业知识和实践经验。通过不懈的努力，我顺利通过了国家计算机二级、国家计算机三级考试，同时还熟练掌握了网站制作技术、服务器技术等应用软件的操作。

乘风破浪，展鸿鹄之志；谨言慎行，做立业之人。虽没有名牌大学的光环，但我有较扎实的理论知识和不怕困难、吃苦耐劳的精神。回首大学生活，刻苦的学习逐步完善了我的知识结构，不断地思索使我逐渐走向成熟。请给我一个机会，我将还您一个满意的回报，并竭尽全力为贵公司效劳！

最后，祝贵公司事业蒸蒸日上，祝您身体健康，万事如意。

简评

这是一份大学毕业生的求职信，内容完整，分层次、有重点地介绍了自己的专业特长和综合素质，体现了自己具有符合职业要求的知识和能力，最后表达希望能被用人单位录用，以及自己将全力做好工作的愿望。用词得体，言辞恳切。

【范例二】 从业人员求职信范例导读与简评

求 职 信

尊敬的领导：

您好！

　　我从报纸上看到贵公司的招聘信息,我对网页兼职编辑一职很感兴趣。

　　我现在是××出版社的在职编辑,从2014年获得硕士学位后至今,一直在出版社担任编辑工作。两年以来,对出版社编辑的工作已经有了相当的了解和熟悉。经过出版者工作协会的正规培训和两年的工作经验,我相信我有能力担当贵公司所要求的网页编辑任务。

　　我对计算机有着非常浓厚的兴趣。我能熟练使用FrontPage和Dreamweaver、Photoshop等网页制作工具。本人自己做了一个个人主页,日访问量已经达到了200人左右。通过互联网,我不仅学到了很多在日常生活中学不到的东西,而且坐在计算机前轻点鼠标就能尽晓天下事的快乐更是别的任何活动所不能企及的。

　　由于编辑业务的性质,决定了我拥有灵活的工作时间安排和方便的办公条件,这一切也在客观上为我的兼职编辑的工作提供了必要的帮助。基于对互联网和编辑事务的精通和喜好,以及我自身的客观条件和贵公司的要求,我相信贵公司能给我提供施展才能的另一片天空,而且我也相信我的努力能让贵公司的事业更上一层楼。

　　随信附上我的简历,如有机会与您面谈,我将十分感激。即使贵公司认为我还不符合你们的条件,我也将一如既往地关注贵公司的发展,并致以最诚挚的祝愿。

　　此致

敬礼!

求职人:李××

2016年10月20日

简评

　　这是一份出版社编辑的求职信,它强调自己丰富的从业经验、突出自己的网页编辑能力。叙述当中穿插列举了具体详细的数据、材料,说服力强。全文重点突出,充满信心,给人以精明练达的好印象。

提示:求职信的基本结构与写作要求

一、求职信的基本结构

求职信的基本结构由标题、称谓、正文、结语、落款、附件六部分组成。

(一)标题

一般以"求职信"三个字为标题,居于首页正中。

(二)称谓

另起一行顶格书写呈送的单位名称或"×××先生""×××女士"。如不知对方姓名,也可笼统地写上"尊敬的领导""厂长先生""经理先生"等。称谓要有分寸,不卑不亢,礼貌得体。

(三)正文

正文一般由开头、主体、结语三部分组成,下面介绍前两部分。

1. 开头

求职信的开头要写明求职的缘由和目的。如上面一则编辑的求职信,开头先说一句喧寒语，马上就表达"我从报纸上看到贵公司的招聘信息，我对网页兼职编辑一职很感兴趣"这一目的和意图。这部分的表述要简洁明了，富有吸引力。

2. 主体

主体是求职信的核心内容所在。一般要具备以下三部分。

（1）求职者的基本情况介绍，即求职者的身份概况，包括姓名、性别、年龄、民族、籍贯、政治面貌、学历、职务、职称、健康状况等。如范例一大学毕业生求职信的主体详细介绍了自己的学历、专业、毕业院校、学过的专业课程、拥有的基本技能以及特长等情况，让人对他有了总体的认识。

（2）叙述求职者的专长、才能和取得的成绩，尤其是与用人单位有关的业绩、科研成果、论文、著作以及工作经验、获奖情况等。如范例二编辑求职信主体列举了自己对计算机有浓厚的兴趣，擅长运用各种网页制作工具，自己制作的个人网页访问量大等方面的成绩和效果，用事实来说明自己的实力和能力。这部分应重点叙述，详细介绍。

（3）求职的目标及应聘条件。应明确提出自己想到用人单位担任什么样的职务，并强调自己的某些优势对任职非常有利，如专业特长、实践经验、创新设想等。

（四）结语

结语应给人一个完整鲜明的印象。一般会表明求职者想得到该项工作的愿望，希望早日得到明确的答复等。

（五）落款

落款就是写上求职者的姓名和写作的具体时间。

（六）附件

附件是附在信末用以证明或介绍自己具体情况的书面材料。它可以包括个人简历、在校主干课程及成绩表、各种获奖证书或等级认证书、发表的论文、专家或单位提供的推荐信或证明材料等。为慎重起见，所选的相关证明材料最好加盖必要的公章。

二、求职信的写作要求

（1）目的明确。求职信写作目的就是求职，因此写作中就要介绍自己的基本情况，表达自己的求职愿望，提出自己的求职条件。总之，要围绕求职做文章。

（2）材料要充分具体。用事实和数字来说明问题更具有说服力。

（3）用词准确，用语得体。态度要谦虚诚恳，既不要骄傲自大，也不要过分谦虚。

写作能力实训

一、判断题

1. 求职信要有个性，突出自己的优势。（　　　）

2. 简历的最大特点就是简明扼要。（　　　）

3. 不要仅仅寄个人简历给所应聘的公司，应附上简短的求职信，这样会增加公司对你的好感，求职的成功率将大大提高。（　　　）。

4. 求职信中的个人工作经历最好有翔实的事实和数据来佐证。（　　　）

5. 述职报告可以突出成绩,不讲存在问题。(　　)

6. 述职报告就是陈述自己任职期间履行岗位职责的情况。(　　)

7. 述职报告不必突出个人特点。(　　)

8. 竞聘书要尽量夸大自己的优势和能力,以引起别人的兴趣和注意。(　　)

9. 竞聘书应尽可能表现自己的谦虚谨慎。(　　)

10. 竞聘书在介绍自己的能力和优势时要有的放矢,切不可偏离所竞聘的职位和所要求的条件。(　　)

二、简答题

1. 竞聘书的正文写作通常包括哪些内容?

2. 求职信写作应注意哪些问题?

三、分析改错题

下面是一篇不规范的个人简历,请指出其不当之处,并加以修改。

个 人 简 历

姓名:×××　　　性别:女　　　年龄:23　　　籍贯:河南

学历:本科(应届毕业)　　　专业:水利工程

电话:135××××××××

E-mail:×××××××@sina.com

地址:河南省驻马店市

毕业院校:2006-09—2009-07　　　××师范大学附中

　　　　　2009-09—2013-06　　　××大学水利工程系

所学专业课程:

　　CAD 绘图、工程测量、建筑材料、水力学、水利水电工程施工、水工建筑物

基本情况:

　　本人学习成绩优良。熟悉 C、Java 语言编程。对 Verilog HDL 语言比较熟悉,能熟练使用 Quartus2d 等环境进行基于可编程逻辑器件的开发。

　　本人踏实稳重,有上进心。

　　英语四级。

四、评析求职信

求 职 信

×××公司领导:

　　我毕业于计算机专业,大学本科,是一名有三年工作经验的计算机编程员。得知贵公司招聘人才,很希望能到贵公司高就。现附上我设计的几段程序,恳请贵公司慧眼识英雄。不胜感谢!

　　我曾在××公司任行政主管五年，我在那里已经获得了足够的管理工作经验，我相信贵单位会考虑我，否则将是你们的损失。

　　2013年以来，我就担任计算机编程工作，熟练使用 Office、WPS 办公自动化软件。自学 HTML、FrontPage、Dreamweaver、Fireworks、Flash 等网页制作相关软件。对于常用软件都能熟练使用。同时对于法律、文学等方面的非专业知识我也有浓厚的兴趣，而且也熟悉了有关企业管理方面的知识。

　　我之所以要离开现职，是因为我觉得，如果我能找到一个更适合我的工作，就更能发挥我的专业特长。现在我的领导也知道我的志愿，并允许我另求新职。

　　目前已经有两家公司等我签约，请你单位尽快决定。

王××

2016 年 3 月 17 日

五、写作题

　　1. 请为自己写一份求职简历。

　　2. 假设你是一名应届毕业生，根据你所学的专业和理想，给某公司或某单位负责人写一份求职信。

　　3. 试拟写一份竞聘班干或学生会干部的竞聘书。

第八章

学术文书

第一节　学术论文

一、学术论文的含义和特点

（一）学术论文的含义

学术论文就是在一定的科学领域内，人们思维轨迹及综合研究活动的科学记录和最新科研成果或新见解的表述。

学术论文反映学科领域最新的、最前沿的科学技术水平和发展动向，对科学技术事业的发展起着重要的推动作用。

（二）学术论文的特点

1. 学术性

学术是指专门的有系统的学问。学术论文反映某学科的研究成果，必然就有专门而系统的内容。它对课题的渊源、现状、实质、特点、功能等有较全面的阐述和分析，也可以把某些分散的材料系统化，用新的观点、新的方法加以论证，得出新的结论。

2. 理论性

学术论文要求作者站在一定的理论高度观察和分析研究问题，其研究过程及其内容都体现了理论应用和理论构建的特点，具有较浓的理论色彩。

3. 创见性

创见性是学术论文的真正价值所在。它要求对现有的问题提出新的思想、新的方法、新的见解，或者对已有的理论成果进行修改、补充和深化。

二、学术论文的主要类型

（1）按研究范围分，可分为宏观学术论文和微观学术论文。

（2）按研究对象的性质分，可分为理论型学术论文和应用型学术论文。

（3）按内容和写法分，可分为论证型学术论文、考证型学术论文、注释型学术论文、调研型学术论文、述评型学术论文、争辩型学术论文等。

范例导读与简评

【范例一】 论证型学术论文范例导读

环境保护与可持续发展

范锐敏

摘要：人类在经过漫长的奋斗历程后，在改造自然和发展社会经济方面取得了辉煌业绩的同时，生态破坏与环境污染，对人类的生存和发展已经构成了现实威胁。保护和改善生态环境，实现人类社会的持续发展，是全人类紧迫而艰巨的任务。因此，环境保护是实现社会发展的前提，保护环境，确保人与自然的和谐，是经济能够得到进一步发展的前提，也是人类文明延续的保证。

关键词：环境保护；可持续发展；温室气体；白色污染

一、新形势下环境保护的现状

（一）关于环境保护的理论性描述

环境保护（environmental protection），顾名思义，即人类为解决现实的或潜在的环境问题，维持自身的存在和发展而进行的各种实践活动的总称。其方法和手段有工程技术的、行政管理的，也有法律的、经济的、宣传教育等。随着近年来工业的飞速发展，环保问题又一次引起了人们的认识，环保机构、相关律法进一步得到了完善。

（二）环境现状

我国的环境状况可以概括为局部有所改善，总体仍在恶化。环境污染和生态破坏日益成为我国经济和社会发展的重要制约因素，我国环境保护工作虽然取得多项进展，但形势仍然非常严峻。

二、环境破坏的突出表现的几个方面

（一）土壤遭到破坏，淡水资源受到威胁

据国内相关机构调查报道，由于近年来过度的开发，导致一些耕地的肥沃程度在降低，森林植被的消失、土壤剥蚀情况十分严重。由于人口急剧增长，工业迅猛发展，固体废物因得不到科学的处理而不断向土壤表面堆放和倾倒；有害废水不断向土壤中渗透；大气中的有害气体及飘尘也不断随雨水降落在土壤中；这些都从某种程度上妨碍了土壤的正

常功能,降低了作物的产量和质量,还通过粮食、蔬菜、水果等间接影响人体的健康。

(二)气候变化和能源浪费,温室效应严重威胁着全人类

气温的升高也将对农业和生态系统带来严重影响,因此,西方和发展中国家之间应加强能源节约技术的转让进程。我们应当采用经济鼓励手段,使工业家们开发改进工业资源利用效率的工艺技术。

(三)地球生物的多样性减少,生存面临挑战

由于城镇化的进一步加快、农业发展、森林减少和环境污染的日趋严重,自然区域变得越来越小了,这就导致了数以千计物种失去了原有的生态环境,进而走入灭绝的边缘。然而一些物种的绝迹会破坏生态系统的稳定性及多样性。

(四)地表森林面积锐减

环境污染会导致森林面积的锐减,具体表现在酸雨的腐蚀、有害气体的排放上,随着大气进入空气中,继而以自然雨水的形式进入土壤,影响原有的植物生长。

三、环境保护可行性方案的探究

环境保护是利用环境科学的理论和方法,协调人类与环境的关系,解决各种问题,保护和改善环境的一切人类活动的总称。科学技术的多方面的措施,合理地利用自然资源,防止环境的污染和破坏,以求保持和发展生态平衡,保证人类社会的发展,保护包含至少三个层面的意思:对自然环境的保护;对人类居住生活环境的保护;对地球生物的保护。

(一)继续坚定不移地健全环境保护的地方性法律法规体系,为环保提供法律依据与支持

例如,对于防治工业生产排放的"三废"(废水、废气、废渣)、粉尘、放射性物质以及烟尘、污水和垃圾等时,除了鼓励相关企业采用环境保护措施、对高耗能企业鼓励安装节能设施,还需在符合市场规律的情况下适当提高破坏环境的"代价",严格执行环境保护法律法规和一系列环境评价、考核、监管和处罚制度,用法律保护社会生产力,推动经济增长方式的转变和可持续发展战略的实施。真正把防治污染和保护环境纳入法治化管理的轨道。此外,培养企业的社会责任感也显得尤为重要。

(二)培养公民的环保新概念,从娃娃抓起,加强有关环境保护法律法规的宣传教育

环境保护所要解决的问题包括两个方面:一是保护和改善环境质量,保护人类身心的健康,防止机体在环境的影响下变异和退化;二是合理利用自然资源,减少或消除有害物质进入环境,以利于人类生命活动。3月22日是世界地球日,人们正尝试着各种方法让环保赢得大家的重视,当然孩子作为祖国的下一代,作为未来祖国的接班人,培养其良好的环保修养对于祖国长远的发展是举足轻重的。

与法制宣传部门紧密结合,将环境保护有关法律法规纳入全社会的宣传教育体系,作为公民普及法律常识的重要内容,并纳入普法考试考核。建立环境与发展综合决策教育培训制度。

(三)垃圾分类不乱扔,回收利用好再生

在垃圾中,约50%是生物性有机物,30%~40%具有可回收再利用价值,"变废为宝"在这里获得的不仅仅是经济价值,更多的是培养了公民良好的环保意识,这才是无价的。垃圾分类降低了处理时的成本,营造了美好的社会氛围。

四、环境保护的趋势与未来展望

环境保护的工作任重而道远,除了需要全民的参与之外,一些官方的或者民间的机构在引领环保时的作用也显得不可替代。在未来的环保进程里,环保机构会更加完善,越来越多的人也会参与进来贡献自己的光与热。

完善相关环保机构,中华环保联合会(All-China Environment Federation,ACEF)是由热心环保事业的人士、企业、事业单位自愿结成的、非营利性的、全国性的社会组织。中华环保联合会的宗旨是围绕实施可持续发展战略,围绕实现国家环境与发展的目标,围绕维护公众和社会环境权益,充分体现中华环保联合会"大中华、大环境、大联合"的组织优势,发挥政府与社会之间的桥梁和纽带作用,促进中国环境事业发展,推动全人类环境事业的进步。

在保护环境方面,立法制定节日的目的不仅仅是提醒人们保护环境,更重要的是表明我们在环保路上坚定不移的决心。

在新形势下的今天,全民大力提倡的特殊时期,环境保护不单单只是一句口号,它需要我们每一个地球公民真真切切地以实际行动参与进来,为挽救我们的家园付出自己的青春与激情,唯有如此,我们才能对得起养育我们的地球母亲。

五、怎样解决环境问题,实现可持续发展

我国在加强环境法实施方面的努力,主要表现在以下几方面:将环境执法和环境立法置于同等重要的位置,开始将环境执法作为环境法制建设的重点;强化对环境的刑事法律保护,明确规定在环境方面的法人犯罪,严厉制裁危险犯,加强对环境犯罪的打击;对环境违法犯罪行为的打击、处罚程度增强,对环境违法者实行双罚、多罚制;等等。

（一）全面树立和落实科学发展观,建立健全环境友好的决策和制度体系

坚持以人为本,从维护群众的环境权益,改善环境质量出发,统筹城乡发展、统筹区域发展、统筹经济社会发展、统筹人与自然和谐发展、统筹国内发展和对外开放,制定有关法律法规和发展战略、规划,促进人与自然的和谐,实现经济发展和人口、资源、环境相协调,走生产发展、生活富裕、生态良好的文明发展道路。要研究综合环境与发展的国民经济核算方法,将发展过程中的资源消耗、环境损失和环境效益纳入经济发展的评价体系;推行领导干部任期环境保护政绩考核,克服单纯追求 GDP 的倾向。

（二）大力发展循环经济,走新型工业化道路

发展循环经济,就是走科技含量高、经济效益好、资源消耗低、环境污染少、人力资源优势得到充分发挥的新型工业化道路,加快转变不可持续的生产和消费方式。建设以节水、节地、节能、节材、节约其他资源和保护环境为主要内容的资源节约型和环境友好型社会。发展废物回收再利用产业和环保产业,提高资源生产率和循环利用率。积极利用经济手段、运用市场机制,鼓励各行各业节约资源、降低污染排放;继续推广各类循环经济试点示范。

（三）解决突出环境问题,维护社会稳定和环境安全

一是要采取最严格的措施保护饮用水源,加快重点流域海域的污染防治,力争取得实质性成效;二是在城市化快速发展过程中,优化城市规划布局,加快城市环保基础设施建设,不断提高污水、垃圾处理率,积极保护城市区域天然林草、河湖水系、滩涂湿地等自然遗产;三是加快燃煤电厂脱硫和冶金、有色、化工、建材等行业的大气污染治理,提高能源

利用效率,大力发展新能源,减轻酸雨污染和大气尘污染;四是加强农村环保工作,以转变农民的生产、生活方式为核心,开展农村环境综合整治,大力发展生态农业、有机农业,治理养殖业的面源污染和土壤污染,切实保障农产品安全;五是尊重自然规律,加强生态保护,搞好生态功能区和自然保护区的建设与管理,加强矿产资源开发和旅游开发的环境监管,防止新的破坏;六是在核电发展中,加强环境安全监管,确保核与辐射环境安全。

(四)加强环境保护与可持续发展的国际合作

我国立足于解决好国内环境与发展问题,继续改善13亿人民赖以生存和发展的环境,同时,继续推进环境保护与可持续发展领域的国际合作。另外,积极参加气候变化、生物多样性保护等环境公约和有关贸易与环境的谈判,维护国际利益,履行国际义务,为解决人类面临的环境与发展问题做出贡献。

在千年峰会5周年之际,170多个国家和政府首脑将两次聚会,千年目标能否如期实现将是他们关注的重要议题,人类为实现共同承诺所做的努力将得到检验。我们将继续努力,把书面的目标化为具体的行动,承担我们肩负的历史责任,坚定不移地走可持续发展之路,为人类早日全面实现千年发展目标,为实现中华民族伟大复兴做出贡献。

我们愿意与世界各国加强合作,携手共进,共创人类社会的美好未来,实现社会的可持续发展。

参考文献

[1] 百度文库.

[2] 刘南威.自然地理学[M].北京:科学出版社,2001.

[3] 李春华.环境科学原理[M].南京:南京大学出版社,2003.

[4] 叶文虎.可持续发展引论[M].北京:高等教育出版社,2003.

简评

这是一篇论证型的学术论文,它所研究的是环境保护与可持续性发展的问题。作者在文中提出保护和改善生态环境,实现人类社会的持续发展,是全人类紧迫而艰巨的任务这一重要论题。分别从"环境破坏的突出表现的几个方面"和"环境保护可行性方案的探究"两个层面,对当前环境遭受破坏的严峻局面,保护环境的紧迫性、重要性及其深远意义进行详尽的论述。文章最后两层"环境保护的趋势与未来展望"和"怎样解决环境问题,实现可持续发展"阐述了保护生态环境的措施、方法、步骤,它的成效如何直接影响国家民族的生死存亡和可持续发展。全文按照提出问题、分析问题、解决问题的思路进行分析、归纳、论证。

论据充分有力,思辨色彩浓郁,鞭辟入里,切中要害,层次分明,语言严密。

【范例二】 调研型学术论文范例导读

快递业成为我国经济"黑马"

×××

摘要:中国快递业已经连续三年保持了超过两位数的增长,且长期增速超过50%,其产生的商业影响和经济价值都不容小觑。电子商务突飞猛进的发展,推动快递业进一步上升、变革和发展。

关键词：快递行业；电子商务；经济价值；快速增长

2014 年 10 月底，中国快递服务企业累计业务量突破 100 亿件。据相关部门统计，截至今年第三季度，中国快递业务量已经连续 44 个月累计同比平均增幅超过 50%。

回顾 2013 年，中国快递服务企业累计完成业务量 92 亿件，市场规模升至世界第二位，同比增长 61.6%。

据官方统计数据显示，截至 2013 年中国快递行业拥有约 8000 家企业，2013 年创造的总营业收入达人民币 1442.2 亿元，同比增长 36.6%。从业务量来看，2013 年市场由民营快递公司主导，民营快递公司占据的市场份额为 78.9%，国有企业占 19.9%，外资企业仅占 1.2%。各种快递业优劣互补、各有所长。

据业界资深专家预期，凭借这种发展势头，快递行业有望在 2015 年产值达到人民币 2800 亿元，年均复合增长率达到 39.4%。

从 2000 年的 1 亿件到 2006 年的 10 亿件，再到如今迈入百亿时代，中国快递业以"加速度"实现增长"三连跳"。

作为行业中的后起之秀，快递业如何在如此短的时期内炼成中国经济"黑马"，在中国经济增速"换档期"内一路狂奔？未来又将奔向何方？

政 策 扶 持

中国快递业的高速成长归功于电商的迅猛发展以及扶持政策的出台。中国的网上购物量在过去五年取得 70% 的年均复合增长率，在 2013 年达到人民币 1.84 万亿元。

"这匹'黑马'是改革生出来的，也是改革催它长大的。"对于快递业何以在短时间内获得如此大的发展，国家邮政局局长马军胜表达了自己的看法。例如，国家相继出台一系列政策措施支持和规范快递市场的发展。中部和西部的城市化也为中国的快递行业提供了新的商机。消费者的行为在转变和推动着互联网零售业的发展，并伴随产生了大量的快递服务需求。

近年来，邮政体制改革消除了体制机制上的发展障碍，快递业的发展环境得到明显改善。2009 年，我国修订实施了《中华人民共和国邮政法》，首次将快递业务纳入调整范畴，明确了快递企业的法律地位，确立了"鼓励竞争、推动发展"的原则，为快递业发展提供了法制保障。

2014 年 3 月，李克强总理在《政府工作报告》中强调，要深化流通体制改革，清除妨碍全国统一市场的各种关卡，降低流通成本，推动物流配送、快递业和网络购物发展，充分释放十几亿人口蕴藏的巨大消费潜力。

2014 年 8 月，《国务院关于加快发展生产性服务业推动产业结构调整升级的指导意见》出台，明确提出优化城市配送网络、建设社会化仓储设施网络、完善配送车辆便利通行等措施。

借 力 电 商

2014 年"双十一"虽然已过数日，但电商们亮眼的业绩依然历历在目。而快递业正是借电商之东风，进入发展快车道。

据官方统计数据显示，今年"双十一"期间，在 11 月 11 日至 16 日这 6 天时间里，全行业共处理快件 5.4 亿件,比去年同期增长 56%;最高日处理量达到 1.026 亿件,比去年同期增长 57.8%,是今年以来日常处理量的 3.1 倍。截至 11 月 21 日 0 时,超过 94% 的快件已顺利投递到用户手中。

这些成果的获得除了借助外部有利因素外,离不开快递公司自身的主动出击。近年来,快递企业不断加大基础设施和科技应用投入力度,加快创新服务方式。微信公号、手机 APP 等互联网交易平台推广步伐加快,智能快件箱、便利店自提等新型投递模式范围扩大,下单、支付、查询、投递等服务环节便利性大幅增强。

此外,不少快递公司加快覆盖网络建设,在巩固城市的基础上向农村和西部地区不断进军。例如,圆通快递航空运输通达 118 个机场,航线覆盖 600 多个城市。韵达快递在全国拥有 70 多个转运中心,4 万余个服务点,陆地运输车 2 万辆,服务深入城镇与部分农村地区。

海外电商 农村市场

业内人士分析认为,快递业的二次成长需要深挖市场,谋求"精准定位",满足客户的个性化需求。

此外,随着阿里在美国上市及跨境电商业务的开展,未来中国快递业在跨境物流领域也大有可为。

事实上,不少快递公司已经在此前嗅到商机,开始积极布局。今年 4 月,圆通速递与 CJ 大韩通运签署战略合作协议,推出中国大陆至韩国全境统一收费的快件服务,承诺 72 小时送达。今年 6 月及 11 月,韵达快递分别在美国洛杉矶与西雅图、德国黑森州开设海外服务中心。

顺丰速递通过与波音公司签订 767-300ER 客改货改装飞机订单,推出主要针对 B2B 跨境电商递送的"全球顺"(价格是顺丰原有产品价格的 60%～80%),拓展多个国家和地区的业务等措施多管齐下,力争在与国际快递巨头的竞争中拥有立足之地。

可见海外电商物流的发展将涌向一个新的高峰,2014 年是各类商业全新发展的崭新阶段,海外电商行业也将迎来新的春天,无论是阿里巴巴、京东还是亚马逊,都会把目光投注到海外市场的拓展,因此国内的各大快递行业比如顺丰、申通在 2013 年就在拓展海外业务,通过一系列的信号反映海外市场不容忽视。

还有一个内因是,二、三线城市、农村物流平台迎来新的发展机遇,从阿里巴巴投资建设中国智能骨干物流网以及顺丰优选全网的建设,表明广大农村及农产品的电商必将迎来新的春天。

据数据显示,2012 年淘宝＋天猫农村(包含县)网店数 163.26 万个,年销售总额突破 50 亿。

全中国 15 亿人口,而农村人口就占到 2/3,因此农村电商将会是一个超级大市场。全国 15 亿人口,5 亿人已经成为网购人群,最大的 10 亿人群在农村,这 10 亿人口至少有超过 7 亿人的市场开发价值,谁能解决物流＋本地化服务,谁就能从中获取巨大的利润,所以未来农村电商物流是一个大市场。

未 来 趋 势

中国快递业已经连续三年保持了超过两位数的增长,且长期增速超过 50%,无论从哪一方面来看,其产生的商业影响和经济价值都不容小觑。进入 2014 年以来,电子商务突飞猛进，推动快递业进一步上升和变革。

快递业市场空间会随着电子商务的高速发展继续快速增长。目前，中国电子商务交易额已经超过美国成为世界第一，2015 年网购规模将达 3 万亿元，所对应的电商物流费用就是约 3000 亿元，而快递承载了其中的 80%。所以快递行业的市场空间还会很大。

随着市场不断的整合，电商物流的服务阵营会逐渐沉淀为三大层级。以顺丰为代表的中高端大网，以通达系为代表的低端大网和以其他新型快递、落地配、自营配送体系等形成的中间层网。中间层网因其合理价格、优质服务和综合性价比高等优势会成为未来市场主流。

对于快递行业未来的发展趋势，专家进行有关预测。

行业整合持续加剧。快递行业整体的高增长，会继续吸引资本方的关注，资本会助推行业的并购整合。很多外部产业、机构也会继续借力资本参与进来，而行业本身也会出现更多的同业、同区域整合。

行业价格战会持续。快递行业因为同质化竞争和网络重叠严重，价格战依然会持续并逐渐淘汰弱小的企业，沉淀出几张大的网系。快递业的价格战虽然已经走过最低阶段，但其影响依然存在，并成为主流市场淘汰散乱差的直接方式。

快递业竞争焦点从价格转向服务。企业会逐步建成并推出自己的标准化体系及配套，行业标准化体系也在逐步建立，低价不再是企业制胜的关键，服务以及客户体验将成为快递业良好的口碑。

快递业整体的系统化建设进一步加强，会提升全行业效率，降低成本。得益于互联网科技及信息化手段的推广和普及，快递业劳动密集型的传统原始操作模式将会逐步向高效的系统化过渡。

快递业开始着重打造各自的差异化服务产品，明确自身的市场定位，并力求做到稳定持续发展，差异化产品会成为各快递企业新的业务目标和增长点。

快递业需要创新以适应电商发展新趋势。随着电商逐步"去中心化"以及社区、社群电商的崛起，快递业也将迎来新的挑战与机会。未来电商从 B-C 往消费者终端驱动的 C-B 转变，如何满足更多终端客户个性化需求成为行业共同面对的问题。

行业专业人才供需矛盾突出，依然会成为各快递业发展的瓶颈。快递业的高速发展使专业人才始终处于供不应求的状态。随着行业服务质量逐步提升，快递企业人才的素质培养会越来越重要。

快递业需要创新，包括创新管理思维和创新服务产品。全行业的从业人员尤其管理者需要跟随互联网时代的脚步，转变陈旧的思维和观念，了解经济和电商的发展趋势，规划更多创新服务产品，提升自身效率和服务水平。

简评

这是一份调研型的学术论文。开头（引论）指出快递业近年来迅猛发展，成为我国经济的"黑马"。它有利于促进、释放我国十几亿人口蕴藏的巨大消费潜力，充分满足消费者的需求，提高人们的生活质量。作者从全局的角度，通过调查研究，取得了丰富翔实的第一手资料，以快递业的发展、整合、创新为切入点，用大量的事实和数据说明快递行业与电子商务之间相辅相成、互相依赖的关系，并指出快递业需要创新以适应电商发展新趋势。

快递业竞争要从价格转向服务，着重打造各自的差异化服务产品，明确自身的市场定位，符合广大人民的利益，走上了一条健康可持续发展的道路。全文观点鲜明，事实确凿，分析合理，归纳精辟。

提示：学术论文的基本结构与写作要求

一、学术论文的基本结构

根据国家标准 GB 7713—1987《科学技术报告、学位论文和学术论文的编写格式》的要求，学术论文应当由标题、署名、摘要、关键词、正文、注释、参考文献等部分组成。

（一）标题

标题要求用最简洁、最恰当的词语反映论文的特定内容，是论文的高度概括。一般以论点标示，或以论题标示。如快递业成为我国经济"黑马"点明了论点；"环境保护与可持续发展"，则点明了论题。标题应力求直接、醒目、明确，给读者以新鲜感。字数以不超过 20 字为宜。

（二）署名

在标题的下方写上论文作者的姓名和单位。

（三）摘要

摘要又称提要。它既是论文标题的扩展，又是论文内容的高度浓缩。一般要能提示论文的基本观点、对象、成果、意义等内容。摘要最好不超过 300 字。

（四）关键词

关键词又称主题词，是为了检索的需要，从论文中选出的最具代表论文中心内容的名词和术语。一篇论文一般可选出 3～8 个关键词，将它们依次列于摘要之下。

（五）正文

正文包括引论、本论、结论三部分。

1. 引论

引论也称前言、导语，主要介绍论文的研究背景、主旨、意义以及作者的意图和依据，有时也介绍研究的方法和结果。引论要开门见山，引人入胜。如"环境保护与可持续发展"一文的开头，先解释环境保护这个概念，指明环境保护的背景和意义，接着顺势提出"环境保护是可持续发展的前提"这一论点。

2. 本论

本论是学术论文的主体部分，它是作者学术理论水平和创造才能的集中体现，决定着论文的成败和论文质量的高低。在这一部分要求作者分析问题，阐明观点，运用各种方法进行详细周密的论证。"环境保护与可持续发展"一文中，本论分三个层次：①"环境破坏的突出表现的几个方面"（提出问题）；②"环境保护可行性方案的探究"（分析问题）；③"环境保护的趋势与未来展望"和"怎样解决环境问题，实现可持续发展"（解决问题）。层层递进，鞭辟入里，写得逻辑严密，深刻有力。

3. 结论

结论是学术论文的收束部分。通常要对全文的研究成果进行归纳，并提出进一步的研究方向；有的还对研究过程中得到的帮助表示感谢。结论要准确、完整、明确、精练。如果不能得出结论，也可以没有结论。

（六）注释

注释是对正文某些内容的解释。注释多用尾注。一般是用序码表示。序码标识在引文最后一个字的右上方。注释部分的序码应与被注释处的序码相一致。注释引文出处的一般顺序是作者、书名或篇名、出版社名称、出版年份、页码等。

（七）参考文献

参考文献是指作者在撰写学术论文时所阅读、采纳的文献资料，或者是作者向读者推荐的可供参考的文献资料。注明参考文献既反映了作者对于课题的历史和现状的研究程度，也体现了作者尊重他人研究成果的科学态度和求实精神。

二、学术论文的写作要求

（一）选题

选题是在研究材料的基础上，提出问题，确定学术论文的研究对象和目标。它是学术论文写作的第一步，也是很重要的一步。

选题时要注意做到"小题大做"和"大题小做"。"小题大做"是从小处着眼，开掘深度，追求高质量。追求深度，但与广度密切相关，这需要在实践中摸索积累才能做到。"大题小做"说是意义很大，大在价值，但篇幅不长。这里的"大题"是指有价值、有意义的课题，并非是笼统的容量大的课题。过宽过大的题目很难做好。而"小做"则不仅指写得简明扼要，而且应有新的见解，甚至重大发现。

（二）积累材料

写作论文，要搜集能够反映研究对象本身各种具体特征的与课题相关的资料。搜集资料要多多益善。资料越丰富，对论题所处领域的历史、现状就越清楚，对他人的研究成果以及存在的争议也越清楚，从而就容易得出一己之见。而且资料占有越丰富，一般来说论证就越充分。

（三）拟定提纲

提纲是写作学术论文时构思的书面记录，它为撰写论文提供基础。拟定提纲时，一要从全局出发，权衡好各个部分；二要项目齐全，能初步构成论文的轮廓。

（四）修改定稿

学术论文要经过反复修改才能定稿。修改要从思想内容和表现形式两个方面进行。修改论文应先内容后形式，由全局到枝节，仔细认真，尽力求精。修改具体方法不外乎增删、调整等。最后，作者还要仔细推敲用词造句，尽量让文章语言准确、生动，甚至不放过一个标点符号。

写作能力实训

一、判断题

1. 经得起实践检验是学术论文价值的具体体现。（　　　）

2. 学术论文的独创性,就是指具有新颖独到的创见。(　　)

3. 学术论文的写作过程,可以参考有关文献,照搬别人的观点和写法。(　　)

4. 选择现实中急需解决的论题是学术论文选题的原则之一。(　　)

5. 选题就是选择学术论文的论题,也就是确定将要探索、研究的问题。(　　)

6. 学术论文是评定作者学术水平的唯一依据。(　　)

7. 结论是学术论文主体部分总的归结和收束,是围绕本论所做的结语。(　　)

8. 搜集资料要多多益善,可以漫无边际。(　　)

二、简答题

学术论文选题应注意哪些问题?

三、写作题

根据自己熟悉的专业知识,选择一个比较有价值的论题,写一篇见解新颖的学术论文。(不少于 3000 字)

第二节　申　　论

一、申论的含义和特点

(一)申论的含义

申论是国家公务员考试的一种形式,是公务员录用考试的必考科目。在《现代汉语词典》中,"申"的意思是说明、申述,"论"是分析和说明事理,又指分析和说明事理的话或文章。

"申论"与中国古代科举考试的"策论"相近。古代的"策论"考试,就是要求考生根据给定的题目论证某项政策或提出对策。"申论"考试可以说是古代策论与现代作文考试的融合。"申论"不同于一般作文考试的地方在于材料来源不同、应试要求不同、涉及内容不同。因此,申论虽然与策论和一般的作文有些类似,但又有很大的不同,"申论"考试的内容、方法及产生的测评功能,涵盖了作文和策论两种考试的基本方面。

(二)申论的特点

1. 考核形式的多样性

申论考试由概括部分、方案部分、议论部分组成。就文体而言,概括部分既可能属于记叙文、说明文、议论文中的一种,也可能综合了多种文体形式。方案部分则纯粹是应用文写作。从这个意义上说,申论既考查了普通文体的写作能力,也考查了公文写作能力,具有灵活多样性。

2. 考核资料的广泛性

为了考核应试者的综合能力和素质,申论所给定资料的范围非常广泛,内容涵盖了政治、经济、法律、教育等社会问题的诸多方面。给定资料所反映的问题主要立足于考查应试者的分析和判断能力。不论涉及哪方面的内容和观点，都会让每个应试者均有话可说。

3. 考核目标的针对性

申论考试的针对性很强，即主要考查应试者阅读、分析、概括、解决问题的能力。体现在题目中主要是分析、概括两个方面的能力，然后还需要在此基础上进行论述，这主要是考查考生的思辨能力。在应考时，考生要仔细阅读材料，厘清其间的逻辑关系，对其中的复杂事件，要抓住主要问题；对尚有争议的事件，要分清各方面意见。在抓住主要问题的基础上，考虑给出的条件、环境，结合社会现实，进行综合考虑，做出正确的判断，提出可行的解决方案，力争做到合情、合理、合法，切忌提出一些理想化的、超越现实的解决方案。

二、申论的作用

（一）有利于检测应试人员从事行政机关工作和岗位职责所需要的能力素质

申论这种考试形式，是根据目前机关工作的需要，对考生阅读能力、文字水平及提出问题、分析问题和解决实际问题能力进行的一种综合考查。因为在市场经济条件下，国家公务人员更需要具备搜集、分析、概括、解决问题的能力。这种考试是按照国际标准设计的，借鉴了一些发达国家在这方面的先进经验，注重对应试人员的能力和素质的考核。从国际发展趋势看，也是更加注重对应试人员从事行政机关工作和岗位职责所需要的能力素质的考核。

（二）申论考试既能让考生充分发挥自己的潜能，又有利于用人单位选拔合格人才

作为面向不同门类不同职位考生的公共科目，申论考试所给的资料内容非常广泛，但又是应考者生活、工作中经常接触到的或是社会中的热点问题。考生得到的信息涉及政治、经济、文化、法律等诸多方面，这就要求应试者必须"世事洞明""人情练达"，具有尽可能多的知识储备。申论的载体是文字，在认真阅读试卷上所给出的5000字左右的资料和提出的有关问题后，考生应用心分析，然后根据涉及的主要线索、主要问题进行阐述和论证。与一般作文考试相比较，申论考试要求考生摒弃那些套话、闲话，分析问题更加透彻、全面、精辟，解决问题的思路就越加清晰，既能让考生更好地发挥自己的潜能，又有利于用人单位从中选拔合格人才。因为一个合格的公务员，理应深入社会、体察民情，了解多方面的情况，而且应该具备敏锐的洞察力，善于发现问题，分析问题，具有解决问题的实际能力与得体的表达技巧。

范例导读与简评

一、给定资料

资料1

一篇题为《独一无二的"中国范儿"》的文章在网上传播，其中下面两段文字尤其引起了网友的热评："一个民族有自己的'民族范儿'，一个国家有自己的'国家范儿'。我华夏泱泱大国，五千年的传承，形成了自己独一无二的'中国范儿'。'和为贵'一直是我国传统文化的重要内容，从汉唐直至当代，彰显着大国气度。航海家达伽马，在到达非洲大陆时树起了旗帜，标示葡萄牙王室的主权。然而他不知道，比他早一百多年，一位叫郑和的中国人早已到达了非洲。郑和并没有树立标示大明主权的旗帜，而是树立了一座丰碑，一座友好而和平的丰碑。拒绝侵略，传递友好，这就是我中华的气度，我们的'大国范儿'。"

有网友点评说：这样的文章读得人热血沸腾、豪情万丈，表现出了中华民族的"大国意识"，看过之后不禁为我是中国人而自豪。

还有网友围绕着"大国意识"进一步加以阐述：大国意识不是简单的经济头脑，更深层次的是民族自豪感和生活充实感；大国意识是一种具备长远眼光的素质，不是满足眼前蝇头小利的市侩；大国意识是一种崇尚奉献的执着，不是吝于个人付出的自私；大国意识的背后是民族崛起的魂魄。这位网友认为，一个具备了大国实力的国家究竟能否赢得作为大国的相应尊重，究竟能否发挥与大国身份相称的作用，很大程度上取决于他的国民是否具备明智而坚定的大国意识。

也有网友认为：国家形象是一张名片。树立大国意识的过程，也是中国的国家形象被世界充分认可的过程，这就要求国人具备与大国形象相匹配的公民素质。这是崛起的大国对公民提出的内在要求，国民要注意自己的一言一行，让自己的行为举止与大国形象相称，展现大国风采。每个中国人都应自觉树立大国意识，不断提高素质，这是提升中国软实力不可或缺的环节。

与此相关，国民素质问题也自然引起网友的广泛关注和热议。一位在埃及旅游的中国网友发布了一条微博，微博里卢克索神庙浮雕上赫然刻着中文"某某到此一游"。实际上，个别中国游客在境外不文明举动引发的争议一直不断。泰国国家旅游局一官员说，随着中国来泰国游客数量的急剧增加，泰国民众对中国游客的投诉也越来越多。中国游客留给泰国人的负面印象主要有三点：不守秩序、在公共场合大声喧哗；乱扔垃圾、随地吐痰；不尊重当地习俗。有些中国游客进入寺庙不脱鞋，偷着躲着穿鞋进入，这被认为是对当地宗教信仰的极大亵渎。

在欧美国家，有的中国游客表现同样不佳。美国一大学教授对记者说："中国游客素质参差不齐，有的人会在公共设施上乱涂乱画，随地吐痰，上厕所不冲水。"在法国，去教堂都要穿着整齐并脱帽，同时禁止拍照。但有些中国人去教堂参观时总是急急忙忙，不注重自己的仪容，还随意拍照。

在国内，媒体曝出的低素质事件也让人瞠目。某市地铁上，一名男子到车门附近给孩子把尿,有乘客提醒劝阻,这位父亲不仅丝毫没有歉意,反而对其大打出手,而其他乘客都在围观,无人出面制止。在瑞士飞往中国的航班上,一名中国乘客因为前面的同胞将座椅后倾,感觉自己的空间太小,发生争执扭打,飞机也因为二人的斗殴被迫返航。

有专家认为:这些事情让人看到,不注重提升国民的道德水平和文明素质,社会必然要付出沉重的代价,这也与中国在国际舞台上日渐提升的大国地位不相称。

资料 2

中国自古是礼仪之邦,诚信知理、与人为善是中华民族引以为荣的优良传统。如今,中国正处于经济中高速持续发展的重要时期,物质财富的日渐丰富,给社会风气带来了一定影响。为此,我们迫切需要进一步加强社会主义精神文明建设,提升软实力。

习近平总书记在会见全国文明城市、文明村镇、文明单位和未成年人思想道德建设工作先进代表时指出,要大力加强社会公德、职业道德、家庭美德、个人品德建设,营造全社会崇德向善的浓厚氛围。

近来,国人的不文明行为屡被曝光。如何引导和推动全体人民树立文明观念、争当文明公民、展示文明形象,成为近年来全国"两会"不少代表委员关注的话题,他们从各自的角度给出建议。

"书香社会"的提法"亮相"政府工作报告。全国人大代表 Y 在接受记者采访时说,她对李克强总理在政府工作报告中提到的"倡导全民阅读,建设书香社会"特别赞同。读书能让人的心静下来。要提升国人的文明素质,提升国人在海外的形象,倡导全民阅读十分必要。

Y 说,现在的道德教育多是口号,人们不喜欢。用阅读潜移默化地熏陶国民,效果会更好。现在,大城市的图书馆不够多,中小城市和县城的图书馆更少,人们想读书,但没地方读。因此她建议各地多建一些图书馆。

全国人大代表 W 认为,今天到处都是低头族,他们看手机、刷微博、看微信,真正读书的人太少了。如果一个民族没有文化知识做支撑,将来无论做什么都会有局限性,厚度不够。

W 说,她今年带来一个关于制定图书馆法的议案。欧美一些国家规定,社区方圆十公里之内一定要有一个图书馆,创造条件引导人们阅读。我们也应当营造这样的环境。大学里面有非常好的图书馆,应该让公众共享。

全国政协委员 T 在接受记者采访时表示,文明缺失等现象是存在的,但他相信情况会渐渐变好。很多人在国外看到同胞的不文明行为时,都会感到很难为情。一些人出国后的表现像暴发户,大声喧哗,随地吐痰,甚至做出其他不文明的事。要改变这种状况,需要一个过程,需要国民在接受社会文明素养教育的同时,不断加强自身文明修养,领导干部、公众人物尤其要做好表率,起到示范作用。

全国政协委员 G 建议,应当传承和发扬优秀传统文化,擦亮国人"礼仪名片",使社会主义核心价值观与人们的日常生活紧密联系起来,在落小、落细、落实上下功夫。

G 指出,目前社会上出现不少违反传统礼仪规范的现象,如父慈子孝蜕化成纯金钱性的抚养和赡养义务,邻里和睦蜕化成老死不相往来的"家庭孤岛",尊师爱生蜕化成合同式的知识供给等。一些优良的传统道德和礼俗在现代化过程中逐渐流失,如果没有全社会的重视和共同坚守,我们可能会进入物质丰盈,但精神贫瘠、文化缺失的状态。他建议,深入挖掘古代文明礼仪的精华,结合现代文明和现代生活的特点,归纳整理行业和地域礼俗,并编制礼仪教材,让文明礼仪进企业、进学校、进社区、进家庭,成为全社会的共同遵循。

习近平总书记说,要把精神文明建设贯穿改革开放和现代化全过程、渗透社会生活各方面,特别是要让中华民族文化基因在广大青少年心中生根发芽。

全国政协委员K说,在大学工作多年,他发现在大学生中社会责任感缺失,对家庭缺乏情感关怀等现象越来越突出。K认为,孝敬父母是最基础的道德教育。他建议,以大学生作为弘扬优秀孝文化的突破口,借鉴中国传统"孝文化"中的积极因素,培养大学生的孝德之心、仁爱之心,在高校开设孝道教育的国学课程,将传统孝文化列入公选课内容,增强大学生的孝道意识。同时,大力开展以"孝爱"为主题的教育活动,引导学生从我做起,从小事做起,自觉在言行中体现孝爱美德。

W认为,文化艺术发展和创新的根本,是人才的培养。教育部颁布了新的文件,要求学生从中学开始,都要具有音乐和美术的基础知识,这非常好。从孩子抓起,这对提升整个国民的文化素质是一个非常有力的举措。他引用了欧洲一位哲学家的话:"孩子出生后,要给他鲜花,让他视觉上看到美;给他音乐,让他听觉上建立音的概念。"W认为,这就是在体现素质教育。

资料3

学者F谈起自己在大学教授《中国文学史》和《古典文学作品选读》两门课的体会时说:"为什么要学这些课?因为这些作品里,集纳了大量国学精华,学了确实可以净化人的心灵。我认为,眼下的大学教育,需要重新重视传统文化课程。"

在F看来,我们这个时代虽然崇尚科学,科技也越来越重要,但归根结底,科技由人来掌握。如果人的道德修养、文明素质不够,现代化早晚会毁于一旦。所以,在培养各行各业人才的同时,必须加强文化修养教育,它是一种潜移默化的东西,能让人受益终身。

"不学礼,无以立。"F说,这句话出自《论语》,意思是:一个人不学"礼",不懂礼貌,不讲礼仪,就不懂得怎样做人、处世。或者说,一个人不懂得基本的规矩,就难以在家庭和社会中立身行事。而如果把"礼"与"立"做更宽泛的理解,那么是否"学礼",是否懂得规矩,还事关公民意识的自觉、民族素质的提高、民族文化精神的弘扬乃至中华民族的复兴大业。或许正因如此,习近平总书记在十八届中纪委第五次全会上提出要"严明政治规矩""把守纪律讲规矩摆在更加重要的位置"。

一位资深媒体人L强调,如果不利用传媒,不能旗帜鲜明地打出美与丑、善与恶的旗帜,全民素质的提升就缺了一条重要途径。"我每天早晨上班开车时都听新闻广播。其中一个频道每天8点钟都会请一个权威人士来做公益报时,十几秒钟,几句话,传递出来的却是主流媒体倡导的一种价值观。久而久之,听众就会被正能量感染,这就是潜移默化。"

"早晨8点是黄金时段,拿出来做广告应该能挣很多钱。但如果媒体只想着经济效益,忘记了自己的责任,那是很悲哀的,这个社会就没救了。"在他看来,新闻宣传主管部门必须对大众传媒进行引导与监督,保证媒体都有一定的黄金时段用来进行公益宣传,提高国民素质。

　　L向记者提到了某电视台一则让自己感动的公益广告。"广告上一位患了阿尔茨海默病的父亲，什么都不记得了，但吃饭时还没忘儿子爱吃饺子，把饺子装进自己口袋，要给儿子带回去，广告语是'他忘记了许多事情，但从未忘记爱你'。这则广告触碰了我最柔软的神经，让我思念我的父亲。一个好的公益广告，能直击人的心灵，自然就起到了净化心灵的作用。这样的优秀公益广告太少了，媒体人如果自己都没做到真善美，他们在宣传真善美时都不投入感情，那还怎么教化别人呢？"

　　国家旅游开发研究中心张主任指出，新的旅游法规定，旅游者在旅游活动中应当遵守社会公共秩序和社会公德，尊重当地的风俗习惯、文化传统、社会公德和宗教信仰，爱护旅游资源，保护生态环境，遵守旅游文明行为规范。如果不遵守这些规定，就是违法。旅游法虽然只针对旅游业，但这步迈得很踏实。"在有章可循的前提下，还要做到有章必依、违章必罚。"

　　中国要进步，提升国人的素质刻不容缓。邓小平当年曾道出过这一点的重要性："我们国家，国力的强弱，经济发展后劲的大小，越来越取决于劳动者的素质，取决于知识分子的数量和质量。"如今，中国GDP全球第二，高速铁路迅猛延伸，载人航天器和载人潜水器把炎黄子孙送到了太空和深海……我们必须有与之相匹配的、不断提升的道德水准和个人素质，才能让中华民族的伟大复兴不仅体现在国家经济力量的强大，更是民族精神深远、长久的延续。

资料4

　　中国当代相当一部分艺术家都在自己的创作中把"中国元素"和"中国符号"作为自己破茧而出的支撑点，这从艺术家黎明（化名）的行为、装置、水墨实验、油画、综合材料等借助不同的艺术材质和媒介，运用不同的表达方式的艺术创作中，可以直观反映出来。"中国精神"已经构成黎明创作心理环境的地理地貌和现实图景。在黎明早期的油画作品中，长城形象的运用既突出了中国元素、中国符号的意味，又在深层次中隐含着艺术家对纵深历史时空的深度挖掘以及与历史进行对话的强烈要求。他的装置作品《为长城延伸一万里》的展示，一路从北京大学、长城司马台，穿越昔日的罗马帝国，牢牢楔入欧洲文明发源地的希腊奥林匹斯山。其中蕴含的中国精神凸显了百年中国现代化进程中裹挟的极度不安的民族自尊与殖民语境中的主体性精神，这正是黎明表现大国意识的一个前提。

　　正是在这一点上，黎明不同于其他习用中国元素、中国符号的艺术家，他的巨幅综合材料系列作品也许最能反映他的艺术精神和中国精神的共振。布面、牛皮卡纸、水墨、长城风化的泥土、油墨、丙烯、工业胶黏剂等，在黎明的作品中构成时空、地理、人文三位一体的对话关系。在这类作品中，黎明表现出对于中国精神和本土语言的强烈自信，挖掘的是中国传统文化在科技理性主义以摧枯拉朽之势洗劫世界的当下，如何以中国精神的文化想象，展开大国意识的责任抱负。

　　黎明的作品不拘泥于艺术的园囿，包孕的是良知、人性和无尽的情怀，在黎明的行为水墨实验作品《捉影》系列中，我们可以从艺术家用中药为长城疗伤的创意中，感受艺术家良知的源头来自中国传统博大精深的文化精神，也从而使黎明将自身放置在作为一个中国文化责任担当上。正是源于这一责任意识，他一路实施着"捉影"的系列创作。而"捉影"本身的动机，在黎明策划执行的一系列展览的命名中，已经给出了现实的答案，比如

"与传统打一照面""水墨主义""水墨社会"等,其中的水墨精神就是东方文化精神。

黎明还采用现代化机械制造冰砖,以冰雕的技法塑造基督教堂。无论他塑造的教堂多么壮观、华美,在城市的建筑丛林中依然那么渺小、微不足道。而上帝在哪里?这不是艺术家讨论的问题。在这一装置作品中,我们感受到的是艺术家对西方在圣经宗教信仰上的文明的质疑和对自身文化立场的反省。同样,《亚当与夏娃》描绘了人类走出伊甸园后的无所归依,将人性投射到现实语境中,表达了物欲横流、人性异化的浮躁焦虑心理,也指证了西方存在主义以人为中心的无端无助。毫无疑问,其捕捉到的影子背后是中国精神的内核——天人合一的境域。

资料5

"善待自己,让自己的心态平和;善待家人,有任何问题好好思考、好好解决;善待周边亲友和陌生人,不让自己成为垃圾人,不给身边人传递负能量。"当调查问卷问及应当如何提升国民素质、优化社会生态环境时,网友"巫眛"如是回答。

"自己努力做一个讲文明有教养的人,教育孩子做一个文明礼貌的人,监督家人亲友做一个文明礼貌的人,在社会公共空间做文明的表率,积极传播正能量。"网友"心灵之约"说。

"我温柔地对待这个世界,也得到了这个世界的温柔对待。"网友"夏河"说,她会微笑着对待生活中接触到的人,时刻记得使用礼貌用语,感恩生活中每一个帮助过她的人。正因为她的礼貌与温和,多次轻易地化解了一些小麻烦。有一次,她开车等红灯时,将挡位挂在空挡,孩子说要喝水,她就伸手到副驾驶座上拿水。因为路面有下坡,车子下溜,碰到了前面的一辆卡车。"夏河"赶紧停车上前表达自己的歉意,并主动询问卡车司机要赔多少钱。没想到对方大度地说:"没关系,车子撞得不严重,不用赔钱了。""夏河"连声道谢,并主动留下自己的手机号码,让那位好心的司机如果发现遗留问题可以随时找到她。

网友"子曰"和"雨后"认为,传统文化被漠视也是导致教养缺失的原因之一。网友"子曰"说:"家长、老师必须从自身做起,以身作则,践行传统文化精髓,领会其中真谛,并结合当今社会大背景,努力修身养性,三五个月内,肯定会影响到一些人。"

"我是老师,也是家长。从学生的作文中,从儿子的讲述中,我不时能看到、听到孩子礼貌言行遇冷的情形。每当那样的时候,我都很痛心,会及时跟孩子沟通,纾解他们心中的委屈和郁闷。"

说起生活中的礼貌言行遇冷,某小学校长D很有感触。她认为,孩子的文明礼仪培养和教养养成离不开家长、老师和社会的呵护与培育,而来自家长和老师的每一次疏忽,带给孩子心灵的伤害会远远超过其他人。

前两年,国内媒体曾聚焦教师无视或漠视学生问候这一现象,并引发了社会诸多层面的讨论。对此,D深有感触。她要求老师必须与孩子"温暖互动",对孩子的问候与需要及时给予温暖回应,要有目光接触,要面带微笑。如果发现不小心冷落了个别孩子,一定要及时跟孩子沟通说明情况。

D说,言行举止有教养,一方面是为了真诚表达自己内心的感激,让别人感到愉快,另一方面也是因为这样做能让自己感到愉悦,更何况,旁边或许还有儿子或者学生呢。作为家长和老师，必须时刻以身作则，注意言行礼貌，不断提升自身素养。

某大学教授N说："国民素养提升非一日之功，家长、教师应率先垂范，言传身教，多给青少年正能量。从我做起，从现在做起，一定有希望！"

资料6

有教育专家撰文指出："教育走得太快，灵魂跟不上了。"该文摘要如下：

教育的问题出在哪里？教育的核心问题不是出在我们的术、不是出在我们学生的能力、不是出在改革、不是出在技术层面，而是我们的教育缺乏灵魂的东西。中国的教育技术层面已经走得太快了，"灵魂"跟不上了。

柏拉图说过一句话："教育非他，乃心灵的转向。"印度哲学家克里希那穆题写了一本书叫《教育就是解放心灵》。解放心灵，按柏拉图的语境来说心灵究竟应该转向哪里？我认为是转向爱、转向善、转向智慧。

适合的就是最好的教育，每一个学生成才的途径和方式都没有确定的指向。

教育的新常态就是要摒弃浮躁、功利，回归到教育规律，慢慢地、静静地、悄悄地做，不浮躁、不显摆，一定会有我们想要的结果。那个时候我们的孩子不管是分数、才能，还是能力都很好，他们的灵魂也很丰满。

亚里士多德曾说过："教育必须基于三个原则：中庸、可能和适当。"

"中庸"，用孔子的话说就是"去其两端，取其中而用之"，总之不偏左不移右、不偏下不偏上，守中为上。做教育不要太过头了，也不要不够。什么叫过头？在技术层面上不断地改，改得我们老师都不知道怎么上课了，领导也不知道怎么布置工作了。学校教育成了这样子就是过了头，忘记了还有教育规律，还有教育自身内在的东西。

"可能"是指我们要知道孩子的未来具有一切可能性，现在他所学的甚至他的才能、他的分数，都不能代表他今后能做什么、会做什么。但我个人认为这些都不能丢，这样才能够确保未来的可能性存在。

"适当"是指教育的方式方法要符合规律，要适合孩子。不要看到邻居家的孩子琴棋书画什么都学，也要把自己的孩子送去学。这样思考问题就错了，不适合他的学了没用，一定要让孩子学他内心喜欢的东西。

蒙田说："教育不是为了适应外界，而是为了自己内心的丰富。"古希腊哲学家西塞罗说："教育的目的是让学生摆脱现实的奴役，而非适应现实。"如果一味去适应外界社会，结果就把社会最乱的东西学会了，主流价值却全部忘了。

二、作答要求

（一）阅读给定资料2，概括全国"两会"代表委员们所关注的若干问题，及其所给出的具体建议。（15分）

要求：全面、准确、简明，不超过200字。

（二）给定资料6中说"中国教育技术层面已经走得太快了，'灵魂'跟不上了"。请根据给定资料6，指出这句话的含义。（10分）

要求：全面、准确，不超过150字。

（三）某美术馆正在策划艺术家黎明的作品展，请根据给定资料4，为这一作品展撰写

一则导言。(20分)

要求：①围绕黎明的创作宗旨、作品材质及其艺术追求等方面作答；②内容具体、层次分明、语言流畅；③不超过400字。

(四)某区一所中学举办"文明素养教育主题宣传周"活动，假如你是该区文明办的负责人，校方请你在这次活动的开幕式上讲话。请结合给定资料5，写一篇题为"素质养成，从学会道谢和应对致谢开始"的讲话稿。(20分)

要求：内容具体，符合实际；对象明确，切合题意；语言生动，有感染力；不超过500字。

(五)给定资料3引用了《论语》中的话："不学礼，无以立。"请以这句话为中心议题，联系社会现实，自拟题目，写一篇文章。(35分)

要求：自选角度，见解深刻；参考给定资料，但不拘泥于给定资料；思路清晰，语言流畅；总字数为1000～1200字。

三、参考答案

(一)问题：①不文明行为事件频发，道德素质低下；②国民缺乏阅读，图书馆分布少，难以满足人们的阅读需求；③优秀传统文化渐失，违反传统礼仪规范的现象不断涌现；④大学生社会责任感缺失，家庭情感关怀缺乏。

建议：①扩建、开放图书馆，倡导全民阅读；②提升国民素养，领导干部、公众人物做好表率；③整编礼仪教材，引导社会共同遵循文明礼仪；④开设国学课程，开展美德教育，推行素质教育。

(二)这句话的含义是：中国教育一味地适应外界与现实，忘记了主流价值，缺乏灵魂。具体表现在：教育过度追求技术层面的不断改革，忘记了自身的东西；限定了孩子未来发展的可能性，过分重视才能和分数；教育的方式方法不合规律，不符合孩子兴趣。中国的教育要摒弃浮躁和功利，回归教育规律本身，转向爱、善和智慧。

(三)"中国精神"是黎明先生创作心理环境的地理地貌和现实图景。先生借助中国元素和中国符号，展现其艺术精神和中国精神的共振，在深层次中隐含着艺术家对纵深历史时空的挖掘以及与历史进行对话的强烈要求。

先生的作品借助了行为、装置、水墨实验、油画、综合材料等不同的艺术材质和媒介表达。其中，装置作品《为长城延伸一万里》凸显了中国现代化进程中不安的民族自尊与殖民语境的主体性精神；综合材料系列作品构成了时空、地理、人文三位一体对话关系，表现出对于中国精神和本土语言的强烈自信，展现了大国的责任与抱负；水墨实验作品《捉影》系列让我们感受到了中国传统文化的博大精深，展现了东方文化精神，体现了良知、人性和无尽的情怀；以冰雕技法塑造的基督教堂和《亚当与夏娃》表达了先生对西方在圣经宗教信仰上的文明的质疑，对自身文化立场的反省和对天人合一境域的追求。

黎明先生用他的作品展现了他文化责任人的担当，展现了中国精神的内核。

（四）

素质养成，从学会道谢和应对致谢开始

尊敬的学校领导、老师，亲爱的同学们：

大家好！很荣幸受邀为贵校的"文明素养教育主题宣传周"作开幕辞。在我看来，文明素质是青少年成长中的必修课，它的养成应从学会道谢和应对致谢开始！

文明素养体现在点滴小事，道谢和应对致谢是生活中最常碰到的，虽是小事，但意义重大：首先，可以体现友善，化解矛盾，获得谅解；其次，可以表达感激，体现感恩，获得愉悦的心情。

文明素养缺失的原因之一就是传统文化被漠视，比如，孩子的礼貌言行遇冷；再如媒体报道的教师无视、漠视学生的问候，都反映了我们对文明素养的漠视。

为此，建议大家：第一，用平和的心态和理性的思考善待周围的人和事，积极传播正能量；第二，自觉做文明的表率，监督家人的行为；第三，学会微笑，用温柔的态度对待生活中的摩擦，主动道歉、道谢，友善待人；第四，家长和老师以身作则，言传身教，温暖互动，及时沟通。

提升文明素养意义重大，让我们从学会道谢和正确应对"谢谢"开始，从每一个小我做起，从每一天的点点滴滴做起。我相信，只要我们自觉行动，文明素养的提升指日可待！谢谢大家！

（五）

学礼明礼，筑牢民族复兴根基

近些年来，我国游客大闹国外机场、在旅游景点肆意涂鸦、老人倒在街头无人敢扶等新闻频频见诸报端，令舆论哗然，也发人深省。

我国自古就是礼仪之邦，《论语》中曾有"不学礼，无以立"之说。随着时代的发展和进步，"礼"的内涵也在不断拓展，不仅仅指礼仪礼貌、道德情操，也包括个人的科学素养、社会的诚信意识、政府的服务理念等。当前我国经济建设虽然取得了累累硕果，但文明之花却并未与之同步绽放。要实现美好的中国梦，公民、社会、政府都应学礼明礼，为中华民族伟大复兴筑牢根基。

只有学礼明礼，公民方能自立自强。一是坚定理想信念，认识到国家的命运和个人的命运紧密相连、息息相关，每一个人都享有与祖国同成长、和时代共命运的机会，坚决抵制拜金主义、利己主义等腐朽观念的冲击；二是恪守文明道德，从自我做起，从小事做起，自觉拒绝随地吐痰、"中国式过马路"、公共场所大声喧哗等陋习，不断加强道德自律，提升文明标杆，完善个人修养；三是提升科学素养，树立"以崇尚科学为荣、以愚昧无知为耻"的观念，积极学习现代文化知识，形成科学理性思维，让"绿豆治百病""生吃泥鳅"等伪科学没有市场。

只有学礼明礼，社会方能安定和谐。一是化解诚信缺失危机，如食品安全问题突出、医患关系紧张等，对此要弘扬诚信的社会文化，推行社会信用体系建设，让守信者处处受益，让失信者处处受限；二是遏制浮躁盛行风气，如学术界论文抄袭、数据造假，企业界忽视科技创新、山寨产品横行等，对此要提倡踏实扎实的工作作风，纠正不合理的业绩考核方式，更加注重质量和效益；三是遏制戾气蔓延，如一言不合大打出手、网络暴力层出不穷

等,对此要加强道德教化和法律约束,让现实世界和虚拟世界都在法治轨道上有序运行。

只有学礼明礼,政府方能高效廉洁。政府的一切权力来自人民,是受人民的委托而管理经济社会事务。只有不辜负人民的期待,政府才能立于群众的支持拥护之上。一方面,要始终坚持为人民服务的宗旨。新一届中央政府深入推进简政放权以来,各级政府服务质量明显改进,服务效率大幅提高。在改革的深水区,必须进一步加快职能转变,打造服务型政府。另一方面,要切实做到严以用权。政府任何一项权力的运用都应当是为人民群众谋福祉,但也有少数领导干部把权力当作谋取私利的工具,有的私设"小金库",有的安排配偶子女"吃空饷"。要把廉政作为政府最基本的行政伦理之一,持续推进反腐倡廉建设。

中华民族的伟大复兴,不仅仅体现在军事、经济、政治等硬实力上,也体现在公民素养、社会风气、政府效能等软实力上。学礼明礼,必将有力地提高我们国家的文明程度,进而推动中华民族屹立于世界民族之林。

简评

例文首先提出问题产生的背景,然后围绕主题阐明要实现美好的中国梦,公民、社会、政府都应学礼明礼,为中华民族伟大复兴筑牢根基。

第一段介绍背景:近些年来,我国游客大闹国外机场、在旅游景点肆意涂鸦等新闻频频见诸报端,令舆论哗然,也发人深省。

第二段提出问题:当前我国经济建设虽然取得了累累硕果,但文明之花却并未与之同步绽放……

第三至五段提出解决问题的建议:第一,只有学礼明礼,公民方能自立自强;第二,只有学礼明礼,社会方能安定和谐;第三,只有学礼明礼,政府方能高效廉洁。

最后一段总结提升,照应标题和开头,发出呼吁号召,进一步升华论点。

第三节　申论考试

一、申论考试的内容

申论考试的基本内容是考核三个部分。时间共 150 分钟,满分 100 分。

首先在时间上给定 5000 字左右的资料,内容可能涉及政治、经济、法律、教育等社会现象的各个方面。要求应试者利用 40 分钟阅读材料,理解给定资料所反映的事件(或社会现象,或案例)的性质和本质。然后概括出给定资料所反映的主要问题。

其次在完成上述程序的基础上,紧紧扣住给定资料及其反映的主要问题,申明、阐述应试者对问题的基本看法和解决问题的基本方法。

二、申论考试的要求

申论考试首先要求应试者仔细、认真地阅读背景资料,经过对资料的整理、分析、归纳后,准确地用简明扼要的文字概括出材料中所反映的亟待解决的问题,一般规定字数在

200 字以内。（20 分）

　　然后,要求应试者用不超过 400 字的篇幅,就给定资料所反映的主要问题提出解决方案。方案应该具有针对性和可操作性。（30 分）

　　最后,要求应试者根据给定资料反映的问题,结合自己提出的解决方案,用 1200 字左右的篇幅,自拟标题进行论述。要求中心明确,论述深刻,具有说服力。（50 分）

提示：申论的基本结构与写作要求

　　申论作文是申论考试科目的重要组成部分,它主要测试考生的阅读理解能力、综合分析能力、提出和解决问题的能力、文字表达能力。作文分数在整个试题中约占 50%,写好作文部分,对获取高分至关重要。

　　申论作文,构思要素一般包括四个方面：一是标题；二是开头；三是主体；四是结尾。每个要素都有特定的写作要求。

一、标题

　　国家进行公务员考试的目的是选拔政府部门工作人员,这就决定了申论提供的资料必然是和政府工作有关的问题,而且这些问题在现实社会中久治不愈,成为社会的"顽疾"。因此,申论作文的标题应该揭示两方面的内容：一是文章针对的是什么社会问题；二是政府对这些问题的态度如何。比如,针对"公共安全事件频发"的问题,可以用"公共安全,重于泰山"或"维护公共安全是政府的应尽职责"等作为标题；针对"虚假广告泛滥"的问题,可以用"重拳出击虚假广告"作为标题；这些标题,一看就非常明确地表明了要论述的问题,并且也明确了政府对解决这些问题的态度。

二、开头

　　作为申论作文的开头部分,应该完成两大任务：一是开门见山,直接点明要论述的问题是什么,并亮出观点,这一点与一般议论文相似；二是要让人知道,你要论述的问题和观点产生的依据又是什么。所以这部分应该善于引用材料进行说明,使人感觉到这些问题和观点是建立在事实或数据基础上的。引述的材料既可以是个人平时记忆积累中的材料,也可以引用试卷所提供的材料。作为考场作文,恰当采用试卷所提供的资料是最为明智的,当然所选用的资料要经过综合与整理。如关于煤矿安全事故频发的问题,可这样写道：

　　2008 年 8 月,河南省平煤集团曾发生煤与瓦斯的突出事故,造成 23 人死亡和重大经济损失。时隔两年,在同一矿井同一作业面,又发生了性质更为严重的特别重大事故,导致 37 人死亡……面对群死群伤的惨剧不断重演,我们不禁要问：煤矿何时才能不"吃"人？

　　文章开头以鲜活的案例呈现出我国存在煤矿安全问题的现状,开门见山、点明形势,一句发问生动而有力,引出主题。

三、主体

　　申论作文的主体部分是全文重点论述部分,一般要求在这部分提出解决问题的对策或方案(也有的要求从其他方面进行论述),而且要求提出的对策或方案要有针对性和实效性。这就必须对问题产生的原因进行分析,只有知道产生问题的根本原因有哪些。才能对症下药。因此,主体部分实际上主要包括两方面的内容:原因分析和对策方案。

首先,问题产生的原因分析,一定要结合所提供的资料,切忌抛开材料不管而主观臆断,因为问题产生的主要原因都隐含在材料中,只是比较分散,需要应试者抓住关键的词语或句子,做出恰当的提取和整合。一个问题的产生,原因往往是多方面的,既有体制上的原因,也有人的主观方面的原因,只有系统全面分析原因,找出问题多方面的症结,提出的对策才具有针对性和切实有效的。

其次,申论作文最终总是要解决资料所涉及的主要问题的,当全面系统找出问题产生的原因后,就要提出解决问题的对策,这是全文的重点,一篇申论作文写作水平的高低和社会价值如何,这部分起到关键作用。

四、结尾

结尾应简明扼要,概括性要强。

写作能力实训

以下为申论考试资料(满分 100 分,时限 150 分钟)。

一、注意事项

1. 申论考试,是对分析驾驭材料能力、解决问题能力、言语表达能力的测试。
2. 作答参考时限:阅读资料 40 分钟,作答 110 分钟。
3. 仔细阅读给定的材料,然后按申论要求依次作答,答案书写在指定的位置。

二、给定资料

资料 1

某市市政府组织召开了一次专题研讨会,邀请了相关专家及政府部门工作人员,以"好政策"为话题展开讨论。以下是与会人员的发言摘要。

A:我讲一个关于苏东坡在杭州做官时治理西湖的事情。当时,西湖内淤泥壅塞、湖草蔓生,使西湖容量日渐减少,淡水不敷居民饮用。苏东坡决心清理淤泥蔓草,他动用数千劳力,费时四个月得以竣工。工程完毕后,如何处理堆积如山的水草和淤泥又成了难题。苏东坡实地考察后发现:西湖南北两岸居民顺着蜿蜒的湖边步行到对岸必须绕道数里。于是他决定用挖出的淤泥修一条直贯南北两岸的路堤,将湖面分隔为里湖、外湖,大大缩短往返路程,沿堤垂柳和 6 座拱桥及 9 个亭子更增加了西湖的美景。这时,又出现了一个新的问题:如何使湖中的恶草不再滋生呢?那就把沿岸部分湖面开垦出来,让农民种菱角增收,条件是必须在自己承包的湖面按期除草。同时,苏东坡还向朝廷上书,请求向菱角种植户收的税金应确保作为保养湖堤、湖体的专项资金。

B:确实,我国历史上有很多好的政策,我印象深刻的是张居正的一条鞭法。一条鞭法的内容很多,但最主要的,是颁布统一规定,全国税收由实物税变为货币税,明白点说,就是以后收税时,不收东西了,统一改收钱币。一条鞭法看似简单,却蕴含了极高的智慧,正如那句老话:把复杂问题简单化。

C：2007年12月31日，国务院办公厅发布了《关于限制生产销售使用塑料购物袋的通知》，这份被称为"限塑令"的通知明确规定："从2008年6月1日起，在全国范围内禁止生产、销售、使用厚度小于0.025毫米的塑料购物袋""在所有超市、商场、集贸市场等商品零售场所实行塑料购物袋有偿使用制度，一律不得免费提供塑料购物袋。"这一政策出台后，也有过一些争议，一是商家担心执行不严，有竞争者偷偷地继续提供塑料袋；二是消费者的心理感受差，原来不花钱的塑料袋，现在需要自己买，会有抵触情绪；三是塑料袋毕竟价格低，消费者还会继续花钱购买塑料袋。从多年执行的情况看，我认为这一政策还是成功的。消费者逐渐理解了政策出台的意义，同时出于经济考虑，购物前一般会准备可以长期使用的环保塑料袋。一时忘记带，也可以购买能反复使用的环保塑料袋。所以说，政策是否有效，还要看其是否合理发挥了政府和市场两方面的作用。

D：美国在如何推动民众参加养老保险计划方面，可谓费尽苦心。最初，在美国养老保险体系中，员工需要经过选择、申请加入，然后要做出各种各样养老金比例的选择。人们往往会被这一烦琐复杂的过程吓倒，因此相当多的人一生中从来没有加入过养老保险计划，也有很多人将自己的养老保险计划弄得一团糟。所以，后来美国的一些公司改变了他们的默认选项，他们说如果你不填表，就默认你会自动加入这个养老保险计划。除非你填表，明确表示退出，才能够不参加养老保险计划，这大大提高了员工的参保率。

这个方法也被美国政府在很多方面加以采用。在养老保险体系中，还有一个问题，就是刚刚参加工作的人缴存比例比较低，人们不愿意为了未来而降低现在的收入，于是美国又出台了另外一项推动措施，叫作"明天储蓄更多计划"，参与者在将来按照工资涨幅提高缴存金额，而不会看到自己手上的钱减少。这项措施促使民众缴纳更多的钱用于养老保险计划。

E：我的老家有一个亲戚，是区里某个部门的副局长，最近相当"纠结"。眼下，从上到下反"四风"，对党员干部操办"婚丧嫁娶"抓得很严，他准备不办婚宴。不料亲家坚决不同意：儿女婚姻是人生大事，必须办！两家为此闹得很不愉快。情急之下，他只得向纪委打电话"求助"："我家女儿快结婚了。怎么样办婚宴才不至于违纪？"听说区纪委收到不少这样的咨询，因为不少人对有些事吃不准，害怕"一不小心"违了纪。于是，区纪委很迅速地制作了一部动漫片。把工作和生活中经常碰到、大家又拿捏不准的违纪"高发点"梳理出来，用动漫片的形式进行权威解读、"边界"标注，让党员干部一看就懂，首批梳理出来的违纪"高发点"有五个：一是婚丧嫁娶大办宴席；二是以公务考察为名旅游；三是违规发放福利；四是违规发放津补贴；五是违规接受宴请礼品和参加娱乐活动。针对每个"高发点"，区纪委都制定了非常具体详细的规定。这下，我那位亲戚不再"纠结"了，已经与亲家达成共识，婚宴照办，但是一不收彩礼，二要控制规模，只宴请两家的亲戚欢聚一下。

F：好的政策谁说了算？只有综合汇总分析多方面的反馈，才能知道某项政策的效果。在美国家庭里，有一个能源使用反馈灯，如果家里消耗的能源过多，这盏灯就会变红变亮。通过这种反馈，美国家庭的能源消耗下降了40%。同理，一项政策需要有良好的反馈系统，从而及时修正相关政策。习近平同志在一次考察时说："政策好不好，要看乡亲们是哭还是笑。"

G：政策制定的过程是一个对以往政策行为的不断补充和修正的过程，政策要有延续性,不断调适渐进,我国在改革开放初期提出"摸着石头过河",反映的正是这种理念。

资料2

H市在市政务信息网上设立"市长信箱",受理人民群众提出的意见建议,以及反映的应由政府解决的问题。下面是"市长信箱"收到的几例市民网络来信以及网站的答复。

【来信】[2015-05-26 8:37]领导您好!市电视台目前在放一部很火的电视剧,但是每一集前面重复播放上一集的很多内容,后面再来个下集预告,实际上每一集的新内容很少,这纯粹是浪费我们的时间!你们能不能管一管啊?

【答复】[2015-05-28 9:00]您好,来信收悉。现就您提出的问题回复如下:经调查,近期市电视台播放电视剧确实存在内容重复播出、"前情回顾"较长的问题。现广电局已责成市电视台从整体规划、编排应对、受众服务意识、规范自律等方面查找不足,立即整改,并要求市电视台增强品牌意识,以大台标准严格自我要求,在今后电视剧播出工作中严格遵守各项相关政策规定,杜绝类似情况的发生,非常感谢您对我市广播电视工作的关注。

【办理情况】5月26日9:00转市广电局核查处理,并要求于5月29日前反馈处理情况。5月27日17:08市广电局反馈处理情况,5月28日9:00完成回复。

【来信人反馈意见】满意。(可选:满意、较满意、基本满意、不满意)

【来信】[2015-05-25 8:00]敬爱的领导,您好!我是前桥镇小水村七组的人。我们这个组一直没修水泥路,别的村子都修好了!望领导帮我们关心一下,感谢!

【答复】[2015-05-28 9:10]您好,来信收悉。就您提出的问题,经调查,现回复如下:2006年国家实施农村公路通畅工程以来,我市大部分行政村都建成了通村公路,小水村因位于国道旁,国家只下达通村公路0.4千米的建设计划并已建设完成。目前,国家还没有实施通组公路的政策,你组如要修建通组公路,可以等待国家实施通组公路的政策或申请市计划外修路指标(计划外公路建设程序为:村组向所在乡镇书面申报修路意见→当地乡镇纳入本乡镇农村公路修建规划→乡镇向市政府申请修路计划→市政府批准同意并下达建设计划→村组按要求修好路基并筹集好配套资金→市交通运输局组织实施)。

【办理情况】5月25日9:00转市交通运输局核查处理,并要求5月28日前反馈处理情况,5月27日16:12市交通运输局反馈处理情况。5月28日9:10完成回复。

【来信人反馈意见】较满意。(可选:满意、较满意、基本满意、不满意)

【来信】[2015-05-25 21:20]您好,南兴路路口H酒店牌坊附近区域秩序混乱,乱停车、乱摆摊现象严重,每天下午交通不便。马路隔离桩大部分损坏未修复,完全成为三不管地带,严重影响市容市貌,城管、交警对这块区域不闻不问,具体归哪里管辖不清晰,市政设施损坏无人修复,反映后情况依旧。切勿懒政,怠政!

【答复】[2015-05-28 11:10]您好,来信收悉。我们已责成N镇进行办理,现将办理情况回复如下:第一,关于南兴路路口马路隔离桩损坏未修复以及乱停车的问题。N镇已联系区公安交巡警支队,即日起对隔离桩损坏部分进行维修,针对乱停车的问题,将会采取处罚并加大对此区域的巡逻及管理力度。第二,关于南兴路路口占道经营的问题。N镇综合行政执法大队已对南兴路路口游摊进行了说服教育,并告知其本镇将开展市容环境综合整治,南兴路靠近主干道江南大道,将作为重点整治路段之一。同时,N镇也将加强该路段的巡查，并加派执法人员值守该路段，对该路段占道经营进行规范管理。

【办理情况】5月26日9:20转N镇政府核查处理。并要求于5月29日前反馈处理情况，5月27日17:38 N镇政府反馈处理情况。5月28日11:10完成回复。

【来信人反馈意见】满意。（可选：满意、较满意、基本满意、不满意）

【来信】[2015-05-27　10:00]我是大学城F楼盘业主，从接房、装修到入住，近半年了，有线电视和网络都还一直没通，给我的生活带来极大不便，上次在市长信箱反映过，S区房管局给我打电话说不归他们管，但后来就没有下文了，找物管也是一天拖一天。我就想知道到底哪个部门能帮我解决一下问题。

【答复】[2015-05-28　15:20]您好，来信收悉。我们已转批S区文化委调查处理，现将相关情况回复如下：F楼盘里小区没有开通有线网络电视事宜，经与有线网络分公司联系，该单位将于6月1日正式开通网络并为小区业主办理收视业务。S区文化委工作人员于5月28日上午已与您取得联系，告知了您该情况。

【办理情况】5月27日10:40转S区文化委核查处理，并要求于5月30日前反馈处理情况。5月28日11:25 S区文化委反馈处理情况。5月28日15:20完成回复。

【来信人反馈意见】较满意。（可选：满意、较满意、基本满意、不满意）

【来信】[2015-05-28　16:00]我是X中学的一名学生，我们学校要求学生早晨5:50起床，班主任老师5:30就到宿舍喊学生起床，要求6:20所有学生必须到教室进行早读。起床过早，反而影响我们的学习效率。中午又规定学生要统一在教室内上午自习，晚上还要上三节晚自习。学校的安全课、环境课现在已经如同虚设，三节体育课，也只上两节。学生的学习压力过大，这种不合理的安排会严重影响我们的学习效率。另外，学校医务室的药特别贵，还卖过期药。

【答复】待答复。

【办理情况】5月28日16:20转市教育局核查处理，并要求于5月31日前反馈处理情况。

【来信人反馈意见】较满意。（可选：满意、较满意、基本满意、不满意）

【来信】[2015-05-28　8:05]R区现属于我市5大功能区之一的城市发展新区，主做制造业。我是一名返乡大学生，准备在R区开办一个以有机蔬菜、有机经济作物、家禽养殖为主，乡村农家乐为辅的公司（目标是希望以后可以做大，所以定位为公司），请问对于区域规划来说目前哪些乡镇或者区域是支持的？

【答复】[2015-05-28　16:40]您好，来信收悉，现回复如下：近年来，R区大力发展特色效益农业，逐步形成了区北十万亩蔬菜基地、区南十万亩苗木基地和区西五万亩果木基地。你可根据自己的意愿和用地需求，在相应基地范围内，按照环保、用地政策等相关要求，发展以种养结合的循环经济为主，休闲农业为辅的公司，如有需要可详细咨询区农委产业科，联系电话：4141××××。

【办理情况】5月28日8:20转R区农委，并要求于5月29日前反馈处理情况。5月28日9:30区农委反馈处理情况。5月28日16:40完成回复。

【来信人反馈意见】满意。（可选：满意、较满意、基本满意、不满意）

资料3

某省 T 县长期存在着红白喜事大操大办的习俗,各种"随礼"已经成为很多百姓家庭沉重的经济负担。鉴此,县政府在反"四风"整治行动中,出台了一个关于办酒席的规定:只有婚、丧、寿三类酒席可办;只有 70 周岁及以上老人可办寿酒;升学满月等一律不办;办酒席须提前申请。此举立刻引发社会热议。

下面是一些网友的网上留言。

网友1:我表示坚决支持。不明所以的人,你只有到当地去看看,才会了解真实的情况。我们那一带,农村普通家庭孩子考上个普通的初中,都要摆"学酒",村民都要"随礼"。一年算下来开销不少。

网友2:用行政命令来移风易俗,说明要么当地风俗已经影响正常社会秩序了,要么当地政府部门没有别的办法只能一刀切了。这样的政策不是庸政就是懒政。

网友3:人家办酒席说是家族聚会,怎么管?这个规定合法吗?公民没有办酒席的权利?约束公职人员公款酒席是对的,老百姓为什么跟着被整顿?没理由啊!

网友4:说明当地的请客送礼风气已经逼得好多人没法过日子了!党委政府可以规定共产党员和公职人员办酒席的种类,同时严格限制礼金数量,违者从重处理并进行曝光。这样也许可以引导社会风气好转。

网友5:这规定太过了,老百姓爱什么时候办寿宴,办多大规模,只要不影响公共利益,自己说了算!

网友6:纯化民风需要做的不是这些,而是清朗的环境、公平的感受、真挚的和睦、真实的情愫,总之是要一个真实的世界,而不是虚假。

网友7:地方官员反应过度,法律意识淡薄。

网友8:有些地方弄了很多办酒的事,完全是乱来的,就是因为办酒方想利用这个时节聚点钱财,搞得整个社会、家族、周围的人都乱套了。在人情社会中,不送也不可能。如果严重,国家必须要行政管制。有些地方就是瞎搞。你有个啥不特别重要的事,告诉你自己家人几个就行了,弄得像个大事一样宣传,恶俗行为!

网友9:有些地方必须要管,一些好的习俗要保留,但消极影响大、影响周围百姓的事,一定要管。国家要管干部,也要刹住百姓中的不良摆酒行为。

网友10:办寿宴是人民群众的自由,一刀切的规定,看似平等,看似可以减少腐败滋生,可是却是以牺牲自由为代价。这里面是不是有个公权侵犯私权的问题啊?

网友11:官员绝对要管住,民间也需要移风易俗。办宴不是问题,随礼之风太过恶劣。官风好了,民风才能好起来。

网友12:你们这些唱反调的人都是只懂点法律和政策的人,你不是普通老百姓,你无法体会他们生存的艰难,你们说的看似很有道理,又讲法又讲理的,但没有结合实际就啥都不是。在有些地区,这样的政策必须出台,而且早就已经等不及了。地方政府了解民情,站在百姓的立场,出台这样好的政策,好样的。

网友13:这说明这些官员工作太轻松了,该管的不管,不该管的乱插手。移风易俗应当靠宣传教育工作和思想工作,不应当强迫命令。这些当官的不愿做艰苦的思想工作,想用一纸命令来改变社会风气,不但让人感到你为官霸道,而且说明你是个懒官、庸官。

网友14：应该说这个规定是有积极意义的，是一个因地制宜、移风易俗的规定。近些年来一些地方弄出五花八门的点子，目的就是敛财，当地百姓不胜其扰。T县地方政府的干预是合适的，能发挥正确的导向作用，应该支持。

网友15：矫枉必须过正！坚决支持！扭转社会不良风气需要政府牵头！单纯依靠民间的潜移默化纠正则力度不够，而且需要时间太长了。

网友16：要我说，矫枉不能过正！群众想啥时候办就啥时候办，否则是不是管的太宽了？人家花自己的钱，碍着你什么事儿？官员就不同了，因为有个示范效应问题。

网友17：有的地方有的人把办酒席当成聚财的一种手段，有的人被迫效仿，逐渐形成歪风，让百姓苦不堪言，现在应该趁反"四风"的时机，刹住这股办酒席聚财的歪风。

网友18：正常的风俗习惯地方政府不可能出台规定加以限制。婚丧嫁娶时，亲友坐下吃顿饭也不能在此范围。

网友19：规定全体公民办酒席时严禁收礼金不就好了？设立个举报制度，礼金的20%作为举报奖金，就当交个税吧，大家说可行不？

资料4

1995年《全民健身计划纲要》的颁布实施，对全民健身活动的蓬勃开展起到了极大的推动作用。这二十年来，我国全民健身事业取得令人瞩目的成就，健身理念日益深入人心，人们的健身热情不断高涨，丰富多彩的健身活动涌动神州大地，群众体育组织不断加强，群众健身的环境和条件明显改善，参与体育健身活动的人数大幅增加，具有中国特色的全民健身体系基本建成，我国逐渐由体育大国向体育强国迈进。

如果说全民健身活动的开展，显著增强了中国的国民体质，那么，1977年恢复高考的重大政策，则显著改变了中国人的精神生活。很多人的求知欲、读书欲被唤醒、被激活。上海图书馆的老员工们至今还记得当年图书馆开门营业时的盛况。每天早上，上海图书馆门口6点多就开始排队了，到了开门时间，读者像潮水一样涌入。挤进图书馆的人基本就不出去了，一旦出去你的位置也就没了。这项好的政策不仅焕发了亿万青少年的读书热情，更奏响了中华民族复兴的前奏曲，让人们看到了我们民族的希望。

毫无疑问，在社会生活中，如何通过政策来促进公民的理性思考、合理引导人们的善意、提升公民的自我修养，是政府的职责和担当。政策的最终目的，是维护公共利益，使公民的生活更加美好。良好的政策有助于构建和谐的社会生活，让公民更趋于理性，更加崇尚和维护社会公德。从某种意义上说，好的政策不仅仅是对公民意愿的满足，更是对公民理性乃至德行的滋养。

三、作答要求

（一）请你根据给定资料1的内容，将与会人员关于"好政策"的有关见解，汇总整理成一份简报。（20分）

要求：①内容全面，紧扣资料；②观点明确，简明扼要；③语言流畅，条理清晰；④不考虑格式要求，不超过400字。

（二）请你根据给定资料2，列出H市政府办理"市长信箱"群众来信的基本流程和要求。（20分）

要求：紧扣资料，全面准确，条理清晰，不超过 300 字。

（三）根据给定资料 3，回答下列问题。

（1）T 县政府出台的规定引发了社会热议。请你分析引发热议的主要原因有哪些。（10 分）

要求：全面，准确，简明。不超过 150 字。

（2）对于 T 县政府出台的规定，网友们有的赞成，有的反对。请你对网友们的意见进行梳理，概括他们赞成和反对的主要理由。（10 分）

要求：紧扣资料，全面准确，条理清晰。不超过 300 字。

（四）给定资料 4 中提到："从某种意义上说，好的政策不仅仅是对公民意愿的满足，更是对公民理性乃至德行的滋养。"请你从对这句话引发的思考说开去，写一篇文章。（40 分）

要求：自选角度，自拟题目，见解明确、深刻；思路明晰，语言流畅；参考给定资料，但不拘泥于给定资料；总字数为 800～1000 字。

第九章

经济诉讼文书

第一节　经济诉讼文书概述

一、经济诉讼文书的含义

诉讼文书俗称诉状,是指案件当事人、法人或其他组织团体为保护和实现自身的合法权益,依照法定程序进行诉讼活动时所制作或形成的文字材料。

诉讼文书根据案件的性质划分,可分为刑事诉讼文书、民事诉讼文书和行政诉讼文书三种;根据司法制度规定的审判程序和法律赋予当事人的权利划分,则可分为起诉状、答辩状、上诉状和申诉状四种。经济诉讼文书是民事诉讼文书的一个组成部分,它是用来处理经济事务,解决经济纠纷的诉状。

二、经济诉讼的一般程序

在经济活动中,如发生纠纷和争议,解决的途径和方法有多种,诉讼是其中一种解决办法。目前,我国对经济纠纷案件的诉讼和审理,主要是依据《中华人民共和国民事诉讼法》所规定的程序来进行。其主要程序有起诉、受理、一审、二审、执行五个环节。

（一）起诉

起诉是指公民、法人和其他组织向法院提出诉讼请求,要求法院依法进行审理,保护当事人的合法权益的诉讼行为。

起诉时,当事人应向法院递交起诉状,并提交向被告递送起诉状的副本。

（二）受理

受理是指法院对起诉进行审查,对符合法定起诉要求的诉讼予以接受。法院受理立案后,在法定期限内将诉状的副本送给被告,并限期被告提出答辩状。

（三）一审

一审开庭审理,一般可分为开庭准备、庭审开始、法庭调查、法庭辩论、法庭调解、合议庭评议和宣判等阶段。一审判决、裁定后,如当事人不提出上诉,则一审判决发生法律效力,诉讼进入执行阶段。

（四）二审

当事人不服一审判决、裁定的,可向上一级法院提出上诉。上诉人必须在上诉期限内,提交上诉状和相应副本。二审开庭审理的程序与一审相同。二审审判的判决、裁定是终审的判决、裁定,具有法律效力,当事人不得再行上诉。

（五）执行

执行是指执行机关与人员依照法律规定的程序,运用国家强制力,对已经发生法律效力的判决、裁定,按要求付诸实现的行为。执行是诉讼的最终阶段。

当事人如若不服终审的判决、裁定,有权向上级法院申诉,但不停止对终审判决、裁定的执行。

三、经济诉讼文书的特点

（一）主旨鲜明

诉讼文书是为解决法律诉讼所涉及的具体问题,因此写作目的必须明确、单一,解决问题的意见要明确、具体。诉讼文书的内容可以很丰富复杂,但主旨一定要鲜明,要紧扣诉讼请求,这样才能做到重点突出,收到增强表达效果的作用。

（二）材料真实

诉讼文书要写明涉案事实,或者经济行政纠纷的事实,所有材料都应真实可靠,证据确凿无误。为保证诉讼文书中所使用材料的客观真实,一是要明确材料和主旨在诉讼文书制作中的统一关系,要充分掌握大量的事实材料。二是选材要有针对性,对各种事实材料,必须依照诉讼目的进行筛选,选择足以说明问题性质的真实材料、舍弃不能说明问题事实的材料。三是援引法律要确切。要注意选择针对与案情事实有关的法律条文,只有将基本事实、理由和请求与法律条文紧密结合,诉讼文书才有力量,才能取得预期的效果。

（三）语言准确

诉讼文书在语言文字的表达上要求准确、严格,遣词造句要求简练精准,词义单一,表述严谨,没有歧义。因此,在制作诉讼文书时,无论是对涉案事实的叙述,对问题性质的认定,对处理意见的说明,都必须做到解释单一、无歧义,以维护法律的尊严。

（四）遵循法律

诉讼文书写作必须严格遵循国家相关法律的规定,在适用法律上应该慎重、严肃,所认定的客观事实与适用的法律条款要一致。如案件事实与法律条款不相符合,或存在矛盾交替都将会影响诉讼文书的质量,甚至影响对当事人合法权益的保障。

（五）格式规范

（1）内容规范。经济诉讼文书的写作内容都有相应的规范要求。如《中华人民共和国民事诉讼法》第一百一十条就有规定:"起诉状应写明下列事项:①当事人的姓名、性别、民族、职业、工作单位和住所,法人或其他组织团体的名称、住所和法定代表人或者主要负责人的姓名、职务;②诉讼请求和所根据的事实与理由;③证据和证据来源,证人姓名和住所。"

（2）写作格式规范。格式的规范性是诉讼文书外在形式的重要特征,这与它的实用性直接相关。这种格式的规范性,既有助于文书制作者及时制作,也有助于文书的有效实施。主要表现在:一是结构固定规范,一般由标题、首部、正文、尾部四部分构成;二是有些文字是程式化的行文,如一些表格式的法律文书,许多文字都是拟定的程式。

（3）文字用语模式化。诉讼文书的部分用语是程式化的语言,有的甚至是固定成文的语言,固定套语。如引用法律条文时的用语"依照《中华人民共和国民法通则》第七十五条之规定,被告……"就是一种固定的表达方式。

四、经济诉讼文书的作用

（一）诉讼文书是保护当事人合法权益的有力武器

随着市场经济的发展和人们法制观念的加强,公民、法人要实现和保护自身的合法权益,诸如经济合同纠纷、财产纠纷、商标纠纷、涉外经济纠纷等,在协商调解无效时,诉诸法律时,就要以一定的诉讼文书形式去主张。因此,诉讼文书既是公民、法人获取合法权益的凭据,又是其保护自身合法权益的有力工具。

（二）诉讼文书是司法活动的客观记载

在诉讼和非诉讼活动过程中,都会有文字记载,产生相应的法律文书。各种诉讼文书与相应的司法文书配合,完整地记载诉讼过程。如一宗经济合同纠纷案,一般就有原告的诉状、被告的答辩状、律师的辩护词、各种物证等,它既是为执法活动提供现实的文字依据,也是为事后的执法检查提供重要的档案凭证,所以说诉讼文书是司法实际工作完整、客观的记载。

（三）诉讼文书是一种法制宣传的载体

诉讼文书其实也是一种生动形象的法制宣传材料,如法庭上宣读的起诉状、答辩状、判决书等,对于当事人和其他群众来说,就是一种最好的法制宣传教育材料,具有增强人们法制观念、提高人们自觉守法意识的作用。

五、经济诉讼文书的种类

经济诉讼文书主要有起诉状、答辩状、上诉状、申诉状等。

(一)起诉状

起诉状是指原告当事人或其法定代理人在自身权益受到侵害或发生争议时,依法向人民法院提出诉讼请求并说明起诉理由和根据,从而引起诉讼程序发生的一种书状。这是当事人以法律为武器,保护自身权益的一种行为。起诉状既是法院立案和审判的重要凭据,也是判决和裁定的主要依据。

(二)答辩状

答辩状是指在诉讼活动中,被告人或者被上诉人,针对原告人或者上诉人提出的诉讼请求及其理由,向人民法院做出答复或辩驳的一种书状。被告人或者被上诉人针对起诉状或上诉状的内容提出答辩状,也是法律赋予诉讼当事人的诉讼权利和义务,有利于法院全面了解案情,做出正确的判断。

(三)上诉状

上诉状是指诉讼当事人及其法定代理人,不服一审法院的判决或裁定,依照法律规定的期限和程序,向上一级人民法院提起上诉,请求法院撤销或变更原审裁决,重新审判的书状。提出上诉状,是诉讼当事人的权利,有利于保护其权益,也利于上级法院对下级机关审判工作的监督。

(四)申诉状

申诉状是指诉讼当事人及其诉讼代理人或其他公民,对已经产生法律效力的法院判决或裁定、调解书,认为存在着错误,表示不服,依法向人民法院请求重新审查案件的书状。申诉状有利于改进审判工作,避免发生冤假错案。

第二节 起 诉 状

一、起诉状的含义

起诉状是指当事人为保护自身的合法权益,依据事实与法律,向人民法院提起诉讼,要求法院对权益争议做出公正裁决的法律文书。

起诉的原告必须是与本案情有直接利害关系的公民、法人和其他组织;必须要有明确的被告;有具体的诉讼请求和事实、理由;有必要的证据;必须是人民法院受理的范围和管辖范围。

二、起诉状的特点

（一）起诉状是民用诉讼文书

起诉状与公诉机关的起诉书不同,起诉书是检察机关代表国家对被告人提起公诉时所制作的文书。而起诉状只用于公民、法人和其他组织,是一种具有民间性质的诉讼文书。因此,在起诉书中,不能附带有刑事诉讼的请求。

（二）起诉状具有法定的内容

根据《中华人民共和国民事诉讼法》第一百一十条规定,起诉状应写明双方当事人的基本情况、诉讼的事实、理由、请求和证据等事项。否则,法院将无法立案,不予受理。

（三）起诉状有规范的格式

最高人民法院制定有《法院诉讼文书样式（试行）》,对起诉状的格式有明确规定。所以,当事人在制作起诉状时,要按规范格式要求去书写,不能随意书写。

范例导读与简评

起　诉　状

原告人：××市××区××公司　　　　地址：××市××区××路×号
法人代表：×××,系公司经理
被告人：××市××区××商场　　　　地址：××市××区××大街×号
法人代表：×××,系商场经理
案由：追索货款,赔偿损失

一、诉讼请求

（1）责令被告偿还原告货款30万元。

（2）责令被告赔偿拖欠原告货款3个月的利息损失。

（3）责令被告赔偿原告提起诉讼而产生的一切损失,包括诉讼费、请律师费等。

二、诉讼事实和理由

原告和被告2016年10月18日商定,被告从原告处购进西凤酒2000箱,价值人民币30万元。原告于当年10月19日将2000箱西凤酒用车送至被告处,被告立即开出30万元的转账支票交付原告,原告在收到支票的第二天去银行转账时,被告开户银行告知原告,被告账户上存款只有2万余元,不足清偿货款。由于被告透支,支票被银行退回。当原告再次找被告索要货款时,被告无理拒付。后来原告多次找被告交涉,均被被告以经理不在为由拒之门外。

根据《中华人民共和国民法通则》第一百零六条第一款和第一百三十四条第一款第

（七）项的规定，被告应当承担民事责任，原告有权要求被告偿付货款，并赔偿由于被告拖欠货款而给原告带来的一切经济损失。

三、证据和证据来源

（1）被告收到货后签收的收条1份。

（2）银行退回的被告方开的支票1张。

（3）法院和律师事务所的收费收据×张。

此致

××区人民法院

起诉人：××市××区××公司（公章）

2016年11月20日

附件：（1）本状副本1份

（2）书证×份

简评

这份起诉状的写作结构完整，事实和理由清楚而具体，把被告从原告处购进西凤酒2000箱以及被告账户上存款不足清偿货款并拒付货款的时间、经过、双方之间的交流、纠纷产生的原因、诉讼请求及有关法律、政策依据都写得非常详细具体。原告还向法院出示了所有可供证明的证据，以便法院调查。

提示：起诉状的基本结构与写作要求

一、起诉状的基本结构

起诉状一般由首部、正文和尾部三部分构成。

（一）首部

（1）标题就是诉状的题目，一般应根据起诉状的不同种类，写明案件性质和文书种类名称，如"起诉状"。也可在起诉状前加上限制词，如"民事起诉状""经济纠纷起诉状""合同纠纷起诉状"等。标题应居中书写，字体比正文大二号。

（2）分别写清当事人的基本情况。当事人是公民的，应写明原告、被告以及与案件有法律上利害关系的第三人的姓名、性别、出生年月日、民族、籍贯、职业或工作单位、职务、住址八个要素。当事人是法人或其他组织的，就应写明原告、被告的名称、地址、法定代表人的姓名、职务、电话、企业性质、工商登记核准号、经营范围和方式、开户银行和账号等项要素。如有多个原被告，应以他们在案件中的地位和作用，分别依次排列，逐一说明基本情况。原告、被告有委托代理人的，如受委托者是公民，要写清其姓名、性别、职业、工作单位和职务、住址；如受委托人是律师，则写明所委托律师的姓名、工作单位和职务。

（二）正文

正文包括诉讼请求、事实与理由、证据和证据来源等内容。

1. 诉讼请求

诉讼请求就是原告提起诉讼的目的和意图，要求法院依法做出符合意愿的判决。没有请求,诉状就没有了意义和依据,法院也无从审理。因此,诉讼请求应该明确具体。如遗产继承案件,则要写明遗产情况和如何分割以及向法院的请求。例如,要求与被告共同继承父母遗产80平方米三居室一套住房和××万元存款,请人民法院依法判决。诉讼状的请求事项:一要明确、具体。对诉讼的请求事项一定要明确、具体地提出来,不能笼统、含糊。例如,离婚案件,请求事项:债务如何负担? 财产如何分割等。二要合理合法。请求事项要以事实为根据,以法律为准绳,从实际出发,合情合理,合法有据。例如,经济合同纠纷案件,由于被告违约,造成原告直接经济损失10万元,那么,要求被告赔偿直接经济损失最高不要超过10万元。三要概括、简练。就是文字要简括,不必解释原因、说明理由,因为后面部分有"事实和理由"的专门阐述。

2. 事实与理由

事实与理由是起诉状的核心部分,重点内容的体现,也是请求法院裁决当事人之间权益纠纷和争议的事实与法律依据。具体包括事实、理由等方面的内容。

(1) 事实。事实部分要围绕诉讼目的,全面反映案件的真实情况:一是叙事要完整,即把案情事实的时间、地点、人物、事件、原因、结果六个要素及有关情况交代清楚。如债务纠纷,应写清借款的时间、地点、金额、用途、借期、利息利率、在场人、逾期催讨经过情况等。二是叙事要真实,实事求是地反映出本来面貌。既要反映出有利于原告的事实和证据,说明原告应当享有的权利,又要反映出不利于原告的事实和证据,主动说明原告应承担的责任。既不要夸大对自己有利的情节,也不要渲染对对方不利的因素。三是叙事要明确,善于组织材料,合理剪裁,用词造句准确无误,做到表述恰当。

(2) 理由。理由部分要根据事实,对照有关法律条款进行分析论证。理由是民事、行政诉状的重要内容,只有理由充分,合理合法合情,才具有说服力,诉讼的请求才站得住脚,诉讼目的才容易达到。写理由就是讲道理,一要在叙事的基础上,分析纠纷的性质,说明是非曲直;二要分析证据,说明起诉所依据的事实的可靠性;三要论证权利和义务的关系,说明提出诉讼请求是合理合法的;四要引用恰当的法律条文说明起诉是有法律根据的。在具体的诉状中,理由要根据事件的性质和具体的案情来确定。

3. 证据和证据来源

证据是证明案件事实的真实性、可靠性的依据。要尽可能多地向法院提供与事实和理由相关的证据,包括人证、物证、书证等一切可资证实事实和理由的材料,并告知法院证据的来源和查证的方法。人证要写清证人的姓名、住址、单位;证言要写明其可靠性,有正式的书面记录或可查实的见证人;书证和物证应提供原件,并说明证明何事实。如是复印件、抄件、影印件、复制品等,应注明确切的出处及持证人的姓名、住址等,以便法院核实。

(三) 尾部

尾部主要写明呈送的法院的名称。书写时,应分两行写"此致××人民法院"。先低两格书写"此致",再另起一行,顶格书写"××人民法院"以示尊重。

诉状右下方写明"起诉人:××(签名或盖章)",同时写明诉讼的年月日。如果是律师代书,还需写明××律师事务所律师××代书。

附项包括诉讼状原件和副本,共××份,一般按被告人的人数和法院存档1份制作;证物××件;书证××件。

二、起诉状的写作要求

（1）诉讼事实要真实可靠。诉讼状不能歪曲事实，弄虚作假，否则，将要负法律责任，也会影响审判工作的顺利进行。

（2）诉讼证据要确凿。无论是物证、书证和其他证明材料，都要在认真核查后使用，有意提供伪证将会受到法律的处罚。

（3）诉讼理由要有法律依据。引用有关法律条款和政策条文时要具体明确，讲明出处，不能断章取义。

（4）语言表达要得体。诉讼文书的语言表达要准确简洁，用尽可能少的文字讲清事实，讲明道理，不要啰唆拖沓。文风讲究质朴庄重，言之有物，切忌故弄玄虚，卖弄辞藻，滥用文言虚词和成语。

第三节 答 辩 状

一、答辩状的含义

答辩状是被告或上诉人针对起诉状的诉讼请求或上诉请求及事实、理由与适用法律为自己进行辩护而制作的法律文书。答辩状是一种应辩文书。

制作答辩状是当事人的一种应诉法律行为，是法律所赋予被诉方的诉讼权利。根据民事诉讼法的规定：人民法院应当在立案之日起五日内将起诉状副本发送被告，被告在收到起诉状副本之日起十五日内提出答辩状。被告提出答辩状的，人民法院应当在收到答辩状之日起五日内将答辩状副本发送原告。被告不提出答辩状的，不影响人民法院审理。被告人或被上诉人提出答辩状，是其所享有的一项重要的诉讼权利，目的在于充分阐明答辩人的观点和主张，使人民法院能够比较全面地了解案件的真实情况，以利于对案件的处理。

二、答辩状的特点

（一）答复性

答辩状是一种应诉法律行为。原告人或起诉人在起诉状中对被告人进行了指控，为维护自身权益，被告人或被上诉人就要对这种指控进行回答。因此，答辩状的答复性特点是很明显的。

（二）辩驳性

起诉状或上诉状提出原告人或上诉人的诉讼请求，并为证明请求的合理和合法性，要陈述事实讲明理由。而起诉状和上诉状提出的请求，与被告人或被上诉人的切身利益相抵触，被告人或被上诉人就以答辩状形式，针锋相对、据理力争，申诉自己的理由，驳倒对方的不实之词和不合理请求，证明对方请求的荒谬性，以维护自己的合法权益。这是一种辩论,因此,答辩状具有很强的论辩色彩。

（三）公正性

答辩状有利于人民法院全面了解案情,了解双方的意见、要求和主张,避免偏听偏信,以求全面公正地进行审理,使诉讼双方的合理权益都能依法得到保障。

范例导读与简评

答　辩　状

答辩人:罗××,女,生于 1988 年 7 月 10 日,汉族,××省××县人,家住××省××县××乡××村××组,身份证编号：51152××××××××,电话：1860××××××××。

被答辩人:刘×,男,生于 1983 年 2 月 10 日,汉族,××省××县人,家住××省××县××乡××村××组,身份证编号：51152××××××××,电话：1860××××××××。

2017 年 5 月 6 日,答辩人罗××收到了××省××市××区人民法院的起诉书,现根据本案事实和法律的规定,并针对起诉书中所提出的离婚诉讼要求,提出以下答辩。

一、事实及其理由

(1) 被答辩人对答辩人具虐待行为,导致离婚,答辩人没有过错。

答辩人与被答辩人是经别人介绍后恋爱结婚,婚前缺乏深入了解,致使婚后性格不合,常因家庭琐事发生纠纷,被答辩人曾多次殴打答辩人致伤,答辩人无路可走,毫无反抗之力,多次准备一死了之。

(2) 婚生女儿刘××依法归答辩人抚养。

婚生女儿刘××今年 6 岁,年纪尚小,由父亲带着女儿生活不很方便,加之被答辩人对答辩人生育的女孩本就心存歧视,如女儿刘××随答辩人生活,有利刘××的健康成长。请被答辩人及人民法院在判决时予以考虑,现在答辩人确实身无分文,没有支付孩子生活费能力,但能和自己的孩子一起生活,即使贫困一点,但日子总是开心的。

(3) 答辩人与被答辩人具有的共同财产应折算分割。

答辩人与被答辩人在婚后修建楼房三间折款 8 万元,答辩人离家时有银行存款 2 万元,近年来因开发征地,政府补偿款约 10 万元,按照《婚姻法》和有关司法解释之规定,婚姻存续期间的财产,是夫妻的共同财产,应依法折算分割给答辩人一半,作为答辩人和女儿刘××日后的生活费。

(4) 被答辩人应补偿答辩人生活困难费用。

由于答辩人受到被答辩人殴打出走,并非答辩人自愿。现在答辩人身无分文,按照《婚姻法》规定,离婚时对确有困难的另一方应酌情给予经济补偿。

二、答辩请求

(1) 依法折算并分割双方婚姻存续期间的共同财产中的一半,即 10 万元给答辩人。

（2）婚生女儿刘××由答辩人抚养，被答辩人应一次性支付抚养费 5 万元。

（3）在前面两点被答辩人承诺后，同意提出解除双方的婚姻关系。

另外，人民法院审理此案时，答辩人因为经济上和其他原因不能到庭时，请法院判决后将《判决书》与《生效证明书》，以邮寄的方式寄到我父亲罗进西家"××省××县××乡××村××组罗进西收"。关于离婚后，答辩人的户籍仍在异乡也不方便，敬请法院出具《人民法院协助执行通知书》将户口迁到我父亲罗进西家，××省××县××乡××村××组。

综上所述：答辩人与被答辩人结婚后，被答辩人经常打骂答辩人，双方感情确已破裂。根据《中华人民共和国婚姻法》及有关法律、政策和司法解释之规定，敬请法院在判决时本着保护弱者和无过错方的合法权益为原则，给予公正、合理的判决。

此致

××市××区人民法院

附件：本答辩状副本两份

答辩人：罗××

2017 年 5 月 10 日

简评

这篇答辩状针对被答辩人要求离婚的诉讼的要求，提出了四个答辩理由，以答辩人的角度摆事实，讲道理，并据《婚姻法》和有关司法之解释，提出了离婚后的合理经济补偿要求。本答辩状格式完整，层次清楚，辩词朴实，态度真诚。

提示：答辩状的基本结构与写作要求

一、答辩状的基本结构

答辩状的基本结构由首部、正文和尾部三部分组成。

（一）首部

首部包括标题、答辩人的基本情况和案由等。

答辩状的标题可以只写"答辩状"三字，也可再加上诉讼的性质，共同构成标题的名称。

在首部中要写清答辩人和被答辩人的基本情况。写明答辩人和被答辩人的姓名、性别、年龄、民族、籍贯、职业、住址等。当事人是法人或其他组织的写明其名称、所在地、法定代表人的姓名与职务、电话、企业性质、工商登记核准号、经营范围和方式、开户银行及账号等事项。

要写明案由。如"因××一案，提出答辩如下"。

（二）正文

正文是答辩状的核心内容，要写明答辩理由、答辩请求和举证。

（1）答辩理由。这部分内容最为重要，其基本要求就是针对原告的起诉从事实、证据与适用法律进行辩驳和回答。阐明答辩人对案件的主张和理由，提出相反的事实、证据和理由来驳斥原告的请求，具有很强的辩驳性。可以从以下几个方面进行辩驳：一是针对所写事实不实进行反驳；二是针对适用法律不当进行反驳；三是针对对方违反法定程序进行反驳。

（2）答辩请求。这是答辩人在阐明答辩理由时，向法院提出的要求和主张。

答辩请求要实事求是，合情合理，并符合法律规定，以更好地维护自身的利益。

（3）举证。答辩状要写清所提交证据的名称、件数、来源，有证人的还要写明证人的姓名、住址等事项。

（三）尾部

尾部要写明受理案件的法院名称、答辩人的姓名、单位名称并盖章、答辩的日期，以及附上答辩状的副本和有关证据材料，写清楚名称和份数。

二、答辩状的写作要求

（1）要尊重客观事实。各类诉讼案件的案情往往比较复杂，往往争议分歧也较大。因此，要如实、全面地反映案情，协助法院分清是非曲直，依法断案。

（2）要有针对性。在答辩状中，针对原告或上诉人在起诉状或上诉状中提出的诉讼请求、事实、理由及根据，明确写出哪些是事实，哪些与事实不相符。有何理由与根据？并对起诉状或上诉状中的无理之处进行反驳，提出自己的理由、证据及具体要求。

（3）要抓住关键。答辩状是针对起诉状或上诉状的诉讼请求而进行的答复和反驳，应当避开枝节，抓住案件中双方争执的焦点，在关系到胜诉和败诉的关键问题上下功夫，争取主动。因此撰写答辩状之前，应充分研究事实，掌握证据，分清主次，一语破的。

（4）要运用反驳和立论方法。要善于抓住对方在起诉状、上诉状中的错误事实，或引用法律上的错误，反驳对方。反驳时也要尊重事实，抓住关键。立论就是提出自己的主张。要从事实中归纳、提炼出答辩人的观点。或提出法律根据，或举出客观证据，列出事实凭据作为立论的论据。

第四节　上　诉　状

一、上诉状的含义

上诉状是指诉讼当事人，不服地方人民法院第一审的判决或裁定，在法定的上诉期限内向上一级人民法院提出上诉，请求撤销、变更原审裁判或重新审理的诉讼文书。

根据我国民事诉讼法的规定，有权提起上诉的主体，仅限于民事案件的当事人，即一审程序中的原告、被告、第三人、代表人诉讼等。上诉状是针对原审判决或裁定所认定事实的错误、适用法律的不当、诉讼程序的违法等而提出的，并非针对当事人。

二、上诉状的特点

（1）平等性。在诉讼活动中，诉讼当事人相互间、诉讼当事人与一审法院间的法律地位是完全平等的，通过上诉状提起上诉是诉讼当事人的合法权利。

（2）合法性。上诉状的提交,可以引起审判第二审程序的发生,给诉讼当事人再次提供保护自己合法权益的机会。

（3）限制性。上诉的时间有严格限制,在民事诉讼中,对判决的上诉期限为 15 天,对裁定的上诉期限为 10 天。

范例导读与简评

上 诉 状

上诉人:张××,男,白族,1965 年 10 月 22 日生,云南省大理市人,住大理市××镇××村委会××组××号。身份证号为 532901××××,联系电话为 139872××××。

委托代理人:马××律师

被上诉人:李××,男,白族,1961 年 4 月 21 日生,云南省大理市人,住大理市××镇××村委会××组××号。身份证号为 532901××××,联系电话为 138872××××。

上诉请求:

（1）请求依法撤销大理市人民法院(2014)大民初字第×××号民事判决书,改判支持上诉人的诉讼请求。

（2）本案诉讼费用由被上诉人承担。

上诉事实与理由:

上诉人不服大理市人民法院(2014)大民初字第×××号民事判决书,现依法提起上诉,具体上诉事实和理由说明如下:

原审判决认定原被告诉争的纠纷为非法集资活动为由,驳回上诉人的诉讼请求,与在案证据证明的事实严重不符,属于严重的认定事实错误。

（一）原审判决认定原被告诉争的 100 000 元经济往来均发生在从事非法集资"打賨"活动期间纠纷,没有任何证据证明,上诉人在原审庭审中也予以坚决否认。

实际上,大理盛行的非法集资"打賨"活动在 1995 年至 1998 年期间,而被告向原告借款并出具给原告收条的日期分别为 2000 年 1 月 5 日、2000 年 5 月 5 日、2000 年 7 月 5 日,被告辩称的双方不存在民间借贷关系,故意将合法的民间借贷混淆为非法集资"打賨"活动,意图借助当时盛行"打賨"活动的社会氛围逃避合法债务,上诉人对此当庭予以坚决的否定。但是,原审判决依然凭借被上诉人谎话连篇的一面之词,采纳被答辩人的陈述,导致认定事实错误。

（二）原审判决对被上诉人提交的缺乏起码证据证明力的第 1 组、第 2 组证据予以采信,违反了基本的证据原则,导致认定事实严重错误。

在该案一审庭审过程中,被上诉人提交了第 1 组、第 2 组证据。

（1）第 1 组证据是记账本三本,欲证实二上诉人于 1997 年开始参与"打賨"的事实,上诉人所诉的三张借条在记账本中有反映。上诉人当庭表示自己从未参与过"打賨",记账本中"丁稳"的签字不是本人所写,记账本是被上诉人伪造的。

（2）第 2 组证据是结婚证一份,证明被上诉人已于 2009 年明确表示不同意还款,已经过诉讼时效。根据基本的证据原则，该组证据根本无法证实被上诉人已于2009年明确表示不同意还款，已经过诉讼时效这一事实。

根据《最高人民法院关于民事诉讼证据的若干规定》第二条规定：当事人对自己提出的诉讼请求所依据的事实或者反驳对方诉讼请求所依据的事实有责任提供证据加以证明。没有证据或者证据不足以证明当事人的事实主张的，由负有举证责任的当事人承担不利后果。

本案中，被上诉人提交的上述两组证据缺乏证据的三性，缺乏起码的证明力，但是原审判决对该第1组、第2组证据予以采信，违反了我国《民事诉讼法》的基本的证据原则，导致认定事实严重错误。

（三）原审判决以被上诉人提交的"打賨"记录本上的"打賨"记录时间、金额与上诉人诉请的借款对应为由，武断认定上诉人参与"打賨"，继而认定该诉请的100 000元来往款项不是合法的借贷关系，显然不具备基本的逻辑。

（1）被上诉人提交的"打賨"记录本系被上诉人一手炮制，上诉人既没有在上面签字确认，也没有当庭认可，其证据的真实性、合法性、关联性均无从谈起，何以能够证明案件事实？

（2）被上诉人提交的"打賨"记录本上的"打賨"记录时间、金额与上诉人诉请的借款对应，完全可以由被上诉人自己编制伪造，其证据的真实性、合法性、关联性均无从谈起，何以能够证明案件事实？

（3）上诉人已经向法庭提交了被上诉人亲笔书写的"借条"三份，被答辩人也当庭予以认可，原审判决依然认定"原告亦无依据证实款项性质为民间借贷关系"。上诉人的"借条"三份已经被答辩人当庭予以认可，还要什么证据证明，上诉人实在是百思不得其解！

综上所述，上诉人认为，随着现代经济的发展，公民个人中间的民间借贷实属正常。被上诉人向上诉人借款，未约定借款期限，并分三次向上诉人出具了借条，当庭认可。但是，被上诉人为了达到逃避合法债务之卑鄙目的，混淆视听，将合法债务说成非法集资，未能提供任何有效证据加以证明。上诉人的诉讼请求完全符合我国《民事诉讼法》第一百零八条关于起诉的要求，应该得到法律的认同和支持。

大理市人民法院(2014)大民初字第×××号民事判决书驳回上诉人的诉讼请求，属于采信证据错误，认定事实错误，导致错误驳回上诉人的起诉，既不符合《民事诉讼法》的规定，也不符合法律对法院职责的要求，请上级法院纠正错误，重新核实案情，全面审查证据，撤销原审判决，改判支持上诉人的上诉请求！

此致
大理州中级人民法院

上诉人：张××
2014年2月10日

简评

这篇民事上诉状篇幅不长，但格式完整，语言简明，表述清楚。其写作目的很明确，针对性强，能抓住原审判决中的采信证据错误和认定事实错误，并以充分的事实和相关的法律依据来证明自己观点的正确,以维护上诉人的合法权益。

提示:上诉状的基本结构与写作要求

一、上诉状的基本结构

上诉状的基本结构一般由首部、正文、尾部三部分组成。

（一）首部

首部包括标题、当事人的基本情况和案由等内容。

1. 标题

与起诉状相同,居中写明"上诉状"。

2. 当事人的基本情况

写明上诉人和被上诉人的身份等内容,其写法与起诉状中当事人基本情况的要求相同。但在上诉人和被上诉人后面要分别用括号注明他们在原审中的地位。如上诉人(原审原告)×××、被上诉人(原审被告)×××。

3. 案由

案由是由一段叙述上诉原因的固定格式文字组成的,内容包括罪名、原审人民法院名称、判决或裁定的时间、文书名称、编号以及上诉表述等。具体表述为:"上诉人因×××(案由)一案,不服×××人民法院于××××年××月××日××法民初字第××号的判决(或裁定),现提出上诉。"

（二）正文

正文包括上诉请求和上诉理由。

1. 上诉请求

上诉请求是上诉人请求上一级人民法院解决具体问题,体现了上诉人的愿望。叙写上诉请求应当明确、具体、详尽,写明上诉人请求二审人民法院依法撤销或者变更原审裁判,以及如何解决本案民事权益争议的具体要求。如"请求撤销×××人民法院于××××年××月××日(200××年)×字第×号×民事判决,宣告上诉人无罪"。

2. 上诉理由

上诉理由是上诉人根据事实和法律,针对原审裁判中的不当之处进行辩解,针对上诉人的请求进行论证,这是上诉状的核心内容。

一般来说,对一审判决的异议可从以下几方面进行论述:一是针对原审认定事实的错误进行论证;二是针对原审适用法律的错误进行论证;三是针对原审违反法定程序进行论证。原审法院在案件审理过程中,如果一审判决裁定的事实认定上有错误,就要用确凿的证据说明事实真相,部分或全部地否定原审裁决认定的事实;如果认为一审判决适用法律有误,就要援引具体的法律依据或用法律理论证明一审判决的错误所在;如果认为一审判决违反了法律规定的诉讼程序,造成案件处理不当,律师陈述上述理由时应当根据法律规定据实指明错误。

上诉理由应当先用概括的语言指出一审裁判的错误,然后进行反驳。原审裁判有数项错误的,可以总体指出错误,然后逐项予以反驳;也可以指出一项错误后即予反驳。

总之，上诉理由是民事上诉状的关键，是论证上诉人的上诉请求的依据。上诉理由是否充分，关系到上诉目的能否达到。律师代书上诉状，应当根据本案导致原审裁判错误的具体原因，有针对性地予以反驳。

（三）尾部

（1）写明"此致"及所送达人民法院的名称。

（2）写明上诉状副本的份数，随送证据的名称和数量，证人的姓名、工作单位、职业、住址。

（3）上诉人签名或盖章及年月日。

二、上诉状的写作要求

（1）反驳理由要确切。上诉状的写作一开始就应该认真对照原判与客观事实，针对原审认定事实的不实、不准、不清和不当的地方进行反驳，无论是部分还是全部否定一审判决，都要表述清晰，证据充分，观点鲜明，不可含糊其词、牵强附会。

（2）引用法律要正确。上诉状还要针对原审运用法律上的疏漏，认真对照法律，恰当地引用能证明上诉状理由的法律条文，使二审人民法院做出正确的判断。

（3）说理要充分。我国法律是两审终审制，因此上诉状事关重大，必须抓住重点，充分说理，力争达到上诉的目的。

第五节　申　诉　状

一、申诉状的含义

申诉状是指诉讼案件当事人对已经发生法律效力的判决、裁定，认为有错误表示不服，按照审判监督程序提出申诉，要求人民法院或人民检察院重新审理案件的书状。

《民事诉讼法》规定："当事人、法定代理人对已发生法律效力的判决、裁定认为确有错误的，可以向原审人民法院或者上级人民法院申诉，但是不停止判决、裁定的执行。"

二、申诉状的特点

（1）申诉状由当事人向原审人民法院或上一级人民法院提出。

（2）申诉状的提出不受时间的限制。

（3）申诉期间不停止原裁决的执行。

（4）申诉状是申诉人维护自己的合法权益的一种补救性文书，但申诉状的提出并不一定引起审判监督程序的发生。

三、申诉状与上诉状的区别

申诉状与上诉状都是认为原判决或裁定有错误而要求依法重新处理的诉讼文书，但两者之间有区别。

（1）制作主体不同。上诉状的制作主体是具有法定身份的人，是当事人、第三人和他们的法定代理人；申诉状的制作主体是当事人、法定代理人、利害关系人等。

（2）对象不同。上诉状是针对未发生法律效力的一审判决和裁定提出的。而申诉状是针对已经发生法律效力的判决和裁定提出的。

（3）受理期限不同。上诉状必须在规定的上诉期限内提交才具有法律效力，超过期限者无效。而申诉状的撰写和提交没有时间限制。提交申诉状后，原判决或裁定虽然不能停止执行，但可以在判决、裁定执行中的任何时间提出申诉。

（4）呈送的对象不同。上诉状只能向原审人民法院的上一级人民法院呈送。而申诉状既可向原审法院呈送，也可向上一级法院呈送，还可提交人民检察院。

（5）提出后能否引起诉讼程序的发生不同。上诉人依法提出上诉，送出上诉状后，必定引起二审程序的发生。而申诉人把申诉状送出后，经人民法院或人民检察院审查，认为原判决和裁定确有错误，则可引起审判监督程序的发生，对原案进行再审；如果经审查认为原裁定没有错误，申诉无理，则由人民法院驳回原诉，就不会引起审判监督程序的发生。

范例导读与简评

申　诉　状

申诉人：张××，女，56岁，壮族，××市××县人，××县建筑公司工人，住××市××县××街26号。

被申诉人：刘××，男，36岁，壮族，××市××县人，××县商业局职工，住××县××街34号。

申诉人张××，不服××市中级人民法院(10)民上字第45号民事判决，特提出申诉，理由如下：

一、我和张××（被申诉人之父）婚姻关系存续期间所买的房子，房款是我独自筹措的，事后也是我独自承担偿还的，有债权人李××、王××等人的证明。

二、买房子时，我的前夫刘××公开表态，不与我共买此房，并请马××代写了不愿与我共买房的声明，声明的内容请见代写人良××的书面证明。

三、夫妻关系存续期间所得的财产，理解为包括双方或一方的劳动所得。如属这样的性质，其产权应为夫妻共同所有。我买的房子虽在我们的夫妻关系存续期间，但买房用款不是劳动所得，而是借债支付。还债又是在我前夫刘××死后。一、二审判决引用法律根据时，只引用《婚姻法》第十三条的前半段，即"夫妻婚姻存续期间所得的财产，归夫妻共同所有"。而根本不提这条最后的一句话，即"双方另有约定的除外"。而我所买的房子，正属于双方另有约定的，因此，我认为一、二审的判决把上述房产作为我们夫妻共同的财产判给被申诉人是没有法律根据的。是应该改正的。

根据上述几点理由，请省高级人民法院按审判监督程序，调卷再审，以维护法律公正，保护公民的合法权利。

此致

××省高级人民法院

申诉人：张××

2017 年 10 月 12 日

附件：（1）购房证明材料 8 份

　　　（2）房契影印件 1 份

　　　（3）一、二审判决书副本

简评

本文格式规范，对原审中援引法律不完整而造成判决偏差提出了异议，并进行了说明。申诉理由充分，表述明白得体，证据充分有利。

提示：申诉状的基本结构与写作要求

一、申诉状的基本结构

申诉状的基本结构由首部、正文、尾部组成。

（一）首部

首部包括标题、申诉人的基本情况和案由等内容。

（1）标题。根据不同案件的性质，居中写明"申诉状"。

（2）申诉人的基本情况。申诉人或申请人是公民，写明姓名、性别、年龄、民族、籍贯、职业、单位、住址等；是法人或其他组织的，写明单位名称、所在地址、法定代表人或代表人的姓名、职务。此外，还要写明对方当事人的身份概况，不写被申诉人。

（3）案由。包括原处理机关名称，处理时间，处理文件的名称、编号，提出申诉的意愿等内容。具体表述为："申诉人×××因××一案，不服×××人民法院于××××年××月××日做出的（××）×字第××号的判决（裁定），现提出申请申诉。"接着以"申诉的请求和理由如下"过渡，转入正文。

（二）正文

正文是申诉状的主要部分，主要写明申诉请求、事实与理由。

1. 申诉请求

简明扼要地说明请求的目的，并向法院提出要求立案申诉和撤销、变更原判决文书的具体要求，或要求人民检察院提起抗诉。

2. 事实与理由

应写明不服原判决的理由。一般可以从以下几方面阐述。

（1）事实方面。原判决如有误，常常是在认定事实上有问题，如没有把事实搞清就下结论，或原判决所认定的事实不符合法律规定（如书证是否伪造、涂改，印章或签名是否属实，证人是否在场等），或所认定的事实缺乏证据等。如果是这样，那么申诉状就要有理有据地指出，并如实、全面准确地把事实真相讲清楚，而且要提供充足而有说服力的证据。

（2）发现新证据。原判决和裁定生效以后，又发现了审判时没有掌握的新事实和证据，而这些事实和证据又有足以否定原判决和裁定的证明力。如果是这样，申诉人就可以把新事实和证据列出来，并据此要求纠正原判决和裁定。

（3）适用法律方面。认定事实没有出入，而适用法律不当，也会在案件性质确定上发生错误，造成裁定的偏差。如对家庭共有财产的处理，适用《民法通则》；对夫妻共有财产的处理，则适用《婚姻法》。所以，申诉状要写清原审判决或裁定什么地方适用法律错误，怎样才是正确援引法律。

（4）诉讼程序方面。如原审存在违反诉讼程序，就会影响判决和裁定结果。那么，就要在申诉状中明确指出其违反程序的具体事实，如继承案件遗漏继承人、财产争议案件遗漏共有人等，要引用法律阐明正确执行诉讼程序的理由。

申诉理由之后，以"为此，特向你院申诉，请求依法立案再审，撤销（或变更）原判决或裁定，予以改判（或重新审理）"结束正文。

（三）尾部

（1）写明申诉状呈送对象，用"此致×××人民法院""此致××人民检察院""此致××人民法院（原审法院）转送××人民法院（上一级人民法院）"等语句表达。

（2）申诉人签名盖章及申诉日期。

（3）附件后注明申诉状副本份数，及原判决书或裁定书、新发现的事实证据等。

二、申诉状的写作要求

（1）寻求新证。在申请再审的过程中，要特别注意寻求新的事实和证据，因为新证可能全部或部分地推翻、改变已经产生的裁判。

（2）驳、证结合。辩驳方法是再审申请书中最常用、最有效的方法。它往往结合论证方法，以事实和法律为依据，抓住原审判决、裁定中的关键性错误，如抓住认定事实的主要证据不足、使用法律不当、违反法定程序、审判人员在审理该案件时有贪污受贿、徇私舞弊、枉法裁判行为等问题不放，有理有据地进行申辩，以使自身的合法权益得到保障。

写作能力实训

一、判断题

1. 被告一方在原告起诉后向人民法院提出的答辩文书也可叫起诉状。（　　　）

2. 申诉也是一种法定的诉讼行为，因而必定引起再审。（　　　）

3. 人民法院审理案件，必须"以事实为依据，以法律为准绳"。（　　　）

4. 判决书是保护当事人的重要依据。（　　　）

5. 诉讼，应该是书面形式，不能以口头的形式提出诉讼。（　　　）

二、读写训练

请根据下面的案情介绍，以原告人的身份写一份经济纠纷起诉状，以两被告人的身份写一份经济纠纷答辩状。

原告人：××市××村民

被告人：××市供种站

被告人：××省水稻研究所原种场

××××年××月××日，供种站将从原种场购买桂花一号早稻种子900千克，分别销售给××村民播种。用种户按照原种场随种子提供的技术资料，对种植在304亩责任田里的早稻实施田间管理，结果出现了抽穗不齐和早熟现象。经××市农业局高级农艺师核实：用种户的早稻亩产量只能达到240千克，比原种场的技术资料中提供的最低亩产量数据少209千克，减产损失达8万余元。经调查，原种场提供给供种站的900千克桂花一号稻种，是区域小面积试种品系，未经省农作物品种审定委员会审定。供种站称，稻谷出现抽穗、成熟不齐的现象后，供种站曾5次电告原种场派人来处理，但原种场均以种种借口未到现场处理。原种场称，××村民使用的桂花一号稻种，是原种场培育的新品种，因为今年气候反常，××村民未能采取相应的栽培措施，以致水稻减产。《种子管理条例农作物种子实施细则》第三十三条规定："未经审定或审定未通过的品种不得经营、生产推广、报奖和广告"；第四十条规定："生产商品种子实行《种子生产许可证》制度。"

写作提示：

（1）要按照起诉状和答辩状的格式要求来写作。

（2）有关材料如法定代表人、诉讼代理人等，可根据写作格式的需要进行虚构。

参 考 文 献

[1] 杨文丰. 现代应用文书写作[M]. 北京：中国人民大学出版社，2006.

[2] 韦燕宁. 新编经济应用文写作教程[M]. 天津：南开大学出版社，2013.

[3] 刘金同. 应用文写作教程[M]. 北京：清华大学出版社，2010.

[4] 耿云巧，马俊霞. 现代应用文写作[M]. 北京：清华大学出版社，2007.

[5] 裴显生. 应用写作[M]. 北京：高等教育出版社，2010.

[6] 丘国新，陈少夫. 应用写作教程[M]. 北京：北京大学出版社，2013.

[7] 王洪运. 应用文写作[M]. 北京：人民邮电出版社，2013.

[8] 邓玉萍. 应用文书写作[M]. 北京：中国人民大学出版社，2008.

[9] 潘桂云. 应用写作与口才[M]. 北京：高等教育出版社，2011.

[10] 韦茂繁. 经济应用写作实训教程[M]. 大连：大连理工大学出版社，2010.

[11] 甘敏军. 应用文写作教程[M]. 北京：高等教育出版社，2011.

[12] 张文英. 新编经济应用文写作教程[M]. 天津：南开大学出版社，2010.

[13] 徐中玉. 应用文写作[M]. 北京：高等教育出版社，2011.

[14] 陈功伟. 公文解析与文模大全[M]. 广州：广东经济出版社，2008.

[15] 向国敏. 会展文案写作与评析[M]. 上海：华东师范大学出版社，2007.

[16] 王粤钦. 新编应用写作[M]. 大连：大连理工大学出版社，2012.

[17] 傅克斌，罗时华. 实用文体写作[M]. 北京：科学出版社，2009.

[18] 敬蓉. 应用写作[M]. 北京：高等教育出版社，2011.

[19] 王婕，于新秋. 应用文书写作[M]. 北京：中国传媒大学出版社，2009.

[20] 薛颖. 新案例应用写作教程[M]. 北京：北京理工大学出版社，2012.

附录 A

党政机关公文处理工作条例

(2012 年 4 月 16 日中共中央办公厅　国务院办公厅发布)

第一章　总　　则

第一条　为了适应中国共产党机关和国家行政机关(以下简称党政机关)工作需要,推进党政机关公文处理工作科学化、制度化、规范化,制定本条例。

第二条　本条例适用于各级党政机关公文处理工作。

第三条　党政机关公文是党政机关实施领导、履行职能、处理公务的具有特定效力和规范体式的文书,是传达贯彻党和国家方针政策,公布法规和规章,指导、布置和商洽工作,请示和答复问题,报告、通报和交流情况等的重要工具。

第四条　公文处理工作是指公文拟制、办理、管理等一系列相互关联、衔接有序的工作。

第五条　公文处理工作应当坚持实事求是、准确规范、精简高效、安全保密的原则。

第六条　各级党政机关应当高度重视公文处理工作,加强组织领导,强化队伍建设,设立文秘部门或者由专人负责公文处理工作。

第七条　各级党政机关办公厅(室)主管本机关的公文处理工作,并对下级机关的公文处理工作进行业务指导和督促检查。

第二章　公文种类

第八条　公文种类主要有:

(一)决议。适用于会议讨论通过的重大决策事项。

(二)决定。适用于对重要事项做出决策和部署、奖惩有关单位和人员、变更或者撤销下级机关不适当的决定事项。

(三)命令(令)。适用于公布行政法规和规章、宣布施行重大强制性措施、批准授予和晋升衔级、嘉奖有关单位和人员。

（四）公报。适用于公布重要决定或者重大事项。

（五）公告。适用于向国内外宣布重要事项或者法定事项。

（六）通告。适用于在一定范围内公布应当遵守或者周知的事项。

（七）意见。适用于对重要问题提出见解和处理办法。

（八）通知。适用于发布、传达要求下级机关执行和有关单位周知或者执行的事项，批转、转发公文。

（九）通报。适用于表彰先进、批评错误、传达重要精神和告知重要情况。

（十）报告。适用于向上级机关汇报工作、反映情况，回复上级机关的询问。

（十一）请示。适用于向上级机关请求指示、批准。

（十二）批复。适用于答复下级机关请示事项。

（十三）议案。适用于各级人民政府按照法律程序向同级人民代表大会或者人民代表大会常务委员会提请审议事项。

（十四）函。适用于不相隶属机关之间商洽工作、询问和答复问题、请求批准和答复审批事项。

（十五）纪要。适用于记载会议主要情况和议定事项。

第三章　公文格式

第九条　公文一般由份号、密级和保密期限、紧急程度、发文机关标志、发文字号、签发人、标题、主送机关、正文、附件说明、发文机关署名、成文日期、印章、附注、附件、抄送机关、印发机关和印发日期、页码等组成。

（一）份号。公文印制份数的顺序号。涉密公文应当标注份号。

（二）密级和保密期限。公文的秘密等级和保密的期限。

涉密公文应当根据涉密程度分别标注"绝密""机密""秘密"和保密期限。

（三）紧急程度。公文送达和办理的时限要求。根据紧急程度，紧急公文应当分别标注"特急""加急"，电报应当分别标注"特提""特急""加急""平急"。

（四）发文机关标志。由发文机关全称或者规范化简称加"文件"二字组成，也可以使用发文机关全称或者规范化简称。联合行文时，发文机关标志可以并用联合发文机关名称，也可以单独用主办机关名称。

（五）发文字号。由发文机关代字、年份、发文顺序号组成。联合行文时，使用主办机关的发文字号。

（六）签发人。上行文应当标注签发人姓名。

（七）标题。由发文机关名称、事由和文种组成。

（八）主送机关。公文的主要受理机关，应当使用机关全称、规范化简称或者同类型机关统称。

（九）正文。公文的主体，用来表述公文的内容。

（十）附件说明。公文附件的顺序号和名称。

（十一）发文机关署名。署发文机关全称或者规范化简称。

（十二）成文日期。署会议通过或者发文机关负责人签发的日期。联合行文时，署最后签发机关负责人签发的日期。

（十三）印章。公文中有发文机关署名的，应当加盖发文机关印章，并与署名机关相符。有特定发文机关标志的普发性公文和电报可以不加盖印章。

（十四）附注。公文印发传达范围等需要说明的事项。

（十五）附件。公文正文的说明、补充或者参考资料。

（十六）抄送机关。除主送机关外需要执行或者知晓公文内容的其他机关，应当使用机关全称、规范化简称或者同类型机关统称。

（十七）印发机关和印发日期。公文的送印机关和送印日期。

（十八）页码。公文页数顺序号。

第十条　公文的版式按照《党政机关公文格式》国家标准执行。

第十一条　公文使用的汉字、数字、外文字符、计量单位和标点符号等，按照有关国家标准和规定执行。民族自治地方的公文，可以并用汉字和当地通用的少数民族文字。

第十二条　公文用纸幅面采用国际标准 A4 型。特殊形式的公文用纸幅面，根据实际需要确定。

第四章　行文规则

第十三条　行文应当确有必要，讲求实效，注重针对性和可操作性。

第十四条　行文关系根据隶属关系和职权范围确定。一般不得越级行文，特殊情况需要越级行文的，应当同时抄送被越过的机关。

第十五条　向上级机关行文，应当遵循以下规则。

（一）原则上主送一个上级机关，根据需要同时抄送相关上级机关和同级机关，不抄送下级机关。

（二）党委、政府的部门向上级主管部门请示、报告重大事项，应当经本级党委、政府同意或者授权；属于部门职权范围内的事项应当直接报送上级主管部门。

（三）下级机关的请示事项，如需以本机关名义向上级机关请示，应当提出倾向性意见后上报，不得原文转报上级机关。

（四）请示应当一文一事。不得在报告等非请示性公文中夹带请示事项。

（五）除上级机关负责人直接交办事项外，不得以本机关名义向上级机关负责人报送公文，不得以本机关负责人名义向上级机关报送公文。

（六）受双重领导的机关向一个上级机关行文，必要时抄送另一个上级机关。

第十六条　向下级机关行文，应当遵循以下规则。

（一）主送受理机关，根据需要抄送相关机关。重要行文应当同时抄送发文机关的直接上级机关。

（二）党委、政府的办公厅（室）根据本级党委、政府授权，可以向下级党委、政府行文，其他部门和单位不得向下级党委、政府发布指令性公文或者在公文中向下级党委、政府提出指令性要求。需经政府审批的具体事项，经政府同意后可以由政府职能部门行文，文中须注明已经政府同意。

（三）党委、政府的部门在各自职权范围内可以向下级党委、政府的相关部门行文。

（四）涉及多个部门职权范围内的事务，部门之间未协商一致的，不得向下行文；擅自行文的，上级机关应当责令其纠正或者撤销。

（五）上级机关向受双重领导的下级机关行文，必要时抄送该下级机关的另一个上级机关。

第十七条　同级党政机关、党政机关与其他同级机关必要时可以联合行文。属于党委、政府各自职权范围内的工作，不得联合行文。

党委、政府的部门依据职权可以相互行文。部门内设机构除办公厅（室）外不得对外正式行文。

第五章　公文拟制

第十八条　公文拟制包括公文的起草、审核、签发等程序。

第十九条　公文起草应当做到：

（一）符合国家法律法规和党的路线方针政策，完整准确体现发文机关意图，并同现行有关公文相衔接。

（二）一切从实际出发，分析问题实事求是，所提政策措施和办法切实可行。

（三）内容简洁，主题突出，观点鲜明，结构严谨，表述准确，文字精练。

（四）文种正确，格式规范。

（五）深入调查研究，充分进行论证，广泛听取意见。

（六）公文涉及其他地区或者部门职权范围内的事项，起草单位必须征求相关地区或者部门意见，力求达成一致。

（七）机关负责人应当主持、指导重要公文起草工作。

第二十条　公文文稿签发前，应当由发文机关办公厅（室）进行审核。审核的重点是：

（一）行文理由是否充分，行文依据是否准确。

（二）内容是否符合国家法律法规和党的路线方针政策；是否完整准确体现发文机关意图；是否同现行有关公文相衔接；所提政策措施和办法是否切实可行。

（三）涉及有关地区或者部门职权范围内的事项是否经过充分协商并达成一致意见。

（四）文种是否正确，格式是否规范；人名、地名、时间、数字、段落顺序、引文等是否准确；文字、数字、计量单位和标点符号等用法是否规范。

（五）其他内容是否符合公文起草的有关要求。

需要发文机关审议的重要公文文稿，审议前由发文机关办公厅（室）进行初核。

第二十一条　经审核不宜发文的公文文稿，应当退回起草单位并说明理由；符合发文条件但内容需作进一步研究和修改的，由起草单位修改后重新报送。

第二十二条　公文应当经本机关负责人审批签发。重要公文和上行文由机关主要负责人签发。党委、政府的办公厅（室）根据党委、政府授权制发的公文，由受权机关主要负责人签发或者按照有关规定签发。签发人签发公文，应当签署意见、姓名和完整日期；圈阅或者签名的，视为同意。联合发文由所有联署机关的负责人会签。

第六章　公文办理

第二十三条　公文办理包括收文办理、发文办理和整理归档。

第二十四条　收文办理主要程序如下：

（一）签收。对收到的公文应当逐件清点，核对无误后签字或者盖章，并注明签收时间。

（二）登记。对公文的主要信息和办理情况应当详细记载。

（三）初审。对收到的公文应当进行初审。初审的重点是：是否应当由本机关办理，是否符合行文规则，文种、格式是否符合要求，涉及其他地区或者部门职权范围内的事项是否已经协商、会签，是否符合公文起草的其他要求。经初审不符合规定的公文，应当及时退回来文单位并说明理由。

（四）承办。阅知性公文应当根据公文内容、要求和工作需要确定范围后分送。批办性公文应当提出拟办意见报本机关负责人批示或者转有关部门办理；需要两个以上部门办理的，应当明确主办部门。紧急公文应当明确办理时限。承办部门对交办的公文应当及时办理，有明确办理时限要求的应当在规定时限内办理完毕。

（五）传阅。根据领导批示和工作需要将公文及时送传阅对象阅知或者批示。办理公文传阅应当随时掌握公文去向，不得漏传、误传、延误。

（六）催办。及时了解掌握公文的办理进展情况，督促承办部门按期办结。紧急公文或者重要公文应当由专人负责催办。

（七）答复。公文的办理结果应当及时答复来文单位，并根据需要告知相关单位。

第二十五条　发文办理主要程序如下：

（一）复核。已经发文机关负责人签批的公文，印发前应当对公文的审批手续、内容、文种、格式等进行复核；需作实质性修改的，应当报原签批人复审。

（二）登记。对复核后的公文，应当确定发文字号、分送范围和印制份数并详细记载。

（三）印制。公文印制必须确保质量和时效。涉密公文应当在符合保密要求的场所印制。

（四）核发。公文印制完毕，应当对公文的文字、格式和印刷质量进行检查后分发。

第二十六条　涉密公文应当通过机要交通、邮政机要通信、城市机要文件交换站或者收发件机关机要收发人员进行传递，通过密码电报或者符合国家保密规定的计算机信息系统进行传输。

第二十七条　需要归档的公文及有关材料，应当根据有关档案法律法规以及机关档案管理规定，及时收集齐全、整理归档。两个以上机关联合办理的公文，原件由主办机关归档，相关机关保存复制件。机关负责人兼任其他机关职务的，在履行所兼职务过程中形成的公文，由其兼职机关归档。

第七章　公 文 管 理

第二十八条　各级党政机关应当建立健全本机关公文管理制度,确保管理严格规范,充分发挥公文效用。

第二十九条　党政机关公文由文秘部门或者专人统一管理。设立党委(党组)的县级以上单位应当建立机要保密室和机要阅文室,并按照有关保密规定配备工作人员和必要的安全保密设施设备。

第三十条　公文确定密级前,应当按照拟定的密级先行采取保密措施。确定密级后,应当按照所定密级严格管理。绝密级公文应当由专人管理。

公文的密级需要变更或者解除的,由原确定密级的机关或者其上级机关决定。

第三十一条　公文的印发传达范围应当按照发文机关的要求执行;需要变更的,应当经发文机关批准。

涉密公文公开发布前应当履行解密程序。公开发布的时间、形式和渠道,由发文机关确定。

经批准公开发布的公文,同发文机关正式印发的公文具有同等效力。

第三十二条　复制、汇编机密级、秘密级公文,应当符合有关规定并经本机关负责人批准。绝密级公文一般不得复制、汇编,确有工作需要的,应当经发文机关或者其上级机关批准。

复制、汇编的公文视同原件管理。复制件应当加盖复制机关戳记。翻印件应当注明翻印的机关名称、日期。汇编本的密级按照编入公文的最高密级标注。

第三十三条　公文的撤销和废止,由发文机关、上级机关或者权力机关根据职权范围和有关法律法规决定。公文被撤销的,视为自始无效;公文被废止的,视为自废止之日起失效。

第三十四条　涉密公文应当按照发文机关的要求和有关规定进行清退或者销毁。

第三十五条　不具备归档和保存价值的公文,经批准后可以销毁。销毁涉密公文必须严格按照有关规定履行审批登记手续,确保不丢失、不漏销。个人不得私自销毁、留存涉密公文。

第三十六条　机关合并时,全部公文应当随之合并管理;机关撤销时,需要归档的公文经整理后按照有关规定移交档案管理部门。

工作人员离岗离职时,所在机关应当督促其将暂存、借用的公文按照有关规定移交、清退。

第三十七条　新设立的机关应当向本级党委、政府的办公厅(室)提出发文立户申请。经审查符合条件的,列为发文单位,机关合并或者撤销时,相应进行调整。

第八章　附　　则

第三十八条　党政机关公文含电子公文。电子公文处理工作的具体办法另行制定。

第三十九条　法规、规章方面的公文,依照有关规定处理。外事方面的公文,依照外事主管部门的有关规定处理。

　　第四十条　其他机关和单位的公文处理工作，可以参照本条例执行。

　　第四十一条　本条例由中共中央办公厅、国务院办公厅负责解释。

　　第四十二条　本条例自 2012 年 7 月 1 日起施行。1996 年 5 月 3 日中共中央办公厅发布的《中国共产党机关公文处理条例》和 2000 年 8 月 24 日国务院发布的《国家行政机关公文处理办法》停止执行。

附录 B

党政机关公文格式

（GB/T 9704—2012）

1. 范围

本标准规定了党政机关公文通用的纸张要求、排版和印制装订要求、公文格式各要素的编排规则，并给出了公文的式样。

本标准适用于各级党政机关制发的公文。其他机关和单位的公文可以参照执行。

使用少数民族文字印制的公文，其用纸、幅面尺寸及版面、印制等要求按照本标准执行，其余可以参照本标准并按照有关规定执行。

2. 规范性引用文件

下列文件对于本标准的应用是必不可少的。凡是注日期的引用文件，仅所注日期的版本适用于本标准。凡是不注日期的引用文件，其最新版本（包括所有的修改单）适用于本标准。

GB/T 148　印刷、书写和绘图纸幅面尺寸。

GB 3100　国际单位制及其应用。

GB 3101　有关量、单位和符号的一般原则。

GB 3102　（所有部分）量和单位。

GB/T 15834　标点符号用法。

GB/T 15835　出版物上数字用法。

3. 术语和定义

下列术语和定义适用于本标准。

3.1　字　word

标示公文中横向距离的长度单位。在本标准中，一字指一个汉字宽度的距离。

3.2　行　line

标示公文中纵向距离的长度单位。在本标准中，一行指一个汉字的高度加 3 号汉字高度的 7/8 的距离。

4. 公文用纸主要技术指标

公文用纸一般使用纸张定量为 $60\sim80g/m^2$ 的胶版印刷纸或复印纸。纸张白度为 $80\%\sim90\%$，横向耐折度 $\geqslant15$ 次，不透明度 $\geqslant85\%$，pH 为 $7.5\sim9.5$。

5. 公文用纸幅面尺寸及版面要求

5.1　幅面尺寸

公文用纸采用 GB/T 148 中规定的 A4 型纸，其成品幅面尺寸为 210mm×297mm。

5.2　版面

5.2.1　页边与版心尺寸

公文用纸天头（上白边）为（37±1）mm，公文用纸订口（左白边）为（28±1）mm，版心尺寸为 156mm×225mm。

5.2.2　字体和字号

如无特殊说明，公文格式各要素一般用 3 号仿宋体字。特定情况可以作适当调整。

5.2.3　行数和字数

一般每面排 22 行，每行排 28 个字，并撑满版心。特定情况可以作适当调整。

5.2.4　文字的颜色

如无特殊说明，公文中文字的颜色均为黑色。

6. 印制装订要求

6.1　制版要求

版面干净无底灰，字迹清楚无断画，尺寸标准，版心不斜，误差不超过 1mm。

6.2　印刷要求

双面印刷；页码套正，两面误差不超过 2mm。黑色油墨应当达到色谱所标 BL 100%，红色油墨应当达到色谱所标 Y 80%、M 80%。印品着墨实、均匀；字面不花、不白、无断画。

6.3　装订要求

公文应当左侧装订，不掉页，两页页码之间误差不超过 4mm，裁切后的成品尺寸允许误差为±2mm，四角成 90°，无毛茬或缺损。

骑马订或平订的公文应当：

（1）订位为两钉外订眼距版面上下边缘各 70mm 处，允许误差±4mm。

（2）无坏钉、漏钉、重钉，钉脚平伏牢固。

（3）骑马订钉锯均订在折缝线上，平订钉锯与书脊间的距离为 3~5mm。

包本装订公文的封皮（封面、书脊、封底）与书芯应吻合、包紧、包平、不脱落。

7. 公文格式各要素编排规则

7.1　公文格式各要素的划分

本标准将版心内的公文格式各要素划分为版头、主体、版记三部分。公文首页红色分隔线以上的部分称为版头；公文首页红色分隔线（不含）以下、公文末页首条分隔线（不含）以上的部分称为主体；公文末页首条分隔线以下、末条分隔线以上的部分称为版记。

页码位于版心外。

7.2 版头

7.2.1 份号

如需标注份号,一般用 6 位的 3 号阿拉伯数字,顶格编排在版心左上角第一行。

7.2.2 密级和保密期限

如需标注密级和保密期限,一般用 3 号黑体字,顶格编排在版心左上角第二行;保密期限中的数字用阿拉伯数字标注。

7.2.3 紧急程度

如需标注紧急程度,一般用 3 号黑体字,顶格编排在版心左上角;如需同时标注份号、密级和保密期限、紧急程度,按照份号、密级和保密期限、紧急程度的顺序自上而下分行排列。

7.2.4 发文机关标志

由发文机关全称或者规范化简称加"文件"二字组成,也可以使用发文机关全称或者规范化简称。

发文机关标志居中排布,上边缘至版心上边缘为 35mm,推荐使用小标宋体字,颜色为红色,以醒目、美观、庄重为原则。

联合行文时,如需同时标注联署发文机关名称,一般应当将主办机关名称排列在前;如有"文件"二字,应当置于发文机关名称右侧,以联署发文机关名称为准上下居中排布。

7.2.5 发文字号

编排在发文机关标志下空二行位置,居中排布。年份、发文顺序号用阿拉伯数字标注;年份应标全称,用六角括号"〔〕"括入;发文顺序号不加"第"字,不编虚位(即 1 不编为 01),在阿拉伯数字后加"号"字。

上行文的发文字号居左空一字编排,与最后一个签发人姓名处在同一行。

7.2.6 签发人

由"签发人"三字加全角冒号和签发人姓名组成,居右空一字,编排在发文机关标志下空两行位置。"签发人"三字用 3 号仿宋体字,签发人姓名用 3 号楷体字。

如有多个签发人,签发人姓名按照发文机关的排列顺序从左到右、自上而下依次均匀编排,一般每行排两个姓名,回行时与上一行第一个签发人姓名对齐。

7.2.7 版头中的分隔线

发文字号之下 4mm 处居中印一条与版心等宽的红色分隔线。

7.3 主体

7.3.1 标题

一般用 2 号小标宋体字,编排于红色分隔线下空两行位置,分一行或多行居中排布;回行时,要做到词意完整,排列对称,长短适宜,间距恰当,标题排列应当使用梯形或菱形。

7.3.2 主送机关

编排于标题下空一行位置,居左顶格,回行时仍顶格,最后一个机关名称后标全角冒号。如主送机关名称过多导致公文首页不能显示正文时，应当将主送机关名称移至版记，标注方法见 7.4.2。

7.3.3　正文

公文首页必须显示正文。一般用 3 号仿宋体字，编排于主送机关名称下一行，每个自然段左空两字，回行顶格。文中结构层次序数依次可以用"一、""（一）""1.""（1）"标注；一般第一层用黑体字、第二层用楷体字、第三层和第四层用仿宋体字标注。

7.3.4　附件说明

如有附件，在正文下空一行、左空两字编排"附件"二字，后标全角冒号和附件名称。如有多个附件，使用阿拉伯数字标注附件顺序号（如"附件：1. ××××× "）；附件名称后不加标点符号。附件名称较长需回行时，应当与上一行附件名称的首字对齐。

7.3.5　发文机关署名、成文日期和印章

7.3.5.1　加盖印章的公文

成文日期一般右空四字编排，印章用红色，不得出现空白印章。

单一机关行文时，一般在成文日期之上、以成文日期为准居中编排发文机关署名。印章端正，居中下压发文机关署名和成文日期，使发文机关署名和成文日期居印章中心偏下位置。印章顶端应当上距正文（或附件说明）一行之内。

联合行文时，一般将各发文机关署名按照发文机关顺序整齐排列在相应位置，并将印章一一对应，应端正，并居中下压发文机关署名。最后一个印章端正，居中下压发文机关署名和成文日期。印章之间排列整齐，互不相交或相切。每排印章两端不得超出版心。首排印章顶端应当上距正文（或附件说明）一行之内。

7.3.5.2　不加盖印章的公文

单一机关行文时，在正文（或附件说明）下空一行、右空两字编排发文机关署名。在发文机关署名下一行编排成文日期，首字比发文机关署名首字右移两字，如成文日期长于发文机关署名，应当使成文日期右空两字编排，并相应增加发文机关署名右空字数。

联合行文时，应当先编排主办机关署名，其余发文机关署名依次向下编排。

7.3.5.3　加盖签发人签名章的公文

单一机关制发的公文加盖签发人签名章时，在正文（或附件说明）下空两行、右空四字加盖签发人签名章，签名章左空两字标注签发人职务，以签名章为准上下居中排布。在签发人签名章下空一行、右空四字编排成文日期。

联合行文时，应当先编排主办机关签发人职务、签名章，其余机关签发人职务、签名章依次向下编排，与主办机关签发人职务、签名章上下对齐；每行只编排一个机关的签发人职务、签名章；签发人职务应当标注全称。

签名章一般用红色。

7.3.5.4　成文日期中的数字

用阿拉伯数字将年、月、日标全，年份应标全称，月、日不编虚位（即 1 不编为 01）。

7.3.5.5　特殊情况说明

当公文排版后所剩空白处不能容下印章或签发人签名章、成文日期时，可以采取调整

行距、字距的措施解决。

7.3.6 附注

如有附注,居左空两字加圆括号编排在成文日期下一行。

7.3.7 附件

附件应当另面编排,并在版记之前,与公文正文一起装订。"附件"二字及附件顺序号用3号黑体字顶格编排在版心左上角第一行。附件标题居中编排在版心第三行。附件顺序号和附件标题应当与附件说明的表述一致。附件格式要求同正文。

如附件与正文不能一起装订,应当在附件左上角第一行顶格编排公文的发文字号并在其后标注"附件"二字及附件顺序号。

7.4 版记

7.4.1 版记中的分隔线

版记中的分隔线与版心等宽,首条分隔线和末条分隔线用粗线(推荐高度为0.35mm),中间的分隔线用细线(推荐高度为0.25mm)。首条分隔线位于版记中第一个要素之上,末条分隔线与公文最后一面的版心下边缘重合。

7.4.2 抄送机关

如有抄送机关,一般用4号仿宋体字,在印发机关和印发日期之上一行、左右各空一字编排。"抄送"二字后加全角冒号和抄送机关名称,回行时与冒号后的首字对齐,最后一个抄送机关名称后标句号。

如需把主送机关移至版记,除将"抄送"二字改为"主送"外,编排方法同抄送机关。既有主送机关又有抄送机关时,应当将主送机关置于抄送机关之上一行,之间不加分隔线。

7.4.3 印发机关和印发日期

印发机关和印发日期一般用4号仿宋体字,编排在末条分隔线之上,印发机关左空一字,印发日期右空一字,用阿拉伯数字将年、月、日标全,年份应标全称,月、日不编虚位(即1不编为01),后加"印发"二字。

版记中如有其他要素,应当将其与印发机关和印发日期用一条细分隔线隔开。

7.5 页码

一般用4号半角宋体阿拉伯数字,编排在公文版心下边缘之下,数字左右各放一条一字线;一字线上距版心下边缘7mm。单页码居右空一字,双页码居左空一字。公文的版记页前有空白页的,空白页和版记页均不编排页码。公文的附件与正文一起装订时,页码应当连续编排。

8. 公文中的横排表格

A4纸型的表格横排时,页码位置与公文其他页码保持一致,单页码表头在订口一边,双页码表头在切口一边。

9. 公文中计量单位、标点符号和数字的用法

公文中计量单位的用法应当符合GB 3100、GB 3101和GB 3102(所有部分),标点符号的用法应当符合GB/T 15834,数字用法应当符合GB/T 15835。

10. 公文的特定格式

10.1　信函格式

发文机关标志使用发文机关全称或者规范化简称，居中排布，上边缘至上页边为30mm，推荐使用红色小标宋体字。联合行文时，使用主办机关标志。

发文机关标志下4mm处印一条红色双线（上粗下细），距下页边20mm处印一条红色双线（上细下粗），线长均为170mm，居中排布。

如需标注份号、密级和保密期限、紧急程度，应当顶格居版心左边缘编排在第一条红色双线下，按照份号、密级和保密期限、紧急程度的顺序自上而下分行排列，第一个要素与该线的距离为3号汉字高度的7/8。

发文字号顶格居版心右边缘编排在第一条红色双线下，与该线的距离为3号汉字高度的7/8。

标题居中编排，与其上最后一个要素相距两行。

第二条红色双线上一行如有文字，与该线的距离为3号汉字高度的7/8。

首页不显示页码。

版记不加印发机关和印发日期、分隔线，位于公文最后一面版心内最下方。

10.2　命令（令）格式

发文机关标志由发文机关全称加"命令"或"令"字组成，居中排布，上边缘至版心上边缘为20mm，推荐使用红色小标宋体字。

发文机关标志下空两行居中编排令号，令号下空两行编排正文。

签发人职务、签名章和成文日期的编排见7.3.5.3。

10.3　纪要格式

纪要标志由"××××纪要"组成，居中排布，上边缘至版心上边缘为35mm，推荐使用红色小标宋体字。

标注出席人员名单，一般用3号黑体字，在正文或附件说明下空一行、左空两字编排"出席"二字，后标全角冒号，冒号后用3号仿宋体字标注出席人单位、姓名，回行时与冒号后的首字对齐。

标注请假和列席人员名单，除依次另起一行并将"出席"二字改为"请假"或"列席"外，编排方法同出席人员名单。

纪要格式可以根据实际制定。

11. 式样

A4型公文用纸页边及版心尺寸见图1；公文首页版式见图2；联合行文公文首页版式1见图3；联合行文公文首页版式2见图4；公文末页版式1见图5；公文末页版式2见图6；联合行文公文末页版式1见图7；联合行文公文末页版式2见图8；附件说明页版式见图9；带附件公文末页版式见图10；信函格式首页版式见图11；命令（令）格式首页版式见图12。

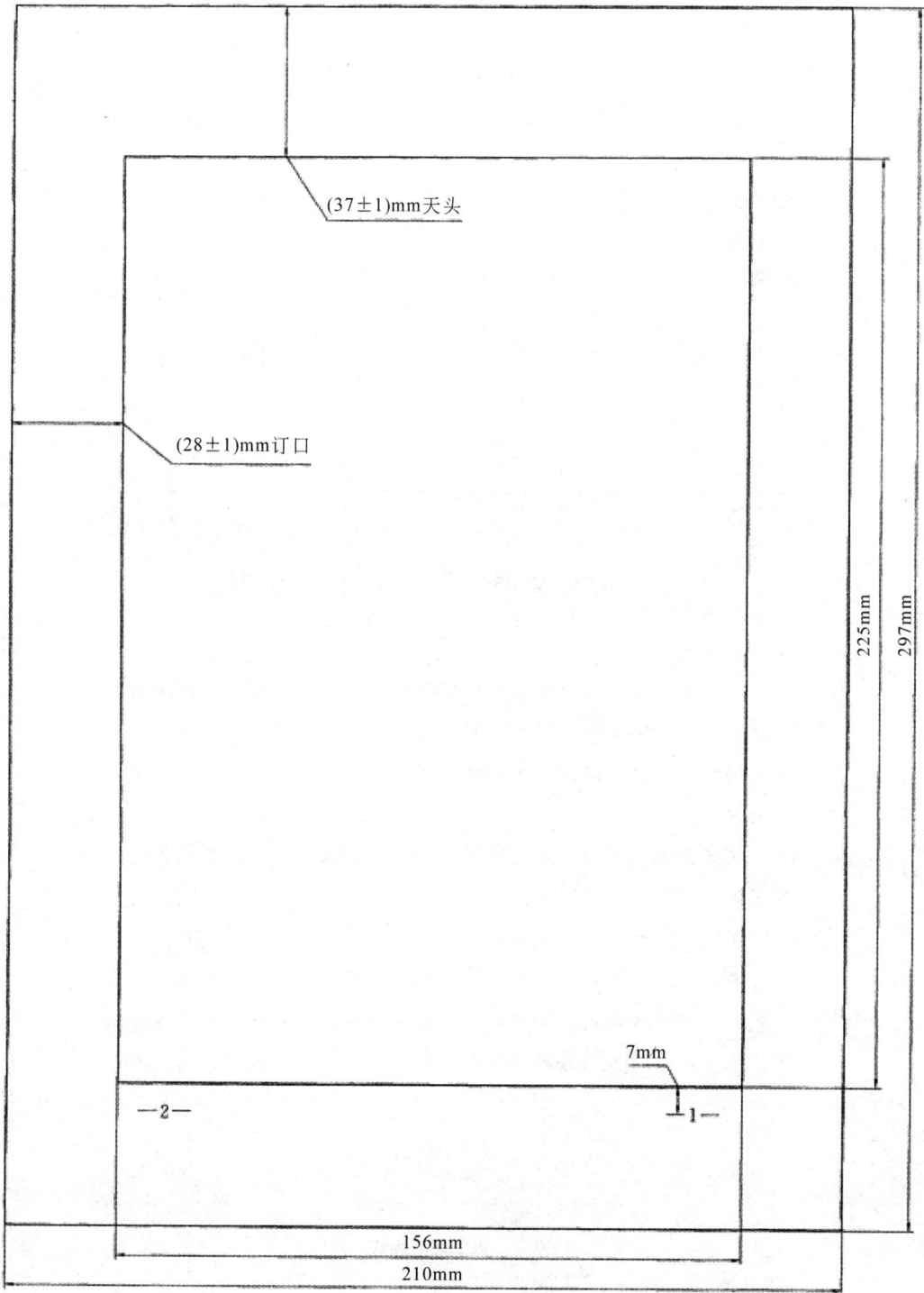

(37±1)mm天头

(28±1)mm订口

225mm

297mm

7mm

—2— —1—

156mm

210mm

图1 A4型公文用纸页边及版心尺寸

000001
机密★1 年
特急

×××××文件

××× 〔2012〕 10 号

×××××关于××××××的通知

××××××××：

　　××××××××××××××××××××××××

××××××××××××××××××××××××××

××××。

　　××××××××××××××××××××××××

×××××××××××。

　　×××××××××。

　　××××××。×××××××××××××××××

×××××××××××××××××××××××××××

×××××××××××××××××××××××××××

图 2　公文首页版式

注：版心实线框仅为示意，在印制公文时并不印出。

000001

机密★1年

特急

×××××
× × × 文件
×××××

×××〔2012〕10 号

×××××关于×××××××的通知

×××××××：

　　×××××××××××××××××××××××××。

　　×××××××××××××××××××××××××

×××××××××××××××××××××××××

×××××××××××××××××××××××××

××××。

　　×××××××××××××××××××××××××

— 1 —

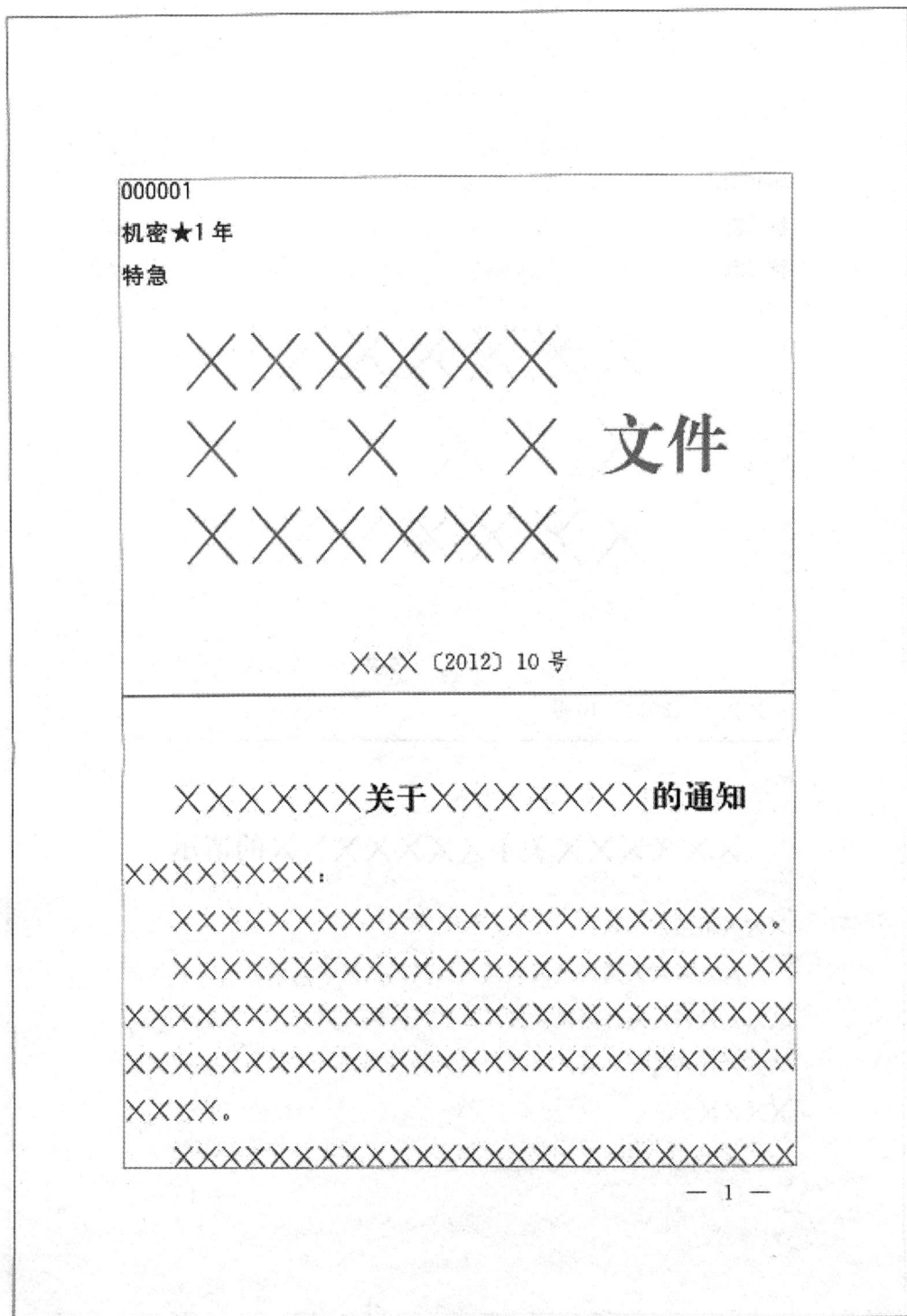

图 3　联合行文公文首页版式 1

注：版心实线框仅为示意，在印制公文时并不印出。

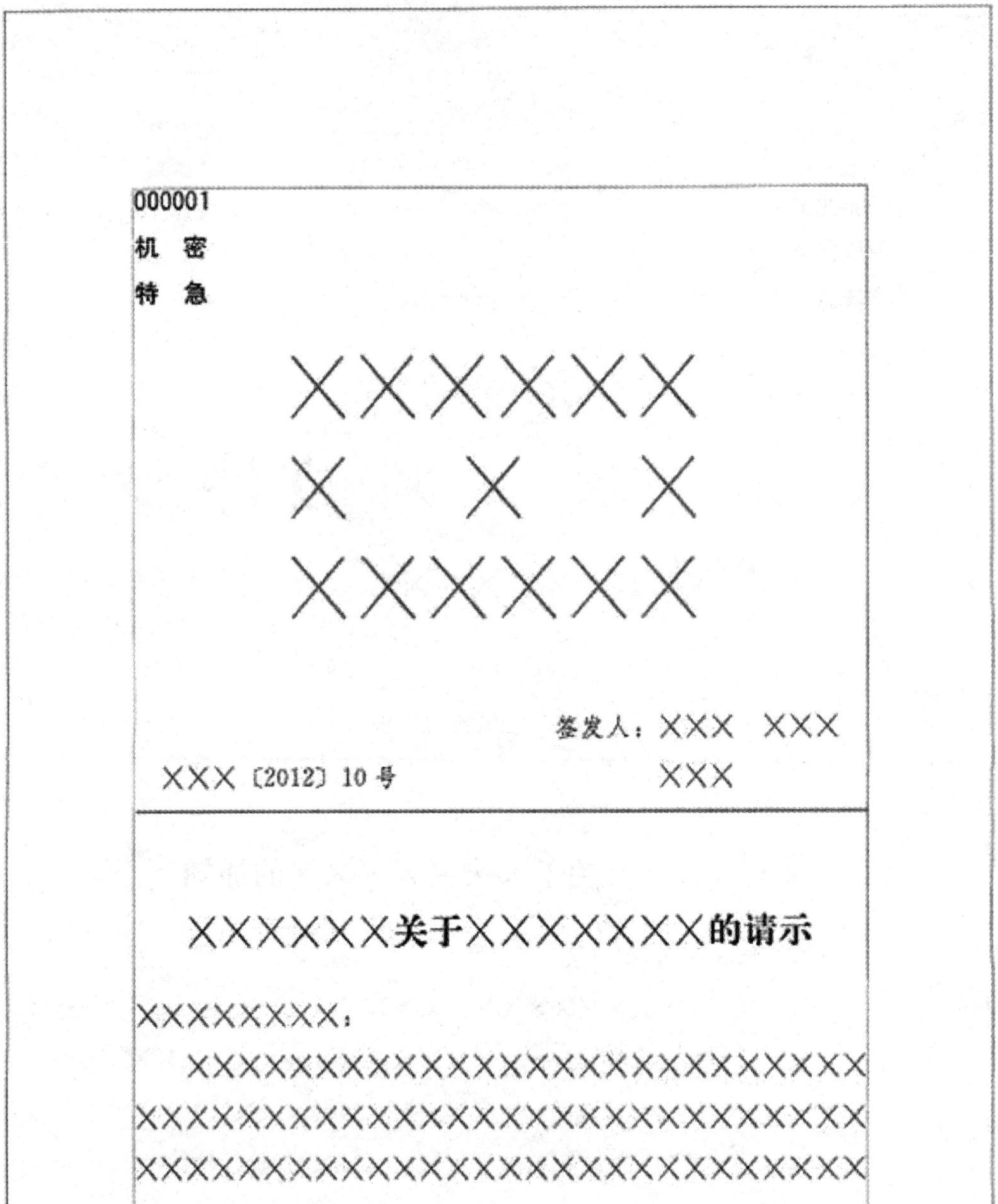

000001

机　密

特　急

×××××

×　×　×

××××××

签发人：×××　×××

×××〔2012〕10 号　　　　　×××

××××××关于×××××××的请示

×××××××××：

　　×××××××××××××××××××××××

×××××××××××××××××××××××××

×××××××××××××××××××××××××

××××。

　　×××××××××××××××××××××××××

图 4　联合行文公文首页版式 2

注：版心实线框仅为示意，在印制公文时并不印出。

XXXXXXXXXXXXXXX。

  XXXXXXXXXXXXXXXXXXXXXXX

XXXXXXXXXXXXXXXXXXXXXXXXX

XXXXXXXXXXX。

                中华人民共和国XXX

                      2012 年 7 月 1 日

  （XXXXX）

抄送：XXXXXXX，XXXXXX，XXXXX，XXXXX，
    XXXXX。

XXXXXXXX   2012 年 7 月 1 日印发

图 5 公文末页版式 1

注：版心实线框仅为示意，在印制公文时并不印出。

XXXXXXXXXXXXX。

　XXXXXXXXXXXXXXXXXXXXXX

XXXXXXXXXXXXXXXXXXXXXXX

XXXXXXX。

　　　　　　　XXXXXXXXXX

　　　　　　　2012 年 7 月 1 日

（XXXXX）

抄送：XXXXXXXX，XXXXXXX，XXXXX，XXXXX，

　　XXXXX。

XXXXXXXX　　　　　　　　2012 年 7 月 1 日印发

图 6　公文末页版式 2

注：版心实线框仅为示意，在印制公文时并不印出。

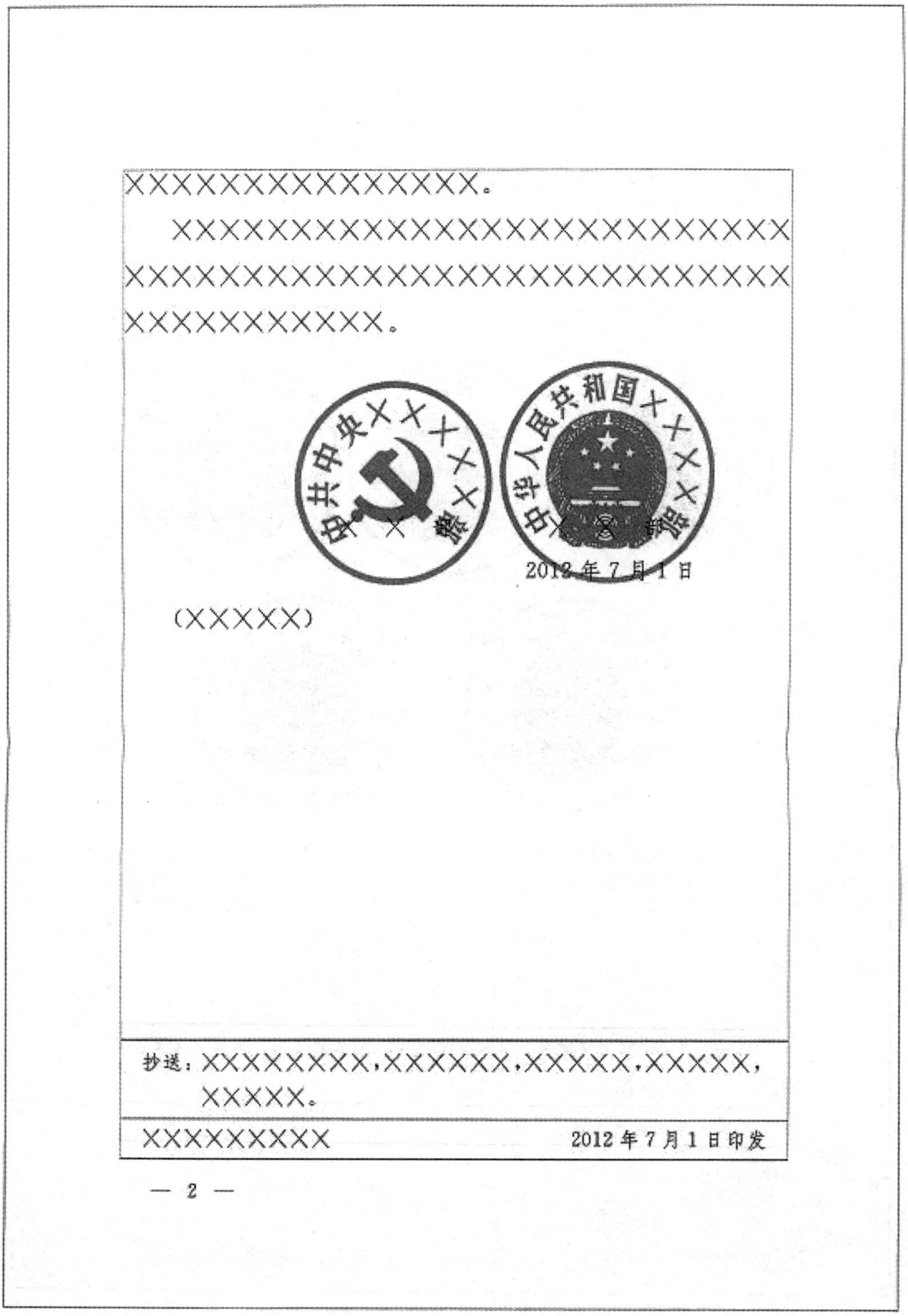

XXXXXXXXXXXXXXX。
　　XXXXXXXXXXXXXXXXXXXXX
XXXXXXXXXXXXXXXXXXXXXX
XXXXXXXXX。

（XXXXX）

2012 年 7 月 1 日

抄送：XXXXXXXX，XXXXXX，XXXXX，XXXXX，
　　　XXXXX。

XXXXXXXX　　　　　　　　　2012 年 7 月 1 日印发

— 2 —

图 7　联合行文公文末页版式 1

注：版心实线框仅为示意，在印制公文时并不印出。

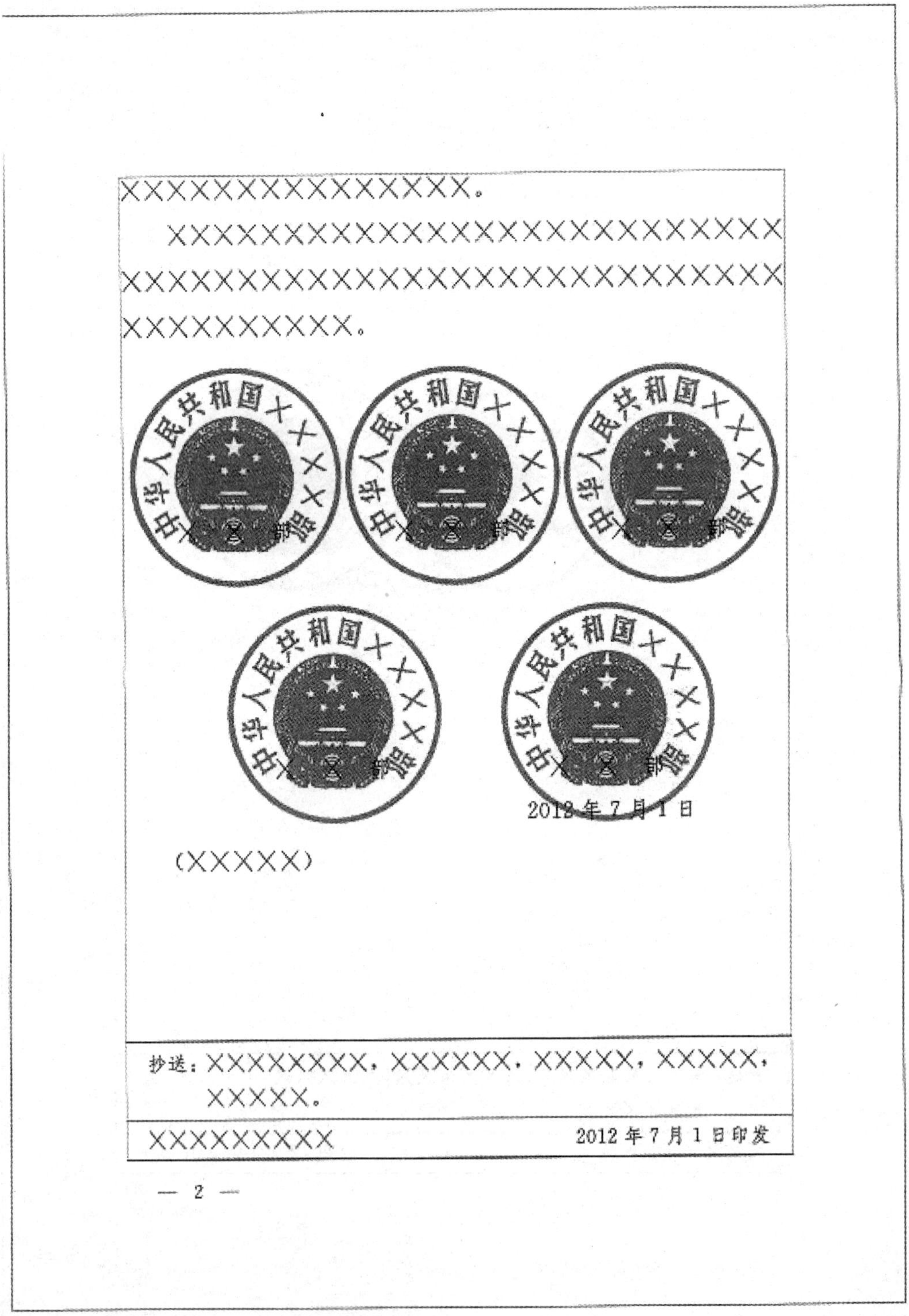
XXXXXXXXXXXXXXX。
XXXXXXXXXXXXXXXXXXXXXXXXX
XXXXXXXXXXXXXXXXXXXXXXXXXXX
XXXXXXXXXX。
中华人民共和国XXXX部
2012年7月1日
（XXXXX）
抄送：XXXXXXXX，XXXXXX，XXXXX，XXXXX，
XXXXX。
XXXXXXXXXX
2012年7月1日印发
— 2 —

图8　联合行文公文末页版式2

注：版心实线框仅为示意，在印制公文时并不印出。

XXXXXXXXXXXXXX。
　XXXXXXXXXXXXXXXXXXXXX
XXXXXXXXXXXXXXXXXXXXX
XXXXXXXXXXX。

　附件：1. XXXXXXXXXXXXXXXXXX
　　　　　XXXXX
　　　　2. XXXXXXXXXXX

　　　　　　　　　　XXXXXXX
　　　　　　　　　　X　X　X　X
　　　　　　　　　　2012 年 7 月 1 日

（XXXXX）

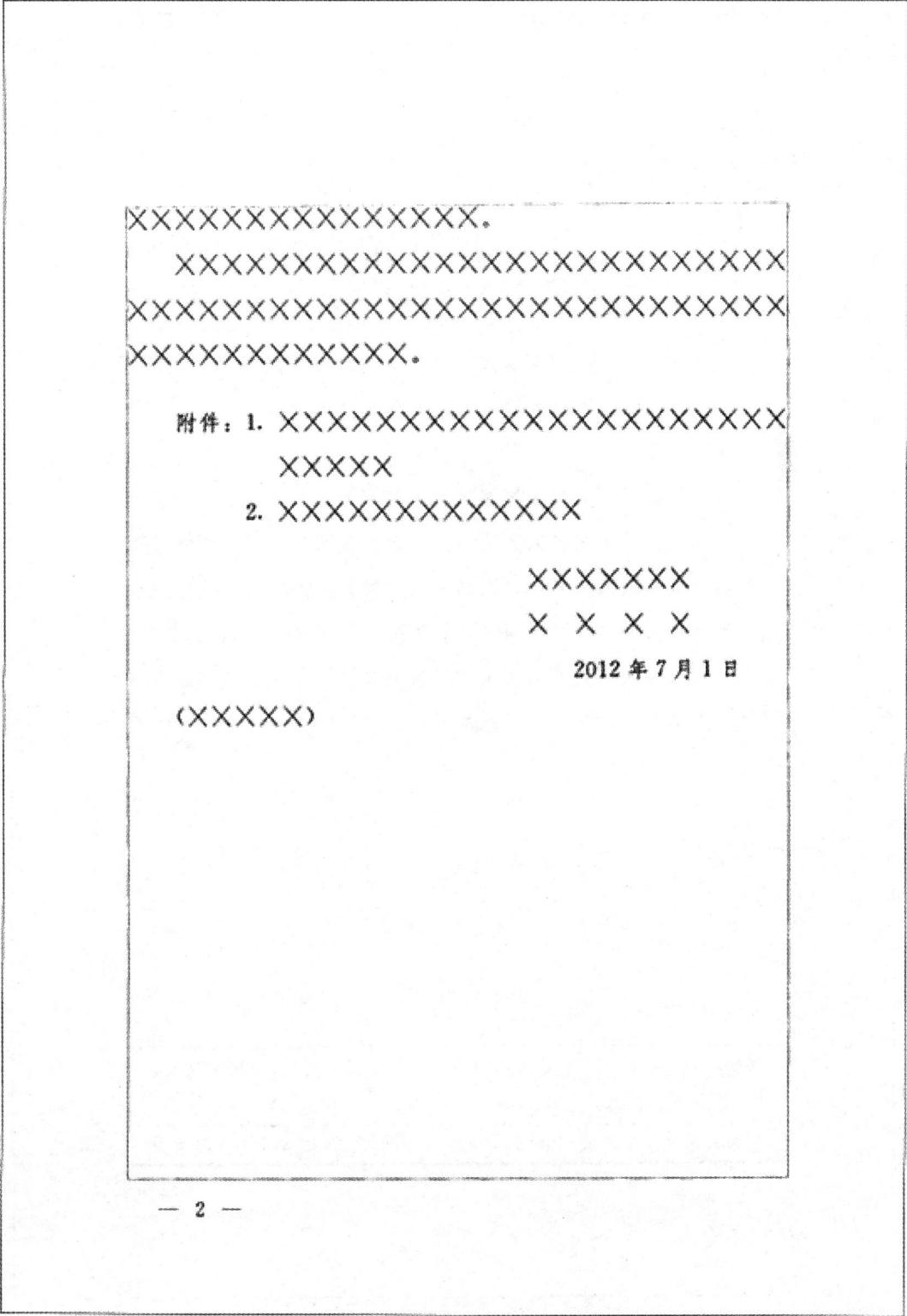

图 9　附件说明页版式

附件 2

$$\text{×××××××××××}$$

　　××。

　　××。

抄送：××××××××，××××××，×××××，×××××，
　　　　×××××。

××××××××　　　　　　　　　　　　2012 年 7 月 1 日印发

— 4 —

图 10　带附件公文末页版式

中华人民共和国×××××部

000001   ××× 〔2012〕10 号

机　密

特　急

×××××关于×××××××的通知

×××××××××：

　　×××××××××××××××××××××
×××××××××××××××××××××××××
×××××××××××××××××××××××××
××××××××××××××××××××××。
　　×××××××××××××××××××××
×××××××××××××××××××××××××
×××××××××××××××××××××××。
　　×××××××××××××××××××××
×××××××××××××××××××××××××
×××××××××××××××××××××××××
×××××××××××××××××××××××××
×××××××××××××××××××××××××
××××××××××××××××××××。

图 11　信函格式首页版式

注：版心实线框仅为示意，在印制公文时并不印出。

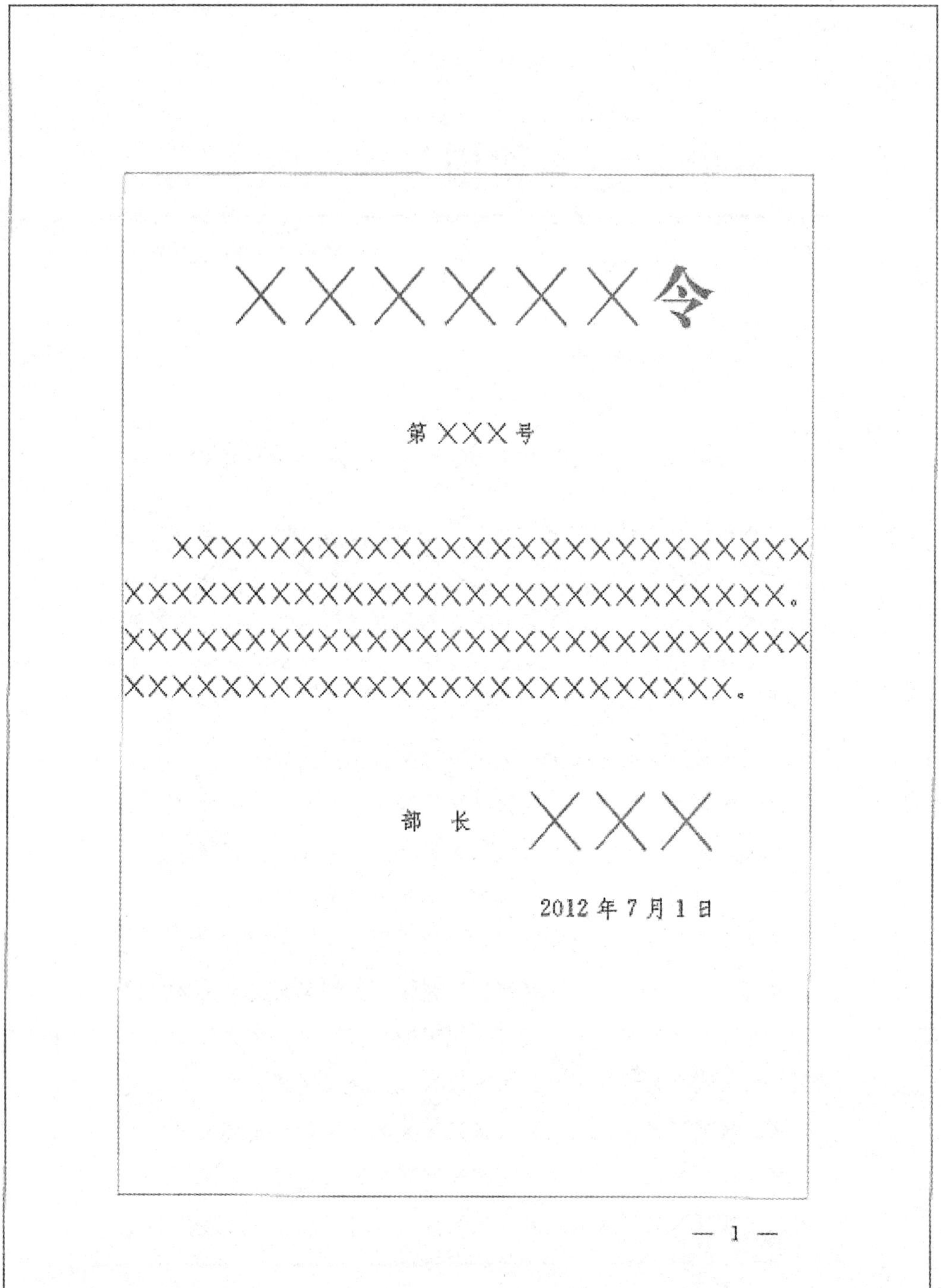

XXXXXX令

第XXX号

XXXXXXXXXXXXXXXXXXXXXXXXXX
XXXXXXXXXXXXXXXXXXXXXXXXXXX。
XXXXXXXXXXXXXXXXXXXXXXXXXXXX
XXXXXXXXXXXXXXXXXXXXXXXXX。

部 长 XXX

2012年7月1日

— 1 —

图12 命令(令)格式首页版式

注：版心实线框仅为示意，在印制公文时并不印出。

附录 C

公务文书常用词语

[颁布]　(郑重地)发布。颁：发下；布：公布。一般用于党政领导机关及领导人公布法令、条例及其他重要的法规性文件。

[颁发]　①发布(命令、指示、政策等)。②授予。一般用于上级机关发给下级机关或个人奖章、奖状、奖品、奖金及其他奖励物品。

[报经]　(向上级)报告并经由(上级处理)。

[报批]　(向上级)报告并请求予以批准。

[报请]　(向上级机关或有关部门)报告并请示。

[报送]　(将有关材料向上级机关)呈报并发送。

[必须]　表示事理上和情理上的必要，一定要。

[不尽]　不完全是；未必。如：不尽如此。

[不胜]　非常；十分(用于感情方面)。如：不胜感激。

[不致]　不会引起某种后果。

[不予]　就是"不准"或"不给"的意思。

[不宜]　就是不适宜。

[不日]　就是"不久、不几天"的意思。

[参照]　参考并仿照或依照(方法、经验等)。

[当否]　就是"是否恰当合适"的意思。

[承蒙]　就是"受到"的雅语。

[此布]　就这些内容予以公布。用在布告类公文正文的后面，另起一行，不加标点。

[此复]　就此答复。用于复函、批复等公文的后面，另起一行，不加标点。

[此令]　就此命令。用于命令性文件正文的后面，另起一行，不加标点。

[此致]　在此致以(祝愿性的话语)。一般用于信函正文的后面，另起一行，不加标点。

[以资]　用来作为。

[日前]　就是几天前的意思。

[一并]　合在一起，多在两件以上的事情、问题或文件需要合并处理时用之。

[发布]　发布(命令、指示、新闻等)。

[奉告]　告诉。奉：敬辞，用于自己的举动涉及对方时。如：无可奉告。

[给以]　"给之以……"的省略，后面必须带宾语，其宾语多为抽象事物。如：奖励、帮助等。

[函复]　通过信件（公函或便函）进行答复。常用作结束语。也有写作"函答"的。

[函告]　用书信告知有关情况。

[鉴于]　觉察到；考虑到。

[届时]　到时候。

[谨启]　恭敬地陈述。用于信函下款末尾的敬辞。

[滥用]　胡乱地、过度地使用。

[莅临]　来到；来临（多用于贵宾）。

[拟定]　起草制定。

[拟订]　起草制订。

[拟用]　准备采用；打算使用。

[批示]　（上级对下级的公文）以书面形式表示意见。

[批转]　上级机关在下级机关的公文上写上向其他有关下级单位转发的批语。

[签发]　由主管人审核同意后，签名正式发出（公文、证件等）。

[签署]　在重要文件上正式签字。

[接洽]　就是"联系商量"的意思。

[如期]　按照规定的日期或期限。

[擅自]　超越权限，自作主张。

[收悉]　收到并已了解。

[为荷]　表感谢。荷：承受别人的恩惠。常见于公函祈请语末尾，不单独使用。如：请接洽为荷。

[为盼]　就是希望受文者按来文要求去办，多用于函、通知、介绍信的末尾处。

[为宜]　就是妥当或适当的意思。

[为要]　是"重要"的意思，多用于下行文，提醒下级单位务按文件规定办理。

[现行]　现在正在执行的；现在正在发生效力的。

[业经]　已经。

[逾期]　超过所规定的期限。

[暂行]　暂时实行的。

[兹]　现在。

[事宜]　就是事情的安排和处理。

[事由]　就是本件公文的主要内容。

[商定]　就是协商确定。

[洽商]　就是接洽商谈的意思。

[迄今]　就是到现在的意思。

[拟于]　就是打算在。

[面洽]　就是当面接洽。